铁路供电培训教材

U0851495

牵引变电基础知识

《牵引变电基础知识》编委会　编

中国铁道出版社有限公司

2021年·北京

内 容 简 介

本书为中国铁路广州局集团有限公司组织编写的铁路供电培训教材之一。全书共七章，包括基础理论知识、变电运行与检修和应急处理与故障案例三部分。其中基础理论知识部分主要包括公共基础知识、供电系统、牵引电气设备；变电运行与检修部分主要包括基本安全知识、变电值班（守）员、二次回路故障查找。

本书内容丰富实用，可供铁路供电系统职业学习培训使用。

图书在版编目（CIP）数据

牵引变电基础知识/《牵引变电基础知识》编委会编．—北京：中国铁道出版社有限公司，2021.12

铁路供电培训教材

ISBN 978-7-113-28273-8

Ⅰ.①牵… Ⅱ.①牵… Ⅲ.①电气化铁道-牵引变电所-技术培训-教材 Ⅳ.①U224

中国版本图书馆 CIP 数据核字（2021）第 164360 号

书　　名：牵引变电基础知识
作　　者：《牵引变电基础知识》编委会

责任编辑：孙　楠　　**编辑部电话：**（010）51892546　　**电子邮箱：**tdpress@126.com
编辑助理：魏　娟
封面设计：曾　程　刘　莎
责任校对：苗　丹
责任印制：高春晓

出版发行：中国铁道出版社有限公司（100054，北京市西城区右安门西街 8 号）
网　　址：http://www.tdpress.com
印　　刷：国铁印务有限公司
版　　次：2021 年 12 月第 1 版　2021 年 12 月第 1 次印刷
开　　本：787 mm×1 092 mm 1/16　**印张：**16.25　**字数：**397 千
书　　号：ISBN 978-7-113-28273-8
定　　价：90.00 元

版权所有　侵权必究

凡购买铁道版图书，如有印制质量问题，请与本社读者服务部联系调换。电话：（010）51873174

打击盗版举报电话：（010）63549461

编 委 会

主　编： 郭海涛

编　委： 李忠文　沈志刚　杨强贤　李少杰

曾　嶒　罗瑞忠　罗建群　李志宇

段洪波　杨春祥　廖衡军　郑和其

刘豪杰　陈显国

编　审： 易江平　李日福　罗劲柏

前　言

高铁作为中国一张亮丽的名片已经走上世界舞台。中国铁路广州局集团有限公司作为高铁大局、客运大局，为适应新时代中国铁路高速发展的需要，努力实现"交通强国、铁路先行"，培养和打造专业技能精湛、操作技能精准的高素质人才队伍，组织编写了一套"铁路供电培训教材"。本书为《牵引变电基础知识》，适用于新入职大学生及现场操作技能人员、专业技术人员的培训和自学，同时也可作为供电专业资格性、适应性培训教材。

《牵引变电基础知识》共分七章，涵盖了基础理论知识、变电运行与检修、故障案例分析三部分内容。本书秉承"理论指导实践，实践验证理论"的原则，从基本的电路、物理学、牵引供电系统知识为出发点，以变配电岗位必备技术技能为关键点，以铁路运营实践中发生的典型案例为着力点，由浅入深，循序渐进，系统全面地概述了变配电运行的专业技术知识。

由于编者的水平所限，书中内容不全面、不恰当的地方在所难免，欢迎广大读者及业内专家学者提出批评、指正意见，以便编者对本书内容不断改进和完善。同时，在本书的编写过程中还参阅了相关文献资料，在此对有关作者一并表示感谢。

编　者

2021 年 6 月

目　　录

第一部分　基础理论知识

第二部分　变电运行与检修

第三部分 应急处理与故障案例

第一部分　基础理论知识

第一章　公共基础知识

第一节　基本物理量和参考方向

在电路分析中，为了了解、掌握电路的性能和特征，需要通过一些物理量（也称为变量）来进行表达。这些常用的基本物理量（称为基本变量）有电量 q、电流 i、磁链 ψ、电压 u、功率 P 和能量 W。

一、参考方向

在电路中，最基本的量是电流和电压，它们都具有方向性，而且其方向的不同直接影响到物理量之间的数学表达式和分析结果的解释，因此电流和电压的方向十分重要。对于简单的电路来说，电流的实际流向（正电荷运动的方向）及电压的正、负极性是可以判断出来的，但对于复杂电路或方向不断变化（比如日常用的 50 Hz 交流电）的交变信号来说，事先辨别出它们的方向是相当困难的。因此在分析电路之前就需要假设一个方向，这就是所谓的“参考方向”。

图 1-1-1 是复杂电路中的某个元件，假设流过该元件的电流的参考方向如实线所示，即由 A 流向 B。电流的实际方向（见图 1-1-1 的虚线）是否与参考方向一致，这要根据求得的电流 i 的正负进行判别。如果解得 $i>0$，则实际方向与参考方向相同；如果解得 $i<0$，则实际方向与参考方向相反。

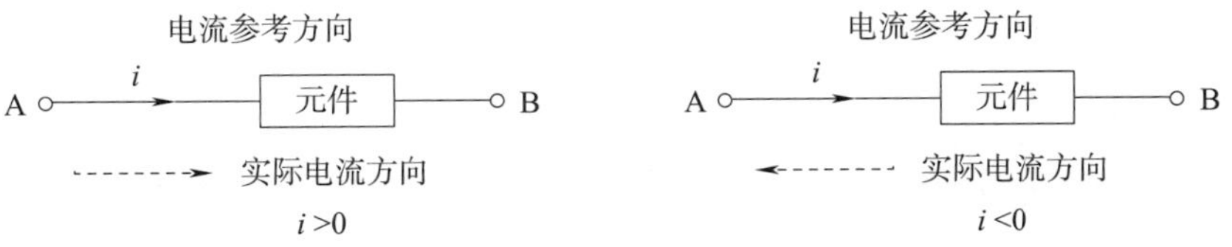

图 1-1-1　电流参考方向

电流的大小为单位时间内通过导体截面的电荷量。即

$$i(t)=\frac{\mathrm{d}q(t)}{\mathrm{d}t} \tag{1-1-1}$$

如果电流的大小为恒值，且方向不变，此时

$$i(t)=I=\frac{q}{t} \tag{1-1-2}$$

电流的单位为安培，简称安（A）。电流常用的单位还有千安（kA）、毫安（mA）、微安（μA）、纳安（nA）等，且有 1 kA=10^3 A，1 mA=10^{-3} A，1 μA=10^{-6} A，1 nA=10^{-9} A。

同理，元件两端的电压也需要选定它的参考方向，又称参考极性。如图 1-1-2 所示，即假设 A 端电位高于 B 端电位（实线所示）。若 $u>0$，则实际电压极性（虚线所示）与参考极性一致；若 $u<0$，则实际极性（虚线所示）与参考极性相反。

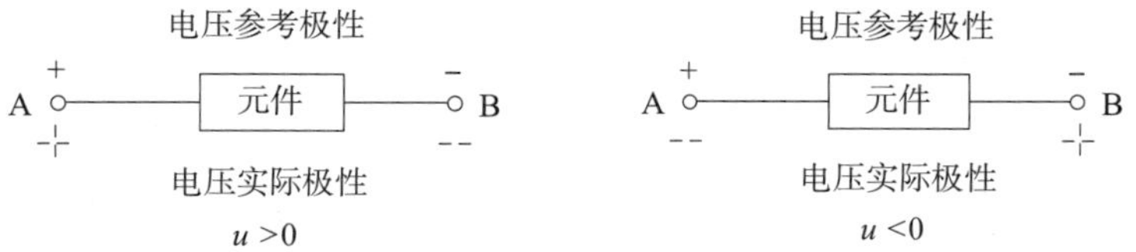

图 1-1-2　电压参考方向

电压的大小等于电场力对单位正电荷从 A 点移到 B 点所做的功，即

$$u_{AB}=\frac{dA}{dq}=\frac{W_A-W_B}{dq}=\frac{W_A}{dq}-\frac{W_B}{dq}=\varphi_A-\varphi_B \tag{1-1-3}$$

式中，W_A、W_B 分别为电荷 q 在 A 点、B 点的电能；φ_A、φ_B 分别为 A 点、B 点的电位。所以，电压也常被称为电位差或电压降。

电压的参考方向也可以用双下标表示，如 u_{AB}，并认为 A 点为高电位，B 点为低电位。

电压的常用单位有：伏（V）、千伏（kV）、毫伏（mV）、微伏（μV）等。

对于一个元件来说，其电流和电压的参考方向可以独立设定，但如果电流的参考方向是从电压的“＋”极性流入、从电压的“－”极性流出，则称它们的参考方向为关联参考方向，如图 1-1-3所示；否则称为非关联参考方向，如图 1-1-4 所示。

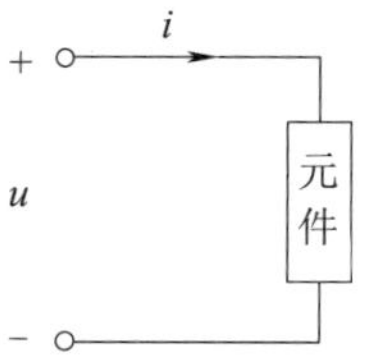

图 1-1-3　关联参考方向

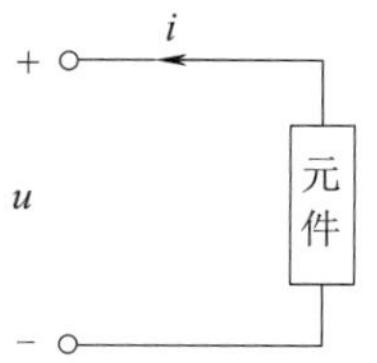

图 1-1-4　非关联参考方向

二、功率

功率是电路分析中经常需要求解的物理量。当元件的电压、电流取关联参考方向时（图 1-1-3），元件吸收的功率为

$$P(t)=u(t)i(t) \tag{1-1-4}$$

但如果元件取非关联参考方向时（图 1-1-4），则其吸收的功率为

$$P(t)=-u(t)i(t) \tag{1-1-5}$$

当利用上述两式求得的功率数值为正，即 $P>0$ 时，代表该元件实际是在吸收功率；若求得的功率数值为负，即 $P<0$ 时，说明该元件吸收的是负功率，也就是表示该元件实际上是在释放功率。

如果讨论元件发出功率时，求解的表达式与上面相反。即，当元件的电压、电流取关联参考方向时，元件发出的功率为

$$P(t)=-u(t)i(t) \tag{1-1-6}$$

当元件取非关联参考方向时，元件发出的功率为

$$P(t)=u(t)i(t) \tag{1-1-7}$$

功率的标准单位为瓦（W），要求电压的单位为伏，电流的单位为安。常用的单位还有千瓦

(kW)、兆瓦(MW)。

三、能量

通常电源设备向电路提供能量，用电设备要消耗能量，这些能量在电路中称为电能。如果某个元件吸收的功率为 P，该元件从时刻 t_0 到时刻 t_1 电能可由式(1-1-8)求得

$$W=\int_{t0}^{t1} P\,\mathrm{d}t \tag{1-1-8}$$

直流情况下，元件吸收的电能为

$$W=P(t_1-t_0) \tag{1-1-9}$$

电能的国际标准单位为焦耳(J)，且 1 J=1 W·s。另一个常用的电能单位是度，1 度=1 kW·h(千瓦时)。

第二节　基本元件和独立电源

电阻、电感、电容元件及独立电源是电路分析中最基本的元件，下面分别对这些元件进行讨论。

一、电阻元件

1. 电阻与电导

电阻是反映能量损耗的电路参数。电阻元件是电阻器等耗能器件的抽象元件。电阻元件按其电压电流的关系曲线(又称伏安特性)是否是过原点的直线而分为线性电阻元件(图 1-2-1)和非线性电阻元件(图 1-2-2)；按其特性是否随时间变化而变化分为时变电阻元件和非时变电阻元件(不随时间变化的称为非时变)。本书只介绍常用的线性的非时变电阻元件。

图 1-2-1　线性电阻

图 1-2-2　非线性电阻

线性电阻元件是一个二端元件，其端电压 $u(t)$ 和端电流 $i(t)$ 取关联参考方向时，满足欧姆定律

$$u(t)=Ri(t) \tag{1-2-1}$$

$$i(t)=Gu(t) \tag{1-2-2}$$

式中,R 为线性电阻元件的电阻,G 为线性电阻元件的电导,二者均为常量,其数值由元件本身决定,与其端电压和端电流无关。并且

$$G=\frac{1}{R} \tag{1-2-3}$$

电阻的单位为欧姆,简称欧(Ω);电导的单位为西门子(S)。

如果电阻元件的端电压和端电流取非关联参考方向,其关系式为

$$u(t)=-Ri(t) \tag{1-2-4}$$

$$i(t)=-Gu(t) \tag{1-2-5}$$

由图 1-2-1 不难知道,线性电阻的电阻值 R 就是线性电阻伏安特性中那条过原点的直线的斜率。当电阻值 $R=0$ 时,伏安特性曲线与 i 轴重合(图 1-2-3)。此时不论电流 i 为何值,端电压 u 总是为零,称其为"短路"。当电阻值 R 为无穷大时,其伏安特性曲线与 u 轴重合(图 1-2-4)。此时不论端电压 u 为何值,电流 i 总是为零,称其为"开路"或"断路"。

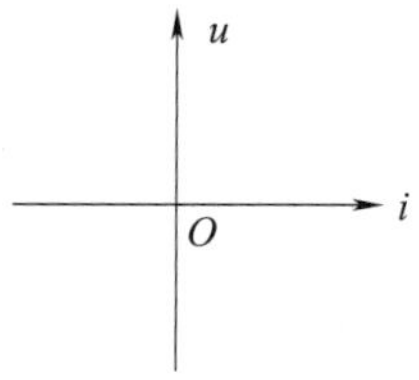

图 1-2-3　$R=0$ 的伏安特性

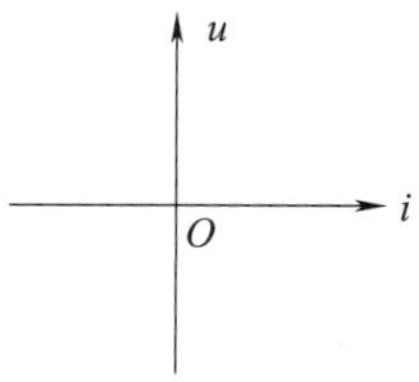

图 1-2-4　$R=\infty$的伏安特性

2. 功率与能量

在电阻元件取关联参考方向的情况下,电阻吸收的功率为

$$P(t)=u(t)i(t)=Ri^2(t)=\frac{u^2(t)}{R}=Gu^2(t) \tag{1-2-6}$$

如电阻元件取非关联参考方向,电阻吸收的功率为

$$P(t)=-u(t)i(t)=Ri^2(t)=\frac{u^2(t)}{R}=Gu^2(t) \tag{1-2-7}$$

由式(1-2-6)、式(1-2-7)知,无论电阻元件采用何种参考方向,任何时刻电阻吸收的功率都不可能为负值,也就是说电阻元件为耗能元件。

在 $t_0 \sim t_1$ 时间范围内电阻消耗的能量如下

$$W=\int_{t0}^{t1} P\,\mathrm{d}t=\int_{t0}^{t1} Ri^2(t)\,\mathrm{d}t \tag{1-2-8}$$

二、电感元件

1. 电感

电感是一种储存磁场能量的元件。

当线圈流过电流 i_L时,根据右手螺旋定则,在线圈中产生磁通 φ,若线圈的匝数为 N 且通过每匝的磁通量均为 φ(图 1-2-5),则通过线圈的磁链

$$\psi=N\varphi \tag{1-2-9}$$

磁通与磁链的单位均为韦伯(Wb)。如果磁链 ψ 与电流 i_L的特性曲线(又称韦安特性)是过原点的一条直线(图 1-2-6),则对应的电感元件称为线性电感,否则为非线性电感(图 1-2-7)。

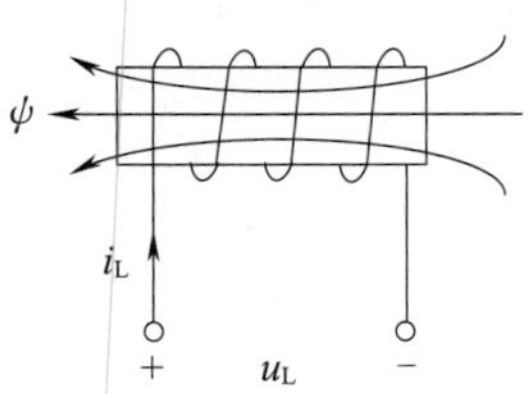

图 1-2-5　电感线圈

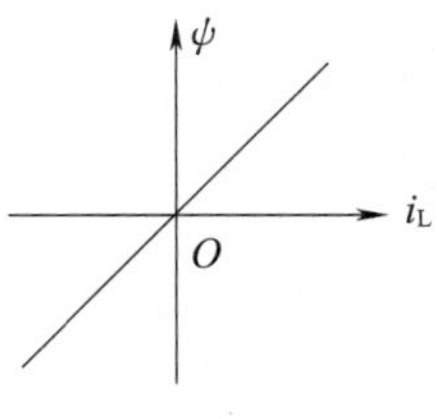

图 1-2-6　线性电感

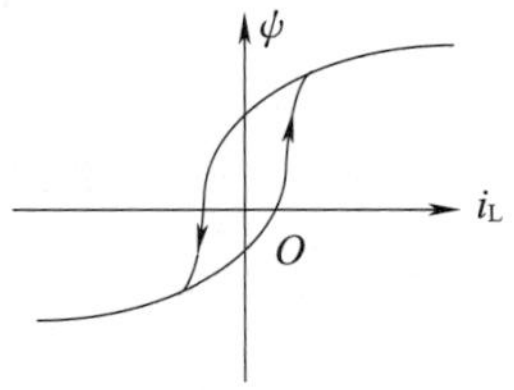

图 1-2-7　非线性电感

线性电感的电路符号如图 1-2-8 所示，且定义

$$L=\frac{\psi}{i_{\mathrm{L}}} \tag{1-2-10}$$

式中，L 为线性电感的电感量或电感值，如电感是非时变的，则 L 为常数。电感的单位为亨(H)，常用的还有毫亨(mH)等。

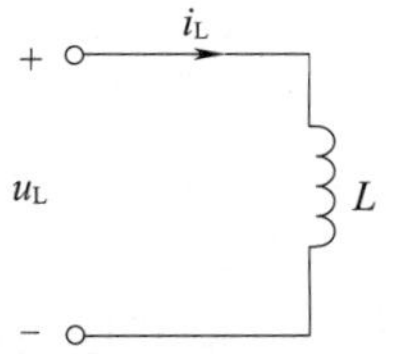

图 1-2-8　线性电感的电路符号

2. 电感电压与电流的关系

根据法拉第电磁感应定律，当线圈的磁链发生变化时，在电感线圈的两端会产生感应电压，其大小为 $|u_{\mathrm{L}}(t)|=\left|\frac{\mathrm{d}\psi}{\mathrm{d}t}\right|$。对于线性时不变电感元件，当线圈两端的电压 u_{L} 与电流 i_{L} 取关联参考方向时，根据楞次定律

$$u_{\mathrm{L}}(t)=\frac{\mathrm{d}\psi}{\mathrm{d}t}=\frac{\mathrm{d}Li_{\mathrm{L}}}{\mathrm{d}t}=L\frac{\mathrm{d}i_{\mathrm{L}}}{\mathrm{d}t} \tag{1-2-11}$$

即电感上的电压与电流的变化率成正比。

如果通过电感电压 u_{L} 来求电感电流 i_{L}，则有

$$i_{\mathrm{L}}(t)=\frac{1}{L}\int_{-\infty}^{t}u_{\mathrm{L}}(\tau)\mathrm{d}\tau=\frac{1}{L}\int_{-\infty}^{0}u_{\mathrm{L}}(\tau)\mathrm{d}\tau+\frac{1}{L}\int_{0}^{t}u_{\mathrm{L}}(\tau)\mathrm{d}\tau=i_{\mathrm{L}}(0)+\frac{1}{L}\int_{0}^{t}u_{\mathrm{L}}(\tau)\mathrm{d}\tau \tag{1-2-12}$$

式中，$i_{\mathrm{L}}(0)$是电感电流的初始值。

式(1-2-12)说明，t 时刻的电感电流 i_{L} 不仅与 0 到 t 这个有限时间内的电感电压有关，而且还与整个过去的历史有关，所以电感元件具有记忆功能。因此电感元件是记忆元件。

当电压 u_{L} 与电流 i_{L} 取非关联参考方向时

$$u_{\mathrm{L}}(t)=-L\frac{\mathrm{d}i_{\mathrm{L}}}{\mathrm{d}t} \tag{1-2-13}$$

当电流为直流时，电感两端电压为零，所以在直流电路中，电感元件相当于短路；当电流变化比较剧烈时，电感两端会出现高电压，故电感具有通直流阻交流的作用。为防止线圈两端的高电压现象，应尽可能避免电感电流的突变。但是电感元件的这种特征也被广泛利用，如日光灯的点燃过程等。

3. 功率和能量

在关联参考方向下，电感吸收的功率

$$P=u_{\mathrm{L}}i_{\mathrm{L}}=L\frac{\mathrm{d}i_{\mathrm{L}}}{\mathrm{d}t}i_{\mathrm{L}} \tag{1-2-14}$$

即任何时刻电感吸收的功率不仅与该时刻的电流有关，而且还取决于该时刻电流的变化率，其数值有可能为正,也可能为负。当 $P>0$ 时,表明电感在吸收能量;而 $P<0$ 时,说明电感在释放能量,所以电感元件是一种储存磁场能量的元件。

电感元件在 $0\sim t$ 时间内吸收的能量为

$$W=\int_0^t P\mathrm{d}\tau=\int_0^t u_{\mathrm{L}}i_{\mathrm{L}}\mathrm{d}\tau=\int_0^t Li_{\mathrm{L}}\frac{\mathrm{d}i_{\mathrm{L}}}{\mathrm{d}\tau}\mathrm{d}\tau=\frac{1}{2}Li_{\mathrm{L}}^2(t)-\frac{1}{2}Li_{\mathrm{L}}^2(0) \tag{1-2-15}$$

电感元件在 t 时刻所具有的能量为

$$W=\frac{1}{2}Li_{\mathrm{L}}^2(t) \tag{1-2-16}$$

三、电容元件

1. 电容

电容是一种储存电场能量的元件,其电路符号如图 1-2-9 所示。

当加在电容两端的电压 u_{C} 增加时,电容器极板上的电荷量 q 也增加,若二者成正比关系,即为线性电容(特性曲线如图 1-2-10 所示),否则为非线性电容(特性曲线如图 1-2-11 所示)。电荷 q 的单位为库仑,反映电容特性的曲线又被称为库伏特性曲线。

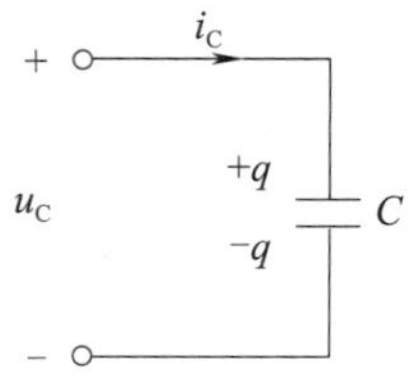

图 1-2-9　线性电容的电路符号

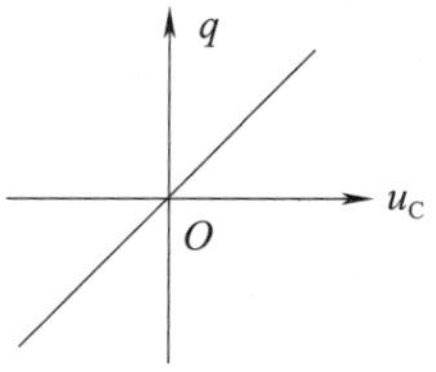

图 1-2-10　线性电容的特性曲线

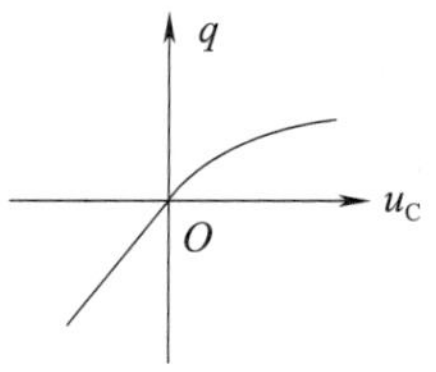

图 1-2-11　非线性电容的特性曲线

对于线性电容元件,其电容量(简称电容)C 定义为

$$C=\frac{q}{u_{\mathrm{C}}} \tag{1-2-17}$$

它是图 1-2-10 中库伏特性曲线的斜率,如果电容是非时变的,则 C 为常数。电容的单位有:法(F)、微法(μF)、纳法(nF)和皮法(pF),它们的关系为

$$1\ \mathrm{F}=10^6\ \mu\mathrm{F}=10^9\ \mathrm{nF}=10^{12}\ \mathrm{pF}$$

2. 电容电压与电流的关系

对于线性且非时变的电容器,当其电压 u_{C} 与电流 i_{C} 取关联参考方向时,有

$$i_{\mathrm{C}}(t)=\frac{\mathrm{d}q}{\mathrm{d}t}=\frac{\mathrm{d}Cu_{\mathrm{C}}}{\mathrm{d}t}=C\frac{\mathrm{d}u_{\mathrm{C}}}{\mathrm{d}t} \tag{1-2-18}$$

即流过电容的电流与电容两端的电压变化率成正比。电容电压与电容电流之间关系的另一表达式为

$$u_{\mathrm{C}}(t)=\frac{1}{C}\int_{-\infty}^t i_{\mathrm{C}}\mathrm{d}\tau=\frac{1}{C}\int_{-\infty}^0 i_{\mathrm{C}}\mathrm{d}\tau+\frac{1}{C}\int_0^t i_{\mathrm{C}}\mathrm{d}\tau=u_{\mathrm{C}}(0)+\frac{1}{C}\int_0^t i_{\mathrm{C}}\mathrm{d}\tau \tag{1-2-19}$$

式中,$u_{\mathrm{C}}(0)$是电容电压的初始值。式(1-2-10)表明,任何时刻的电容电压 $u_{\mathrm{C}}(t)$与 t 时刻以前的整个过去有关,所以电容也是记忆元件。

当电容电压 u_{C} 与电流 i_{C} 取非关联参考方向时

$$i_{\mathrm{C}}(t)=-C\frac{\mathrm{d}u_{\mathrm{C}}}{\mathrm{d}t} \tag{1-2-20}$$

由式(1-2-18)、式(1-2-20)可知,当电压为直流时,电容电流为零,所以在直流电路中电容相当于开路;而当电容电压变化时,电容电流才有值,故电容具有隔直流通交流的作用。

3. 功率和能量

关联参考方向下,电容吸收的功率

$$P=u_Ci_C=C\frac{du_C}{dt}u_C \tag{1-2-21}$$

即任何时刻电容吸收的功率不仅与该时刻的电压有关,而且还取决于该时刻电压的变化率,其数值有可能为正,也可能为负。当 $P>0$ 时,电容吸收能量;当 $P<0$ 时,电容释放能量。

$0\sim t$ 时间内电容吸收的能量

$$W=\int_0^t P\,d\tau=\int_0^t Cu_C\frac{du_C}{d\tau}d\tau=\frac{1}{2}Cu_C^2(t)-\frac{1}{2}Cu_C^2(0) \tag{1-2-22}$$

电容 t 时刻具有的能量

$$W=\frac{1}{2}Cu_C^2(t) \tag{1-2-23}$$

四、独立电源

独立电源也是电路的基本元件之一,且为一个二端元件。它可以将非电量(如热能、机械能、光能、核能、化学能等)转化为电能量。独立电源可以作为电路的激励信号(又称激励源、输入)向电路提供能量。由此产生的支路电压、电流等称为响应(又称输出)。独立电源分为独立电压源和独立电流源两种类型,简称电压源和电流源。

1. 电压源

电压源是指理想电压源,是从实际电压源抽象得到的电路模型,简称为电压源,其电路符号和伏安特性如图 1-2-12 所示。

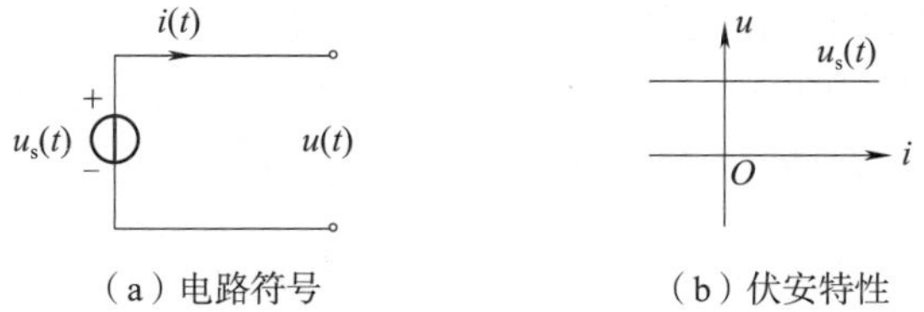

(a) 电路符号　　(b) 伏安特性

图 1-2-12　电压源

电压源两端的电压,在任何时刻与其通过的电流无关,而通过电压源的电流的大小则取决于与其相连的外电路。即

$$u(t)=u_s(t) \tag{1-2-24}$$

也就是说,电压源的伏安特性是平行于电流 i 轴的一簇直线,图 1-2-12(b)是 t 时刻的伏安特性。

当电压源的数值恒定不变时(直流),还可以采用图 1-2-13(a)所示的符号,其伏安特性如图 1-2-13(b)所示。当电压源的数值等于零时,即 $u_s(t)=0$,其伏安特性曲线与电流 i 轴重合,与电阻 $R=0$ 的伏安特性曲线相同,此时相当于“短路”。

在图 1-2-12(a)所示的参考方向下,电压源吸收的功率为

（a）电路符号　　（b）伏安特性

图 1-2-13　直流电压源

$$P(t)=-u_s(t)i(t) \tag{1-2-25}$$

即电压源发出的功率为

$$P(t)=u_s(t)i(t) \tag{1-2-26}$$

对于一个实际电压源来说，其内部存在损耗，输出电压会随电流的大小而改变，如图 1-2-14(b)所示，此时端口的伏安特性不再是平行于 i 轴的直线，而是随着输出电流 i 的增大而下降。实际电压源可以用一个电压源串电阻的模型来等效，如图 1-2-14(a)虚线框内电路所示，即电源的内部损耗可等效为一个电阻 R_i。

图 1-2-14(a)所示电路端口处电压、电流的数学表达式

$$u=u_s-R_i i \tag{1-2-27}$$

（a）电路模型　　（b）端口伏安特性

图 1-2-14　实际电压源

2. 电流源

电流源与电压源一样，可以向用电设备(又称为负载)提供能量。今后所称的电流源是指理想电流源，同样也是电路中的基本元件，且为一个二端元件。流过电流源的电流大小由电流源本身决定，与加在它两端的电压无关。电流源的特性可表述为

$$i(t)=i_s(t) \tag{1-2-28}$$

式中，$i_s(t)$为电流源的电流。

电流源两端电压的数值则取决于外接电路。电流源的电路符号及伏安特性曲线如图 1-2-15所示。其伏安特性是一条平行于电压 u 轴的直线，如图 1-2-15(b)所示。当电流源的数值等于零时，即 $i_s(t)=0$ 时，其伏安特性曲线与 u 轴重合，与电阻$R=\infty$的伏安特性曲线相同，此时相当于“开路”。

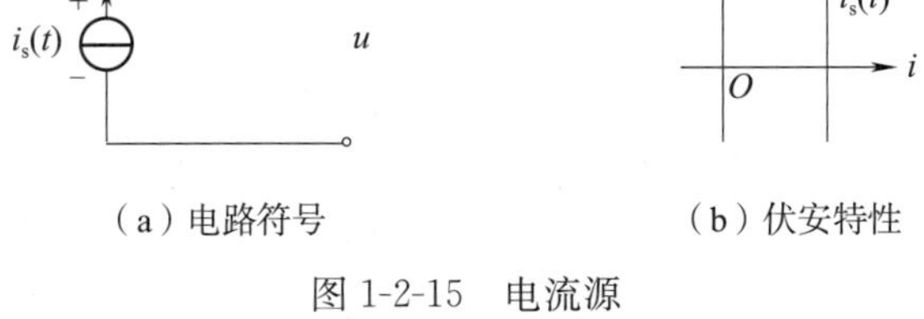

（a）电路符号　　（b）伏安特性

图 1-2-15　电流源

在图 1-2-15(a)所示的参考方向下，电流源吸收的功率为

$$P(t)=-u(t)i_{s}(t) \tag{1-2-29}$$

即电流源发出的功率为

$$P(t)=u(t)i_{s}(t) \tag{1-2-30}$$

对于一个实际电流源来说，其内部存在损耗，输出电流会随输出电压的大小而改变，如图 1-2-16(b)所示，此时输出电流不再是平行于 u 轴的直线，而是随着输出电压 u 的增大而减小。实际电流源可以用一个电流源并电阻的模型来等效，如图 1-2-16(a)虚线框内电路所示，其内部损耗可等效为一个电阻 R_i。

图 1-2-16(a)电路端口处电压、电流的数学表达式

$$i=i_{s}-\frac{u}{R_{i}} \tag{1-2-31}$$

（a）电路模型　　（b）端口伏安特性

图 1-2-16　实际电流源

注意：一个实际的电源既可以用一个电压源串电阻的形式等效，也可以用一个电流源并电阻的形式等效，采用何种方式可根据实际情况自行选择。此外，电压源串电阻与电流源并电阻两种形式之间也可相互等效，若将电压源串电阻转换成电流源并电阻形式，则电阻值不变，电流源的输出电流值为电压源电压值除以电阻值，且电流方向为电压源由负极到正极的方向；同理，若将电流源并电阻转换成电压源串电阻形式，则电阻值不变，电压源电压值为电流源输出电流值乘以电阻值，由负极到正极的指向与电流源电流流出的方向相同，具体实例将在下一节涉及。

第三节　线性电路的分析方法

一、基尔霍夫定律

1. 名词介绍

支路：在电路中，可以把一个二端元件当成一条支路，但为了方便起见，通常把流过同一电流的分支称为一条支路。图 1-3-1 中，acd，adb，ab 分别为不同支路。

节点：一般认为支路间的连接点即为节点，同样，为了方便起见，通常将三条和三条以上的支路连接点称为节点。图 1-3-1 中，a 和 b 为两个节点。

回路：电路中的任何一条闭合路径称为回路。图 1-3-1 中的回路有 adbca，adba，adca。

网孔：在回路内部如果不含任何支路时，则称该回路为网孔。图 1-3-1 中的回路 adbca 和 adba 可视为网孔，但回路 adca 内含有支路 adb，因此不是网孔。

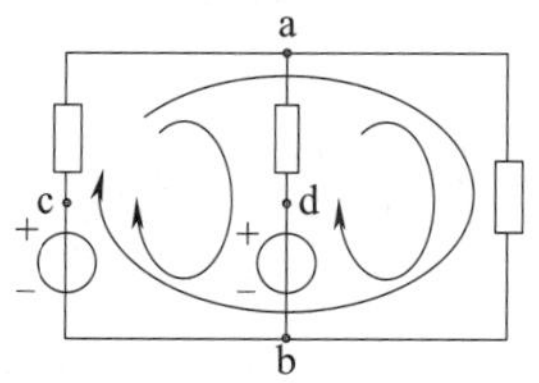

图 1-3-1　电路的支路、节点和回路

2. 基尔霍夫电流定律(KCL)

在集中参数电路中，对于任意一个节点来说，任何时刻流出该节点的各支路电流的代数和等于零，即

$$\sum_{k=1}^{n} i_k = 0 \tag{1-3-1}$$

式中，i_k 为连接于该节点的第 k 条支路的电流(又称为支路电流)。

图 1-3-2 是某电路的一个节点，与该节点相连的共有四条支路，各支路电流的变量和参考方向如图中所示。在列写该节点的 KCL 方程时，假设流出该节点的电流为正，则流入为负，可得

$$-i_1 + i_2 - i_3 + i_4 = 0 \tag{1-3-2}$$

反之亦然，此时该节点的 KCL 方程可表述为

$$i_1 - i_2 + i_3 - i_4 = 0 \tag{1-3-3}$$

式(1-3-2)和式(1-3-3)可改写为

$$i_1 + i_3 = i_2 + i_4 \tag{1-3-4}$$

因此，基尔霍夫电流定律也可描述为：在集中参数电路中，对于任意一个节点来说，任何时刻流入该节点的电流之和等于流出的电流之和。

基尔霍夫电流定律还可以引申到一个闭合面(又称高斯面，广义节点)，如图 1-3-3 所示，即在任何时间，流入闭合面的电流等于流出闭合面的电流。

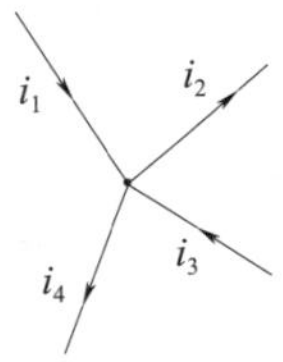

图 1-3-2　电路中的一个节点

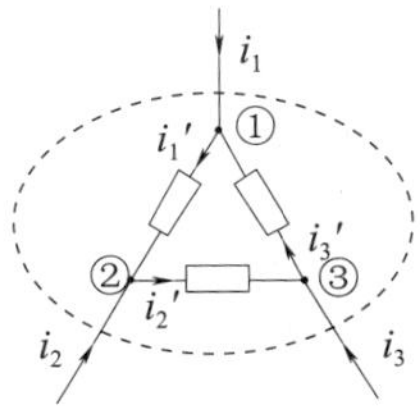

图 1-3-3　KCL 的推广

3. 基尔霍夫电压定律(KVL)

对于集中参数电路来说，在任何时刻沿任一闭合回路绕行一周，各支路电压的代数和等于零。即

$$\sum_{k=1}^{n} u_k = 0 \tag{1-3-5}$$

式中，u_k 为回路中第 k 条支路的电压(又称为支路电压)。

在图 1-3-4 中，以顺时针方向作为该回路的绕行方向，如箭头方向所示。该回路共经过五条支路，各支路的电压参考方向如图 1-3-4 所示，假设电压的参考方向与绕行的方向一致时取“+”，反之取“−”，则该回路的 KVL 方程为

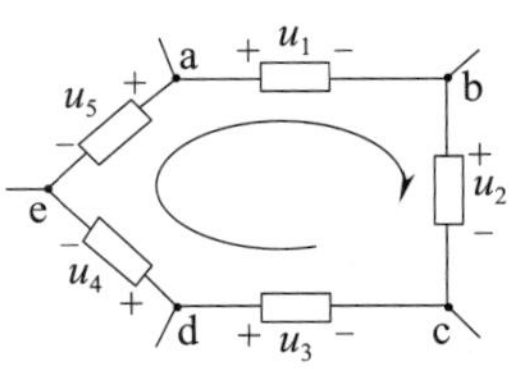

图 1-3-4　KVL 方程示意

$$u_1 + u_2 - u_3 + u_4 - u_5 = 0 \tag{1-3-6}$$

另外，节点 a 与节点 d 之间的电压 u_{ad} 满足

$$u_1 + u_2 - u_3 = u_{ad} \tag{1-3-7}$$

将式(1-3-7)代入上面回路的 KVL 方程，得

$$u_{ad} + u_4 - u_5 = 0 \tag{1-3-8}$$

即

$$u_{ad}=u_5-u_4 \tag{1-3-9}$$

因此在求解节点电压 u_{ad}时，既可从右边各支路求解，也可从左边各支路求解。换句话说，求两点间的电压与路径无关。

此外，应该注意：

(1)KCL、KVL 只用在集中参数电路中(分布参数不适用)。

(2)KCL、KVL 与元件的性质无关，线性、非线性电路均适用。

二、支路电流法

支路电路法是线性电路最基本的分析方法，它是以电路中各个支路电流作为待求变量，通过运用基尔霍夫电流定律(KCL)和基尔霍夫电压定律(KVL)分别对节点和回路建立相应的电流、电压方程，然后联立方程求得支路电流。

其具体求解过程如下：

(1)首先在电路图中确定支路电流数 b，并标出各支路电流的参考方向。

(2)列写 KCL 方程。一般来说，对具有 n 个节点的电路运用基尔霍夫电流定律只能得到 $(n-1)$个独立的 KCL 方程。

(3)列写独立的 KVL 方程。独立的 KVL 方程数为单孔回路的数目：$b-(n-1)$。

(4)联立所有列写的方程，即可求解出各支路电流，进而求解电路中其他电压、功率等。

例题 1：求图 1-3-5 所示电路中的各支路电流。

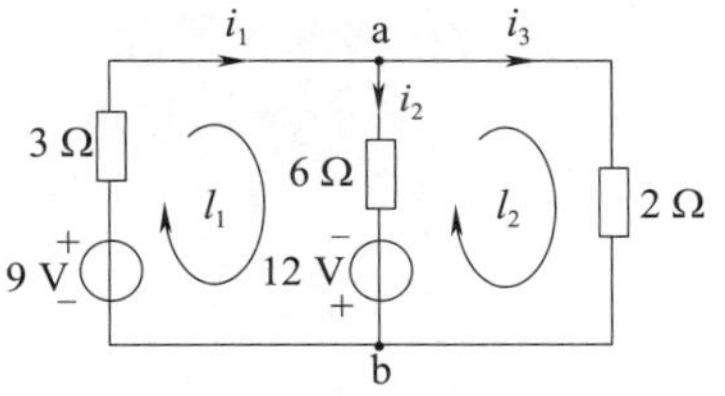

图 1-3-5　例题 1 示意

解：电路中共有 3 条支路，2 个节点，可以列出 1 个独立的 KCL 方程，有

$$i_1-i_2-i_3=0$$

独立的 KVL 方程数目为 $3-(2-1)=2$ 个，以顺时针方向为回路的正方向，电压源方向与回路正方向相同时取正，相反时取负，有

回路 1　　$3i_1+6i_2-12-9=0$

回路 2　　$2i_3+12-6i_2=0$

联立三式，求得

$$i_1=\frac{8}{3}\ \text{A},i_2=\frac{13}{6}\ \text{A},i_3=0.5\ \text{A}$$

如果所求支路电流的值为正，则表示实际电流方向与参考方向相同；如果某一支路的电流值为负，则表示实际电流的方向与参考方向相反。

三、节点电压法

所谓节点电压，是指任选电路中的某一节点作为参考点，并假设该节点的电位为零(通常用接地符号或 0 表示)，则其他节点到该参考节点的电压就是节点电压。

节点电压法是将节点电压作为一组独立的求解变量，根据基尔霍夫电流定律对参考节点以外的节点建立关于节点电压的 KCL 方程，然后联立方程求得各节点的电压。

其具体求解过程如下：

(1)把电压源与阻抗的串联形式化为电流源与阻抗的并联形式。

(2)标出节点,并把其中一个节点选为参考节点(一般为 0 电位点)。

(3)列出节点电压方程

$$G_{11}u_1+G_{12}u_2+\cdots+G_{1(n-1)}u_{(n-1)}=i_{11}$$
$$G_{21}u_1+G_{22}u_2+\cdots+G_{2(n-1)}u_{(n-1)}=i_{22}$$
$$G_{(n-1)1}u_1+G_{(n-1)2}u_2+\cdots+G_{(n-1)(n-1)}u_{(n-1)}=i_{(n-1)(n-1)} \tag{1-3-10}$$

式中,G_{ii} 称为自电导,恒为正,表示与节点 i 连接的支路的电导之和;G_{ij} 称为互电导,恒为负,表示节点 i 与节点 j 公共支路的电导之和;u_n 表示各节点的电压;i_{nn} 表示流入节点 n 的电流,取流入为正,流出为负。

例题 2:求图 1-3-6 所示电路中的各节点电压。

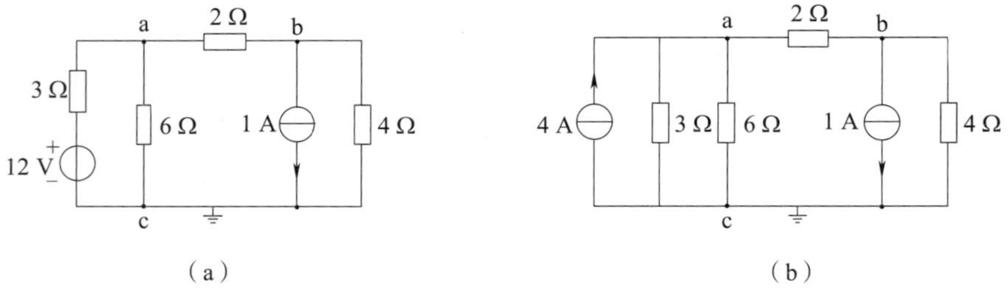

图 1-3-6　例题 2 示意

解:将图中 12 V 电压源和 3 Ω 电阻串联等效成 4 A 电流源与 3 Ω 电阻并联,如图 1-3-6(b)所示。电路中共有 3 个节点,取 c 点作为参考节点,列写节点电压方程,有

$$\left(\frac{1}{3}+\frac{1}{6}+\frac{1}{2}\right)u_a-\frac{1}{2}u_b=4$$
$$-\frac{1}{2}u_a+\left(\frac{1}{2}+\frac{1}{4}\right)u_b=-1$$

求解可得

$$u_a=5\ \text{V},u_b=2\ \text{V}$$

支路电流法变量的数量与电路中支路的条数相同,一般在电路中支路的数目较多,因此变量也多,计算量大。节点电压法变量的数量与电路中的节点数量相关,因此当电路的支路数较多,而节点数较少时,采用节点电压法分析电路会更为简便。

第四节　电阻的三角形(△)连接与星形(Y)连接

一、电阻的三角形(△)与星形(Y)连接

在图 1-4-1 所示电路的 5 个电阻中,没有任何 2 个电阻是串联连接或者并联连接,所以如果对该电路求解 ab 间的等效电阻时,仅有以前的电阻串联、并联知识无法对其进行求解。实际上,该电路中出现了电阻新的连接方式,即三角形(△)连接方式和星形(Y)连接方式。

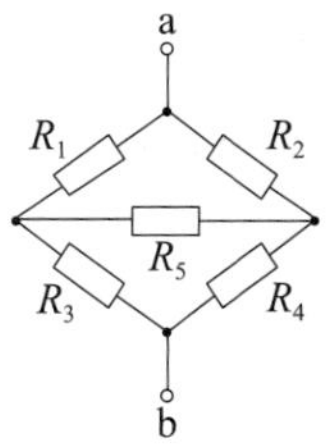

图 1-4-1　电阻的 Y/△连接

当三个电阻首尾相连,并且三个连接点又分别与电路的其他

部分相连时，这三个电阻的连接关系称为三角形（△）连接。图 1-4-1 所示电路中，电阻 $R_1R_2R_5$，$R_3R_4R_5$ 均为三角形（△）连接。

当三个电阻的一端接在公共节点上，而另一端分别接在电路的其他三个节点上时，这三个电阻的连接关系称为星形（Y）连接。图 1-4-1 所示电路中，电阻 $R_1R_3R_5$，$R_2R_4R_5$ 的连接形式就是星形（Y）连接。

二、△连接与 Y 连接的等效变换

Y 连接与△连接的电阻电路如图 1-4-2（a）、（b）所示。在电路分析中，如果将 Y 连接等效为△连接或者将△连接等效为 Y 连接，就会使电路结构变得简单而易于分析，为此下面就讨论这方面的内容。所谓等效是对外电路而言的，以图 1-4-2 为例，在变换前后 a、b、c 三个端子上流过的电流是不变的，a、b、c 三个节点间的电压也是不变的。

（a）Y连接　　　（b）△连接

图 1-4-2　电阻的 Y、△连接

下面首先讨论如何由 Y 连接求解它的△连接等效电路，即已知 R_1、R_2、R_3，求 R_{12}、R_{23}、R_{31}。

对于图 1-4-2（b）所示的△连接，根据 KCL 知

$$\begin{cases} i_1 = i_{12} - i_{31} = \dfrac{u_{ab}}{R_{12}} - \dfrac{u_{ca}}{R_{31}} \\ i_2 = i_{23} - i_{12} = \dfrac{u_{bc}}{R_{23}} - \dfrac{u_{ab}}{R_{12}} \\ i_3 = i_{31} - i_{23} = \dfrac{u_{ca}}{R_{31}} - \dfrac{u_{bc}}{R_{23}} \end{cases} \tag{1-4-1}$$

对于图 1-4-2（a）所示的 Y 连接，根据 KVL 知

$$\begin{cases} u_{ab} = R_1 i_1 - R_2 i_2 \\ u_{bc} = R_2 i_2 - R_3 i_3 \\ u_{ca} = R_3 i_3 - R_1 i_1 = -(u_{ab} + u_{bc}) \end{cases} \tag{1-4-2}$$

另外，根据 KCL 得

$$i_1 + i_2 + i_3 = 0 \tag{1-4-3}$$

联立求解 Y 连接的方程，并整理得

$$\begin{cases} i_1=\dfrac{u_{ab}}{\dfrac{R_1R_2+R_2R_3+R_3R_1}{R_3}}-\dfrac{u_{ca}}{\dfrac{R_1R_2+R_2R_3+R_3R_1}{R_2}} \\ i_2=\dfrac{u_{bc}}{\dfrac{R_1R_2+R_2R_3+R_3R_1}{R_1}}-\dfrac{u_{ab}}{\dfrac{R_1R_2+R_2R_3+R_3R_1}{R_3}} \\ i_3=\dfrac{u_{ca}}{\dfrac{R_1R_2+R_2R_3+R_3R_1}{R_2}}-\dfrac{u_{bc}}{\dfrac{R_1R_2+R_2R_3+R_3R_1}{R_1}} \end{cases} \tag{1-4-4}$$

由于图 1-4-2(a)与(b)两电路等效,式(1-4-1)与式(1-4-4)对应的系数必然相等,由此得

$$\begin{cases} R_{12}=\dfrac{R_1R_2+R_2R_3+R_3R_1}{R_3} \\ R_{23}=\dfrac{R_1R_2+R_2R_3+R_3R_1}{R_1} \\ R_{31}=\dfrac{R_1R_2+R_2R_3+R_3R_1}{R_2} \end{cases} \tag{1-4-5}$$

同理可以得出由△连接转换到 Y 连接的关系式为

$$\begin{cases} R_1=\dfrac{R_{31}R_{12}}{R_{12}+R_{23}+R_{31}} \\ R_2=\dfrac{R_{12}R_{23}}{R_{12}+R_{23}+R_{31}} \\ R_3=\dfrac{R_{23}R_{31}}{R_{12}+R_{23}+R_{31}} \end{cases} \tag{1-4-6}$$

当△连接的三个电阻相等,即 $R_{12}=R_{23}=R_{31}=R$ 时,那么由式(1-4-6)可知,等效为 Y 连接的三个电阻也必然相等,即 $R_1=R_2=R_3=R_Y$,反之亦然。并有

$$R_Y=\frac{1}{3}R_{\triangle} \tag{1-4-7}$$

例题 3:如图 1-4-3(a)所示,求 R_{ab}的等效电阻。

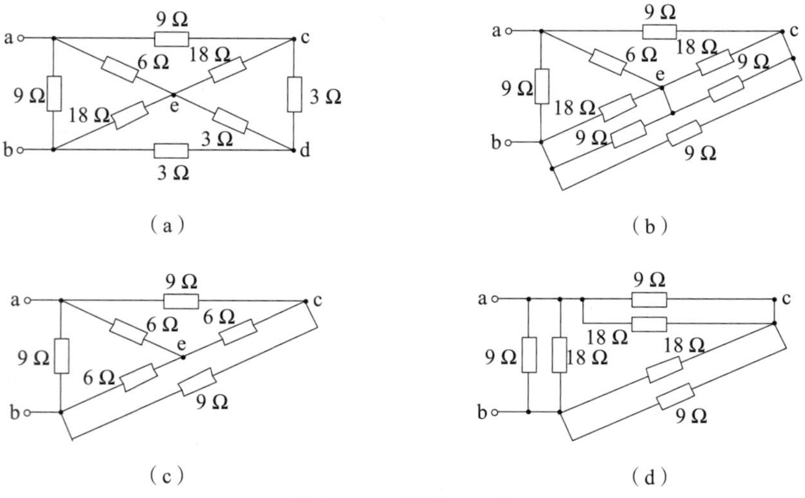

图 1-4-3　例题 3 示意

解：将 d 点 Y 连接的 3 个 3 Ω 电阻转换成△连接，各电阻为 9 Ω，如图 1-4-3(b)所示；化简 e 点 18 Ω 和 9 Ω 并联的两条支路，并联后电阻为 6 Ω，如图 1-4-3(c)所示；再将 e 点 Y 连接的三个6 Ω电阻转换成△连接，各电阻为 18 Ω，如图 1-4-3(d)所示；之后运用电阻串并联的知识，可得 a、b 间的等效电阻为 4 Ω。

第五节　正弦交流电路的稳态分析

一、正弦量

1. 正弦量

电路中按正弦规律变化的物理量称为正弦量，如正弦交流电压、正弦交流电流。下面是正弦交流电流的一般表达式：

$$i=I_m\cos(\omega t+\psi_i) \tag{1-5-1}$$

式中，I_m 是正弦交流电流的振幅或最大值；ω 是正弦交流电流的角频率，它反映正弦量变化的快慢。

因为$(\omega t+\psi_i)$代表的是正弦量的相角或相位，因此对相角求导所得数值即表示相角变化的快慢，求导得$\frac{d(\omega t+\psi_i)}{dt}=\omega$，故 ωt 被称为角频率，其单位为弧度/秒(rad/s)。ψ_i 是正弦交流电流的初相角或初相位，即 $t=0$ 时的相角 $\psi_i=(\omega t+\psi_i)|_{t=0}$，其取值范围一般为$|\psi_i|\leqslant\pi$，初相角的单位可以用弧度，也可以用度表示。

若 I_m、ω、ψ_i 已知，则可写出正弦量的解析式或画出其波形，所以通常称 I_m、ω、ψ_i 为正弦量的三要素。

正弦量的角频率 ω、周期 T 和频率 f 之间的关系为

$$f=\frac{1}{T} \tag{1-5-2}$$

$$\omega=\frac{2\pi}{T}=2\pi f \tag{1-5-3}$$

周期 T 的单位为秒(s)，频率 f 的单位为赫兹(Hz)。我国工业供电系统提供的正弦交流电的频率(简称工频)为 50 Hz。

正弦波是指正弦量随时间变化的图形或曲线，在电路中通常以作横坐标。图 1-5-1 是初相位取不同值时的波形图。

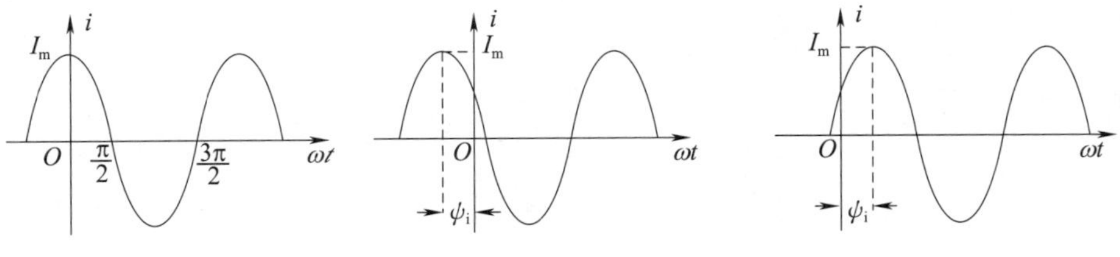

(a) $\psi_i=0$　(b) $\psi_i>0$　(c) $\psi_i<0$

图 1-5-1　不同初相位情况下的正弦波形

2. 相位差

对于同频率的两个正弦量，如电压 u_1 和 u_2，其数学描述式为

$$u_1 = U_{1m}\cos(\omega t + \psi_{u1}) \tag{1-5-4}$$

$$u_2 = U_{2m}\cos(\omega t + \psi_{u2}) \tag{1-5-5}$$

它们的相位之差称为相位差

$$\varphi = (\omega t + \psi_{u1}) - (\omega t + \psi_{u2}) = \psi_{u1} - \psi_{u2} \tag{1-5-6}$$

即对于同频率的正弦量来说，任何时刻的相位差都是一个常数，等于初相位之差。

当 $\varphi = \psi_{u1} - \psi_{u2} > 0$ 时，如图 1-5-2 所示，此时称电压 u_1 超前 u_2，超前的角度为 φ。

当 $\varphi = \psi_{u1} - \psi_{u2} < 0$ 时，称电压 u_1 落后 u_2，且落后 $|\varphi|$ 角度。

当 $\varphi = \psi_{u1} - \psi_{u2} = 0$ 时，称电压 u_1 与 u_2 同相位，简称同相。

当 $\varphi = \psi_{u1} - \psi_{u2} = \pm\pi$（或 $\pm 180°$）时，称电压 u_1 与 u_2 反相。

当 $\varphi = \psi_{u1} - \psi_{u2} = \pm\frac{\pi}{2}$ 时，称电压 u_1 与 u_2 正交。

注意：不同频率的正弦量，其相位差随时间变化而变化，没有讨论的意义。

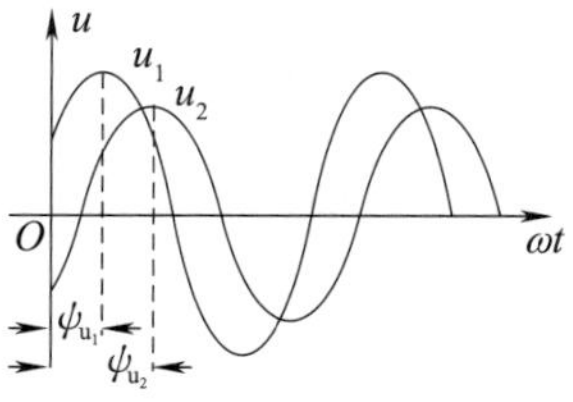

图 1-5-2　相位差

3. 有效值

有效值是按等效应概念来定义的，如热效应。让周期电流和直流电流流过等值的电阻，在相同时间 T（周期电流的一个周期）内，若两者产生的热效应相等，则称直流电流的数值为周期电流的有效值。

周期电流在时间 T 内产生的热量

$$Q_1 = \int_0^T i^2 R\,dt \tag{1-5-7}$$

直流电流在时间 T 内产生的热量

$$Q_2 = I^2 RT \tag{1-5-8}$$

若

$$Q_1 = Q_2 \tag{1-5-9}$$

则

$$I^2 T = \int_0^T i^2\,dt \tag{1-5-10}$$

所以

$$I = \sqrt{\frac{1}{T}\int_0^T i^2\,dt} \tag{1-5-11}$$

周期电流 i 的有效值用其大写字母 I 表示，有效值又称方均根值。

同样有周期电压的有效值

$$U = \sqrt{\frac{1}{T}\int_0^T u^2\,dt} \tag{1-5-12}$$

正弦交流电的有效值

$$\begin{aligned} I &= \sqrt{\frac{1}{T}\int_0^T i^2\,dt} = \sqrt{\frac{1}{T}\int_0^T I_m^2 \cos^2(\omega t + \psi_i)\,dt} \\ &= I_m\sqrt{\frac{1}{2T}\int_0^T [1 + \cos 2(\omega t + \psi_i)]\,dt} = \frac{I_m}{\sqrt{2}} \end{aligned} \tag{1-5-13}$$

所以正弦交流电中，有效值与最大值的关系为

$$I = \frac{I_m}{\sqrt{2}} \tag{1-5-14}$$

故正弦交流电流、电压还可描述为

$$i=\sqrt{2}I\cos(\omega t+\psi_i) \tag{1-5-15}$$

$$u=\sqrt{2}U\cos(\omega t+\psi_u) \tag{1-5-16}$$

因此也可以说有效值、角频率和初相位称为正弦量的三要素。

二、相量法

1. 复数

(1)虚数

如求方程 $x^2+4=0$ 的解，则 $x_{1,2}=\pm\sqrt{-4}=\pm\sqrt{-1}\times 2=\pm j2$。称 $x_1=j2$，$x_2=-j2$ 为虚数，其中 $j=\sqrt{-1}$ 称为虚数的单位(实数的单位为 1)。为防止与电流变量 i 发生混淆，在电路分析中虚数的单位用 j 而不用 i，并有 $j^2=-1$，$j^3=-j$，$j^4=1$ 等。

(2)复数

如求方程 $x^2+2x+5=0$ 的解，则 $x_{1,2}=-1\pm j2$，由实数和虚数加减构成，称为复数。在电路分析中复数可以反映正弦量，该复数通常被称为相量，复数 A 的表达形式有代数、指数和极坐标三种。

①代数形式

$$A=a+jb \tag{1-5-17}$$

式中，a 为复数 A 的实部，b 为虚部。

$$a=\mathrm{Re}[A]=\mathrm{Re}[a+jb] \tag{1-5-18}$$

$$b=\mathrm{Im}[A]=\mathrm{Im}[a+jb] \tag{1-5-19}$$

式中，Im 表示取复数 A 的虚部，Re 表示取复数 A 的实部。

任何一个复数都可以表示在复平面上。所谓复平面是指横轴表示复数的实部，纵轴表示复数的虚部的一个平面，横轴叫实轴，记作"+1"；纵轴叫虚轴，记作"+j"。如 $A=3+j2$，$B=-2-j2$ 表示在复平面上如图 1-5-3 所示。复数 A 的共轭记为 $\overline{A}$，二者的关系如图 1-5-4 所示。如 $A=a+jb$，则 $\overline{A}=a-jb$。

②指数形式

复数反映在复平面上是一条带箭头的直线，称矢量(或向量)。图 1-5-4 中线段的长度为 $|\boldsymbol{A}|$，称为矢量 $\boldsymbol{A}$ 的模，为正。矢量与实轴正方向之间的夹角称矢量 $\boldsymbol{A}$ 的辐角，为 φ。从实轴正方向逆时针旋转到矢量 $\boldsymbol{A}$ 时，辐角 φ 取正，顺时针旋转时取负。

根据图 1-5-4 的关系知

$$a=|\boldsymbol{A}|\cos\varphi, b=|\boldsymbol{A}|\sin\varphi \tag{1-5-20}$$

所以

$$A=|\boldsymbol{A}|\cos\varphi+j|\boldsymbol{A}|\sin\varphi=|\boldsymbol{A}|(\cos\varphi+j\sin\varphi) \tag{1-5-21}$$

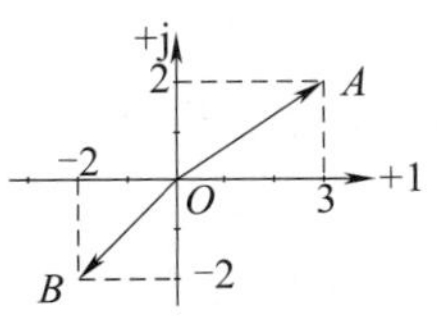

图 1-5-3　复平面与复数

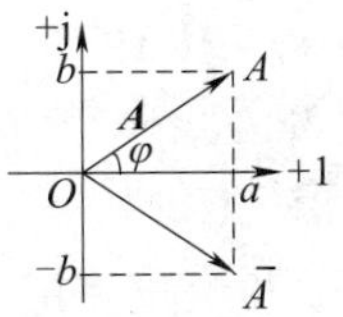

图 1-5-4　复数及其共轭复数

根据欧拉公式
$$e^{j\varphi}=\cos\varphi+j\sin\varphi \tag{1-5-22}$$
得
$$A=|\boldsymbol{A}|e^{j\varphi} \tag{1-5-23}$$
即为复数的指数形式。与代数形式的关系
$$|\boldsymbol{A}|=\sqrt{a^2+b^2},\varphi=\arctan\frac{b}{a} \tag{1-5-24}$$
式中，幅角 φ 在四个象限内取值。

③极坐标形式

工程上常把复数简写成极坐标形式
$$A=|\boldsymbol{A}|\angle\varphi \tag{1-5-25}$$

以上三种复数的表达形式完全相等，即 $A=a+jb=|\boldsymbol{A}|e^{j\varphi}=|\boldsymbol{A}|\angle\varphi$。如 $A_1=a_1+jb_1=|\boldsymbol{A_1}|e^{j\varphi_1}=|\boldsymbol{A_1}|\angle\varphi_1$，$A_2=a_2+jb_2=|\boldsymbol{A_2}|e^{j\varphi_2}=|\boldsymbol{A_2}|\angle\varphi_2$ 复数相等时 $A_1=A_2$，则
$$A_1=A_2,a_1=a_2,b_1=b_2;|\boldsymbol{A_1}|=|\boldsymbol{A_2}|,\varphi_1=\varphi_2 \tag{1-5-26}$$
若
$$A=a+jb=|\boldsymbol{A}|e^{j\varphi}=|\boldsymbol{A}|\angle\varphi \tag{1-5-27}$$
则其共轭复数
$$\overline{A}=a-jb=|\boldsymbol{A}|e^{-j\varphi}=|\boldsymbol{A}|\angle-\varphi \tag{1-5-28}$$

(3)复数的运算

①加减法：代数形式简便。
$$A_1\pm A_2=(a_1\pm a_2)\pm j(b_1\pm b_2) \tag{1-5-29}$$

②乘除法：指数或极坐标形式简便。
$$|\boldsymbol{A_1}|e^{j\varphi_1}\cdot|\boldsymbol{A_2}|e^{j\varphi_2}=|\boldsymbol{A_1}||\boldsymbol{A_2}|e^{j(\varphi_1+\varphi_2)} \tag{1-5-30}$$
$$|\boldsymbol{A_1}|\angle\varphi_1\cdot|\boldsymbol{A_2}|\angle\varphi_2=|\boldsymbol{A_1}||\boldsymbol{A_2}|\angle(\varphi_1+\varphi_2) \tag{1-5-31}$$
$$\frac{|\boldsymbol{A_1}|e^{j\varphi_1}}{|\boldsymbol{A_2}|e^{j\varphi_2}}=\frac{|\boldsymbol{A_1}|}{|\boldsymbol{A_2}|}e^{j(\varphi_1-\varphi_2)} \tag{1-5-32}$$
$$\frac{|\boldsymbol{A_1}|\angle\varphi_1}{|\boldsymbol{A_2}|\angle\varphi_2}=\frac{|\boldsymbol{A_1}|}{|\boldsymbol{A_2}|}\angle(\varphi_1-\varphi_2) \tag{1-5-33}$$

2. 正弦量的相量表示

在线性电路的稳态分析中，如电源的角频率为 ω，则响应的角频率也为 ω。因而若能求出响应的有效值（或最大值）和初相角，那么响应的正弦解也就确定了。因此如果能用复数表示正弦量的有效值和初相位，将会对电路的运算带来极大的方便。下面是一个复指数
$$|\boldsymbol{U_m}|e^{j(\omega t+\psi_u)}=|\boldsymbol{U_m}|\cos(\omega t+\psi_u)+j|\boldsymbol{U_m}|\sin(\omega t+\psi_u) \tag{1-5-34}$$
那么正弦交流电压
$$\begin{aligned}u&=|\boldsymbol{U_m}|\cos(\omega t+\psi_u)=\mathrm{Re}[|\boldsymbol{U_m}|e^{j(\omega t+\psi_u)}]=\mathrm{Re}[|\boldsymbol{U_m}|e^{j\omega t}\cdot e^{j\psi_u}]\\&=\mathrm{Re}[\sqrt{2}|\boldsymbol{U}|e^{j\omega t}\cdot e^{j\psi_u}]=\mathrm{Re}[|\boldsymbol{U_m}|e^{j\omega t}]=\mathrm{Re}[\sqrt{2}|\boldsymbol{U}|e^{j\omega t}]\end{aligned} \tag{1-5-35}$$
式中，$U_m=|\boldsymbol{U_m}|\angle\psi_u$ 称为正弦量 u 的振幅相量；$U=|\boldsymbol{U}|\angle\psi_u$ 称为正弦量 u 的相量。将相量画在复平面上即称为相量图。

相量反映了正弦量两个重要的元素，如果角频率 ω 为已知，则由正弦量可写出相量，由相量可写出正弦量。但必须注意：正弦量是时间 t 的函数，而相量是一个复常数，故相量不等于正弦量，正弦量也不等于相量，即

$$U \neq u, U_m \neq u \tag{1-5-36}$$

3. 基本定律与基本元件的相量形式

由上一节知，当多个正弦量相加时，对应的相量也满足相加关系。基尔霍夫电流定律的时域形式

$$\sum_{k=1}^{b} i_k = 0 \tag{1-5-37}$$

其相量形式同样满足 KCL 方程

$$\sum_{k=1}^{b} \dot{I}_k = 0 \tag{1-5-38}$$

同理，由 KVL 的时域形式

$$\sum_{k=1}^{b} u_k = 0 \tag{1-5-39}$$

得到 KVL 相量形式

$$\sum_{k=1}^{b} \dot{U}_k = 0 \tag{1-5-40}$$

三、正弦交流电路中的 *R*、*L*、*C*

1. 电阻元件 R

(1)R 中的瞬时电压与瞬时电流参考方向如图 1-5-5(a)所示，如果

$$i_R = \sqrt{2} I_R \cos(\omega t + \psi_i) \tag{1-5-41}$$

根据欧姆定律

$$u_R = R i_R \tag{1-5-42}$$

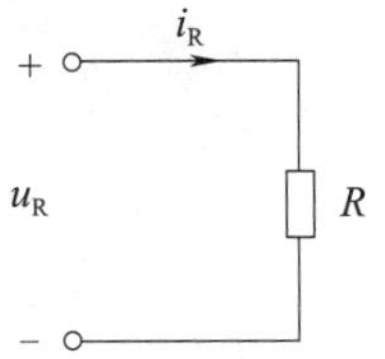

（a）电阻的时域电路

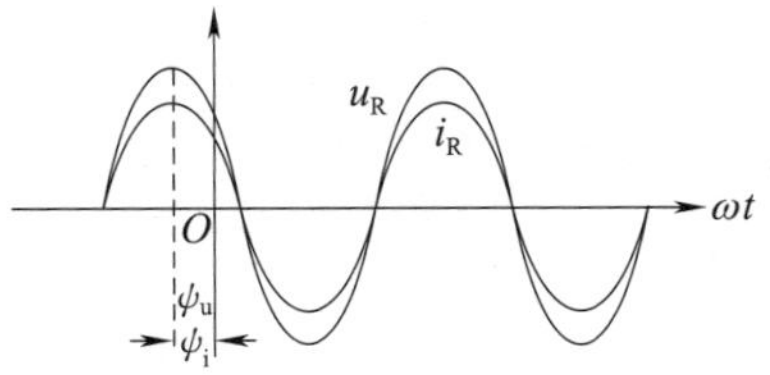

（b）电阻的瞬时电压、电流波形

图 1-5-5　电阻元件的瞬时电压、电流

则电阻电压

$$u_R = \sqrt{2} U_R \cos(\omega t + \psi_u) = \sqrt{2} I_R R \cos(\omega t + \psi_i) \tag{1-5-43}$$

由此可得到如下关系：

①电阻的电压有效值与电流有效值仍然满足欧姆定律

$$U_R = R I_R \tag{1-5-44}$$

②电阻的电压 u_R 与电流 i_R 同相位，即

$$\psi_u = \psi_i \tag{1-5-45}$$

电阻元件的瞬时电压、电流波形如图 1-5-5(b)所示。

(2)R 中的电压相量与电流相量

设电阻电流相量为

$$I_R = |\boldsymbol{I}_R| \angle \psi_i \tag{1-5-46}$$

由式(1-5-44)、式(1-5-45)知电阻电压相量

$$U_R = |\boldsymbol{U}_R| \angle \psi_u = R|\boldsymbol{I}_R| \angle \psi_i = RI_R \tag{1-5-47}$$

故电阻电压、电流的相量形式仍满足欧姆定律

$$U_R = RI_R \tag{1-5-48}$$

电阻元件的相量电路如图 1-5-6(a)所示，图 1-5-6(b)是电阻的相量。

（a）电阻的相量电路 （b）电阻的相量

图 1-5-6 电阻电压、电流的关系

2. 电感元件 L

(1)L 中的瞬时电流与电压

在图 1-5-7(a)参考方向下，任何时刻电感电压与电流满足关系式

$$u_L = L\frac{\mathrm{d}i_L}{\mathrm{d}t} \tag{1-5-49}$$

因此，如果设电感电流为

$$i_L = \sqrt{2}I_L\cos(\omega t + \psi_i) \tag{1-5-50}$$

则电感电压

$$u_L = \sqrt{2}U_L\cos(\omega t + \psi_u) = L\frac{\mathrm{d}i_L}{\mathrm{d}t} = \sqrt{2}\omega LI_L\cos(\omega t + \psi_i + 90°) \tag{1-5-51}$$

由式(1-5-51)可得

①电感电压、电流有效值的关系为

$$U_L = \omega LI_L \tag{1-5-52}$$

②电感电压超前电感电流90°，即

$$\psi_u = \psi_i + 90° \tag{1-5-53}$$

电感电压与电流的正弦波形如图 1-5-7(b)所示。

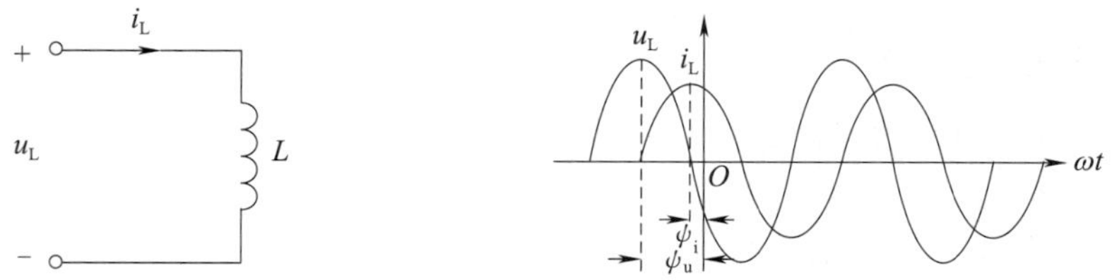

（a）电感的时域电路 （b）电感的瞬时电压、电流波形

图 1-5-7 电感元件的瞬时电压、电流

(2)L 中的电压向量与电流向量

设电感电流向量为

$$I_L = |\boldsymbol{I}_L| \angle \psi_i \tag{1-5-54}$$

则根据式(1-5-52)、式(1-5-53)的关系知电感电压向量

$$U_L = |\boldsymbol{U}_L| \angle \psi_u = \omega L |\boldsymbol{I}_L| \angle (\psi_i + 90°) = j\omega L |\boldsymbol{I}_L| \angle \psi_i = j\omega L I_L \tag{1-5-55}$$

所以,电感电压相量与电流相量的关系为

$$U_L = j\omega L |\boldsymbol{I}_L| = jX_L |\boldsymbol{I}_L| \tag{1-5-56}$$

式中,$X_L = \omega L$,称为感抗,具有电阻的量纲。当角频率 ω 的单位取弧度/秒(rad/s),电感 L 取亨(H)的情况下,感抗的单位是欧(Ω)。感抗的大小反映电感对正弦电流抵抗能力的强弱。

电感元件的相量电路、相量分别如图 1-5-8(a)、(b)所示。从式(1-5-56)可知,在电路参数与激励源有效值为定值的情况下,响应是角频率 ω 的函数,因此相量分析也称为频域分析。

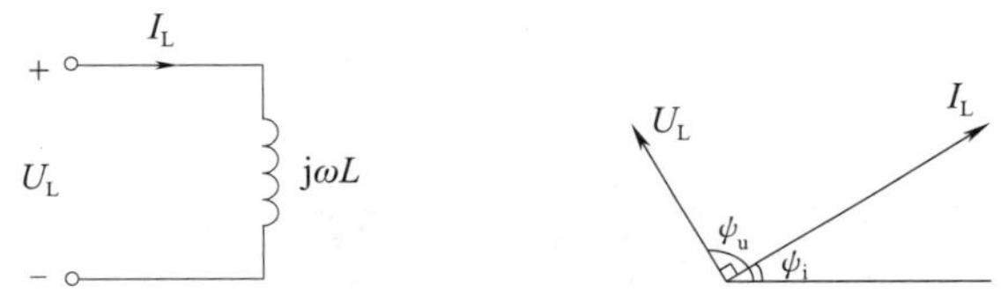

(a) 电感的向量电路　　(b) 电感的相量

图 1-5-8　电感的电压、电流相量

3. 电容元件 C

(1)C 中的瞬时电压与电流

图 1-5-9(a)所示电容无件,其瞬时电压、电流的关系为

$$i_c = C\frac{du_C}{dt} \tag{1-5-57}$$

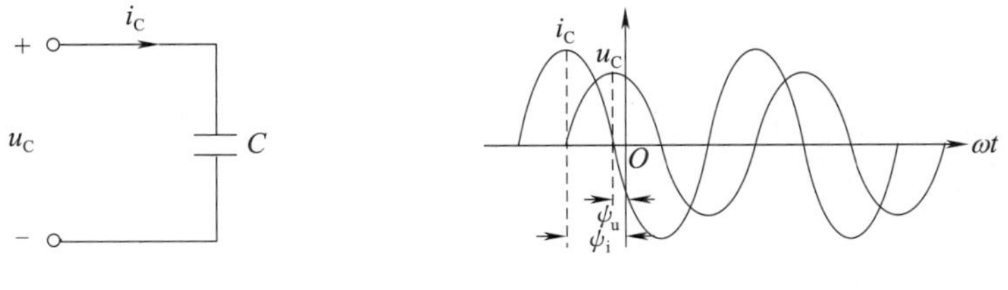

(a) 电容的时域电路　　(b) 电容的瞬时电压、电流波形

图 1-5-9　电容元件的瞬时电压、电流

如设电容电压为

$$u_C = \sqrt{2} U_C \cos(\omega t + \psi_u) \tag{1-5-58}$$

则电容电流

$$i_C = \sqrt{2} I_C \cos(\omega t + \psi_i) = C\frac{du_C}{dt} = \sqrt{2}\omega C U_C \cos(\omega t + \psi_u + 90°) \tag{1-5-59}$$

由式(1-5-59)可得如下关系

① $$I_C=\omega CU_C \text{ 或 } U_C=\frac{1}{\omega C}I_C \quad (1\text{-}5\text{-}60)$$

②电容电压滞后电流 90°,即

$$\psi_u=\psi_i-90° \quad (1\text{-}5\text{-}61)$$

电容电压与电流的瞬时波形如图 1-5-9(b)所示。

(2)C 中的电压相量与电流相量

设电容电压相量为

$$U_C=|\boldsymbol{U}_C|\angle\psi_u \quad (1\text{-}5\text{-}62)$$

则电容电流相量

$$I_C=|\boldsymbol{I}_C|\angle\psi_i=\omega C|\boldsymbol{U}_C|\angle(\psi_u+90°)=\mathrm{j}\omega CI_C \quad (1\text{-}5\text{-}63)$$

所以电容元件的电压、电流相量的关系式为

$$U_C=\frac{1}{\mathrm{j}\omega C}I_C=-\mathrm{j}\,\frac{1}{\omega C}I_C=-\mathrm{j}X_CI_C \quad (1\text{-}5\text{-}64)$$

式中,$X_C=\frac{1}{\omega C}$称为容抗,其单位也是欧姆(Ω),此时角频率的单位取弧度/秒(rad/s),电容单位为法拉(F)。

电容元件的相量电路、相量分别如图 1-5-10(a)、(b)所示。

(a)电容的相量电路　　(b)电容的相量

图 1-5-10　电容的电压、电流相量

4. 相量(频域)与正弦量(时域)的对应关系

(1)对于电阻元件

正弦量 $$u_R=Ri_R \quad (1\text{-}5\text{-}65)$$

相量 $$U_R=RI_R \quad (1\text{-}5\text{-}66)$$

因此在时域中乘一个常系数,在频域中同样也是乘一个常系数。

(2)对于电感、电容元件

正弦量 $$u_L=L\,\frac{\mathrm{d}i_L}{\mathrm{d}t} \quad (1\text{-}5\text{-}67)$$

$$i_C=C\,\frac{\mathrm{d}u_C}{\mathrm{d}t} \quad (1\text{-}5\text{-}68)$$

相量 $$U_L=\mathrm{j}\omega LI_L \quad (1\text{-}5\text{-}69)$$

$$I_C=\mathrm{j}\omega CU_C \quad (1\text{-}5\text{-}70)$$

对照正弦量与相量的关系式可知,时域中的微分运算,在频域中只需乘一个系数 jω。

(3)电感、电容元件的另一种表达形式

正弦量 $$i_L=\frac{1}{L}\int u_L\mathrm{d}t \quad (1\text{-}5\text{-}71)$$

$$u_C = \frac{1}{C}\int i_C \mathrm{d}t \tag{1-5-72}$$

相量

$$I_L = \frac{1}{\mathrm{j}\omega L}U_L, U_C = \frac{1}{\mathrm{j}\omega C}I_C \tag{1-5-73}$$

根据以上正弦量与相量的对应关系不难看出，时域中的积分运算，在频域中就是除以系数 $\mathrm{j}\omega$。

因此时域中的微积分运算，采用相量法后就变成了代数运算，因而采用相量法可以简化正弦交流电路的分析与计算。

四、阻抗与导纳

1. 阻抗

在关联参考方向下，电阻、电感和电容三种元件的电压、电流相量形式为

$$U_R = RI_R$$
$$U_L = \mathrm{j}\omega L I_L$$
$$U_C = \frac{1}{\mathrm{j}\omega C}I_C \tag{1-5-74}$$

取统一形式

$$U = ZI \tag{1-5-75}$$

称 Z 为元件的阻抗，阻抗的单位是欧(Ω)。式(1-5-75)称为相量形式的欧姆定律。从一个元件推广到一个不含独立电源的网络 N_0，其对外等效电路如图 1-5-11(a)所示。

图 1-5-11　不含独立电源的二端网络的阻抗

假设二端网络 N_0 的端口电压，二端电流为

$$U = |\boldsymbol{U}|\angle\psi_u \tag{1-5-76}$$
$$I = |\boldsymbol{I}|\angle\psi_i \tag{1-5-77}$$

则二端网络 N_0 的等效阻抗

$$U = ZI \tag{1-5-78}$$

即任何一个不含独立电源的二端网络 N_0 的阻抗为

$$Z = \frac{U}{I} = \frac{|\boldsymbol{U}|\angle\psi_u}{|\boldsymbol{I}|\angle\psi_i} = \frac{|\boldsymbol{U}|}{|\boldsymbol{I}|}\angle(\psi_u - \psi_i) = |\boldsymbol{Z}|\angle\theta \tag{1-5-79}$$
$$= |\boldsymbol{Z}|\cos\theta + \mathrm{j}|\boldsymbol{Z}|\sin\theta = R + \mathrm{j}X$$

式中，$|\boldsymbol{Z}|$ 称为阻抗的模；θ 为阻抗角；阻抗的实部 R 称为电阻，虚部 X 称为电抗。图 1-5-11(b)是将阻抗的实部和虚部分别画出来的等效电路。

虽然阻抗 Z 是复数，但并不代表正弦量，它反映的是电压与电流相量的关系，故在其符号

上面不能加圆点表示。电阻、电感和电容元件的阻抗分别为

$$Z=R$$

$$Z=\mathrm{j}\omega L=\mathrm{j}X_{\mathrm{L}}$$

$$Z=-\mathrm{j}\frac{1}{\omega C}=-\mathrm{j}X_{\mathrm{C}} \tag{1-5-80}$$

例题 4:如图 1-5-12 所示的 RLC 串联电路,求其等效阻抗并分析电路的性质。

解:根据 KVL 可求得等效电抗:

$$Z=R+\mathrm{j}\omega L+\frac{1}{\mathrm{j}\omega C}=R+\mathrm{j}(X_{\mathrm{L}}-X_{\mathrm{C}})$$

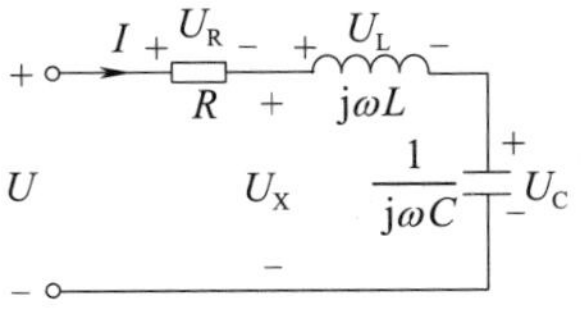

图 1-5-12 RLC 串联电路

(1)当 $X=X_{\mathrm{L}}-X_{\mathrm{C}}=0$,即阻抗角 $\theta=\psi_{\mathrm{u}}-\psi_{\mathrm{i}}=0$ 时,电压与电流同相位,电路呈阻性,相量如图 1-5-13(a)所示。

(2)当 $X=X_{\mathrm{L}}-X_{\mathrm{C}}>0$,即阻抗角 $\theta=\psi_{\mathrm{u}}-\psi_{\mathrm{i}}>0$ 时,电压超前电流一个正角度,电路呈感性,相量如图 1-5-13(b)所示。

(3)当 $X=X_{\mathrm{L}}-X_{\mathrm{C}}<0$ 时,即阻抗角 $\theta=\psi_{\mathrm{u}}-\psi_{\mathrm{i}}<0$ 时,电压滞后电流一个正角度,电路呈容性,图 1-5-13(c)是对应的相量。

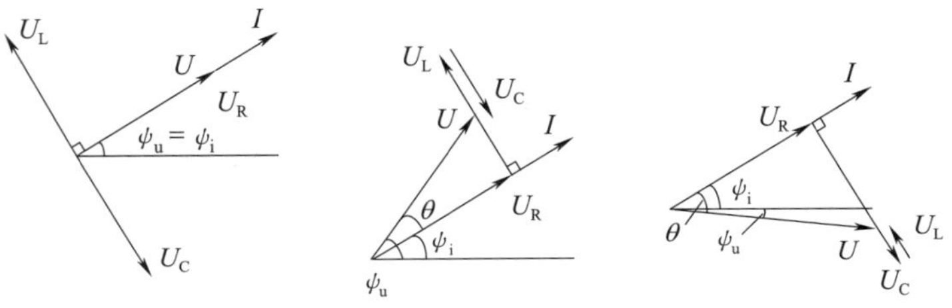

(a) $X_L=X_C$, $\theta=0$　(b) $X_L>X_C$, $\theta>0$　(c) $X_L<X_C$, $\theta<0$

图 1-5-13 阻抗虚部取值不同的相量

需要注意的是,阻抗角 θ 指的电压 U 与电流 I 之间的夹角,当电压 U 超前电流 I 时为正,而电压 U 滞后电流 I 时为负。

图 1-5-12 电路中各电压有效值的关系可通过图 1-5-14(a)电压三角形直观地表示,即有

$$U=\sqrt{U_{\mathrm{R}}^2+U_{\mathrm{X}}^2}=\sqrt{U_{\mathrm{R}}^2+(U_{\mathrm{L}}-U_{\mathrm{C}})^2} \tag{1-5-81}$$

图 1-5-14(b)称为阻抗三角形,是阻抗的模 $|\boldsymbol{Z}|$ 与电阻 R 和电抗 X 的图解形式,且有

$$|\boldsymbol{Z}|=\sqrt{R^2+X^2}=\sqrt{R^2+(X_{\mathrm{L}}-X_{\mathrm{C}})^2} \tag{1-5-82}$$

(a)电压三角形　(b)阻抗三角形

图 1-5-14 电压三角形和阻抗三角形

2. 导纳

改写式(1-5-75)得

$$I=YU \tag{1-5-83}$$

式中，Y 被称为导纳，反映的是电流相量与电压相量的关系系数，单位是西门子(S)。

$$Y=\frac{I}{U}=\frac{|\boldsymbol{I}|}{|\boldsymbol{U}|}\angle(\psi_i-\psi_u)=|\boldsymbol{Y}|\angle\psi=G+jB \tag{1-5-84}$$

式中，$|\boldsymbol{Y}|$ 为导纳的模，ψ 称为导纳角；导纳的实部 G 称为电导，虚部 B 为电纳。

由图 1-5-15 所示 RLC 并联电路可得

$$\begin{aligned}I&=I_C+I_L+I_G=\frac{U}{R}+\frac{U}{j\omega L}+j\omega CU=\left[\frac{1}{R}+j\left(\omega C-\frac{1}{\omega L}\right)\right]U\\&=[G+j(B_C-B_L)]U=(G+jB)U=YU\end{aligned} \tag{1-5-85}$$

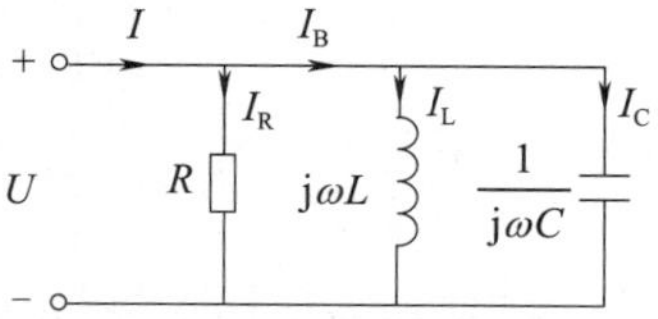

图 1-5-15　RLC 并联电路

式中，$B_C=\omega C$ 称为容纳，$B_L=\frac{1}{\omega L}$称为感纳。所以导纳

$$Y=\frac{1}{R}+j(\omega C-\frac{1}{\omega L})=G+j(B_C-B_L)=(G+jB)=|\boldsymbol{Y}|\angle\psi \tag{1-5-86}$$

五、正弦交流电路的功率

在正弦交流电路中，功率的种类比较多。在下面功率的介绍里，均以电压、电流取关联参考方向作为前提。

1. 瞬时功率

在图 1-5-16 所示的二端口网络 N 的端口，假设电压、电流分别为

$$u=\sqrt{2}U\cos(\omega t+\psi_u) \tag{1-5-87}$$

$$i=\sqrt{2}I\cos(\omega t+\psi_i) \tag{1-5-88}$$

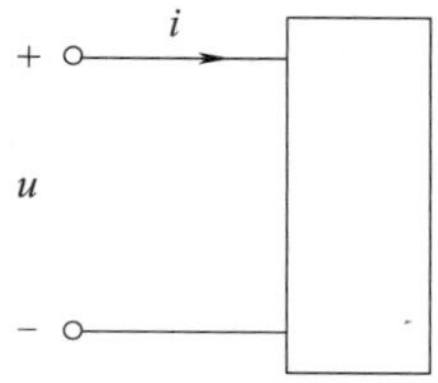

图 1-5-16　二端口网络

则网络 N 吸收的瞬时功率

$$\begin{aligned}p&=ui=2UI\cos(\omega t+\psi_u)\cos(\omega t+\psi_i)\\&=UI\cos(2\omega t+\psi_u+\psi_i)+UI\cos(\psi_u-\psi_i)\\&=UI\cos(2\omega t+\psi_u+\psi_i)+UI\cos\varphi\end{aligned} \tag{1-5-89}$$

该功率分为两部分，其中一部分是两倍于电源频率的正弦量，另一部分则为常量。瞬时功率有正有负，当 $P>0$ 时，表示网络 N 吸收能量；当 $P<0$ 时，表示网络 N 释放能量，如果网络 N 中不含独立电源，说明网络 N 中含有储能元件。

纯电阻时，$\varphi=0$

$$p_R=UI\cos[(2\omega t+\psi_u+\psi_i)+1]=UI\cos[2(\omega t+\psi_u)+1] \tag{1-5-90}$$

纯电感时，$\varphi=\frac{\pi}{2}$

$$p_L=UI\cos(2\omega t+\psi_u+\psi_i)=UI\sin2(\omega t+\psi_u) \tag{1-5-91}$$

纯电容时，$\varphi=-\frac{\pi}{2}$

$$p_C=UI\cos(2\omega t+\psi_u+\psi_i)=-UI\sin2(\omega t+\psi_u) \tag{1-5-92}$$

由以上三个公式不难知道，任何时刻均有 $p_R>0$，所以电阻 R 为耗能元件；而 p_L、p_C 的波形正负半轴对称，也就是说吸收多少能量就释放多少能量，所以电感 L 和电容 C 是不消耗能量的，是非耗能元件。

2. 有功功率(平均功率)

有功功率又被称为平均功率,是瞬时功率在一个周期内的平均值,用大写字 P 表示,故

$$\begin{aligned}P&=\frac{1}{T}\int_0^T p\,\mathrm{d}t=\frac{1}{T}\int_0^T[UI\cos(2\omega t+\psi_\mathrm{u}+\psi_\mathrm{i})+UI\cos\varphi]\mathrm{d}t\\&=\frac{1}{T}\int_0^T UI\cos(2\omega t+\psi_\mathrm{u}+\psi_\mathrm{i})\mathrm{d}t+\frac{1}{T}\int_0^T UI\cos\varphi\,\mathrm{d}t\\&=UI\cos\varphi\end{aligned}\tag{1-5-93}$$

即有功功率 P 通常可用以下公式求得

$$P=UI\cos\varphi\tag{1-5-94}$$

有功功率单位为瓦(W)。一般电器所标示功率的大小即指有功功率,如:电机为 10 kW,灯泡的功率为 60 W 等。有功功率 P 的大小不仅与电压、电流有效值 U、I 有关,还和 u 与 i 的相位差 φ 有关,φ 被称为功率因数角。如果网络 N 中不含独立电源,功率因数角 φ 实际就是阻抗角 θ。$\cos\varphi$ 则被称为功率因数,是正弦交流电路中一个非常重要的指标。感性电路与容性电路可通过功率因数角 φ 的正负加以区分,但由于 $\cos\varphi=\cos(-\varphi)$,所以由功率因数的数值无法区分电路是感性还是容性,此时要加文字予以说明。通常感性电路的功率因数称为滞后功率因数,容性电路的功率因数称为超前功率因数。

纯电阻时,$\varphi=0$,其有功功率为

$$P_\mathrm{R}=UI\cos\varphi=UI=I^2R=\frac{U^2}{R}=GU^2\tag{1-5-95}$$

纯电感时,$\varphi=\frac{\pi}{2}$,其有功功率为

$$P_\mathrm{L}=UI\cos\varphi=0\tag{1-5-96}$$

纯电容时,$\varphi=-\frac{\pi}{2}$,其有功功率为

$$P_\mathrm{C}=UI\cos\varphi=0\tag{1-5-97}$$

由此同样可以得出与前面相同的结论,即电感、电容元件不消耗能量。

3. 无功功率

改写式(1-5-88)的瞬时功率表达式,有

$$\begin{aligned}p(t)&=UI\cos\varphi+UI\cos(2\omega t+\psi_\mathrm{u}+\psi_\mathrm{i})\\&=UI\cos\varphi+UI\cos(2\omega t+2\psi_\mathrm{u}-\psi_\mathrm{i})\\&=UI\cos\varphi+UI\cos\varphi\cos(2\omega t+2\psi_\mathrm{u})+UI\sin\varphi\sin(2\omega t+2\psi_\mathrm{u})\\&=\underbrace{UI\cos\varphi[1+\cos(2\omega t+2\psi_\mathrm{u})]}_{p_\mathrm{R}(t)}+\underbrace{UI\sin\varphi\sin(2\omega t+2\psi_\mathrm{u})}_{p_\mathrm{X}(t)}\end{aligned}\tag{1-5-98}$$

式中,$p_\mathrm{R}(t)$在任何时刻 t 吸收的功率大于等于零($|\varphi|\leqslant\frac{\pi}{2}$),代表这部分始终在吸收能量,与外部没有能量的交换过程,所以这部分吸收的功率与电阻元件吸收功率的情况一致,故称 $p_\mathrm{R}(t)$为瞬时功率 $p(t)$的有功分量;$p_\mathrm{X}(t)$则被称为瞬时功率 $p(t)$的无功分量,它的波形两倍于电源的频率变化,且正、负半波对称,平均值为零,所以这部分不消耗能量,但与外部电路有能量的交换,并将功率交换的幅值定义为无功功率。

无功功率为

$$Q=UI\sin\varphi \tag{1-5-99}$$

无功功率的单位用伏安表示，简称乏(var)。

当 $Q>0$ 时，$\varphi>0$，电压超前电流，为感性电路；当 $Q<0$ 时，$\varphi<0$，电压滞后电流，为容性电路；当 $Q=0$ 时，$\varphi=0$，电压与电流同相，为阻性电路。

纯电感时

$$Q_L=UI\sin\varphi=UI\sin 90°=UI=I^2X_L=\frac{U^2}{X_L} \tag{1-5-100}$$

纯电容时

$$Q_C=UI\sin\varphi=UI\sin(-90°)=-UI=-I^2X_C=-\frac{U^2}{X_C} \tag{1-5-101}$$

所以电感吸收的无功大于等于零，而电容吸收的无功小于等于零。

4. 视在功率

视在功率定义为

$$S=UI=\sqrt{P^2+Q^2} \tag{1-5-102}$$

视在功率的单位是伏安(V·A)，变压器的容量即以视在功率来定义。由于变压器的电压，电流都有一个额定值，变压器即便是工作在额定状态下，其输出功率的大小还要看负载功率因素的大小。例如变压器的容量为 1 kV·A，且工作在额定状态下，如负载的功率因数 $\cos\varphi=0.8$，则变压器输出功率 $P=1\times0.8=0.8$(kW)；如负载的功率因数 $\cos\varphi=1$，则变压器输出功率 $P=1$ kW。由有功功率 P、无功功率 Q 和视在功率 S 构成的三角形称为功率三角形，如图 1-5-17 所示。

5. 复功率

对于一个二端网络 N，如端口处电压、电流为

$$U=|\boldsymbol{U}|\angle\psi_u \tag{1-5-103}$$

$$I=|\boldsymbol{I}|\angle\psi_i \tag{1-5-104}$$

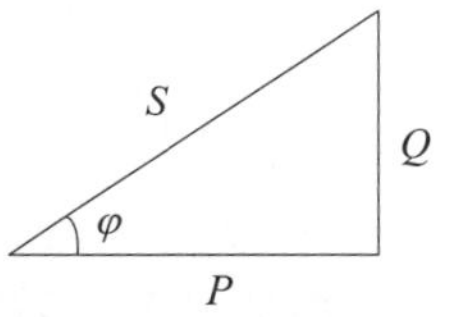

图 1-5-17　功率三角形

则网络 N 吸收的复功率定义为

$$\begin{aligned}\overline{S}&=UI=|\boldsymbol{U}|\angle\psi_u\times|\boldsymbol{I}|\angle-\psi_i=|\boldsymbol{UI}|\angle(\psi_u-\psi_i)\\&=|\boldsymbol{UI}|\angle\varphi=|\boldsymbol{S}|\angle\varphi=P+jQ\end{aligned} \tag{1-5-105}$$

其单位仍为伏安(V·A)。复功率的引入可以通过电压相量 U 和电流相量 I 方便地计算出有功功率 P、无功功率 Q、视在功率 S 以及功率因数 $\cos\varphi$。由于复功率不代表正弦量，它的描述形式有别于相量。

六、电路的谐振

1. 串联谐振

由电阻、电感和电容构成的串联电路如图 1-5-18 所示。端口处的等效阻抗为

$$Z=R+j\omega L+\frac{1}{j\omega C}=R+j(X_L-X_C)=R+jX \tag{1-5-106}$$

图 1-5-19 是感抗 X_L、容抗 X_C 以及两者串联后的电抗 X 与电源角频率 ω 的关系曲线。由该图曲线可知，当

$\omega < \omega_0$ 时，$X = X_L - X_C < 0$，电路呈容性；

$\omega > \omega_0$ 时，$X = X_L - X_C > 0$，电路呈感性；

$\omega = \omega_0$ 时，$X = X_L - X_C = 0$，电路呈阻性。

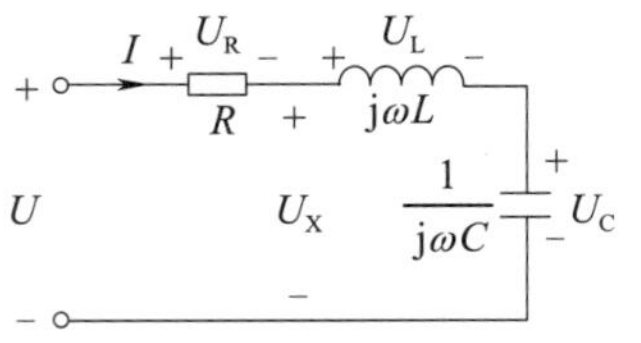

图 1-5-18　电阻、电感和电容构成的串联电路

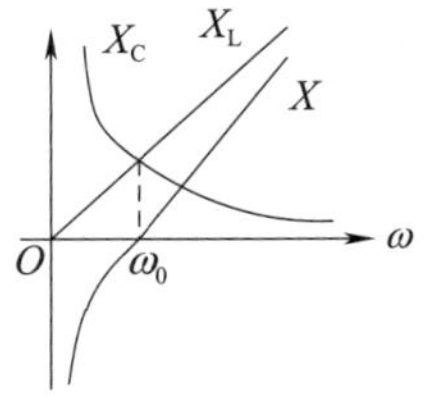

图 1-5-19　感抗、容抗和电抗的频率特性

其中 $X_L = X_C$ 时的阻性电路，其端口等效阻抗 $Z = R$，称此时的工作状况为谐振，由于电路串联，所以称为串联谐振。将此时的电源频率称为谐振频率，即谐振时有

$$\omega_0 L = \frac{1}{\omega_0 C} \tag{1-5-107}$$

谐振角频率为

$$\omega_0 = \frac{1}{\sqrt{LC}} \tag{1-5-108}$$

谐振频率为

$$f_0 = \frac{1}{2\pi\sqrt{LC}} \tag{1-5-109}$$

由以上式子可知，谐振频率由电路元件的参数决定，与外加激励无关。但若外加激励的频率等于谐振频率，则电路发生谐振。

2. 串联谐振的特征

当图 1-5-18 所示电路发生串联谐振时，有如下特征：

(1)端口等效阻抗 $Z = R$，为纯电阻，端电压与端电流同相位。

(2)谐振时端口等效阻抗的模 $|\boldsymbol{Z}| = R$，为最小，而电流 $I = \frac{U}{|\boldsymbol{Z}|} = \frac{U}{R}$，所以在端口电压 U 一定的情况下，串联谐振时电流有效值为最大。

(3)谐振时，由于电抗电压 $U_X = U_L + U_C = 0$，所以端口电压等于电阻电压 $U = U_R$。

谐振时的相量图如图 1-5-20 所示，定义串联谐振的特性阻抗

$$\rho = \omega_0 L = \frac{1}{\omega_0 C} = \sqrt{\frac{L}{C}} \tag{1-5-110}$$

品质因数

$$Q = \frac{\rho}{R} = \frac{\omega_0 L}{R} = \frac{1}{R\omega_0 C} = \frac{1}{R}\sqrt{\frac{L}{C}} \tag{1-5-111}$$

虽然谐振时电抗电压 $U_X = 0$，但电感、电容上的电压却不为零，分别为

$$U_L = j\omega_0 L I = j\omega_0 L \frac{U}{R} = jQU \tag{1-5-112}$$

$$U_C = -j\frac{1}{\omega_0 C} I = -jQU \tag{1-5-113}$$

即电感、电容电压的有效值是端口电压有效值的 Q 倍。如果品质因数 $Q\gg1$，谐振时电感和电容上会产生高电压，使电气设备遭到破坏，此时应尽量避免谐振现象的发生。另一方面，谐振时的这一特征在电子技术等领域得到了充分利用，如无线电信号的放大等。

(4)谐振时功率因数角 $\varphi=0$，电路吸收的无功 $Q=UI\sin\varphi=0$，即 $Q=Q_L+Q_C=0$，所以电感与电容上的无功完全补偿，电源不向电路提供无功。设端口电压为 $u=U_m\cos(\omega_0 t)$，则电感电流以及电容电压分别为

$$i=I_m\cos\omega_0 t \tag{1-5-114}$$

$$u_c=U_{Cm}\cos(\omega_0 t-90^\circ) \tag{1-5-115}$$

t 时刻储存在 L 和 C 上能量的总和

$$\begin{aligned}W&=W_L+W_C=\frac{1}{2}Li^2+\frac{1}{2}Cu_c^2\\&=\frac{1}{2}Li_m^2\cos^2\omega_0 t+\frac{1}{2}CU_{Cm}^2\sin^2\omega_0 t\\&=\frac{1}{2}LI_m^2=\frac{1}{2}CU_{Cm}^2=\text{常数}\end{aligned} \tag{1-5-116}$$

换句话说，电感上磁场能量的减少量正好等于电容上电场能量的增加量，电感和电容与电源之间没有能量的交换。

3. 并联谐振

并联谐振电路如图 1-5-21 所示，等效导纳

$$Y=\frac{1}{R}+\mathrm{j}(\omega C-\frac{1}{\omega L}) \tag{1-5-117}$$

当 $\omega C-\dfrac{1}{\omega L}=0$ 时，电路为阻性，U 和 I 同相，此时称电路发生了并联谐振，谐振角频率

$$\omega_0=\frac{1}{\sqrt{LC}} \tag{1-5-118}$$

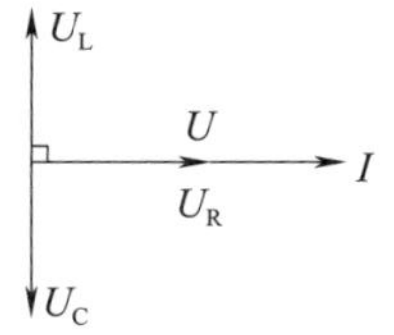

图 1-5-20　串联谐振时的相量

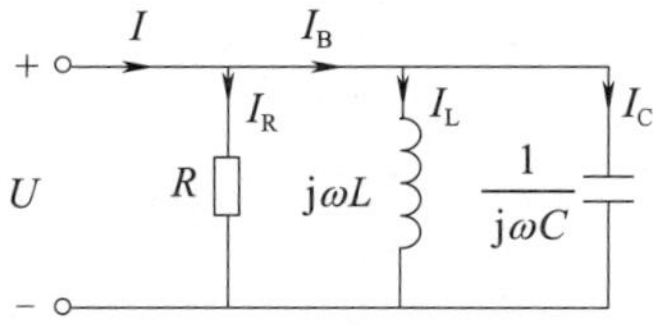

图 1-5-21　并联谐振电路

4. 并联谐振的特征

(1)端口电压 U 和 I 同相，电路呈阻性。

(2)等效导纳的模值为最小，$|\boldsymbol{Y}|=G$。若电流 I 一定，则谐振时端口处电压最大。

(3)电感与电容并联后的总电流

$$I_B=I_L+I_C=0$$

端口电流全部流过电阻，所以并联谐振时

$$I=I_R$$

定义品质因数 Q

$$Q=\frac{1}{\omega_0 L}\Big/\frac{1}{R}=\frac{R}{\omega_0 L}=\omega_0 CR=R\sqrt{\frac{C}{L}} \tag{1-5-119}$$

虽然电感与电容并联后的总电流为零，但电感与电容上的电流却不为零，分别为

$$I_L=\frac{1}{j\omega_0 L}U=\frac{1}{j\omega_0 L}RI=-jQI \tag{1-5-120}$$

$$I_C=j\omega_0 CU=j\omega_0 CRI=jQI \tag{1-5-121}$$

因此，当品质因数 $Q>1$ 时，作为分支的电感、电容上的电流幅值比总电流的幅值大。图 1-5-22 是图 1-5-21 电路并联谐振时的相量图。

(4)谐振时电路吸收的无功 $Q=UI\sin\varphi=0$，即 $Q_L+Q_C=0$ 电感与电容的无功相互补偿，与电源没有能量交换。

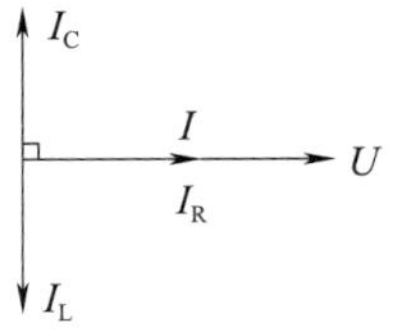

图 1-5-22　并联谐振时的相量

第六节　三 相 电 路

一、基本概念

目前世界上的交流电力系统几乎全部采用三相制(即三相系统)，而不是单相制。这是因为从发电、输电、配电和用电诸方面来说，采用三相制比采用单相制能取得更高的效益，且有更大的优越性。通常所见到的架空电线杆上，常架有 3 条或 4 条输电线，这就是三相输电线。三相制是由三组频率相同而相位互差 120°的交流电源供电的交流系统。

二、三相电源和三相负载

在交流发电机中，有三个位置彼此相差 120°的绕组。当发电机的转子旋转时，则在各绕组中感应出相位相差 120°，而幅值及频率相等的三个交流电压。所谓三相电源一般是指由这种三个频率相同、幅值相等、相位依次相差 120°的正弦电压按一定方式连接而成的电源，这组电源称为对称三相电源，依次称为 A 相、B 相和 C 相，分别记为 u_A、u_B 和 u_C，它们的瞬时表达式为

$$\begin{aligned}
u_A(t)&=\sqrt{2}U\cos(\omega t+\varphi)\\
u_B(t)&=\sqrt{2}U\cos(\omega t+\varphi-120^\circ)\\
u_C(t)&=\sqrt{2}U\cos(\omega t+\varphi-240^\circ)=\sqrt{2}U\cos(\omega t+\varphi+120^\circ)
\end{aligned} \tag{1-6-1}$$

用相量可表示为

$$\begin{aligned}
U_A&=U\angle\varphi\\
U_B&=U\angle(\varphi-120^\circ)\\
U_C&=U\angle(\varphi+120^\circ)
\end{aligned} \tag{1-6-2}$$

它们的波形和相量如图 1-6-1 所示。

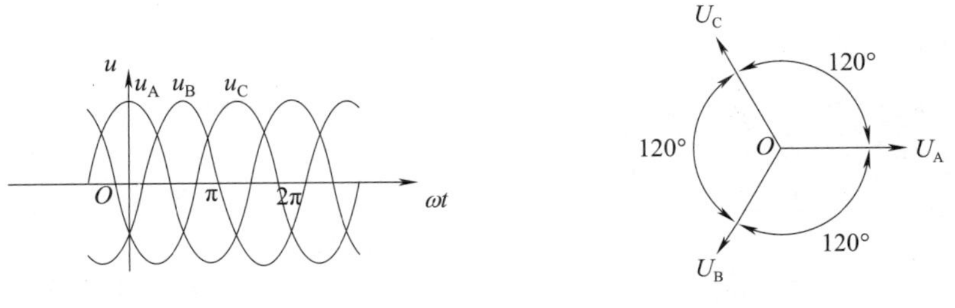

（a）波形　　（b）相量

图 1-6-1　对称三相电压的波形和相量

为了方便起见，在工程上引入单位相量算子

$$a=1\angle 120^\circ=1\angle -240^\circ=-\frac{1}{2}+\mathrm{j}\frac{\sqrt{3}}{2} \tag{1-6-3}$$

则有

$$a^2=1\angle 240^\circ=1\angle -120^\circ=-\frac{1}{2}-\mathrm{j}\frac{\sqrt{3}}{2},a^3=1\angle 0^\circ=1 \tag{1-6-4}$$

显然，$1+a+a^2=0$。

引入单位相量算子后，可用对称三相电源中的任何相电压表示其他两相电压。例如，$U_B=a^2U_A$，$U_C=aU_A$，所以

$$U_A+U_B+U_C=U_A(1+a+a^2)=0 \tag{1-6-5}$$

这一结论也可由相量图法得证。

对式(1-6-5)取相量反变换，得

$$u_A+u_B+u_C=0 \tag{1-6-6}$$

这表明对称三相电源的电压之和为零。该结论对任何一组对称三相电量都成立。三相电压经过同一量值(如极大值)的先后次序称为三相电压的相序。上述 A、B、C 三相中的任何一相均在相位上超前于后一相 120°。例如，A 相超前 B 相 120°，B 相超前 C 相 120°，则相序为 A-B-C，通常称之为正(相)序。如果相反，即 B 相超前 A 相 120°，C 相超前 B 相 120°，相序为 A-C-B，称为负(相)序。在现场，常用不同颜色标志各相接线及端子，我国采用黄、绿、红三色分别标志 A、B、C 三相。此外，在端子上用字母 A、B、C 等予以标示。

在三相制中，负载一般也是三相的，即由三部分组成，每部分称为负载的一相。如果三相负载各相完全相同，则称之为对称三相负载；否则称之为不对称三相负载。例如，三相电动机就是一种对称的三相负载。三相负载也可以由三个单相负载组成。在线性的情况下，三相负载可以用三个阻抗表示。

三相电源和三相负载都有两种连接方式，一种称为星形接法或 Y 接法；另一种称为三角形接法或△接法，按星形方式连接的电源(负载)称为星形电源(星形负载)，按三角形方式连接的电源(负载)称为三角形电源(三角形负载)。星形电源和三角形电源分别如图 1-6-2(a)和图 1-6-2(b)所示，其中星形电源中的连接点 N 称为电源中性点。

对于三角形电源，在正确连接的情况下，因三相电源电压是对称的，其总和为零，因而串接没有危险；但若接错，将形成较大的环形电流，会导致电源损坏，这是必须避免的。

（a）星形电源　　（b）三角形电源

图 1-6-2　三相电源

星形负载和三角形负载与三相电源的连接方式相似，如图 1-6-3 所示，其中星形负载中的连接点 N′称为负载中性点。在对称情况下，$Z_A=Z_B=Z_C=Z_Y$，$Z_{AB}=Z_{BC}=Z_{CA}=Z_\Delta$。

（a）星形负载　　（b）三角形负载

图 1-6-3　三相负载

三、三相电路的特性

三相电路是由三相电源和三相负载连接而成的系统。根据电源和负载的连接方式不同，三相电路的基本连接方式可分为 Y-Y 连接、Y-△连接、△-Y 连接、△-△连接和 Y_0-Y_0 连接五种基本三相电路。电源与负载相应各相的连线 AA′、BB′、CC′称为端线或火线；Y_0-Y_0 连接中电源中性点 N 与负载中性点 N′之间的连线 NN′称为中性线或零线。根据三相电路中连线的数目，可将其分为三相三线制和三相四线制两种。显然，Y_0-Y_0 连接为三相四线制，而其他连接均为三相三线制。如果三相电源和三相负载都是对称的，且三条端线的阻抗相等，则称之为对称三相电路，否则称为不对称三相电路。例如，连接到三相对称电源的三相电动机，即属于对称三相电路；电力系统在正常运行情况下，亦接近于三相对称运行，可作为对称三相电路看待。

在三相电路中，电源（或负载）各相的电压称为相电压，流过各相的电流称为相电流；端线之间的电压称为线电压，流过各端线的电流称为线电流；流过中线的电流称为中性线电流。

对于 Y-Y 连接和 Y_0-Y_0 连接的三相电路，根据 KVL 可知，线电压等于相应的两个相电压之差，例如，在电源侧三个线电压分别为 $U_{AB}=U_A-U_B$，$U_{BC}=U_B-U_C$，$U_{CA}=U_C-U_A$。当相电压三相对称时，$U_B=a^2U_A$，$U_C=a^2U_B$，$U_A=a^2U_C$，则有 $U_{AB}=U_A-a^2U_A=\sqrt{3}U_A\angle 30°$，$U_{BC}=U_B-a^2U_B=\sqrt{3}U_B\angle 30°$，$U_{CA}=U_C-a^2U_C=\sqrt{3}U_C\angle 30°$。

上述线电压与相电压之间的关系可用图 1-6-4 所示的电压相量表示，显然，线电压也是对称的,且线电压的有效值等于相电压有效值的$\sqrt{3}$倍,即$U_l=\sqrt{3}U_{ph}$,而相位相差30°。这结论对于对称三相负载也适用。

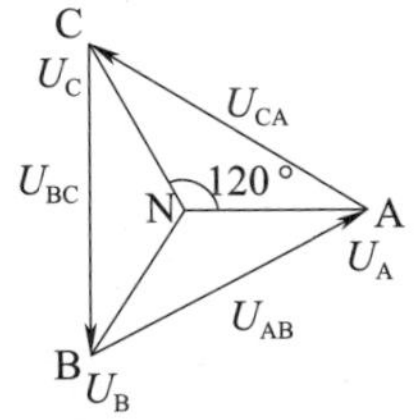

图 1-6-4　对称星形电源的线电压与相电压之间的关系

由KCL可知,星形连接时的线电流等于相应的相电流,另外,如果相电流是三相对称的,则线电流也是三相对称的。

对于△-△连接的三相电路,根据KCL可知,线电流等于相应的两个相电流之差。例如,在负载侧[电路如图1-6-5(a)所示],三个线电流分别为$I_A=I_{AB}-I_{CA}$,$I_B=I_{BC}-I_{AB}$,$I_C=I_{CA}-I_{BC}$。

如果相电流是三相对称的,则有$I_A=\sqrt{3}I_{AB}\angle-30°$,$I_B=\sqrt{3}I_{BC}\angle-30°$,$I_C=\sqrt{3}I_{CA}\angle-30°$。

相量如图1-6-5(b)所示,此时线电流也是三相对称的,且线电流的有效值是相电流有效值的$\sqrt{3}$倍,即$I_l=\sqrt{3}I_{ph}$,而相位相差30°。

由KVL可知,三角形连接时的线电压等于相应的相电压。当相电压三相对称时,线电压也是三相对称的,对电源侧的分析与上类似。

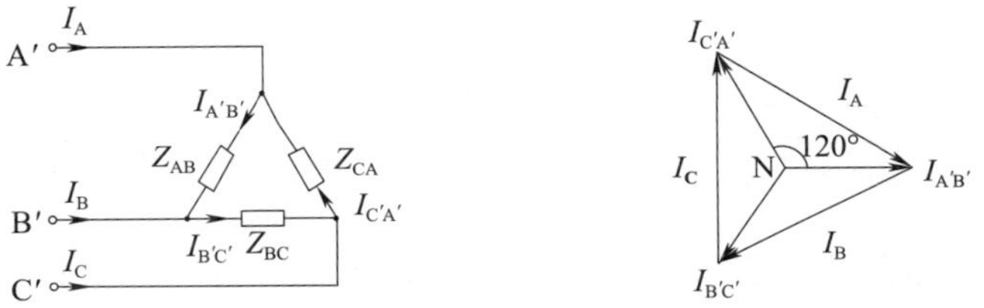

(a) 电路　(b) 相量

图 1-6-5　对称三角形负载及其线电流与相电流之间的关系

上述所得结论,对于其他类型的三相电路仍适用。综上所述,可得如下结论:

1. Y接法

(1)线电流等于相电流。即$I_l=I_{ph}$;线电压等于相应的两个相电压之差。当三个相电压对称时,线电压有效值等于相电压有效值的$\sqrt{3}$倍,即$U_l=\sqrt{3}U_{ph}$;线电压在相位上超前相应的相电压30°。

(2)可采用三相三线制或三相四线制。

2. △接法

(1)线电压等于相电压,即$U_l=U_{ph}$;线电流等于相应的两个相电流之差。当三个相电流对称时,线电流有效值等于相电流有效值的$\sqrt{3}$倍,即$I_l=\sqrt{3}I_{ph}$;线电流在相位上落后相应的相电流30°。

(2)只能采用三相三线制。

四、对称三相电路

以上讨论的分析方法对于不对称三相电路和对称三相电路都适用。但对于对称三相电路,若充分利用其对称性,则可使计算简化。

对于图1-6-6所示的Y_0-Y_0三相电路,设$Z_A=Z_B=Z_C=Z$则该电路为一对称三相电路。

$$U_{N'N}=\frac{YU_A+YU_B+YU_C}{3Y+Y_N}=\frac{Y(U_A+U_B+U_C)}{3Y+Y_N} \quad (1\text{-}6\text{-}7)$$

其中

$$Y=\frac{1}{Z+Z_1},Y_N=\frac{1}{Z_N}$$

由于三相电源电压对称，$U_A+U_B+U_C=0$，所以

$$U_{N'N}=0$$

由此可得

$$I_A=YU_A,I_B=YU_B=a^2I_A,I_C=YU_C=aI_A$$

及

$$I_N=I_A+I_B+I_C=0$$

相应的负载相电压为

$$U_{A'N'}=ZI_A,U_{B'N'}=ZI_B=a^2U_{A'N'},U_{C'N'}=ZI_C=aU_{A'N'}$$

分析上述结果，不难得出如下结论：

(1)三相电流和三相电压是对称的，因而三相电路完全对称，即电压对称、阻抗对称、电流对称。因而只需计算其中任意一相，根据对称性即可得出其余两相结果。这就是对称三相电路归结为一相的计算方法。

(2)中性线电流为零，两中性点等电位，因而在计算中，中性线阻抗不起作用。事实上，从式(1-6-7)也可看出，无论中性线阻抗为何值，$U_{NN'}$ 均为零。

结论(2)还说明：即使没有中性线($Y_N=0$)，三相电流值仍然不变。也就是说在三相对称情况下，完全可以省去中性线而采用三相三线制以节省导线，电力系统中的高压及中压输电线采用三线制即由于此。

图 1-6-7 中 U_A 和 I_A 分别代表 A 相的电源电压及电流。无论原三相电路为三相三线制还是三相四线制，N 和 N′之间均可用短路线连接，因为点 N 与 N′等电位，没有电压降，互联时不会引起电路变化。图 1-6-7 所示的电路称为等值单相电路(A 相)。

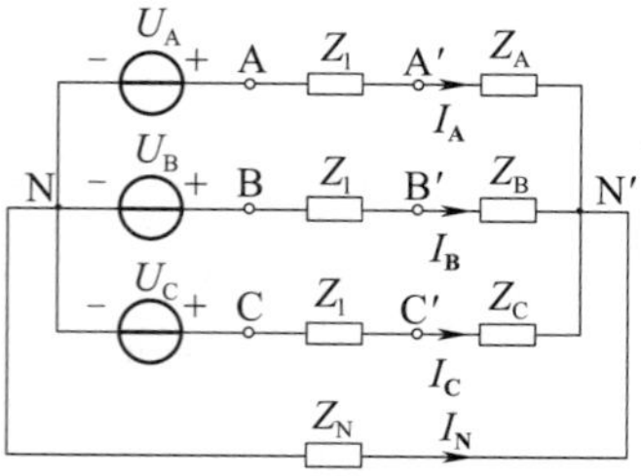

图 1-6-6　对称三相电路

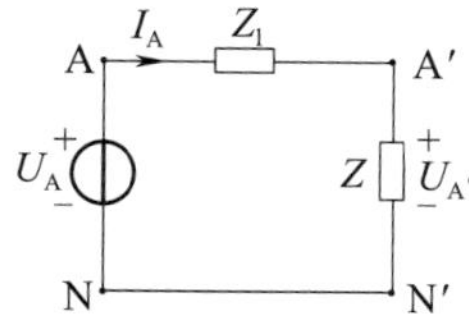

图 1-6-7　等值单相电路(A 相)

当三相电路中含有三角形负载或电源时，可以先将其等效变换成星形负载或电源，然后再利用等值单相电路计算。但应注意，对三角形负载侧而言，用等值单相电路计算出的电流是线电流而不是相电流，计算出的电压也不是相电压。

三相对称时，由于各相的电压、电流有效值及功率因数角相等，所以

$$P=3\times\frac{1}{\sqrt{3}}U_1I_1\cos\varphi=\sqrt{3}U_1I_1\cos\varphi \tag{1-6-8}$$

式(1-6-8)表明，三相对称时，三相功率等于单相功率的 3 倍。无功功率和视在功率也是如此，而功率因数等于各相功率因数。

第七节　电磁基础知识

一、磁的基本知识

1. 磁场

磁体、电流、运动电荷周围都存在着磁场，对处于磁场中的磁体、电流和运动电荷会有磁场力的作用，它们之间的作用力是通过磁场来传递的。

磁场是有方向的，在磁场某处，小磁针北极的受力方向或小磁针静止时北极的指向极为该处磁场的方向。

2. 磁力线

磁场是由电流产生的，为了形象地描绘磁场，通常会采用磁力线的形式来表示。磁力线是有头无尾的闭合曲线，它不是真实存在的，磁力线上某一处切线方向表示该处磁感应强度的方向。磁力线还被用来表示磁感应强度的大小，磁感线密的地方磁感应强度大，反之则疏。

3. 磁感应强度

在磁场中垂直于磁场方向的通电导线，所受的磁场力 F 跟电流强度 I 和导线长度 L 的乘积 IL 的比值叫做在该处的磁感应强度。磁感应强度是描述磁场强弱和方向的基本物理量，其是矢量，通常用符号“B”表示，国际单位为特斯拉，简称特，符号为 T。即

$$B=\frac{F}{LI} \tag{1-7-1}$$

在某一区域里，磁感应强度的大小和方向都相同，这个区域叫做匀强磁场，匀强磁场的磁感线是互相平行的直线，如通电螺线管内部磁场为匀强磁场，两个正对磁极的中间部分也为匀强磁场。

4. 磁通量

设在匀强磁场中有一个与磁场方向垂直的平面，磁场的磁感应强度为 B，平面的面积为 S，则磁感应强度 B 与垂直磁场方向的面积 S 的乘积，即穿过这个面的磁感线条数叫做穿过这个面的磁通量，简称磁通。用 Φ 表示，磁通的国际单位为韦伯(Wb)。即

$$\Phi=BS \tag{1-7-2}$$

5. 磁导率

磁导率也称为磁导系数，是一个表示磁介质磁性的物理量，表示在空间或在磁芯空间中的线圈流过电流后产生磁通的阻力或是其在磁场中导通磁力线的能力。常用符号 μ 表示，μ 为介质的磁导率，或称绝对磁导率。μ 等于磁介质中磁感应强度 B 与磁场强度 H 之比，即

$$\mu=\frac{B}{H} \tag{1-7-3}$$

通常使用的是磁介质的相对磁导率 μ_r，其定义为磁导率 μ 与真空磁导率 μ_0 之比，即

$$\mu_r = \frac{\mu}{\mu_0} \tag{1-7-4}$$

物质按其导磁性能大体上分为磁性材料和非磁性材料两大类,铁、镍、钴及其合金等为磁性材料,μ_r 值很高,从几百到几万,而铜,铝,锌等非磁性材料的磁导率与真空相近,都是常数,故 $\mu_r \approx 1$。因此,在具有高磁性能材料的铁芯线圈中,通入不大的励磁电流,便可产生足够大的磁通和磁感应强度,因此具有励磁电流小、磁通大的特点。

二、磁路

1. 磁路的概念

磁通所通过的路径称为磁路,磁通的路径可以是铁磁物质,也可以是非磁体。图 1-7-1 为两种常见的磁路。

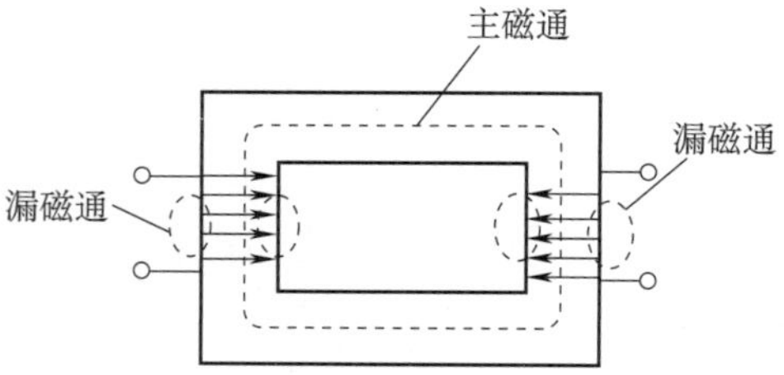

(a) 变压器磁路

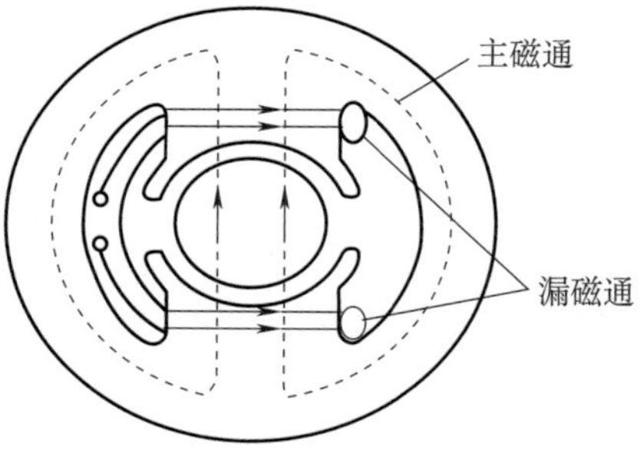

(b) 两极直流电机磁路

图 1-7-1　两种常见的磁路

(1)励磁线圈和励磁电流

用以激励磁路中磁通的载流线圈称为励磁线圈,励磁线圈中的电流称为励磁电流。

(2)直流磁路

若励磁电流为直流,磁路中的磁通是恒定的,不随时间变化而变化,这种磁路称为直流磁路。

(3)交流磁路

若励磁电流为交流,磁路中的磁通是随时间变化而变化的,这种磁路称为交流磁路。

2. 磁路的基本定律

(1)安培环路定律(全电流定律)

图 1-7-2 中,沿着任何一条闭合回线 L,磁场强度 H 的线积分值等于该闭合回线所包围的总电流值 $\sum i$(代数和),这就是安培环路定律。即

$$\oint_l H \cdot dl \sum_{i=1}^{n} I_i \tag{1-7-5}$$

则有

$$\oint_l H \cdot dl = \oint_{l'} H \cdot dl = I_1 + I_2 - I_3 \tag{1-7-6}$$

式中,电流的符号由右手螺旋法则确定,即当电流的方向与积分路径的方向呈右手螺旋关系时,该电流为正,反之为负。

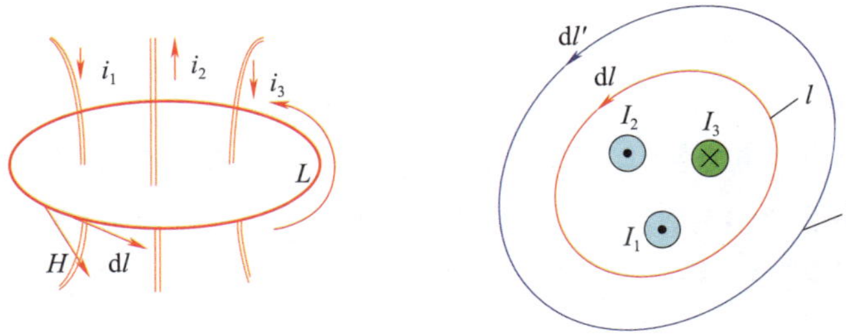

图 1-7-2　安培环路定律

(2)磁路欧姆定律

图 1-7-3 中,设铁芯截面积为 A,平均磁路长度为 l,铁磁材料的磁导率为 μ(μ 不是常数,随磁感应强度 B 变化)。假设漏磁可以不考虑(即令 $\Phi_\sigma=0$,视单框铁芯为无分支磁路),并且认为磁路 l 上的磁场强度 H 处处相等。根据全电流定律有

$$\oint H \cdot \mathrm{d}l = Hl = Ni \tag{1-7-7}$$

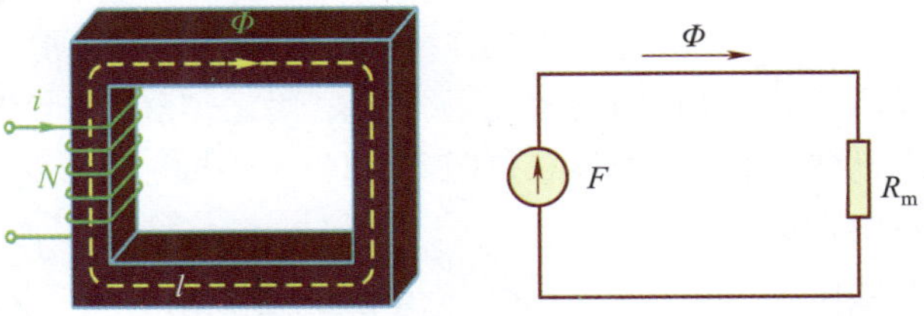

图 1-7-3　磁路欧姆定律

因 $H=B/\mu$,而 $B=\Phi/A$,由上式可得

$$\Phi = \frac{N_i}{l/(\mu A)} = \frac{F}{R_m} = \Lambda_m F \tag{1-7-8}$$

式中,$F=Ni$ 为磁动势,单位 A;$R_m=1/(\mu A)$为磁阻,单位 A/Wb;$\Lambda_m=1/R_m$为磁导,单位 Wb/A;Φ 为磁通,单位 Wb。

(3)磁路基尔霍夫定律

①磁路基尔霍夫第一定律

进入或穿出任一封闭面的总磁通量的代数和等于零,或穿入任一封闭面的磁通量恒等于穿出该封闭面的磁通量。

$$\sum \Phi = 0 \tag{1-7-9}$$

②磁路基尔霍夫第二定律

任一闭合磁路上磁动势的代数和恒等于磁压降的代数和,即

$$\sum F = \sum Ni = \sum Hl = \sum \Phi R_m \tag{1-7-10}$$

式中,Hl(ΦR_m)为磁压降,$\sum Hl$ 为闭合磁路上磁压降的代数和。F 为磁动势,$\sum F$ 为闭合磁路上磁动势的代数和。

三、电磁感应

1. 电磁感应定律

当穿过闭合回路所围面积的磁通量发生变化时，回路中便会产生感应电动势；当闭合电路的一部分导体在磁场里做切割磁感线的运动时，导体中还会产生电流，感应电动势 e 的大小与磁通率的变化速度 $|\Delta\Phi/\Delta t|$ 和载流线圈匝数 N 成正比。即

$$e=N\left|\frac{\Delta\Phi}{\Delta t}\right| \tag{1-7-11}$$

这一规律被称为电磁感应定律，也叫法拉第电磁感应定律。又 $\Phi=BS$，S 为截面积，当单根导线均匀切割磁场时，即 $N=1$，则截面积 S 可表达为

$$S=lvt \tag{1-7-12}$$

式中，l、v 分别为均匀切割磁场导线的长度、运动速度；t 为时间。则有

$$e=N\left|\frac{\Delta\Phi}{\Delta t}\right|=B\frac{\Delta S}{\Delta t}=B\left|\frac{lv\Delta t}{\Delta t}\right|=Blv \tag{1-7-13}$$

2. 自感与互感现象

(1)自感

当导体中的电流发生变化时，它周围的磁场就随之变化，并由此产生磁通量的变化，因而在导体中就产生感应电动势，这个电动势总是阻碍导体中原来电流的变化，此电动势即自感电动势。这种现象叫做自感现象。

自感现象在电工无线电技术中应用广泛。自感线圈是交流电路或无线电设备中的基本元件，它和电容器的组合可以构成谐振电路或滤波器，利用线圈具有阻碍电流变化的特性可以稳定电路的电流。

自感现象有时非常有害，例如具有大自感线圈的电路断开时，因电流变化很快，会产生很大的自感电动势，导致击穿线圈的绝缘保护，或在电闸断开的间隙产生强烈电弧，可能烧坏电闸开关，如周围空气中有大量可燃性尘粒或气体还可能引起爆炸。这些都应设法避免。

(2)互感

如果有两只线圈互相靠近，则其中第一只线圈中电流所产生的磁通有一部分与第二只线圈相环链。当第一线圈中电流发生变化时，则其与第二只线圈环链的磁通也发生变化，在第二只线圈中产生感应电动势。这种现象叫做互感现象。

互感的基本原理就是磁的耦合。无论在何处，只要存在两个电流回路，就存在互感现象。一个回路的电流产生一个磁场，而该磁场会影响第二个回路。两个回路相互作用，其相互作用的系数随距离的增加快速地减小。两个回路之间相互作用的系数称为它们的互感，单位是亨利(H)，或伏·秒/安。

两个电路之间的互感耦合相当于一个连接在电路 A 和电路 B 之间的微小变压器。无论何处，对于两个相邻电流回路的相互作用，可以看成是一个变压器的初级和次级，从而得到互感。

互感现象在电子和电子技术中应用很广，通过互感，线圈可以使能量或信号由一个线圈很方便地传递到另外一个线圈。利用互感现象原理我们可以制成变压器、感应圈等。但是互感在某些情况下也会带来不利的影响，在这种情况下我们应该设法减少互感的耦合。

3. 安培定则(图 1-7-4)

安培定则,也叫右手螺旋定则,是表示电流和电流激发磁场的磁感线方向关系的定则,分为两条:

通电直导线中的安培定则(安培定则一):用右手握住通电直导线,让大拇指指向电流的方向,那么四指指向就是磁感线的环绕方向。

通电螺线管中的安培定则(安培定则二):用右手握住通电螺线管,让四指指向电流的方向,那么大拇指所指的那一端是通电螺线管的 N 极。

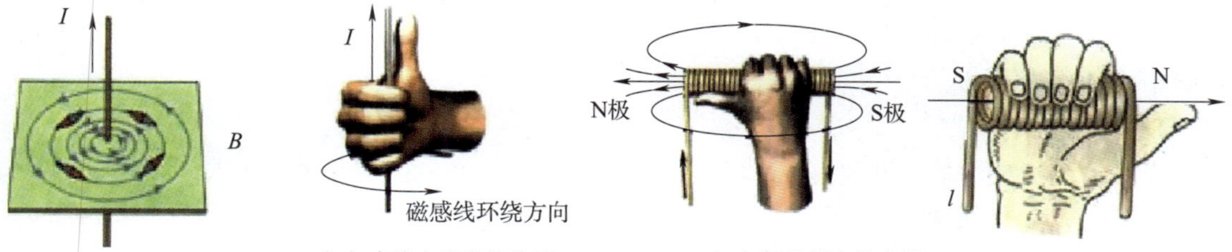

（a）直线电流安培定则　　（b）螺线管安培定则

图 1-7-4　安培定则

4. 楞次定律(图 1-7-5)

由安培定则的判断结果可以知道,当磁通 Φ 变大时,线圈内感应电动势和感应电流实际方向与图 1-7-5 所示电动势 e 的方向相反;而当磁通 Φ 减弱时,线圈中感应电动势和感应电流实际方向与图 1-7-5 所示电动势 e 的方向相同。即闭合回路中产生的感应电流具有确定的方向,它总是使感应电流所产生的通过回路面积的磁通量,去补偿或者反抗引起原有磁通量的变化,这一规律即为楞次定律。

5. 右手定则(图 1-7-6)

右手定则又叫发电机定则,它用来确定在磁场中运动的导体感应电动势的方向,用右手手掌和手指的方向来记忆导线切割磁感线时所产生的电流的方向。

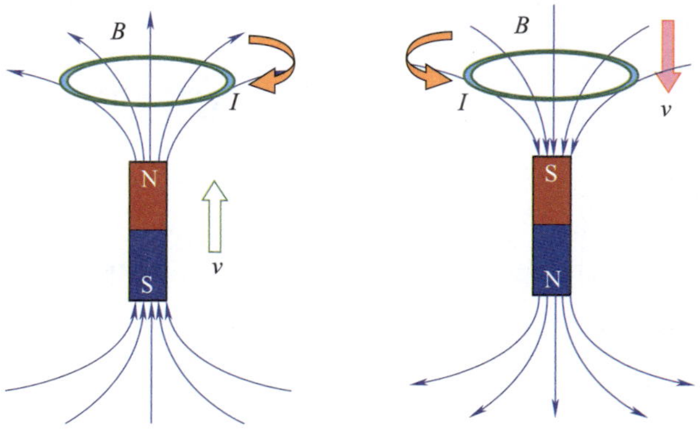

图 1-7-5　安楞次定律

伸开右手,使拇指与其余四个手指垂直,并且都与手掌在同一平面内;让磁感线从手心进入,并使拇指指向导线运动方向,这时四指所指的方向就是感应电流的方向。这就是判定导线切割磁感线时感应电流方向的右手定则。

右手定则判断线圈电流和其产生磁感线方向关系以及判断导体切割磁感线电流方向和导体运动方向关系。

6. 安培力及左手定则

(1)安培力

安培力是通电导线在磁场中受到的作用力。将电流强度为 I,长度为 L 的直导线置于磁感应强度为 B 的均匀外磁场中,则导线受到的安培力的大小为

$$F = IBL\sin\alpha \tag{1-7-14}$$

式中,α 为导线中的电流方向与 B 方向之间的夹角。

任意形状导线在均匀磁场中受到的安培力,可看作无限多直线电流元 $I\Delta L$ 在磁场中受到的安培力的矢量和。

(2)左手定则

安培力的方向垂直于由通电导线和磁场方向所确定的平面,可由左手定则来判定 I、B 与 F 三者间的方向。如图 1-7-7 所示,伸开左手,使拇指与其他四指垂直且在一个平面内,让磁感线从手心流入,四指指向电流方向,大拇指指向的就是安培力方向(即导体受力方向)。

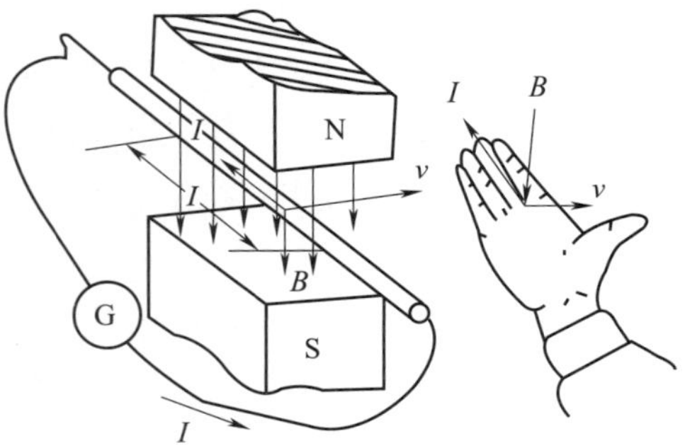

图 1-7-6　右手定则

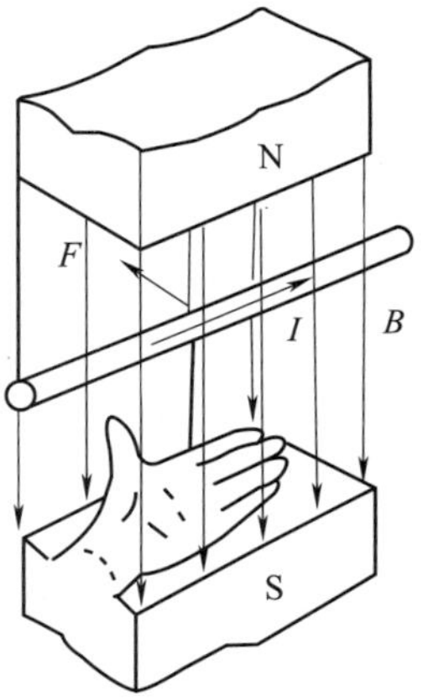

图 1-7-7　左手定则

第八节　电子技术基础知识

一、半导体基础知识

物体按照它的导电性能可分为导体、绝缘体和半导体。各种金属、酸、碱盐的水溶液以及人体等善于传导电流,这类物体称为导体。惰性气体、橡胶、陶瓷、石英等不善于传导电流的物体称为绝缘体。导电性能介于导体和绝缘体之间的物体,称为半导体;硅、和金属氧化物及硫化物等都属于半导体材料,其中硅使用最为普遍。

1. 本征半导体(图 1-8-1)

完全不含杂质且无晶格缺陷的纯净半导体称为本征半导体。下面以常用的硅为例来说明半导体的导电原理。

硅原子外层只有 4 个电子,这 4 个电子不仅受自身原子核的束缚,还与周围相邻的 4 个原子形成共价键。当温度升高或受到光线照射时,一些价电子获得足够的能量从而可以脱离共

价键的束缚，成为自由电子；同时自由电子的原位就会变成空穴，可认为空穴带正电。在外电场的作用下，自由电子定向移动，使空穴不断湮灭和形成，相当于空穴也在定向移动，从而形成电流。习惯上把自由电子和空穴都称为载流子，由于本征半导体载流子数目很少，故其导电性很差。

自由电子和空穴总是成对出现的，是本征半导体中不含杂质且无晶格缺陷的具体表现。

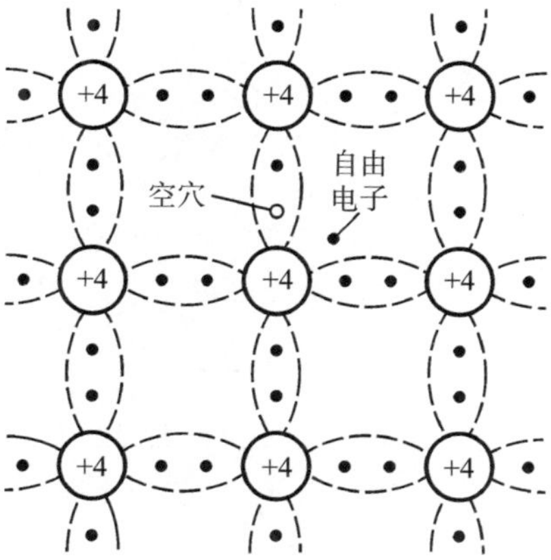

图 1-8-1　本征半导体

2. P 型、N 型半导体(图 1-8-2)

在单晶硅中，掺入少量的五价磷或三价硼，晶体结构中磷原子(硼原子)参加共价键结构时需 4 个电子，多余的第 5 个价电子就很容易挣脱原子核的束缚形成自由电子，于是这种半导体的自由电子数目多，称为多子；而空穴的数目少，称为少子。这种半导体称为 N 型半导体。

在单晶硅中掺入少量的三价硼，因硼原子只有 3 个价电子，在共价键结构中因缺少一个价电子而形成一个空穴。这种半导体的空穴数目多，称为多子；而自由电子的数目少，称为少子。这种半导体称为 P 型半导体。

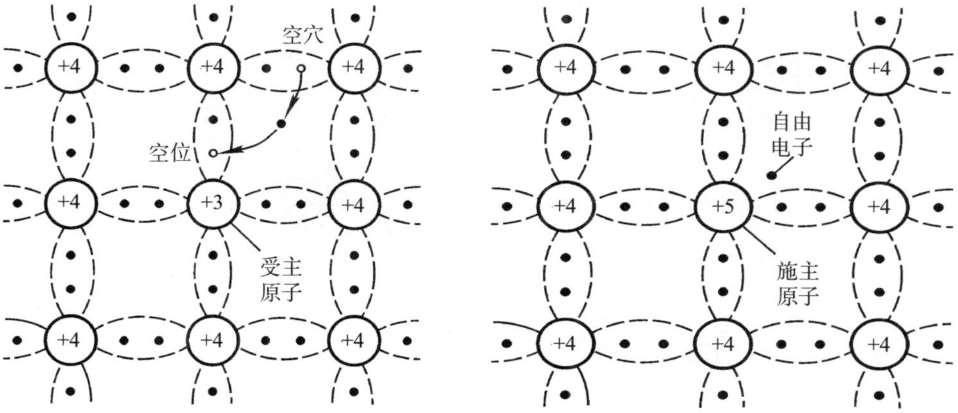

（a）P型半导体　　（b）N型半导体

图 1-8-2　P 型、N 型半导体

3. PN 结(图 1-8-3)

通过一定的工艺使 P 型、N 型半导体结合在一起，在 PN 型半导体的交界处存在着空穴和自由电子的浓度差，相互扩散，这样，就在交界处留下不能移动的由正负离子组成的空间电荷区，称为 PN 结。

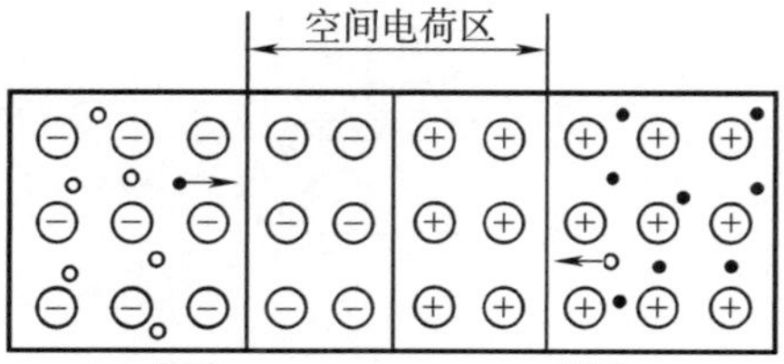

图 1-8-3　PN 结

PN 结具有单向导电性，如图 1-8-4 所示，当给 PN 结加正向电压，即 P 区接外加电源的正极，N 区接负极时，耗尽层变窄，扩散运动加剧，由于外电源的作用，形成扩散电流，PN 结处于导通状态，正向电阻小。

反之如图 1-8-5 所示，给 PN 结加反向电压，即 P 区接外加电源的负极，N 区接正极，耗尽层变宽，阻止扩散运动，有利于漂移运动，形成漂移电流，由于电流很小，故可近似认为其截止，此时 PN 结截止，反向电阻大。

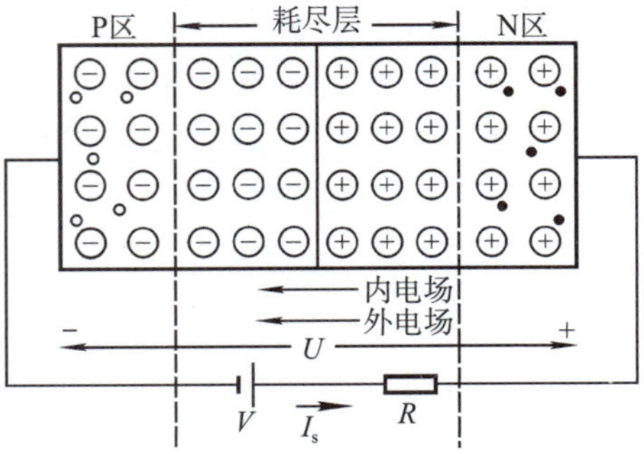

图 1-8-4　PN 结加正向电压

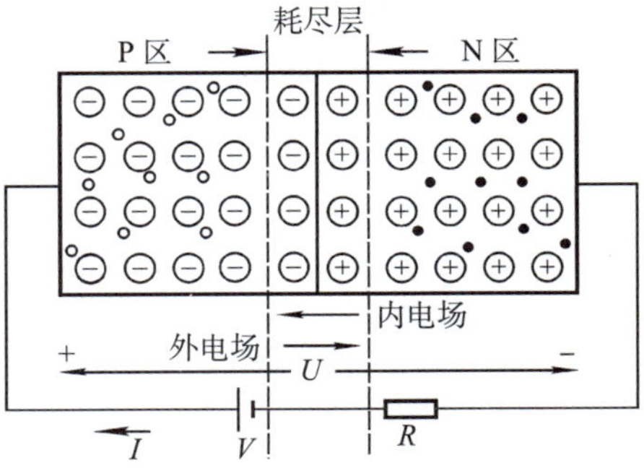

图 1-8-5　PN 结加反向电压

二、半导体二极管

1. 半导体二极管的结构和符号

利用 PN 结的单向导电性，可以用来制造半导体二极管，其符号如图 1-8-6 所示。

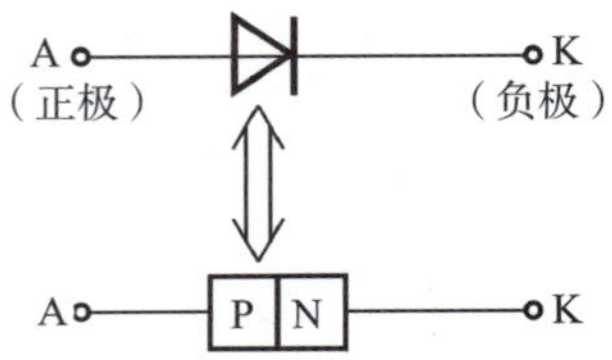

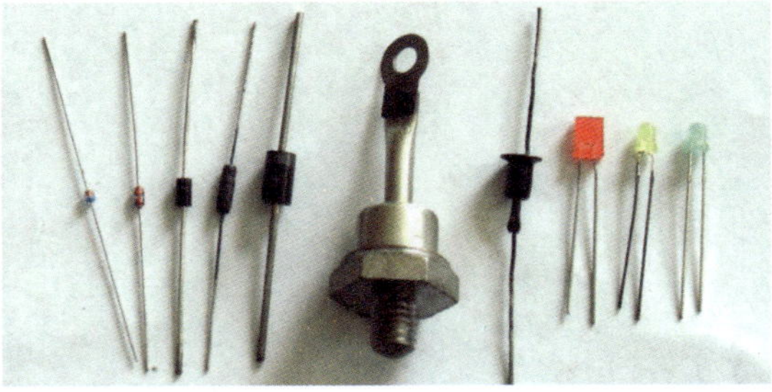
图 1-8-6　二极管

二极管作用可分为小功率二极管、大功率二极管、稳压二极管、发光二极管等。按结构可分为由于管芯结构不同，二极管又分为点接触型、面接触型和平面型。点接触型结面积小，结电容小，故结允许的电流小，最高工作频率高；面接触型结面积大，结电容大，故结允许的电流大，最高工作频率低；平面型结面积可小、可大，小的结工作频率高，大的结允许的电流大。二极管结构如图 1-8-7 所示。

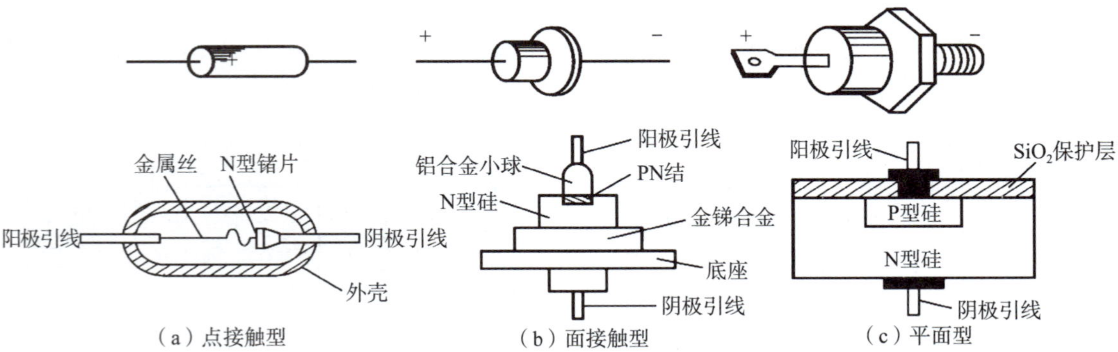

图 1-8-7　二极管结构

2. 二极管的曲线特性

伏安特性：二极管的导电性能由加在二极管两端的电压和流过二极管的电流来决定，这两者之间的关系称为二极管的伏安特性。硅二极管的伏安特性曲线如图 1-8-8 所示。

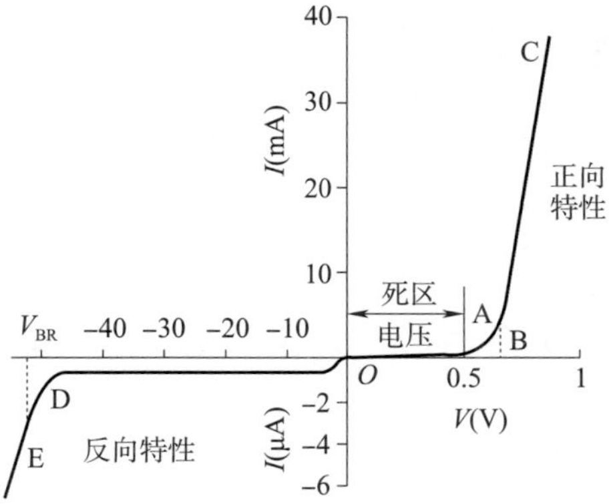

图 1-8-8　二极管的曲线特性

(1)正向特性

当正向电压较小时，正向电流极小，二极管呈现很大的电阻，如 OA 段，通常把这个范围称为死区。当外加电压大于死区电压后，电流随电压增大而急剧增大，二极管导通。

(2)反向特性

当加反向电压时，二极管反向电流很小，而且在很大范围内不随反向电压的变化而变化，故称为反向饱和电流。若反向电压不断增大到一定数值时，反向电流就会突然增大，这种现象称为反向击穿。普通二极管不允许出现此种状态。

3. 半导体二极管的主要参数

最大整流电流 I_F，即二极管长时间工作时允许通过的最大直流电流。

最高反向工作电压 V_{RM}，即二极管正常使用时允许加的最高反向电压。

使用时如果流过二极管的正向最大电流大于最大整流电流，二极管将会损坏。如果工作电压超过最高反向工作电压，则二极管将有被击穿的危险。

三、半导体三极管

1. 半导体三极管的基本结构与分类

(1)结构及符号

PNP 型及 NPN 型三极管的内部结构及符号如图 1-8-9 所示。

三区：发射区、基区、集电区；

三极：发射极 E、基极 B、集电极 C；

两结：发射结、集电结；

发射极箭头方向就是发射结正向电流方向。

(2)分类

按半导体基片材料分：NPN 型和 PNP 型。

按功率分：小功率管和大功率管。

按工作频率分：低频管和高频管。

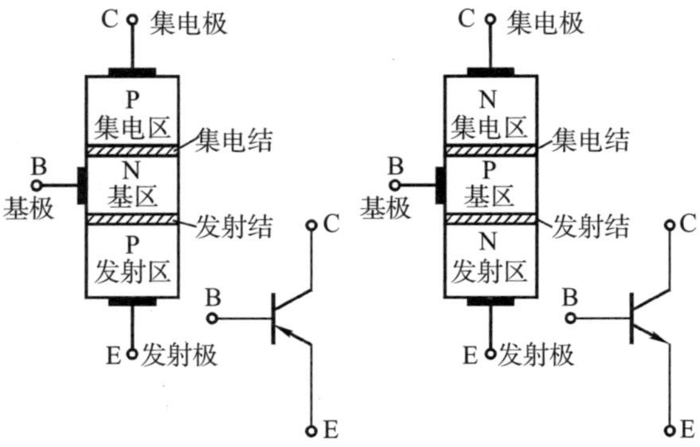

（a）PNP三极管　　（b）NPN三极管

图 1-8-9　PNP 型及 NPN 型三极管的内部结构

按管芯所用半导体材料分:锗管和硅管。

按结构工艺分:合金管和平面管。

按用途分:放大管和开关管。

(3)外形及封装形式

三极管常采用金属、玻璃或塑料封装。常用的外形及封装形式如图 1-8-10 所示。

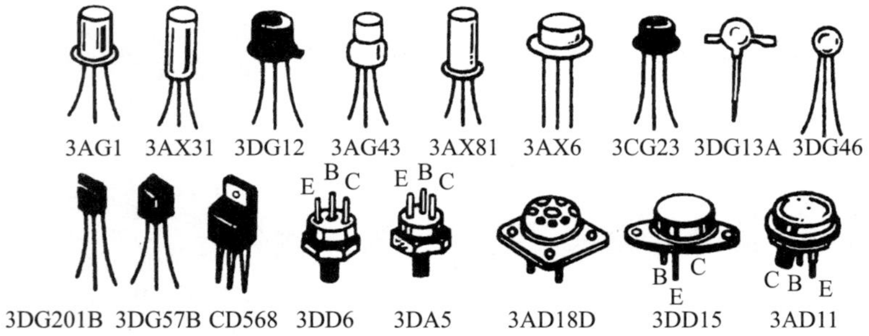

图 1-8-10　三极管外形及封装形式

2. 三极管的电流放大作用

三极管电流走向如图 1-8-11 所示,各电极上电流分配见表 1-8-1。

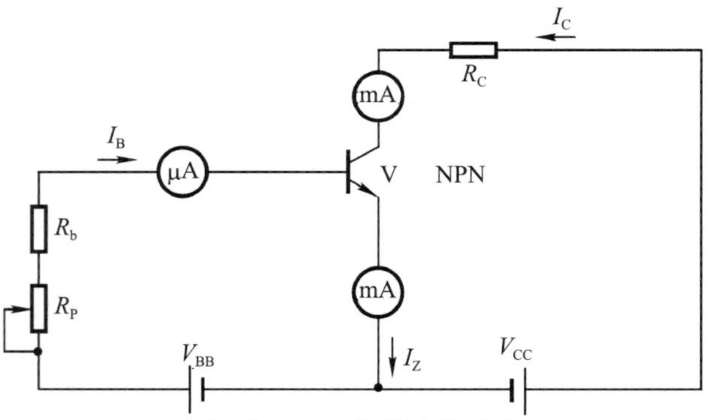

图 1-8-11　三极管电流走向

表 1-8-1　三极管三个电极上的电流分配

I_B(mA)	0	0.01	0.02	0.03	0.04	0.05
I_C(mA)	0.01	0.56	1.14	1.94	2.33	2.91
I_E(mA)	0.01	0.57	1.16	1.97	2.37	2.96

由上述实验数据可得，三极管的电流分配规律：发射极电流等于基极电流和极电极电流之和，即 $I_E=I_B+I_C$。

由表 1-8-1 的数据可看出，当基极电流 I_B 由 0.03 mA 变到 0.04 mA 时，集电极电流 I_C 由 1.94 mA 变到 2.23 mA。上面两个变化量之比为$\frac{\Delta I_c}{\Delta I}=\frac{0.59\ \text{mA}}{0.01\ \text{mA}}=59$。由此可见，基极电流的微小变化控制了集电极电流较大的变化，这就是三极管的电流放大原理。

三极管的电流放大作用，实质上是用较小的基极电流信号控制集电极的大电流信号，是“以小控大”的作用。但三极管的放大作用，也需要一定的外部条件，即必须要保证发射结加正向偏置电压，集电结加反向偏置电压。

3. 三极管的基本连接方式

利用三极管的电流放大作用，可以用来构成放大器，其方框图如图 1-8-12 所示。

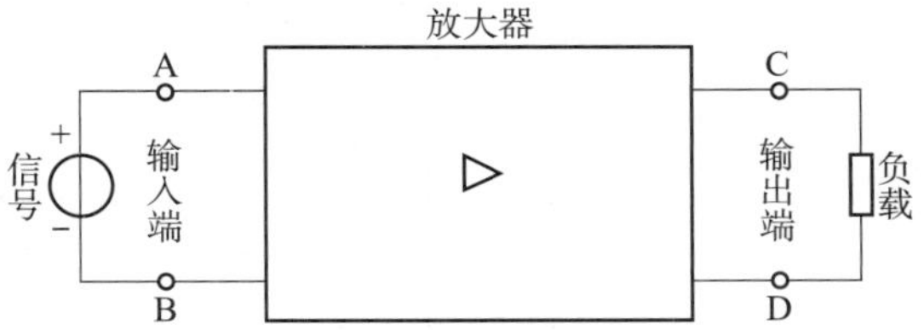

图 1-8-12　放大器

三极管在构成放大器时，有三种基本连接方式(图 1-8-13)。

(1)共发射极电路(CE)：把三极管的发射极作为公共端子。

(2)共基极电路(CB)：把三极管的基极作为公共端子。

(3)共集电极电路(CC)：把三极管的集电极作为公共端子。

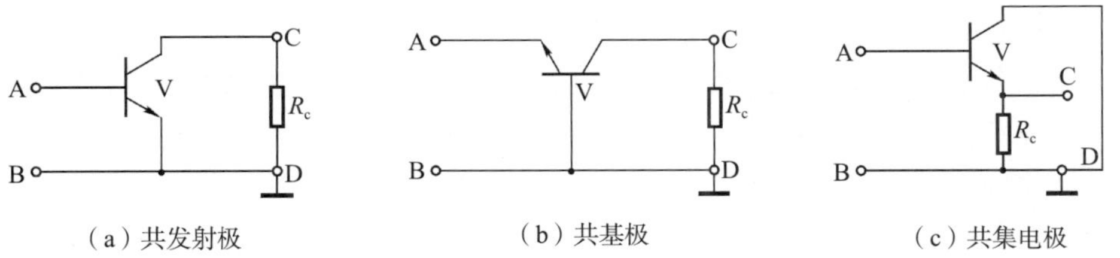

图 1-8-13　三极管的不同连接方式

4. 三极管的特性曲线

(1)输入特性曲线

在 V_{CE}一定的条件下，加在三极管基极与发射极之间的电压 V_{BE}和它产生的基极电流 I_B之间的关系。测试电路如图 1-8-14 所示，改变 R_{p2}可改变 V_{CE}，V_{CE}一定后，改变 R_{p1}可得到不同的 V_{BE}和 I_B。

输入特性曲线如图 1-8-15 所示，由该曲线可得出以下结论：当 $V_{CE}\geqslant1$ V 时，特性曲线基本重合；当 V_{BE} 很小时，I_B 等于零，三极管处于截止状态；当 V_{BE} 大于门槛电压（硅管约 0.5 V，锗管约 0.2 V）时，I_B 逐渐增大，三极管开始导通；三极管导通后，V_{BE} 基本不变。硅管约为 0.7 V，锗管约为 0.3 V，称为三极管的导通电压；V_{BE} 与 I_B 成非线性关系。

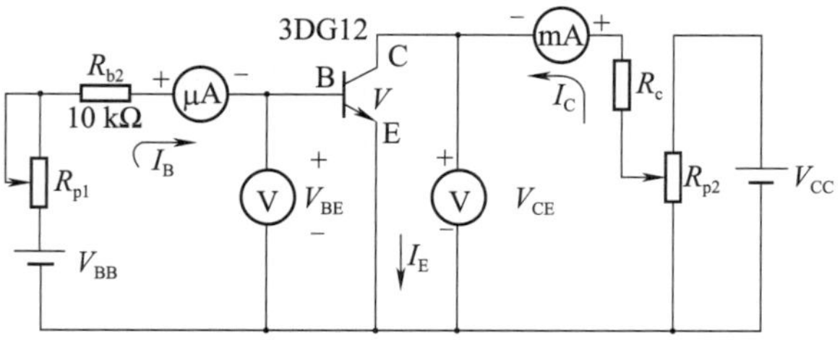

图 1-8-14　测试电路

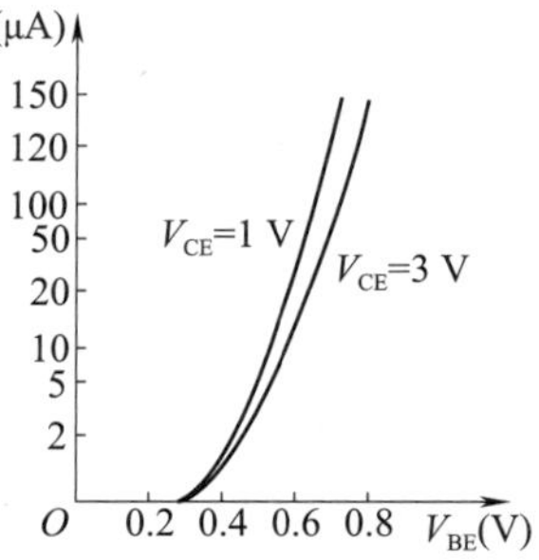

图 1-8-15　输入特性曲线

（2）输出特性曲线

在 I_B 一定条件下时，集电极极与发射极之间的电压 V_{CE} 和集电极电流 I_C 之间的关系。如图 1-8-15 所示，先调节 R_{p1}，使 I_B 为一定值，再调节 R_{p2} 得到不同的 V_{CE}、I_C。输出特性曲线如图 1-8-16 所示。

输出特性曲线族可分三个区：

①截止区

条件：发射结反偏或两端电压为零。特点：$I_B=0$，$I_C=I_{CEO}$。

②放大区

条件：发射结正偏，集电结反偏。特点：I_C 受 I_B 控制，即 $I_C=I_B$。在放大状态，当 I_B 一定时，I_C 不随 V_{CE} 变化，即放大状态的三极管具有恒流特性。

③饱和区

条件：发射结和集电结均为正偏。特点：$V_{CE}=V_{CES}$。

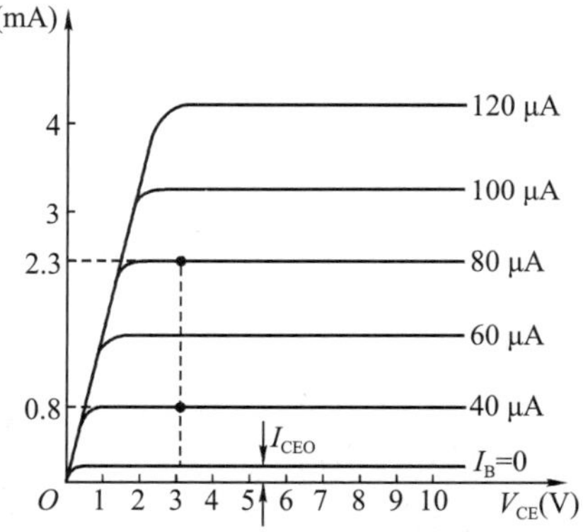

图 1-8-16　输出特性曲线

5. 三极管的主要参数

（1）共射极电流放大倍数 β：选用管子时，β 值应恰当，一般说来，β 值太大的管子工作稳定性差。

（2）极间反向饱和电流：集电极—基极反向饱和电流 I_{CBO}。集电极—发射极反向饱和电流 I_{CEO}。两者间的关系为 $I_{CEO}=(1+\beta)I_{CBO}$。

（3）极限参数

集电极最大允许电流 I_{CM}：当 I_C 过大时，电流放大系数 β 将下降。在技术上规定，β 下降到正常值 2/3 时的集电极电流称集电极最大允许电流。

反向击穿电压：当基极开路时，集电极与发射极之间所能承受的最高反向电压 $V_{(BR)CEO}$；当发射极开路时，集电极与基极之间所能承受的最高反向电压 $V_{(BR)CBO}$；当集电极开路时，发射极与基极之间所能承受的最高反向电压 $V_{(BR)EBO}$。

集电极最大允许耗散功率 P_{CM}：在三极管因温度升高而引起的参数变化不超过允许值时，集电极所消耗的最大功率称集电极最大允许耗散功率。

6. 三极管的简易测试

(1)用万用表判别三极管的管型和管脚

黑表笔和三极管任一管脚相连,红表笔分别和另外两个管脚相连测其阻值,若阻值一大一小,则将黑表笔所接的管脚调换重新测量,直至两个阻值接近。如果阻值都很小,则黑表笔所接的为 NPN 型三极管的基极。若测得的阻值都很大,则黑表笔所接的是 PNP 型三极管的基极。

若为 NPN 型三极管,将黑红表笔分别接另两个引脚,用手指捏住基极和假设的集电极,观察表针摆动。再将假设的集电极和发射极互换,按上述方法重测。比较两次表针摆幅,摆幅较大的一次黑表笔所接的管脚为集电极,红表笔所接的管脚为发射极。

若为 PNP 型三极管,只要将红表笔和黑表笔对换再按上述方法测试即可。

(2)判断三极管的好坏

万用表置于"$R\times1$ k"挡或"$R\times100$"挡位。分别测量三极管集电结与发射结的正向电阻和反向电阻,只要有一个PN 结的正、反向电阻异常,就可判断三极管已坏。

(3)判断三极管 β 的大小

将两个 NPN 管接入判断三极管 C 脚和 E 脚的测试电路,如图 1-8-17 所示,万用表显示阻值小的管子的 β 值大。

(4)判断三极管 I_{CEO} 的大小

以 NPN 型为例,用万用表测试 C、E 间的阻值,阻值越大,表示 I_{CEO} 越小。

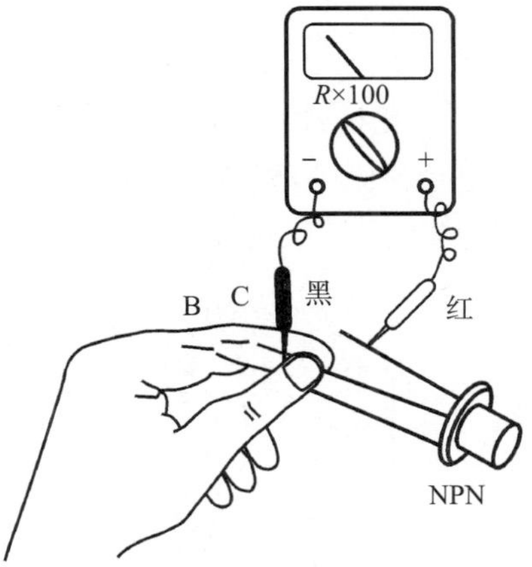

图 1-8-17　三极管的测试

四、晶体管整流电路

1. 单相半波整流电路(图 1-8-18)

单相半波整流电路,电路简单,但直流输出电压低、脉动程度大,整流效率也很低。它只适用于对直流电压平滑程度要求不高的小功率整流场合。

2. 单相全波整流电路(图 1-8-19)

全波整流电路的负载电压和负载电流显然是半波整流的两倍。单相全波整流电路的电源利用率比半波整流高,脉动小,但要求变压器有中心抽头,在同样直流输出时,二极管承受的反向电压高,所以来用此种电路时要求使用耐压较高的二极管。

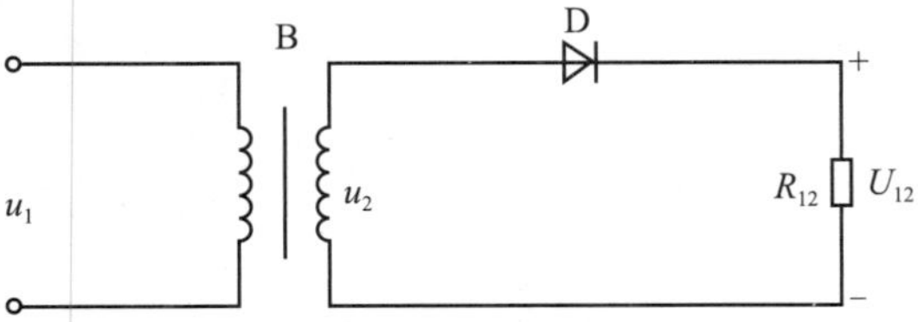

图 1-8-18　单相半波整流电路

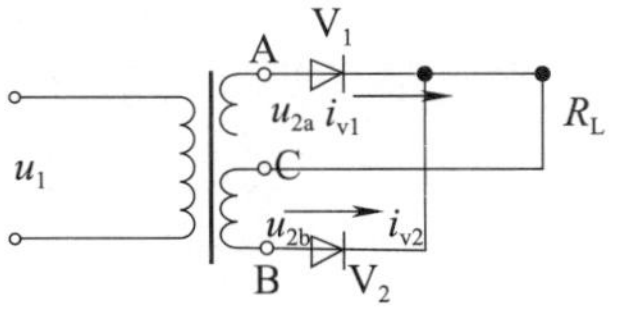

图 1-8-19　单相全波整流电路

3. 单相桥式整流电路(图 1-8-20)

单相桥式整流的输出电压、电流以及流过整流二极管的电流平均值和全波整流一样,但是每个二极管所承受的最大反向电压只相当于全波整流时的一半。

与单相全波整流电路相比较,桥式整流电路虽然多用了两个二极管,但是变压器无需中心抽头,变压器的利用率较高,而且整流二极管的反向电压降低一半,因此在整流电路中获得了广泛应用。目前牵引供电系统中大部分整流电路均采用此整流电路。

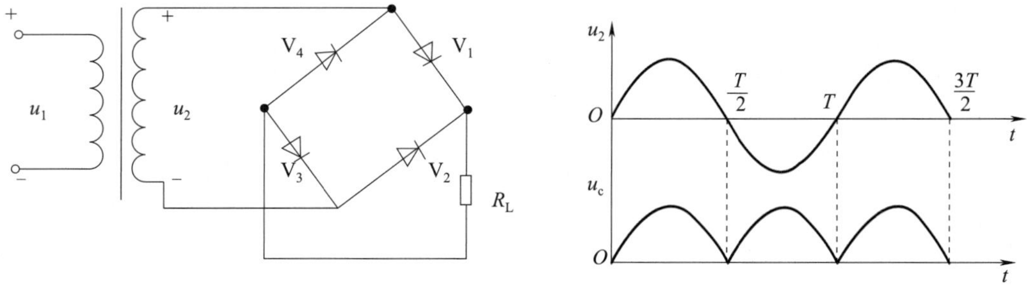

图 1-8-20　单相桥式整流电路

4. 三相桥式整流电路(图 1-8-21)

单相整流电路只适用于负载功率为几瓦到几千瓦的小功率场合,当需要更大功率时,往往用三相桥式整流电路,这样既可保证三相供电系统对称平衡,又能获得脉动较小的直流输出。

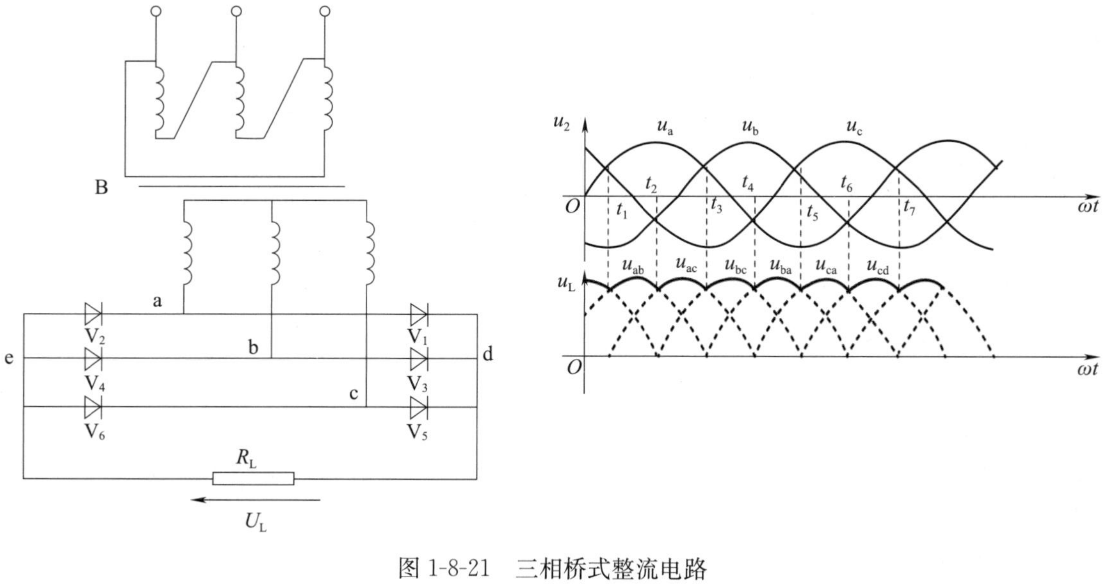

图 1-8-21　三相桥式整流电路

由上述分析可知,三相桥式整流电路虽然结构上比单相稍为复杂,使用二极管也较多,但电源正负半周都得到充分利用,不但效率高,而且负载电阻上得到的电压是脉动很小的直流电压,另外,二极管承受的反向电压仅略大于输出电压,所以在需要大电流时,一般采用三相整流电路。

第九节　力学基本概念与物体受力分析

生活中,我们经常要用到力。人推车,人用力,车受到了力;双手拉弹簧,人用了力,弹簧受到了力;磁铁吸引铁钉时,磁铁对铁钉施加了力。在物理学中,常把生活中所说的"推""拉""吸引"等概括为"作用",力是物体对物体的作用,发生作用的两个物体,一个是施力物体,另一个是受力物体。当一个物体对另一个物体施力时,另一个物体也同时对它施加力的作用,物体间力的作用是相互的。力用符号 F 表示，单位是牛顿，简称牛，符号是 N。

一、力学基本概念

1. 力的三要素和力的示意图

用力越大，弹簧被拉得越长（或压得越短）；打台球时，击球用力的大小和方向都会影响到球是否入袋；在推门过程中，越靠近门轴推门，越费力。可见，力的大小、方向、作用点都会影响力的作用效果，因此，把力的大小、方向、作用点称为力的三要素。

物理学中，通常用一条带箭头的线段表示力。力的示意如图1-9-1所示，在受力物体上沿着力的方向画一条线段，在线段末端用箭头表示力的方向，线段的起点或终点表示力的作用点。在同一图中，力越大，线段应该越长，也可以在力的示意图上用数值和单位标出力的大小。

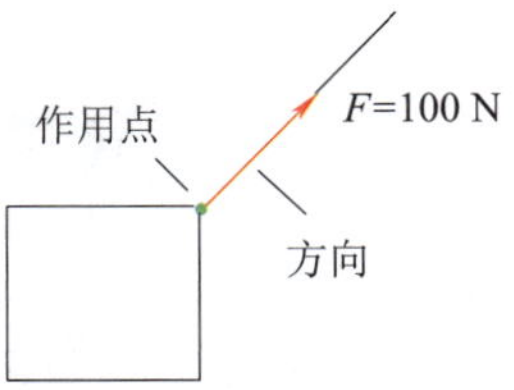

图 1-9-1　力的示意

2. 弹力

橡皮筋、弹簧等在受力时会发生形变，不受力时又恢复到原来的形状，物体的这种性质叫做弹性。而有些物体，如防鼠泥，形变后不能自动地恢复到原来的形状，物体的这种性质叫做塑性。当把弹簧压弯时，可以感受到它对手有力的作用，物体由于发生弹性形变而产生的力叫做弹力。物体的弹性有一定的限度，超过这个限度就不能恢复到原来的形状。

3. 重力

由于地球的吸引而使物体受到的力叫做重力，通常用字母 G 表示，地球附近的所有物体都受到力的作用。研究表明，物体所受到的重力跟它的质量成正比。如果用 G 表示重力，m 表示质量，g 表示重力与质量的比值，地球附近的物体所受的重力跟它质量之间的关系可以写成 $g=G/m$，即

$$G=mg \tag{1-9-1}$$

当用细线把物体悬挂起来，线的方向跟物体所受重力的方向一致，因此，将重力的方向规定为“竖直向下”。

地球吸引物体的每一部分，但是，对于整个物体，重力作用的表现可以看作它作用在某一个点上，这个点叫做物体的重心。形状规则、质量分布均匀的物体，它的重心在它几何中心上。

4. 摩擦力

两个相互接触的物体，当它们相对滑动时，在接触面上会产生一种阻碍相对运动的力，这种力叫做滑动摩擦力。滑动摩擦力的大小跟接触面所受的压力和接触面的粗糙程度有关，接触面受到的压力越大，滑动摩擦力越大，接触面越粗糙，滑动摩擦力越大。

二、受力分析

物体受到几个力的作用时，如果保持静止或匀速直线状态，称这几个力相互平衡，物体处于平衡状态，作用在同一物体上的两个力，如果大小相等，方向相反，并且在同一条直线上，这两个力就彼此平衡。

几个力共同作用产生的效果可以用一个力来代替，这个力叫做那几个力的合力，而这几个力就是这个合力的分力。求几个力的合力的过程叫力的合成，求一个力的分力叫力的分解。

求两个互成角度的共点力的合力，可以用表示这两个力的线段为邻边作平行四边形，合力的大小和方向就可以用这个平行四边形的对角线表示出来，如图 1-9-2所示。反之，求力的分解，步骤相反。

接触网腕臂结构如图 1-9-3 所示，接触网斜腕臂在受到重力 G，支柱支撑力 F_1，横腕臂拉力 F_2、F_3 四个力之后合力为零，即保持平衡状态。

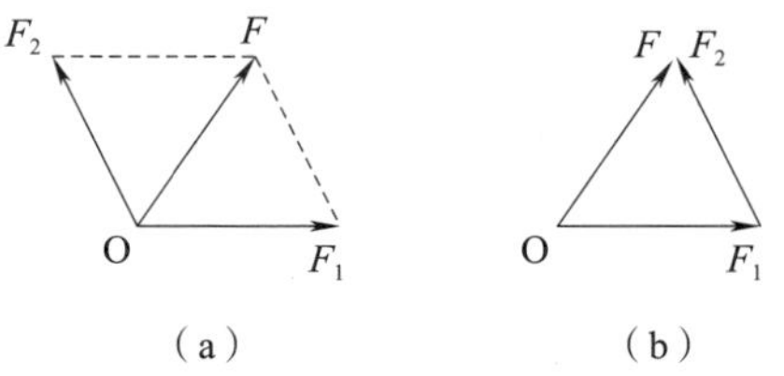

图 1-9-2　力的合成

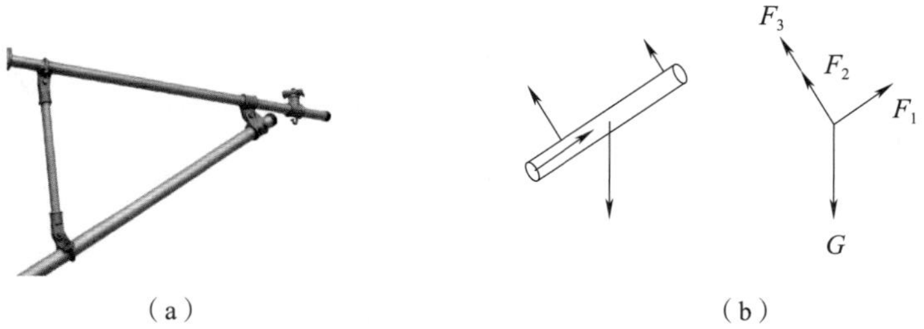

图 1-9-3　接触网腕臂结构

第十节　材 料 腐 蚀

材料受周围环境的作用，发生有害的化学变化、电化学变化、物理变化而失去其固有性能的过程，称为材料的腐蚀，常见的是金属材料的腐蚀。

一、化学腐蚀

化学腐蚀是指金属与外部介质直接起化学作用，引起表面的破坏。它与电化学腐蚀的区别是没有电流产生。其腐蚀过程：开始时，在金属表面形成一层极薄的氧化膜，然后逐步发展成较厚的氧化膜，当形成第一层金属氧化膜后，它可以减慢金属继续腐蚀的速度，从而起到保护作用，但所形成的膜必须是完整的，才能阻止金属的继续氧化。

当金属与非电解质相接触时，非电解质中的分子（如 O_2、Cl_2 等）被金属表面所吸附，并分解为原子后与金属原子化合，生成腐蚀产物。反应式如下：

$$x\mathrm{Me}+y\mathrm{X}\rightarrow \mathrm{Me}_x\mathrm{X}_y \tag{1-10-1}$$

式中，Me 为金属原子；X 为介质原子。

若反应产物是挥发性的，则在金属表面形成不了保护性膜，腐蚀反应将继续下去；若反应产物能够附着在金属表面上，在反应起始，所生成的膜还不足以把金属表面与介质完全隔开，金属原子、离子或电子与介质中的原子将通过膜进行扩散，并在已形成的膜中相遇，发生反应，使膜加厚。

二、电化学腐蚀

电化学腐蚀就是金属和电解质组成两个电极，组成腐蚀原电池。例如铁和氧气，因为铁的电极电位总比氧的电极电位低，所以铁是负极，遭到腐蚀。特征是在发生氧腐蚀的表面会形成许多直径不等的小鼓包，次层是黑色粉末状溃疡腐蚀坑陷。

金属的腐蚀原理有多种，其中电化学腐蚀是最为广泛的一种。当金属被放置在水溶液中或潮湿的大气中，金属表面会形成一种微电池，也称腐蚀电池(其电极习惯上称阴、阳极，不叫正、负极)。阳极上发生氧化反应，使阳极发生溶解，阴极上发生还原反应，一般只起传递电子的作用。腐蚀电池的形成原因主要是由于金属表面吸附了空气中的水分，形成一层水膜，因而使空气中 CO_2、SO_2、NO_2 等溶解在这层水膜中，形成电解质溶液，而浸泡在这层溶液中的金属又总是不纯的，含有不同程度的杂质，又由于铁与杂质紧密接触，使得腐蚀不断进行。

三、腐蚀的防护

腐蚀对金属材料的危害极大，因此，有必要采取一些措施减缓或削弱腐蚀过程，在生产中，常见的金属防腐方法如下。

1. 覆盖层保护

覆盖层保护是用耐蚀性能良好的金属或非金属材料覆盖在耐蚀性能较差的材料表面，把基体材料与腐蚀介质隔开，以达到控制腐蚀的目的，如在金属表面镀锌、刷油漆。

2. 电化学保护

电化学保护分为阴极保护和阳极保护两种。

阴极保护是将被保护的金属与外加电流电源的负极相连，在金属表面通入足够的阴极电流，使金属的电位变负，从而使金属溶解速度减缓的一种保护方法。阳极保护是将被保护的金属构件与外加直流电源的正极相连，在电解质溶液中，使金属构件阳极极化至一定电位，使其建立并维持稳定的钝态，从而阳极溶解受到抑制，腐蚀速度降低，使设备得到保护。

3. 缓蚀剂保护

缓蚀剂保护是通过添加少量能阻止或减缓金属腐蚀的物质使金属得到保护的方法。

第二章　供电系统

第一节　牵引供电系统概述

一、电力系统组成

电能的生产、输送、分配和使用组成了一个系统，称为电力系统，主要由发电厂、电力网、电能用户组成。图 2-1-1 是电力系统工作原理。

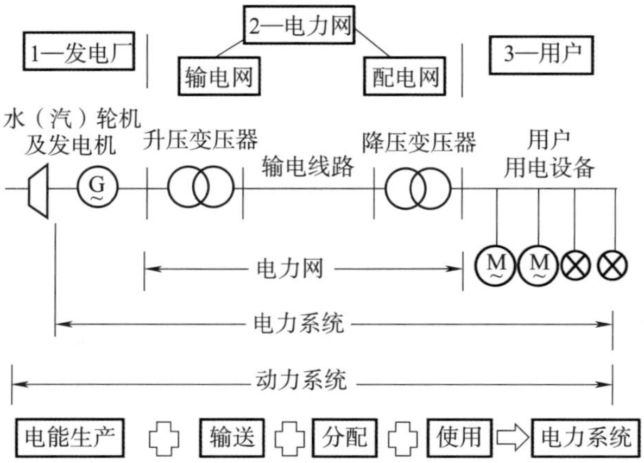

图 2-1-1　电力系统工作原理

1. 发电厂

发电厂就是将煤、水力、原子能等一次能源转换为电能——二次能源的工厂。按照发电厂所使用的一次能源不同，发电厂可分为火力发电厂、水力发电厂、核发电厂等，火力发电和水力发电在我国电能生产中占有很大的比例，除此之外，还有风力、地热和太阳能发电等。

2. 电力网

电力网担负着将发电厂和电能用户连接起来组成系统的任务，它对于电力系统的可靠性和经济性运行有着重要的意义。

3. 电能用户

电能用户主要包括工矿企业、铁路企业和居民区等。工矿企业、铁路企业的电能一般取自于电力系统，为了在企业内部合理、经济、可靠地分配、使用电能，大型企业往往又建构自己的供电系统。牵引变电所是电力系统的一个用户节点，电力系统中的牵引供电示意如图 2-1-2 所示。

二、牵引供电系统组成

我国电力牵引供电系统采用工频、单相的交流电，接触网额定电压为 25 kV。工频单相交流制的主要优点如下：

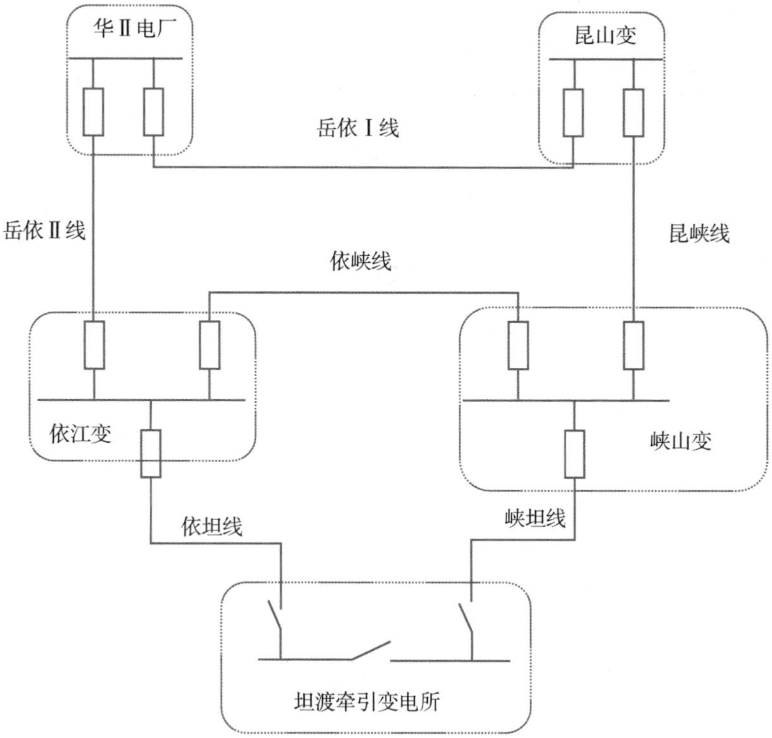

图 2-1-2　电力系统中的牵引供电示意

(1)牵引供电系统结构简单。

(2)供电电压提高。

(3)交流电力机车的黏着性能和牵引性能良好。

(4)交流制的地中电流对地下金属的腐蚀作用小,一般可不设专门的防护装置。

工频单相交流制存在的主要问题如下:

(1)单相牵引负荷在电力系统中形成负序电流。

(2)牵引负荷是感性的,功率因数低。

(3)牵引电流为非正弦波,含有丰富的谐波电流。

(4)牵引网中的工频单相电流对沿线通信线路造成较大的电磁干扰。

图 2-1-3 是牵引供电系统工作原理示意,从电路原理看,我国普速、高速铁路采用的牵引供电系统工作原理是相同的,可简化为"牵引变电所(电源)—接触网(输电导线)—电力机车(负荷)—回流设备(由钢轨、大地和回流线等构成)—牵引变电所(电源)"电路。可见,与一般电路相比,牵引供电系统电路中最独特的部分是"回流设备"。

图 2-1-4 是牵引供电系统组成的示意,下面对它的主要组成部分做简单介绍。

1. 高压输电线路

牵引负荷是重要的一级负荷,为保证高铁牵引供电系统具有更高的供电可靠性和足够大的容量,要求电力系统送至高铁牵引变电所的高压输电线,采用电压等级为 220 kV 及以上的独立的双回路线路,并互为热备用。

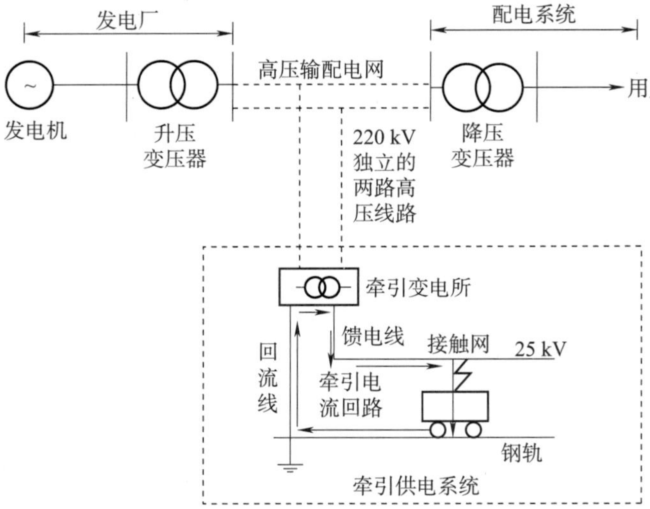

图 2-1-3　牵引供电系统工作原理示意

2. 牵引变电所

牵引变电所的功能是将电力系统送来的高压电变换成 27.5 kV 的电压，然后再向铁路沿线的牵引网供电，牵引供电系统示意图如图 2-1-4 所示。

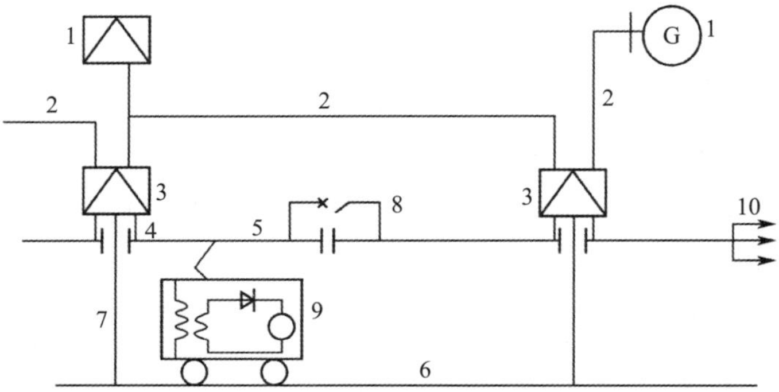

图 2-1-4　牵引供电系统示意

1—区域变电所或发电厂；2—高压输电线；3—牵引变电所；
4—馈电线；5—接触网；6—钢轨；7—回流线；8—分区所；9—电力机车；10—开闭所

3. 牵引网

牵引网包括馈电线、接触网、钢轨、大地和回流线。

(1)馈电线(供电线)

馈电线是连接牵引变电所和接触网的导线，它把牵引变电所主变压器二次侧 27.5 kV 的电压输送到接触网。馈电线一般选用大截面的钢芯铝绞线或高压电缆。

(2)接触网

接触网是牵引网的主体，额定电压为 25 kV。电力机车的受电弓通过对接触网密贴接触并顺畅滑行取得电能，所以接触网和一般的配电线路在结构和材料上均有很大的区别，接触网结构复杂，运行环境恶劣，日常维修工作量大，短路故障也较多。受电弓与接触网的关系称为弓网关系，与轮轨关系、列控系统共同构成高速铁路的三大核心技术。

(3)钢轨、大地和回流线

在牵引供电系统中，钢轨是牵引电路的组成部分，它和大地将牵引电流引回牵引变电所，但钢轨和大地是不能将全部的电流引回牵引变电所的，如果单纯由它们完成这个工作，不仅会降低牵引变压器的容量利用率，对通信线路也缺乏必要的防护作用。在牵引供电系统中，为了利于牵引电流能流回牵引变电所，一般设架空回流线，它和接触网的支柱同杆架设，既有利于牵引电流的回流，通过和其他一些设备的配合(如 AT 供电方式)，又能大大降低牵引负荷电流对通信的干扰作用。

4. 分区所

我国牵引供电系统均采用单边供电方式，两个牵引变电所之间采用分相绝缘器进行绝缘，每个供电分区(供电臂)只由一个变电所供电。在复线单边供电方式中，均在供电分区的末端设分区所，示意如图 2-1-5 所示。供电臂末端采用断路器，将接触网上下行同相并联供电；用并联的隔离开关和分相绝缘器将相邻的接触网隔离开来，当一个牵引变电所因故停电时，隔离开关闭合，可由另一个变电所对停电变电所的供电臂实行临时越区供电。复线分区所的设置具有十分重要的意义，它不但可以提高供电臂末端的电压水平，还可以在接触网发生故障时通过馈线断路器和分区所断路器的配合动作，切除事故区段，缩小事故范围。

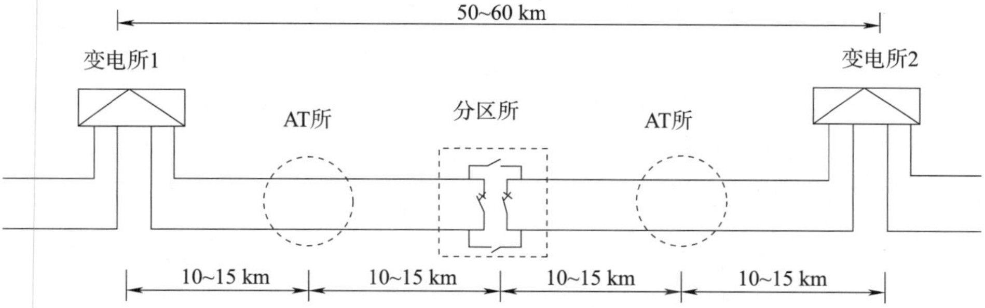

图 2-1-5　单边供电方式示意

5. 开闭所

开闭所的主要作用是增加牵引变电所的馈电线数目，将长供电臂分段，降低牵引变电所的复杂程度。它不进行电压变换，类似一个配电所，可以由它向牵引变电所的大宗负荷如枢纽站、电力机务段、动车运用所等供电。为保证开闭所供电的可靠性，一般从相邻变电所的供电臂上引入两路电源。

第二节　电气化铁道常用牵引供电方式比较

根据供电能力的大小、接触网架设环境以及电磁兼容要求等条件，我国电气化铁道牵引供电系统采用不同的供电方式，常用的有直接供电方式(TR)、带回流线的直接供电方式(TRNF)、吸流变压器供电方式(BT 供电方式)、自耦变压器供电方式(AT 供电方式)、同轴电力电缆供电方式(CC 供电方式)、混合供电方式(直接供电方式＋AT 供电方式)。

一、直接供电方式(TR)

这是一种最基本的供电方式。在线路上，机车供电由接触网(T)和钢轨(R)/地直接构成回路(图 2-2-1)。

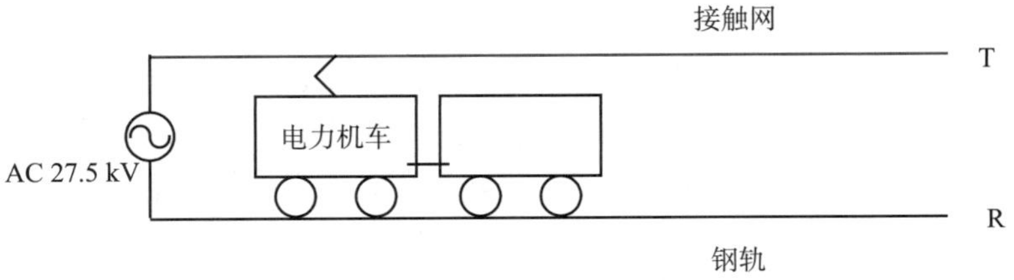

图 2-2-1 直接供电方式示意

在直接供电方式下,牵引电流通过电力机车后直接从钢轨或大地返回牵引变电所。结构简单,投资最少,维护费用低,在我国电气化铁道的早期大多采用这种供电方式。供电距离一般为 30～40 km。在此种供电方式下,负荷电流较大时,由于钢轨与大地是不绝缘的,一部分回流由钢轨流入大地,导致钢轨电位高,对弱电系统电磁干扰较大,特别是对邻近的通信线路产生感应影响。目前一般用在铁路沿线无架空通信线路或改用地下屏蔽的区段;必要时,也常将通信线路远迁。

二、带回流线的直接供电方式(TRNF)

由于目前通信系统已经大量采用光缆,其抗干扰特性有很大提高。在原直供电的基础上,采取在接触网支柱上架设一条与钢轨并联的回流线,利用接触网与回流线之间的互感作用,使钢轨中的回流尽可能地由回流线流回牵引变电所,减少电气空间与大地的不对称性,因而能部分抵消接触网对邻近设备的电磁干扰,同时使钢轨电位得到有效降低,对钢轨电位和对通信线路的干扰均有所改善,被称为带回流线的直接供电方式(图 2-2-2)。

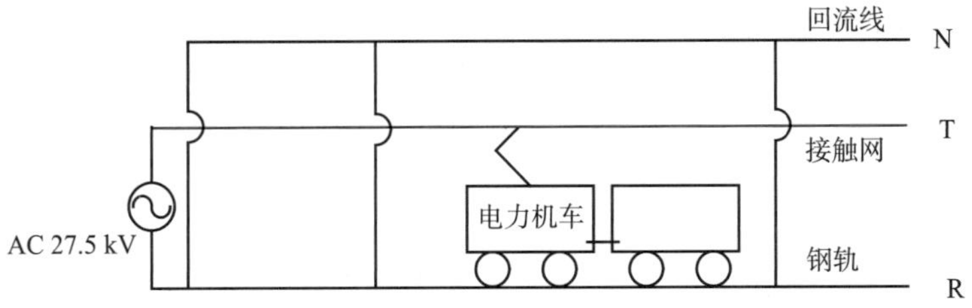

图 2-2-2 带回流线的直接供电方式示意

在带回流线的直接供电方式下,相对下面将要提到的 BT 供电方式,具有结构简单,投资少,维护费用低,牵引网阻抗小,供电距离长的优点,增加了供电性能。目前在部分时速低于 250 km 的线路上得到大量应用。如 2013 年 12 月 28 日开通的衡柳线、厦深线铁路。在某些特定场合,为提高直供方式的供电能力,可通过增加加强线的方式与接触网同杆架设。

三、吸流变压器供电方式(BT 供电方式)

BT 供电方式是在牵引网中架设有吸流变压器与回流线装置的一种供电方式。采取在接触网和回流线中串接吸流变压器(变比 1∶1),一次绕组串接在接触网(T)中,二次绕组串接在专为牵引电流流回牵引变电所而特设的回流线(N)中;在两个吸流变压器中间用吸上线将钢轨与回流线连接起来,构成电力机车负荷电流由钢轨流向回流线的通路。接触网与回流线电气空间距离较小,流过的电流大致相等,方向相反,因而大大降低了对邻近通信线路的干扰。BT 供电方式示意如图 2-2-3 所示。

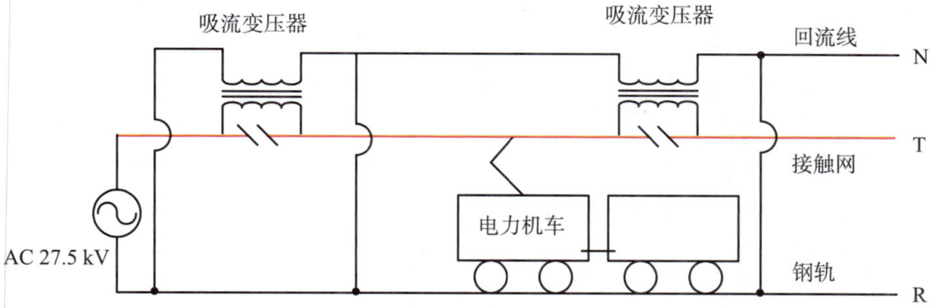

图 2-2-3　BT 供电方式示意

BT 供电方式在接触网中串接吸流变压器后，牵引网的阻抗增大，变电所间距小，供电臂压降增大，牵引变电所的供电距离缩短。同时由于电分相数量多，使一个供电臂的接触导线分成很多段，大大影响高速列车运行的安全性及列车速度，因而不适合高速铁路运行。

四、自耦变压器供电方式（AT 供电方式）

AT 供电方式是 20 世纪 70 年代才发展起来的一种供电方式。这种供电方式是每隔 10 km左右在接触网与正馈线之间并联接入一台自耦变压器（AT），其中性点与钢轨相接。自耦变压器将牵引网的供电电压提高一倍，而供给电力机车的电压仍为 25 kV。

AT 供电方式于 1972 年首先在日本山阳新干线得到采用，由于分段结构简单、可靠性高，AT 供电方式被定为日本新干线的标准牵引供电方式。而后相继被法国 TGV、德国高铁等采用。目前，我国高速铁路电气化铁路多采用 AT 供电方式（图 2-2-4）。

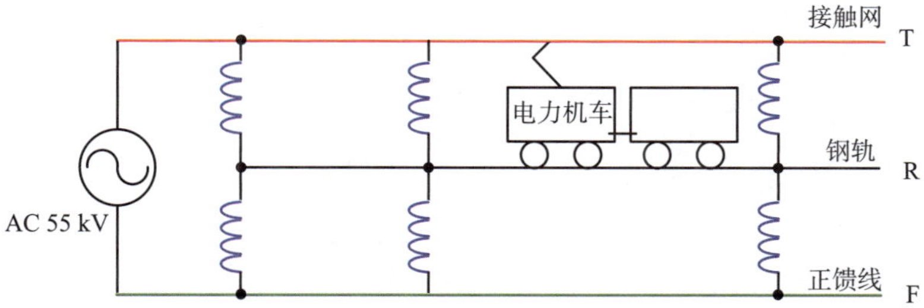

图 2-2-4　AT 供电方式

电力机车由接触网（T）受电后，牵引电流一般由钢轨（R）流回，由于自耦变压器的作用，经钢轨流回的电流，经自耦变压器绕组和正馈线（F）流回变电所。当自耦变压器的一个绕组流过机车电流时，其另一个绕组感应出电流供给电力机车。

自耦变压器供电方式牵引网阻抗很小，约为直接供电方式的 1/4，因此电压损失小，电能损耗低，供电能力长，供电距离大，一个供电臂可达 40～50 km。

但是由于必须在沿线安设电压较高、容量较大的自耦变压器，牵引网设备的投资须相应增加。

AT 供电方式一般用在重载、高速等负荷较大的电气化铁路上，由于牵引负荷电流在接触网（T）和正馈线（F）中方向相反，因而对邻近设备的电磁干扰很小。其特点如下：

（1）AT 供电方式中自耦变压器是并联连接在接触网和正馈线之间，与 BT 供电方式相比,提高了供电可靠性。在BT供电方式下,吸流变压器的一次侧绕组串接在接触导线上,所以在每一个吸流变压器处接触网必须电分段。这样就增加了接触网的维修工作量和事故率,降低了供电可靠性。在AT供电方式下,自耦变压器是并联在接触网和正馈线之间,不存在上述问题,所以有利于高速和大功率电力机车运行。

(2)减小了对通信线路的干扰。在自耦变压器作用下,牵引负荷电流经接触网和正馈线供给,且由于接触网和正馈线的电压为电力机车的2倍,在功率相同的情况下,经接触网和正馈线的电流为机车负荷电流的一半。接触网和正馈线是同杆架,两个方向相反的电流对外界的电磁干扰基本抵消,所以对通信线路的干扰大大降低。

(3)AT供电方式的馈电电压高,供电能力强,电压下降率小。AT供电方式的馈电电压为BT供电方式的2倍,同时对于相同的牵引负荷,AT供电方式的电压下降率为BT供电方式的1/4,从理论上看,牵引变电所的间距可以增大4倍。在实际应用中,由于供电区段的加长,区段上同时运行的列车增多,负荷将增大,因此AT供电方式下的牵引变电所间距一般为BT供电方式间距的2～3倍,牵引变电所的数量可以减少,从而节省投资。

由于AT供电方式下牵引网供电臂一般较长,可达40～50 km,为了减小牵引网故障时的停电范围,一般在供电臂中间设置开闭所,实现保护分段。

五、同轴电力电缆供电方式(CC供电方式)

CC供电方式是将同轴电力电缆沿电气化铁路装设,电缆的内导体与接触悬挂相连,用作正馈线,外导体与轨道相连,用作负馈线,每隔一定距离分成一个供电分区。

同轴电力电缆有接触网不(电)分段、接触网(电)分段两种接入方式(图2-2-5、图2-2-6)。

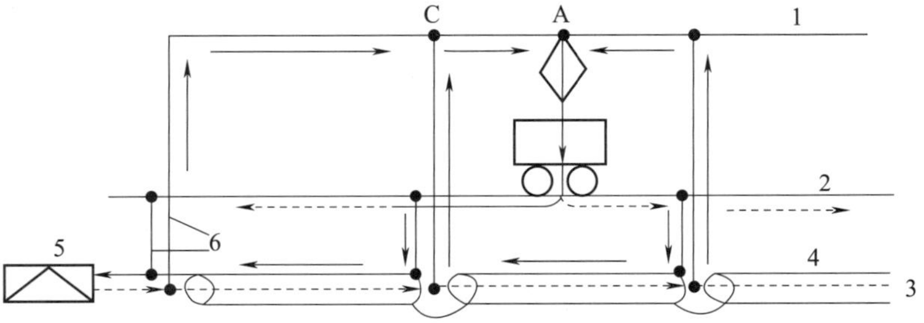

图2-2-5 同轴电力电缆供电方式(接触网不电分段方式)

1—接触网;2—钢轨;3—电缆内导体;4—电缆外导体;5—变电所;6—连接线

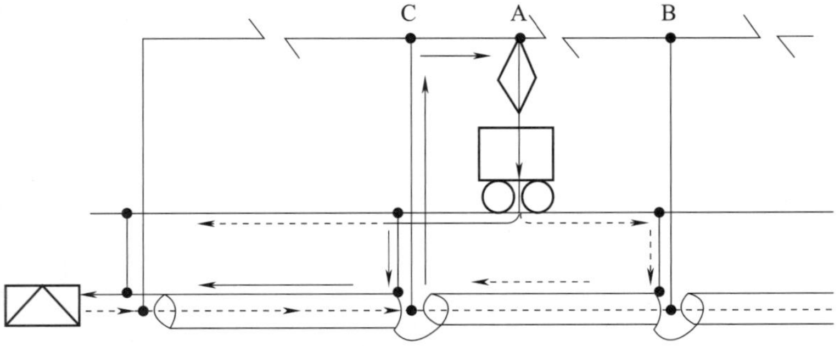

图2-2-6 同轴电力电缆供电方式(接触网电分段方式)

接触网不(电)分段方式,牵引变电所经由电缆内导体和接触网向电力机车并联供电,流经接触网和电缆内导体的电流大小,与各自的阻抗成反比。

这种方式吸流效率高,对邻近通信线路的电磁感应干扰影响小。但与接触网(电)分段方式相比,对邻近通信线路的电磁感应影响稍大,防护效果稍低。

接触网(电)分段方式,就是将同轴电力电缆供电方式每一供电分区的接触网采取电分段措施。

这种接入方式,对邻近通信线路的影响主要决定于电缆内导体和外导体中的电流差。由于电缆内外导体之间互感系数大,吸流效率高,故电缆内外导体的电流差小,即通过轨道、大地返回牵引变电所的电流小,从而较接触网不(电)分段方式相比,对邻近通信线路的电磁感应影响更小,防护效果更好。

六、混合供电方式(直接供电方式＋AT 供电方式)

由于某种原因,有时牵引变电所的上行、下行方向需采用直接供电方式＋AT 供电方式。

这种供电方式就是上行、下行的某一方向使用直接供电方式,而另一方向使用 AT 供电方式。这种情况常常是牵引变电所的位置选择不宜、地形条件复杂造成的。有时考虑沿线通信线路干扰要求的不同,也会采用不同的供电方式。

七、AT 供电方式与其他几种牵引网供电方式的比较

几种牵引网供电方式综合对比分析见表 2-2-1。

表 2-2-1　AT 供电方式与其他几种牵引网供电方式优缺点对比

供电方式	直供方式	回流线＋直供方式	BT 方式	AT 方式
供电臂(km)	25～30	30	20	45～50
牵引网阻抗(Ω/km)	0.6～0.65	0.5～0.55	0.85～0.9	0.16～0.2
牵引网结构	由接触悬挂、钢轨组成,最简单	由接触悬挂、钢轨和回流线组成	由接触悬挂、钢轨、回流线和吸流变压器组成	由接触悬挂、钢轨、自耦变压器、正馈线和保护线组成,最复杂
牵引网电压水平	较好	良好	较差	最好
牵引网电能损失	5%～7%	4%～5%	7%～8%	2%～3%
防干扰特性	最差	较差	良好	良好
维护管理	最少	较少	较多	最多
牵引网造价	最少	较少	较大	最大

综上所述,可看出 AT 供电方式具有如下几个方面的较明显优点:

1. 供电能力强。由于其采用了 2×25 kV 系统,供电电压比直供方式高一倍,电压损失降为 1/4,牵引网单位阻抗约为直供方式的 1/4(实际略高),电能损失小,显示了良好的供电特性。

2. 工程经济性优。采用 AT 供电方式可扩大牵引变电所间距,易选址,减少了外部电源的工程数量和投资;减少了电分相数量,有利于列车的高速运行。

3. 防外界干扰好。AT 供电牵引网回路是平衡回路，防干扰效果好，可显著改善电磁环境，减少防干扰费用。

因上述三方面的显著优点，AT 供电普遍被各国高铁系统采用。在我国，自第一条高铁线路始，就一直采用 AT 供电这种较新颖的供电方式。

当然，AT 供电也存在如下方面的不足：

1. 牵引网系统需设正馈线，较一般直供方式复杂，但在重负荷区段不必设加强导线，可与直供方式相当；变电系统较直供方式减少了牵引变电所的数量，但需设 AT 所，一般 AT 间距为 10～20 km，开关设备需用双极。

2. 牵引网结构复杂，导线数量多，对跨线建筑物和隧道净空要求高，投资较大，保护和维护难度较大。

第三节　高速铁路牵引供电 AT 供电方式工作原理

一、AT 供电方式工作原理

AT 供电方式原理电路如图 2-3-1 所示（AT_1、AT_2 为自耦变压器，变比为 1∶1）。在 AT 供电系统中，牵引变电所牵引侧电压为单相 55 kV 或两相 2×27.5 kV(图 2-3-1 中为 2×27.5 kV，AT_1、AT_2 为自耦变压器，变比为 2∶1)。在自耦变压器接线中，其一端与接触网连接，另一端与正馈线连接，中点接入轨道。因而牵引网接触线与正馈线形成自耦变压器的原边，构成 55 kV供电回路。接触线与中点钢轨形成变压器的副边，构成 27.5 kV 受电回路，使接触网电压仍保持为 27.5 kV。

1. AT 供电“长回路”效应

图 2-3-1 中，如设自耦变压器阻抗为零(理想变压器)，牵引列车运行的电力机车位于 AT_2 处，电力机车电流为 I。

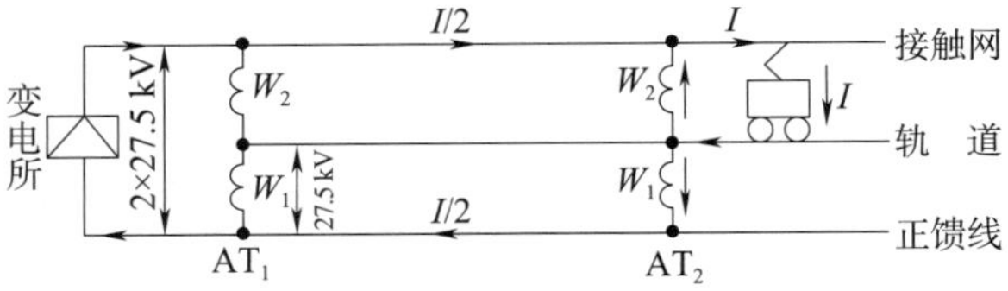

图 2-3-1　AT 供电方式工作原理(长回路效应)

在列车运行时，列车负荷一方面与变电所间形成长回路；另一方面，列车负荷又与其所在的 AT 段形成短回路。由于长回路电压提高一倍，在相同的牵引功率下网上电流减小，使得电压损失、功率损失都大大下降，AT 供电系统运行的技术指标得到大大的改善。

同时，在 AT 供电中，由于正馈线沿供电分区架设，与回流线相似。无论在结构上还是功能上，AT 供电方式是用自耦变压器代替了吸流变压器，正馈线代替了回流线。另外，将自耦变压器并入电路，在结构上消除了接触网中的吸流变压器分段。

相邻两台自耦变压器之间的距离称为自耦变压器间隔(或称 AT 段)，其长度一般可为 10～20 km 左右。实际的 AT 间隔按对通信线防干扰及牵引供电的要求计算确定。

由于自耦变压器阻抗为零，则变电所侧 AT_1 副边回路被 AT_2 旁路。变电所侧 AT_1 副边回路被旁路后，变电所馈出电流流入 AT_2 副边绕组 W_2。在 AT_2 原边绕组中感应出电流，该电流由牵引变电所沿接触网流出，沿正馈线流回牵引变电所，轨道中电流为零。

由于接触网和正馈线中的电流大小近似相等，方向相反，两者之间的距离也相对很小，两者的交变磁场基本上可相互平衡（抵消），所以显著地减弱了接触网和正馈线周围空间的交变磁场，使牵引电流对邻近通信线路中的电磁感应影响大大地减小。

实际上，AT 存在着很小的阻抗，因此在全供电臂内将有部分牵引电流流经轨道、大地返回变电所。这是因为，像一般电路中一样，牵引网电路中的电流是按电路阻抗分配的，当电力机车在供电分区运行时，在全供电臂内都有电流沿各支路（包括轨道、大地）流行，并进入所有的 AT。不过流经轨道、大地返回变电所的电流极小，故对邻近通信线的电磁感应影响很小。这部分影响称为“长回路”感应影响。

2. AT 供电“短回路”效应

当牵引列车运行的电力机车位于两台 AT 之间时，也产生牵引电流流入轨道、大地的情况，如图 2-3-2 所示。在图 2-3-2 中，由于 AT_1 和 AT_2 的副边回路中都引入了阻抗，其数值分别与电力机车至 AT_1、AT_2 的距离 L_1、L_2 成正比，而电力机车电流在轨道、大地中的分路电流 I_1、I_2 的数值分别与两分路的阻抗成反比。

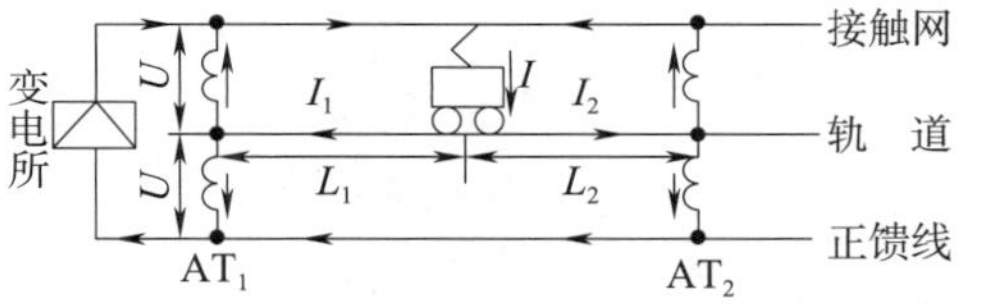

图 2-3-2　AT 供电工作原理（短回路效应）

故两分路电流 I_1、I_2 可用式(2-3-1)表示。

$$\begin{cases} I_1=\dfrac{I_2}{I_1+I_2}I \\ I_2=\dfrac{I_1}{I_1+I_2}I \end{cases} \tag{2-3-1}$$

按图中情形，两分路电流在流向 AT_1、AT_2 时都有一部分流入大地。不过，由于电磁感应影响同电流（I）及通信线平行长度（L）的乘积（$I\times L$）成正比，将(2-3-1)式的第一式乘 L_1、第二式乘 L_2，可得：

$$I_1L_1=I_2L_2 \tag{2-3-2}$$

可见短回路中，同一 AT 段两个长度内的电磁感应影响情况为：磁感应大小相等而方向相反，故对与此 AT 段平行的通信线不产生电磁感应干扰影响。

二、AT 牵引网阻抗计算

在计算 AT 牵引网阻抗时，按理想线路进行计算。即应忽略自耦变压器漏抗，即 $Z_{AT}=0$；假设钢轨对地漏导为零，不考虑短回路的地中电流；假设接触网、正馈线关于钢轨对称布置，而且接触网、正馈线自阻抗相当，即 $Z_F=Z_C$，$Z_{CT}=Z_{FT}$。

1. 单线 AT 网络中的电流分布

如前所述，假设忽略 AT 漏抗、钢轨对地漏导为零，以单线区段电流分布为例，如图 2-3-3 所示。

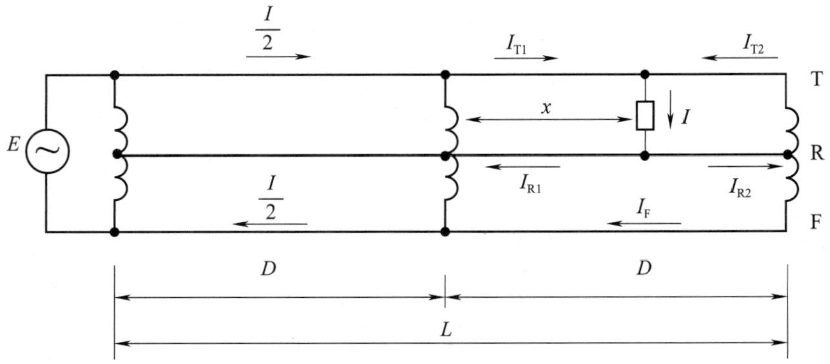

图 2-3-3　简单的单线 AT 网络电流分布示意图

根据支路电流法有如下方程式

$$\begin{cases} I_{T1}Z_1x+I_{R1}Z_2x-I_{T2}Z_1(D-x)-I_{R2}Z_2(D-x)-I_FZ_3D=0 \\ I_{T1}+I_{T2}=I \\ I_{T1}=I_{R1}+I_F \\ I_{R2}=I_{T2}+I_F \\ I_{T1}+I_F=I \end{cases} \tag{2-3-3}$$

$$\begin{cases} Z_1=Z_T+Z_{TF}-2Z_{TR} \\ Z_2=2Z_R-Z_{TR}-Z_{RF} \\ Z_3=Z_F+Z_{TF}-2Z_{RF} \end{cases} \tag{2-3-4}$$

式中　Z_T——接触悬挂自阻抗(Ω/km)；

Z_{TF}——接触悬挂与正馈线间互阻抗(Ω/km)；

Z_{TR}——接触悬挂与钢轨间互阻抗(Ω/km)；

Z_R——钢轨回路自阻抗(Ω/km)；

Z_{RF}——钢轨与正馈线间互阻抗(Ω/km)；

Z_F——正馈线自阻抗(Ω/km)。

方程组的解为

$$\begin{cases} I_{T1}=\dfrac{(Z_1+2Z_2+Z_3)-(Z_1+Z_2)\dfrac{x}{D}}{Z_1+2Z_2+Z_3}I \\ I_{T2}=\dfrac{(Z_1+Z_2)\dfrac{x}{D}}{Z_1+2Z_2+Z_3}I \\ I_F=I_{T2} \\ I_{R1}=\dfrac{(Z_1+2Z_2+Z_3)-2(Z_1+Z_2)\dfrac{x}{D}}{Z_1+2Z_2+Z_3}I \\ I_{R2}=\dfrac{2(Z_1+Z_2)\dfrac{x}{D}}{Z_1+2Z_2+Z_3}I \end{cases} \tag{2-3-5}$$

当接触线和正馈线导线截面相等且悬挂位置对称时，式(2-3-5)可简化为

$$\begin{cases} I_{T1}=\left(1-\dfrac{x}{2D}\right)I \\ I_{T2}=I_F=\dfrac{x}{2D}I \\ I_{R1}=\left(1-\dfrac{x}{D}\right)I \\ I_{R2}=\dfrac{x}{D}I \end{cases} \tag{2-3-6}$$

结论：在单线 AT 网络中，列车在 AT 段内运行时，网络内电流分布与列车在段中的位置系数 x/D 成线性关系。

当增设保护线等附加悬挂时，且接触悬挂、正馈线截面相等及导线相对位置对称，保护线至接触悬挂和正馈线的距离大致相等时，保护线的设置对 AT 网络电流分布没有影响。

2. 复线 AT 网络中的电流分布

双线上行、下行并联 AT 网络的钢轨电流分布与单线网络完全相同。

复线网络中电流分布如图 2-3-4 所示。在双线上行、下行并联 AT 网络的钢轨电流分布与单线网络完全相同，但 I_{T1}、I_{T2}、I_F 的分布与单线不同。

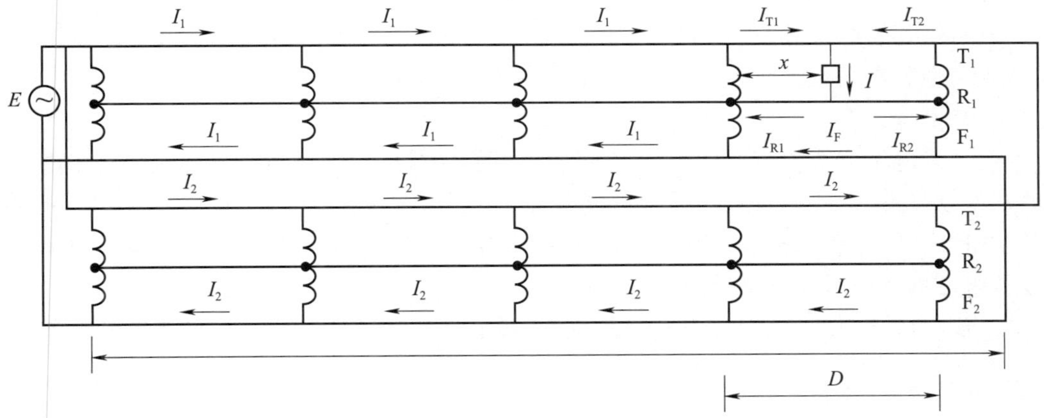

图 2-3-4　复线 AT 网络电流分布

相同的列车在段中的位置系数为 x/D 情况下，双线 AT 网络的 I_{T1}、I_F 较单线时正更小，而 I_{T2} 则较大。但各导线中的电流变化仍与 x/D 成线性关系。当供电臂内含多个 AT 段时，不同 AT 段内的变化规律是不同的，但各电流曲线的斜率则与 AT 段的序号无关，可保持不变。与单线 AT 网络一样，双线 AT 网络加保护线对网络的电流分布规律没有影响。

第四节　继电保护原理

一、保护基本原理

（一）保护基本原理

电力系统是由发电机、变压器、输电线路等多种电气设备组成的庞大而复杂的网络。构成

网络的大量元件,一方面要经常受到自然条件的影响,例如冰雪、风雨、雷电、飞鸟等;另一方面,这些设备在制造、安装和检修过程中,难免遗留下某些隐患,以及在运行过程中绝缘老化,值班人员误操作等。由于上述原因,电力系统可能发生各种故障和某些不正常运行状态。

1. 故障状态

电力系统发生故障是指电力系统中某元件的正常运行状态遭到破坏而无法正常供电的一种特殊状况。其中最常见的也是最危险的故障,是各种形式的短路故障。其中包括三相短路、两相短路、两相接地短路,不同地点的两点接地短路、单相接地短路,以及电机和变压器绕组的匝间短路等。除了短路故障外,还可能发生输电线路的断线故障,或在不同地点同时发生某几种故障的所谓复故障。

2. 不正常运行状态

电力系统出现不正常运行状态,是指系统中电气元件的正常工作遭到破坏但未发展成为故障时的情况,最常见的不正常运行状态是过负荷运行,电气设备长期过负荷运行会加速设备的绝缘老化或者损坏设备,严重时还可能发展成为故障。

3. 继电保护装置,是指能够反映电力系统元件故障和不正常运行状态,并能使断路器跳闸或发出信号的一种自动装置,其主要作用包括:

(1)当被保护元件发生故障时,能自动、迅速而有选择地借助断路器将故障元件从电力系统中切除,以保证系统的其他元件正常运行,并使故障元件免于继续遭受损坏。

(2)当被保护元件出现不正常运行状态时,保护装置能发出信号,以便值班人员采取有效措施或由其他自动装置进行自动调整,以消除不正常运行状态。

(二)继电保护原理

当电力系统发生故障或出现不正常运行状态时,系统的电气参量将发生显著变化,比如电流增大、电压降低、电压与电流之间的相位角改变等。继电保护就是通过测量这些参量的变化来反映故障并构成对系统的保护。例如,反映电流增大的电流保护,反映电压降低的电压保护,反映电流增大同时电压降低的阻抗保护等。

继电保护装置一般由测量部分、比较部分、执行部分组成,继电保护原理框图如图 2-4-1 所示。

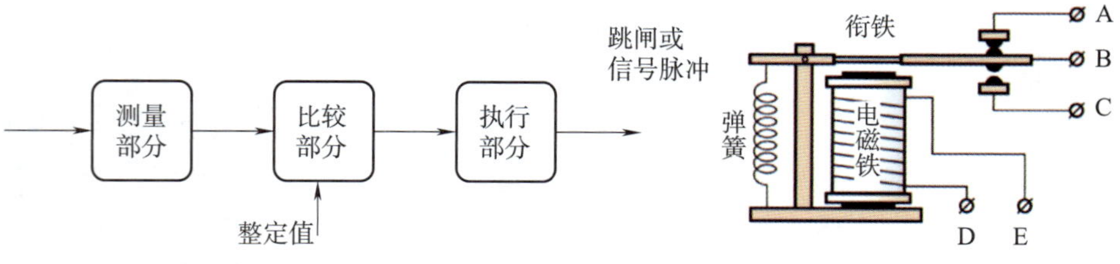

图 2-4-1　继电保护原理框图

电流保护基本介绍:电流保护是线路电流大小变化而设计的保护。传统的电磁式电流保护由电流继电器等为主要元件构成,当测量电流达到整定值,则继电器动作接点闭合使断路器跳闸。

电流继电保护接线如图 2-4-2 所示,电力线路的一次设备和二次设备之间通过电流互感器 2 和断路器 1 联系在一起。当线路电流为正常负荷电流时,I_k 比较小,不足以启动电流继电器 3,断路器不动作。当线路出现短路故障时,则断路器跳闸,各部分动作情况如下。

1. 测量部分:电流互感器 2 进行测量电流。

2. 比较部分:电流流入电流继电器 3 的线圈,产生电动力,与电流继电器的整定值进行比较。

3. 执行部分:达到整定值,则其接点执行保护出口指令,通过控制断路器 5 的分闸线圈动作使断路器机构脱扣装置 4 将断路器 1 分闸。

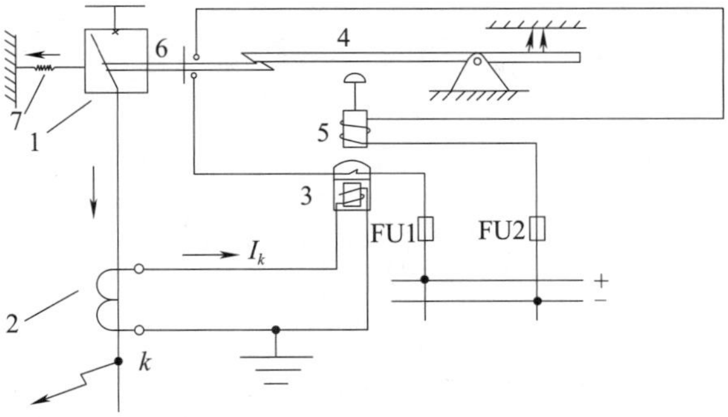

图 2-4-2　电流继电保护接线

1—断路器;2—电流互感器;3—电流继电器;4—断路器脱扣装置;5—断路器分闸线圈;6—断路器辅助接点;7—断路器分闸弹簧

微机保护中的电流保护对应保护用图 2-4-3 中的原理框图表示。

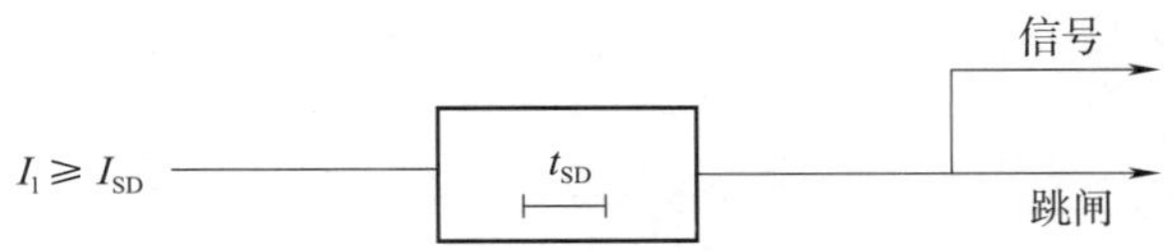

图 2-4-3　电流速断保护原理框图

(三)对继电保护装置的基本要求

1. 一套完整的继电保护装置,通常应具备以下四种技术性能,即选择性、速动性、灵敏性和可靠性。

(1)选择性

对继电保护装置的选择性要求可包含下面两重意义:

①当电力系统某一元件发生故障时,要求保护装置有选择性地只切除故障元件,将电力系统故障范围缩小到最小。图 2-4-4 是牵引供电系统继电保护示意,用该图可解释继电保护的选择性要求,当图中接触网 k—2 点发生短路故障时,按照选择性的要求,距离短路点最近的断路器 211 先跳闸,从而保证牵引母线上仍有工作电压。

②由于某种原因,距离短路点最近的保护装置或断路器拒绝动作时,相邻元件的保护装置应起后备作用。保护装置的这种后备作用是十分重要和必不可少的。例如:在图 2-4-4 中,当 k—2 点发生短路故障时,若馈线保护装置或断路器 211 拒绝动作时,变压器保护装置使断路器 101 和 201 跳闸。这种后备作用可防止故障范围的进一步扩大。

(2)速动性

保护装置的速动性,就是要求继电保护装置能以最短的时间将故障元件从电网上切除。保护装置的速动性要求可减轻电气设备受短路电流损坏的程度,对防止故障的进一步扩大,提高电力系统自动重合闸动作的成功率有很大的帮助。

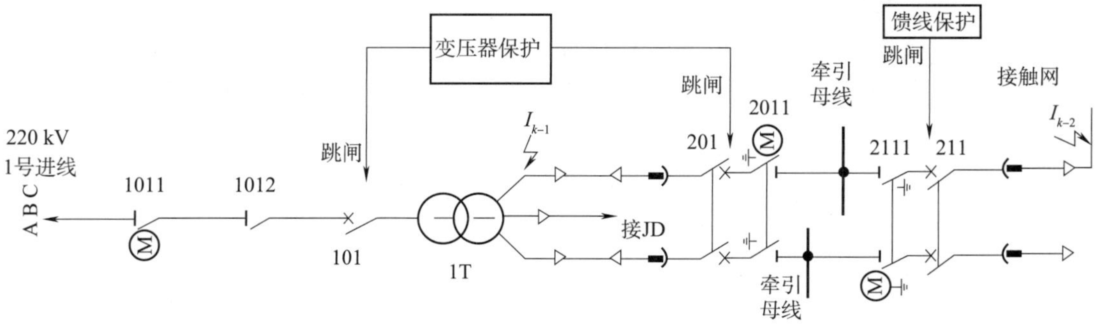

图 2-4-4　牵引供电系统继电保护示意

(3)灵敏性

保护装置的灵敏性,是指在保护范围内发生故障和不正常状态时,保护装置的反应灵敏程度。设计保护装置时,应保证被保护对象在任何一点发生故障时,保护装置均能灵敏反应,使断路器能可靠跳闸。

(4)可靠性

保护装置的可靠性,是指被保护范围内发生故障时,保护装置的可靠程度。保护装置的可靠性包含两种含义:在保护装置应该动作的情况下,不因保护装置本身的某种原因而拒绝动作,即不拒动;在保护装置不应该动作的情况下,不因保护装置本身的某种原因而动作,即不误动。

保护装置的可靠性直接影响到电力系统的安全、可靠运行。为了提高保护装置的可靠性,必须注意以下几点:

①提高保护装置安装和调试的质量,加强经常的维护管理。

②保护装置应当采用质量高、动作可靠的保护元件。

对继电保护装置的四个基本要求是相互联系的,也是相互制约的,一套完善的保护装置应该采用最优方案,合理处理四个基本要求之间的关系。

以上四项基本要求,贯穿整个继电保护内容的始终。要注意四项基本要求间的矛盾与统一,例如强调快速性时,可能会影响到可靠性和选择性;强调选择性时,可能会影响到快速性。

2. 变电所自动装置工作原理及要求

(1)自动重合闸装置

牵引供电系统运行经验表明,接触网线路的故障大多是瞬时性的,这些故障在断路器跳闸后,大多能自动并快速消除。例如雷击闪络或鸟兽造成的线路短路故障,往往在雷闪过后或鸟兽烧死以后,线路大多能恢复正常运行。因此,如采用自动重合闸装置使断路器重新合闸,迅速恢复供电,可大大提高供电的可靠性,避免因停电而给铁路运输带来的巨大损失。

自动重合闸装置的重合成功率随着重合次数的增加而显著降低,对架空线路来说,一次重合成功率可达 60%～90%,而二次重合成功率可达 15%,三次重合成功率可达 3%左右。因此铁路供电系统中在馈线采用单相一次重合闸。

(2)备用电源自动投入装置

①概述

为了提高铁路供电系统的可靠性,保证对牵引负荷等重要负荷的不间断供电,牵引变电所常采用备用电源自动投入装置。在具有两个独立电源的变电所，若其中一个电源不论何种原因而断开，另一个电源能自动投入恢复供电，这种装置就叫备用电源自动投入装置。备投装置可以大大地缩减用电负荷的停电时间，减少值班人员的工作量和减少误操作的可能性。

②对备用电源自动投入装置的基本要求

a. 工作电源不管什么原因(故障或误操作)失压时，应可靠地动作。

b. 备用电源必须在工作电源已经断开，且备用电源有足够高电压时，才允许投入。

c. 备用电源自动投入装置的动作应尽量快，以缩短停电时间和利于牵引电机的自启动。

d. 只允许备用电源自动投入装置动作一次，以避免将备用电源投入到永久性故障上。

(四)微机保护

传统继电保护装置布线逻辑，每一种功能由相应的硬件和连线实现，维护调试复杂，而微机保护装置则将所有的保护实现均通过存储在电脑芯片内的程序算法取代，具备传统继电保护无法比拟的诸多优点。

(1)维护调试工作量小，可靠性高：微机保护装置通过程序进行硬件自检、软件自检等。

(2)灵活性强：微机保护硬件通用、保护动作特性容易改变、测量和控制功能等。

(3)保护性能改善，可以实现常规保护不易获得的特性、保护新原理等。

(4)使用灵活方便，人机界面友好，易于获得附加功能，比如故障录波、波形分析、故障测距、详细故障信息等。因而，传统的电磁式继电保护早已被微机保护装置(图 2-4-5)所取代。

图 2-4-5 微机保护装置

微机保护装置的硬件结构型式均采用标准机箱、插拔式结构，以便于运行维护和提高装置的可靠性。机箱采用嵌入式安装方式，接线方式为箱后接线式，插件间连线采用印制板连线方式，这种结构是把整个硬件逻辑网络按照其功能和电路特点划分为若干部分，并把每个部分做在块插件板上，插入机箱内相应的插座，再由各插座间的连线(电源线、控制线、数据及地址线)将各插件板构成整体并实现到端子排的连接。

微机保护装置作为一套实时监控系统，一般由下述插件构成：中央处理机 CPU 插件、人机对话辅助插件，数据采集系统插件、开关(数字)输入输出系统插件、电源插件等。微机保护装置的硬件结构示意如图 2-4-6 所示。下面简单介绍各种插件的组成、作用及工作原理。

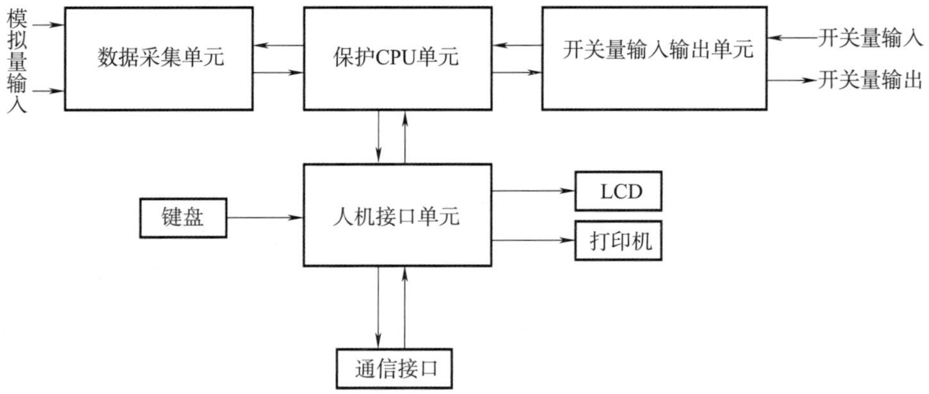

图 2-4-6 微机保护装置的硬件结构示意

1. CPU 插件

CPU 板插件是微机保护装置的核心部分，由它并通过各种功能软件控制整套硬件系统的工作。CPU 板由单片机、程序存储器 EPROM、定值及常数存储器 EEPROM、数据存储器 RAM、硬件自检电路、开关量输入输出并行 I/O 接口及打印机、键盘、显示器接口等芯片构成。

2. 程序存储器

不同的单片机在程序存储器的设计上不尽相同。目前使用较多的是片内没有程序存储器的单片机，使用时需外加程序存储器。虽然增加了电路的复杂程度，但应用时灵活方便，成本也较低。程序存储器常采用 EPROM 芯片。

3. 定值存储器

目前，定值存储器常采用 EEPROM 型电可擦可编程只读存储器。它可在单一 5 V 电源下反复读写，无需特殊读写电路，写入成功后，即使断电也不会丢失数据。

4. 数据存储器

单片机内一般设有一定存储容量的数据存储器 RAM。片外数据存储器主要用于存放经 A/D 转换后的数字量和中间运算量。

5. 开关量输入接口

在微机继电保护装置中，为了实现对开关(断路器隔离开关等)的正确控制(正常的分合闸操作和保护跳闸)，需要将各开关的位置状态送入 CPU。开关量输入接口的作用是暂存各开关的位置状态以便随时提供给 CPU，并通过该接口实现 CPU 与开关设备间的隔离。

各开关的位置状态信号是经过光电隔离后送入输入接口芯片的。由于采用了光电隔离，因此开关动作时的振动干扰不易进入弱电系统。开关量光电隔离输入的原理如图 2-4-7 所示。图中，开关接点一般来自其分合闸位置监视继电器的接点，其输出经缓冲器送至开关量输入接口芯片。

6. 开关量输出接口

开关量输出部件，如分、合同操作继电器，信号继电器等用于开关的分合闸操作及其他信号，CPU 送出的操作命令(数字量)也经过开关量输出接口芯片并由光电隔离电路作用于开关量输出部件。开关量光电隔离输出的原理如图 2-4-8 所示。

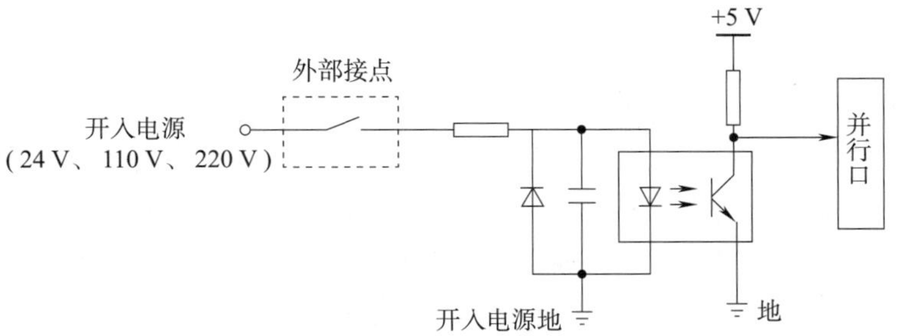

图 2-4-7　微机保护开入接口原理

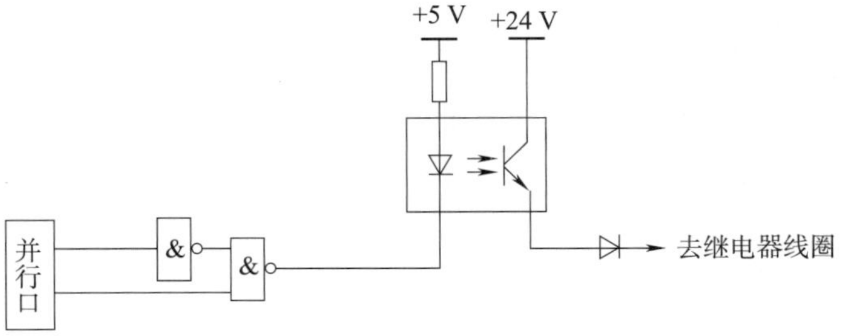

图 2-4-8　微机保护输出接口原理

7. 数据采集系统

数据采集系统通常包括模拟输入变换插件、采样及 A/D 转换插件。

(1)模拟输入变换插件也称为交流量输入 AC 插件。其主要任务是将 TA、TV 来的 5 A、100 V 信号转换成适合模数转换器的电量,并担负着将弱电系统同强电系统隔离的任务。它主要由辅助变流器、辅助变压器等组成。对不同的微机保护装置,由于被保护对象的数目以及保护方式的不同,因此模拟输入变换插件上有不同数目的输入通道,分别承担着对各路电流、电压量的输入变换任务。

(2)采样及 A/D 转换插件。该插件完成将模拟量转换成数字量的任务,它是在 CPU 及其软件和外围双稳触发电路的共同控制下,以一定的采样频率将各通道的模拟量逐一转换成数字量,并存入数据存储器中,采样及 A/D 转换插件由采样保持器、多路转换器、A/D 转换器、数据输出锁存器、通道地址锁存与译码器和外围控制电路等构成。采样及 A/D 转换插件的原理图与采样方式和所选用的器件型号有关。所有采集到的数据根据程序安排存放在数据存储器 RAM 的特定单元中,接着执行数字滤波及保护运算程序段。

8. 控制及信号插件

控制及信号部件用于执行及记录保护装置的动作。保护装置动作后,输出的数字信号经译码后的脉冲信号,加至光电隔离电路输出。保护装置动作的信号,由 CPU 板的输出经光电隔离输出驱动信号继电器,并以灯光和声音的形式进行告警。

9. 电源插件

微机成套保护装置需要较多的电压种类,有微机系统使用的 5 V、开关量(数字量)输入输出部分的 24 V、A/D 转换部分所需的±15 V 以及控制部分所需的 110 V 或 220 V。微机保护装置采用开关稳压电源,具有功率消耗小、稳压性能好的特点,并能实现输入输出之间及各输出之间的隔离。

二、牵引变电所主要保护类型

1. 差动保护原理

差动保护是根据基尔荷夫电流定律“电路中流入节点电流的总和等于零”原理制成的。差动保护把被保护的电气设备看成是一个节点，正常时流进被保护设备的电流和流出的电流相等，差动电流等于零。当设备出现故障时，流进被保护设备的电流和流出的电流不相等，差动电流大于零。当差动电流大于差动保护装置的整定值时，保护出口动作，将被保护设备的各侧断路器跳开，使故障设备断开电源。

变压器差动保护范围：变压器内部、套管及引出线、差动保护电流互感器之间的设备，不需与其他保护配合，可无延时切断内部短路，动作于变压器高低压两侧断路器跳闸。

变压器差动保护通过比较变压器原次边电流的向量和大小来判别是否启动动作，是电流保护的一种形式。

此保护单相原理如图 2-4-9 所示。在图中，只要适当选择变压器的原次边电流互感器的变比，就可以分析得到下面的结果。

(1)变压器正常运行时，流过差动继电器的两电流相位相同、大小相等，即 $I_k=I''_1-I''_2=0$，继电器不动作。

(2)保护范围外部(如 k_1 点)短路故障时，虽然两个互感器的次边电流都是数值较大的短路电流，但流入电流差动继电器的两电流仍然保持相位相同、大小相等，即 $I_k=I''_1-I''_2=0$，继电器不动作。

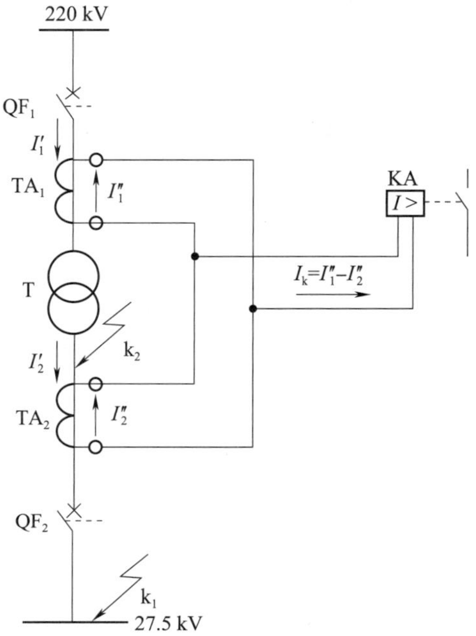

图 2-4-9　变压器单相差动保护原理

(3)差动保护范围内(如 k_2 点)发生短路故障时，流入差动继电器的电流 $I_k=I''_1$，数值较大，继电器动作，保护装置使变压器两侧的断路器跳闸。

差动保护又分为差动速断、比率制动差动保护。图 2-4-10 为差动速断保护的原理，当被保护范围发生短路故障时，变压器两侧差动电流的电流大于整定值，保护装置启动，使断路器跳闸，并给出信号。

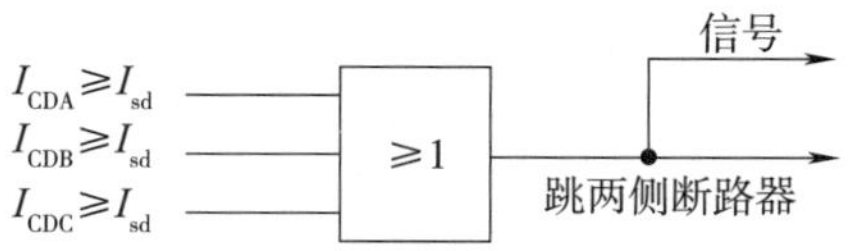

图 2-4-10　差动速断保护原理

差动速断电流按躲过变压器最大励磁涌流整定：

$$I_{sd}=K_k\frac{n_{yl.max}I_{e.h}}{n_{CT.h}} \tag{2-4-1}$$

式中　K_k——可靠系数，取 1.2；

$I_{e.h}$——变压器高压侧额定电流；

$n_{CT.h}$——高压侧流互变比；

$n_{yl.max}$——变压器最大励磁涌流倍数。

$n_{yl.max}$推荐值如下：6 300 kV·A 及以下变压器：7～12；6 300～31 500 kV·A 变压器：4.5～7；40 000～120 000 kV·A 变压器：3～6。

比率制动差动保护采用“三折线”动作特性，动作电流按 $0.5I_{e.h}/n_{CT.h}$整定，Ⅰ段制动电流按 $I_{e.h}/n_{CT.h}$整定，Ⅱ段制动电流按 $3I_{e.h}/n_{CT.h}$整定，Ⅰ段制动比率为 0.3，Ⅱ段制动比率为0.5。

比率制动差动保护应投入二次谐波闭锁判据，二次谐波闭锁系数一般按 0.15 整定。

差动保护宜具备差流越限告警功能，差流越限定值取 $0.2I_{e.h}/n_{CT.h}$。

差动保护不设延时。

2. 低压过电流保护

低压过电流保护主要是为了保护外部短路引起的变压器过电流，同时也可以作为变压器差动保护以及馈线保护的后备保护。牵引变压器高低压侧都应配置低压启动过电流保护，分别设置三相低压过电流、单相低压过电流，其原理如图 2-4-11 和图 2-4-12 所示。

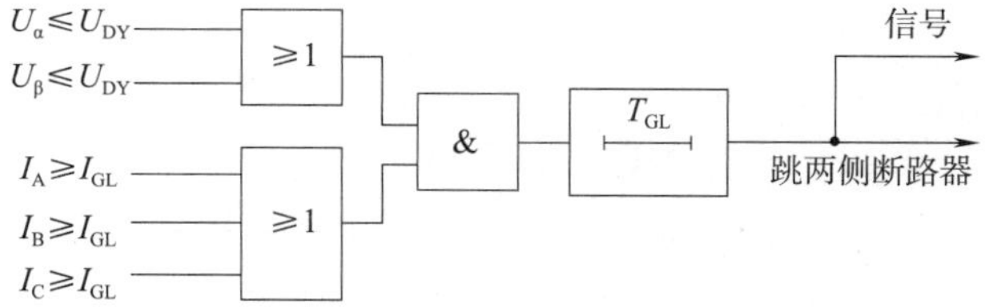

图 2-4-11　三相低压过电流原理

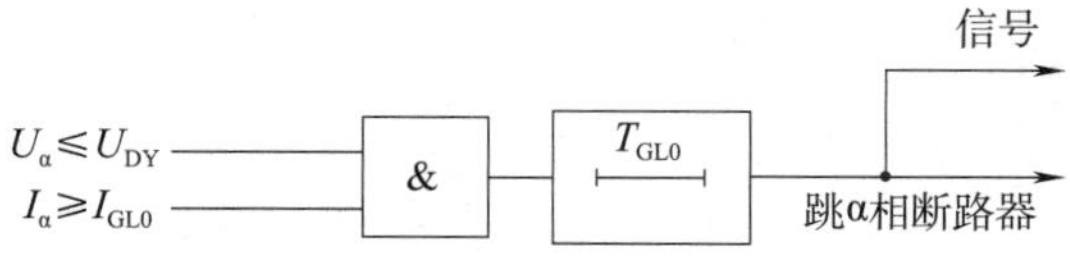

图 2-4-12　单相低压过电流原理

整定原则：(1)动作电压。动作电压按躲过变压器低压侧母线最低工作电压整定：

$$U_{dz}=\frac{U_{min}}{K_k n_{PT}} \tag{2-4-2}$$

式中　U_{min}——最低工作电压；

K_k——可靠系数，取 1.2；

n_{PT}——压互变比。对于 2×27.5 kV AT 供电方式，低压判据应采用 T 母线电压。

(2)动作电流。高、低压侧动作电流按躲过额定电流整定，AT 供电方式低压侧取 T、F 电流之和(矢量差)，各相动作电流应分别计算：

$$I_{dz.h}=\frac{K_k I_{e.h}}{n_{CT.h}} \tag{2-4-3}$$

$$I_{dz.l}=\frac{K_kI_{e.l}}{n_{CT.l}} \tag{2-4-4}$$

式中　$I_{dz.h}$、$I_{dz.l}$——高低压侧动作电流定值；

$n_{CT.h}$、$n_{CT.l}$——高低压侧流互变比。

(3)PT 断线判据。PT 断线电压定值按照公式(2-4-5)取值。

$$U_{dz.PT}=\frac{U_{min}}{K_kK_{lm}n_{PT}} \tag{2-4-5}$$

式中　K_k——可靠系数，取 1.2；

K_{lm}——灵敏系数，取 1.5～2。

PT 断线延时 2 s 发出告警信号。

低压启动过电流保护应具备 PT 断线自动放大电流定值功能。对于 2×27.5 kV AT 供电方式，T 线 PT 断线一旦检出应采用 F 线电压计算低压判据，若 T 线和 F 线电压都判为 PT 断线，则应无延时放大动作电流定值。对于其他供电方式，PT 断线一旦检出，应无延时放大动作电流定值。放大倍数为：

$$n_h=\frac{I_{fh.max.h}}{I_{e.h}} \tag{2-4-6}$$

$$n_l=\frac{I_{fh.max.l}}{I_{e.l}} \tag{2-4-7}$$

式中　n_h、n_l——高低压侧过电流判据的放大倍数；

$I_{fh.max.h}$、$I_{fh.max.l}$——高低压侧各相的最大负荷电流。

(4)动作时限。低压侧动作时限按馈线距离Ⅰ段动作时限＋2ΔT 整定，高压侧动作时限按低压侧＋ΔT 整定。

3. 零序过电流保护

零序过电流保护原理：在大电流接地系统中，对中性点直接接地的牵引变压器，为防止进线侧的设备发生短路接地故障，通过测量串接在中性点电路当中的电流互感器构成零序电流保护。零序过电流保护的原理如图 2-4-13 所示。

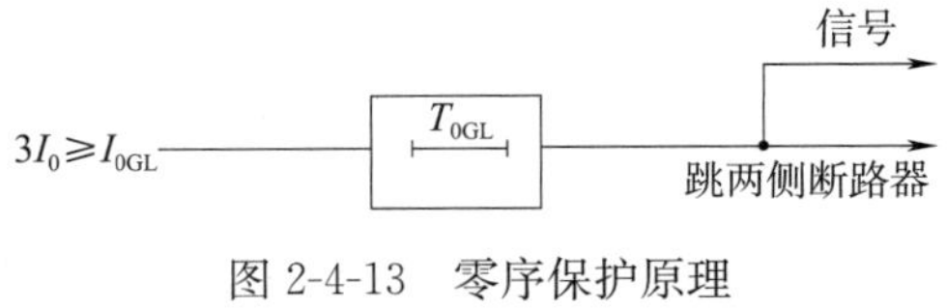

图 2-4-13　零序保护原理

整定原则：动作电流一次值按 0.5 $I_{e.h}$整定，动作时限按 0.5 s 整定。

4. 失压保护

失压保护原理：线电源电压低于设定值则出口动作跳闸。

整定原则：失压保护动作电压取 50 V，动作时限按躲过外电源重合闸整定，一般整定为 4 s。

说明：现场出现过外电源 B 相缺相导致全所无电的案例，当时失压保护没有动作。

5. 过电压保护

过电压保护原理：变压器高低压侧都应投入过电压保护，过电压保护可动作于告警或跳闸。

整定原则：高低压侧过电压保护的动作电压整定为 120 V，动作时限整定为 5 s。

6. 过负荷保护

过负荷保护原理：变压器的不正常状态包括过负荷状态，应配备过负荷保护。过负荷Ⅰ段动作于发出告警信号，过负荷Ⅱ段动作于跳闸。过负荷Ⅰ段应投入运行，过负荷Ⅱ段可根据需要投入。过负荷保护可选用定时限动作特性和反时限动作特性。

整定原则：

(1)定时限动作特性

过负荷Ⅰ段动作电流按 $2.0I_e$ 整定，动作时限按 120 s 整定。

过负荷Ⅱ段动作电流按 $2.8I_e$ 整定，动作时限按 100 s 整定。

(2)反时限动作特性

选用极度反时限特性：

$$t=\frac{80}{\left(\frac{I}{I_{dz}}\right)^2-1}\times\frac{T_{dz}}{10} \tag{2-4-8}$$

式中　I_{dz}——动作电流整定值；

T_{dz}——动作时限。

过负荷Ⅰ段动作电流按 I_{dz} 按 $1.5I_e$ 整定，动作时限为 12 s。

过负荷Ⅱ段动作电流按 I_{dz} 按 $2I_e$ 整定，动作时限为 12 s。

7. 瓦斯保护

瓦斯保护原理：牵引变压器通常利用变压器油作为绝缘和冷却介质。当变压器油箱内发生故障时，在故障电流和故障点电弧的作用下，变压器油和其他绝缘材料会受热分解，产生大量气体。同时，气体的上升会引起油流的变化。利用这个特点构成的保护叫做瓦斯保护或称气体保护。

瓦斯继电器安装位置及结构如图 2-4-14 所示，瓦斯继电器安装位置在变压器油箱与油枕连接管路中。

轻瓦斯主要反映在运行或者轻微故障时由油分解的气体上升进入瓦斯继电器，气压使油面下降，继电器的开口杯随油面落下，轻瓦斯弹簧触点接通发出信号，当轻瓦斯内气体过多时，可以由瓦斯继电器的气嘴将气体放出。

重瓦斯主要反映在变压器严重内部故障(特别是匝间短路等其他变压器保护不能快速动作的故障)产生的强烈气体推动油流冲击挡板，挡板上的磁铁吸引重瓦斯弹簧触点，使触点接通而跳闸。

整定原则：瓦斯继电器的整定，重瓦斯按照油气流速 1 m/s 整定，无延时出口；对轻瓦斯采取气体在继电器内占有空间的体积来整定，范围为 250～300 cm^3 延时发出信号。

8. 压力释放保护

压力释放保护原理：压力释放阀是变压器的一种压力保护装置。当变压器内部发生故障时，油分解产生大量气体，由于变压器是基本密闭的，连通油枕的连管较细，仅靠小连管不能有效迅速降低压力，造成油箱内压力急剧升高，会导致变压器油箱破裂。压力释放阀将及时打开，排除部分变压器油，降低油箱内的压力，待油箱内压力降低后，压力释放阀将自动闭合，并保持油箱的密封。当变压器内部发生故障时，产生大量气体时，绝缘油对膜盘的压力大于弹簧压力时，达到开启压力时变压器油排出，变压器内部压力迅速降低到正常值。膜盘受弹簧的压力回复到原来位置。

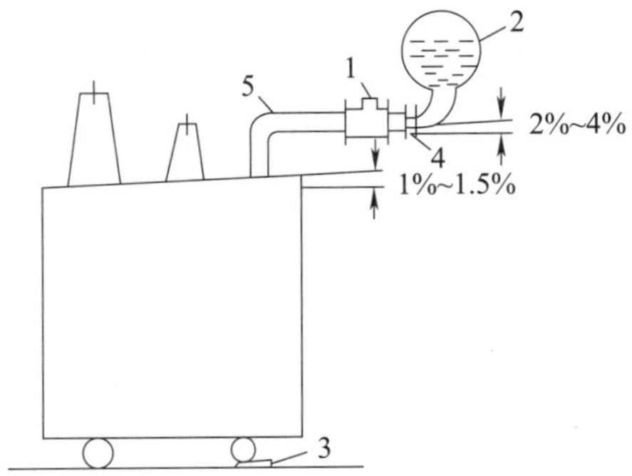

（a）安装位置

1—气体继电器；2—油枕；3—钢垫块；4—阀门；5—导油管

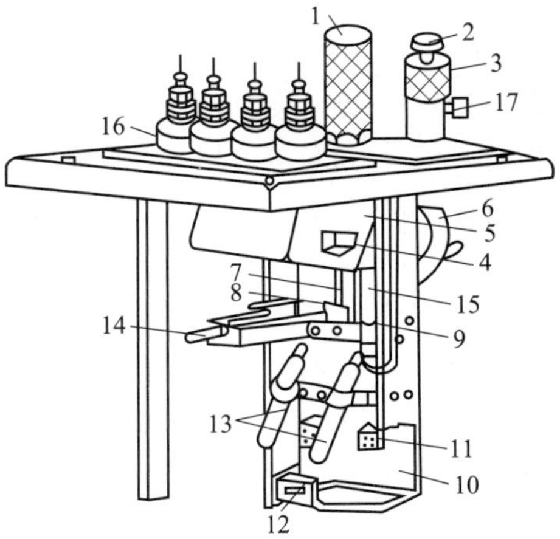

（b）结构

1—罩；2—顶针；3—气寨；4—磁铁；5—开口杯；6—重锤；7—探针；8—开口销；9—弹簧；10—挡板；11—磁铁；12—螺标；13—干簧接点（重瓦斯）；14—调节杆；15—干簧接点（轻瓦斯）；16—套管；17—排气口

图 2-4-14　瓦斯继电器安装位置及结构

整定原则：压力释放阀开启时间不大于 2 ms。

9. 温度保护

温度保护原理：取变压器上层油温反映变压器内部的最高温度。

温度保护整定：温度Ⅰ段动作于发出告警信号，定值为 80 ℃。温度Ⅱ段动作于跳闸，定值为 100 ℃。

10. 牵引网馈线保护

(1)阻抗保护

①阻抗保护原理

用电压与电流的比值(即阻抗)构成的继电保护，又称阻抗保护，阻抗元件的阻抗值是接入该元件的电压与电流的比值：$U/I=Z$，也就是短路点至保护安装处的阻抗值。因线路的阻抗值与距离成正比，所以也叫距离保护。

母线处的相电压 U_k 称为保护的测量电压，被保护线路的电流 I_k 称为保护的测量电流，二者的比值为 $Z_k=U_k/I_k$

在短路后，母线电压下降，而流经保护安装地点的电流增大，这样短路阻抗 Z_k 比正常时测到的负载阻抗 Z_L 大大降低，所以距离保护反映的信息量在故障前后变化比电流变化量大，因而比反映单一物理量的电流保护灵敏度高。

距离保护的实质是用整定阻抗与被保护线路的测量阻抗 Z_k 比较。当短路点在保护范围以外时，即 $|Z_k|>|Z_{set}|$ 时继电器不动。当短路点在保护范围内，即 $|Z_k|<|Z_{set}|$ 时继电器动作。因此，距离保护又称为低阻抗保护。

牵引变电所馈线距离保护的动作特性一般采用图 2-4-15 所示的多边形动作特性。

图中，Φ_1 取 85°；Φ_2 取 −15°，Φ_{line} 按线路阻抗角整定。

距离Ⅰ段：距离Ⅰ段按保护正常运行时的线路全长整定。

②整定原则

牵引网保护宜根据运行方式配置多组整定值，由供电调度或现场值班人员根据供电方式切换定值组(区)。为防止电力机车主变压器、AT 变压器等产生的励磁涌流导致馈线保护误动，距离保护、电流速断、过电流保护、电流增量保护等元件都应投入二次谐波闭锁判据，二次谐波闭锁系数整定为 0.15。

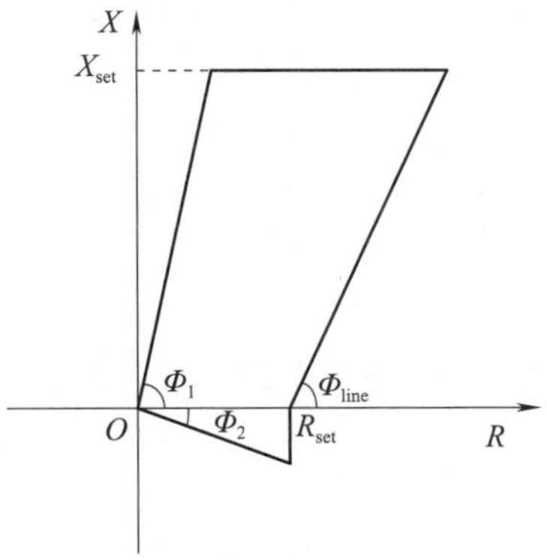

图 2-4-15　距离保护动作特性

AT 供电方式下，各保护元件的电流值为 $I=I_T-I_F$。式中，I_T 表示 T 线电流有效值，I_F 表示 F 线电流有效值。在 2×27.5 kV AT 供电方式下，距离保护元件的阻抗值为 $Z=\dfrac{U_T}{I_T-I_F}$，式中 U_T 表示 T 线对地电压有效值，I_T 表示 T 线电流有效值，I_F 表示 F 线电流有效值。

为了防止 PT 断线引发阻抗保护误动作，设置 PT 断线闭锁，PT 断线闭锁判据如下。

PT 断线电压定值：

$$U_{dz.PT}=\frac{U_{min}}{K_k K_{lm} n_{PT}} \tag{2-4-9}$$

式中　U_{min}——母线最低运行电压；

K_k——可靠系数，取 1.2；

K_{lm}——灵敏系数，取 1.5～2；

n_{PT}——电压互感器变比。

电压定值一般整定为 30～40 V。

PT 断线电流定值按躲过最大负荷电流和末端最小短路电流整定：

$$I_{dz.PT}=\min\left(K_k I_{fh.max}, \frac{1}{K_k} I_{d.min}\right)\frac{1}{n_{CT}} \tag{2-4-10}$$

式中　K_k——可靠系数，取 1.2；

$I_{fh.max}$——最大负荷电流；

$I_{d.min}$——末端最小短路电流；

n_{CT}——电流互感器变比。

PT 断线电压和电流判据同时满足应无延时闭锁距离保护，但不应闭锁低压起动过电流，任一判据不满足则解除闭锁。PT 断线延时 2 s 发出告警信号。

③阻抗保护Ⅰ段按保护正常运行线路全长整定

a. 电抗定值

$$X_{dzⅠ}=2K_k(L_0 x_{0F}+L_1 x_{1.F})\frac{n_{CT}}{n_{PT}} \tag{2-4-11}$$

式中　K_k——可靠系数，取 1.5；

L_0——供电线长度，单位 km；

x_{0F}——F 线供电线单位电抗，单位 Ω/km；

L_1——接触网长度，单位 km；

$x_{1.F}$——F 线自阻抗的单位电抗，单位 Ω/km；

n_{CT}——流互变比；

n_{PT}——压互变比。

b. 电阻定值

$$R_{dz\,I}=\frac{U_{min}}{K_k I_{fh.max}}\left(\cos\varphi_{fh}-\frac{\sin\varphi_{fh}}{\tan\varphi_{line}}\right)\frac{n_{CT}}{n_{PT}} \tag{2-4-12}$$

式中　K_k——可靠系数，取 1.2；

U_{min}——正常运行时 T 母线对地的最低电压；

$I_{fh.max}$——正常运行时馈线的最大负荷电流；

φ_{fh}——负荷阻抗角；

φ_{line}——线路阻抗角；

n_{CT}——流互变比；

n_{PT}——压互变比。

c. 动作时限

一般整定为 0.1 s。

(2)过电流保护

①保护原理

为增加过电流保护的可靠性，馈线设置低压过电流保护，与阻抗保护同为馈线主保护。过电流保护原理框图如图 2-4-16 所示。

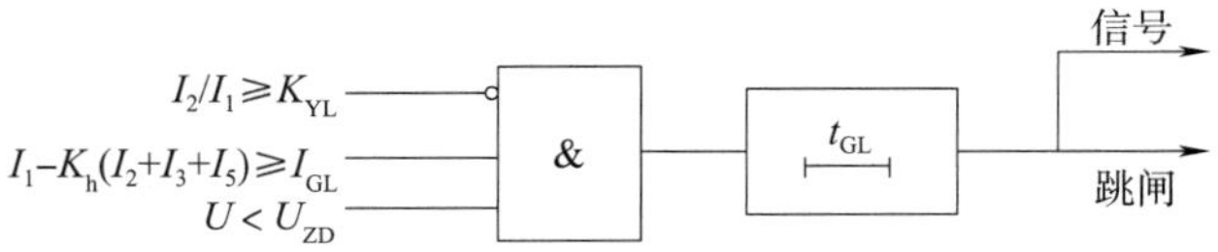

图 2-4-16　过电流保护原理框图

②保护整定原则

a. 动作电流

按躲过馈线最大负荷电流整定：

$$I_{dz}=K_k I_{fh.max}\frac{1}{n_{CT}} \tag{2-4-13}$$

式中　K_k——可靠系数，取 1.2；

$I_{fh.max}$——正常运行时馈线的最大负荷电流；

n_{CT}——流互变比。

按末端最小短路电流校验灵敏度：

$$K_{lm}=\frac{I_{d.min}}{n_{CT}I_{dz}}>1.2 \tag{2-4-14}$$

式中　$I_{d.min}$——本线路末端故障时的最小短路电流。

若灵敏度不满足要求，应投入低压闭锁判据，且动作电流按保证线路末端故障时具有足够灵敏度整定：

$$I_{dz}=\frac{1}{K_{lm}}I_{d.min}\frac{1}{n_{CT}} \tag{2-4-15}$$

式中　K_{lm}——灵敏系数，一般取 1.2；

$I_{d.min}$——本线路末端故障时的最小短路电流；

n_{CT}——流互变比。

低压闭锁判据的动作电压按躲过最低运行电压整定：

$$U_{dz.PT}=\frac{U_{min}}{K_k n_{PT}} \tag{2-4-16}$$

式中　U_{min}——母线最低运行电压；

K_k——可靠系数，取 1.2；

n_{PT}——电压互感器变比。

b. 动作时限

与距离Ⅰ段动作时限相同。

(3)电流增量保护

①保护原理

当牵引网发生高阻接地故障时，故障电流可能小于最大负荷电流，阻抗保护和电流速断、过电流保护不能动作。此时应该设置电流增量保护，通过比较故障前后一定周波数量的电流增量来实现保护。电流增量保护原理如图 2-4-17 所示。

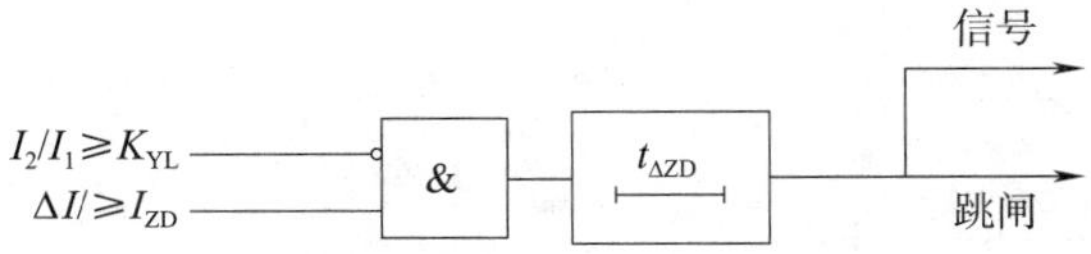

图 2-4-17　电流增量保护原理

②整定原则

a. 动作电流按单列机车最大额定电流整定：

$$\Delta I_{dz}=\frac{K_k I_{e.max}}{n_{CT}} \tag{2-4-17}$$

式中　K_k——可靠系数，一般取 1.0～1.2；

$I_{e.max}$——线路运行单列机车的最大额定电流；

n_{CT}——流互变比。

b. 动作时限

整定为距离Ⅰ段动作时限$+\Delta T$。

(4)重合闸

重合闸重合时限一般整定为 2 s，重合闸充电时限一般整定为 20 s。

(5)AT 所馈线保护

①失压保护

动作电压整定为 50 V，动作时限整定为 1 s。

②检有压重合闸

动作电压定值为 70 V，动作时限整定为 3 s。当采用单台并联断路器模式，应同时检测上下行双侧电压。

三、计算案例

牵引变压器保护功能应按表 2-4-1 配置。

表 2-4-1 牵引变压器保护功能配置

电量保护	主保护		差动保护(包括差动速断和比率差动)
	后备保护	高压侧有中性点	零序过电流保护、高压侧低压启动过电流保护、低压侧低压启动过电流保护、失压保护、高压侧过电压保护、低压侧过电压保护、过负荷保护
		高压侧无中性点	高压侧低压启动过电流保护、低压侧低压启动过电流保护、高压侧失压保护、高压侧过电压保护、低压侧过电压保护、过负荷保护
非电量保护			瓦斯保护、压力释放保护、温度保护

1. 变压器保护装置

(1)差动保护接线

在客运专线中,用到两种变压器接线方式,如图 2-4-18 所示。

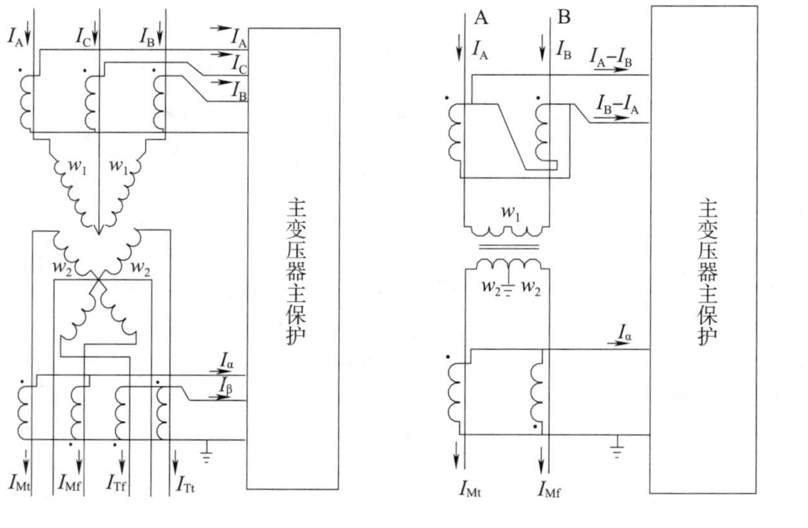

(a) V/X变压器差动保护接线　　(b) 单相变压器差动保护接线(AT方式)

图 2-4-18 牵引变压器接线方式

(2)差动平衡方程

图 2-4-18(a)中,V/X 接线变压器(C 相为中间相)电流平衡方程为

$$\begin{bmatrix} I_A \\ I_B \\ I_C \end{bmatrix} = \frac{1}{k_{ph}} \begin{bmatrix} 1 & 0 \\ 0 & 1 \\ -1 & -1 \end{bmatrix} \begin{bmatrix} I_\alpha \\ I_\beta \end{bmatrix} \tag{2-4-18}$$

图 2-4-18(b)中,单相变压器电流平衡方程为

$$\begin{bmatrix} I_A \\ I_B \end{bmatrix} = \frac{1}{k_{ph}} \begin{bmatrix} 1 \\ -1 \end{bmatrix} [I_\alpha] \tag{2-4-19}$$

式中，V/X 变压器 $k_{ph}=\dfrac{k \cdot n_H}{n_L}$（当原边流互采用差接时，$k_{ph}=\dfrac{k \cdot n_H}{2n_L}$，如武广线）；单相变压器 $k_{ph}=\dfrac{k \cdot n_H}{2n_L}$。

其中，k 为变压器高、低压侧绕组匝数比，若高压侧电压等级为 110 kV、220 kV、330 kV，则对应 $k=\dfrac{110}{27.5}=4$、$k=\dfrac{220}{27.5}=8$、$k=\dfrac{330}{27.5}=12$。

(3)原始参数见表 2-4-2。

表 2-4-2　差动保护原始参数

项目	代号	单位	实例	备注
变压器高压侧容量	S_e	kV·A	40 000	
变压器变比	$k=\dfrac{w_1}{w_2}$		8	w_1、w_2 分别为高低压侧绕组匝比
高压侧流互变比	n'_L		750	
低压侧流互变比	n''_L		2 000	
高压侧压互变比	n'_Y		2 200	
低压侧压互变比	n''_Y		275	
高压侧母线额定电压	U'_e	V	220 000	
低压侧母线额定电压	U''_e	V	27 500	
低压侧母线最低电压	U_{min}	V	24 000	
低压侧母线短路电流	I_{dmx}	A	12 820	
馈线末端短路电流	I_{dx}	A	9 620	
高压侧 A/B 相一次额定电流	$I'_{eA}=I'_{eB}=\dfrac{S_e}{U'_e}$	A	181.82	
高压侧公共相 C 相一次额定电流	I'_{eC} *	A	314.92	
低压侧一次额定电流	$I''_E=\dfrac{S_e}{2U''_e}$	A	727.27	
高压侧 A/B 相二次额定电流	$I'_{ea}=I'_{eb}=\dfrac{I'_e}{n'_L}$	A	0.24	
高压侧公共相 C 相二次额定电流	$I'_{ec}=\dfrac{I'_{eC}}{n'_L}$	A	0.42	
低压侧二次额定电流	$I''_e=\dfrac{I'_E}{n''_L}$	A	0.36	
低压侧母线短路电流归算至高压侧	$I_{DD}=I_{dmx}\dfrac{w_2}{w_1}$	A	1 603	

* 备注：对于 V/V 变压器或 V/X 变压器，$I'_{eC}=\sqrt{I'^2_{eA}+I'^2_{eB}-\left[2I'_{eA}\cdot I'_{eB}\cos\left(\dfrac{120}{180}pi\right)\right]}$

(4)整定原则

①差动速断保护

A 相、B 相动作值(A):$I_{dzA}=I_{dzB}=k_{cj}\cdot K_k\cdot K_{YL}\cdot I'_{eA}$

公共相 C 相动作值(A):$I_{dzC}=k_{cj}\cdot K_k\cdot K_{YL}\cdot I'_{eC}$

差接系数 $k_{cj}=2$(当原边流互采用差接时),可靠系数 $K_k=1.2$,涌流系数 $K_{YL}=8$。

实例:

$$I_{dzA}=I_{dzB}=2\times1.2\times8\times0.24=4.61(\text{A})$$
$$I_{dzC}=2\times1.2\times8\times0.42=8.06(\text{A})$$

备注:当 V/V 变压器或 V/X 变压器原边流互采用差接时,不投入公共相 C 相差动速断保护。

②比率差动保护

在图 2-4-19 所示的比率差动动作特性中,各参数整定值为:

差动电流整定值 I_{dz}:一般按 0.5 倍的 I_e 整定,$I_{dz}=0.5\cdot k_{cj}\cdot I'_e$;

制动电流Ⅰ段整定值 I_1:一般按 1 倍的 I_e 整定,$I_{dz}=k_{cj}\cdot I'_e$;

制动电流Ⅱ段整定值 I_2:一般按 3 倍的 I_e 整定,$I_{dz}=3\cdot k_{cj}\cdot I'_e$;

平衡系数 k_{ph}:$k_{ph}=\dfrac{k\,n'_L}{k_{cj}n''_L}$(原边采用差接时,$k_{cj}=2$);

K_1一般整定为 0.3;

K_2 一般整定为 0.5;

二次谐波闭锁:一般按 15%~20%整定。

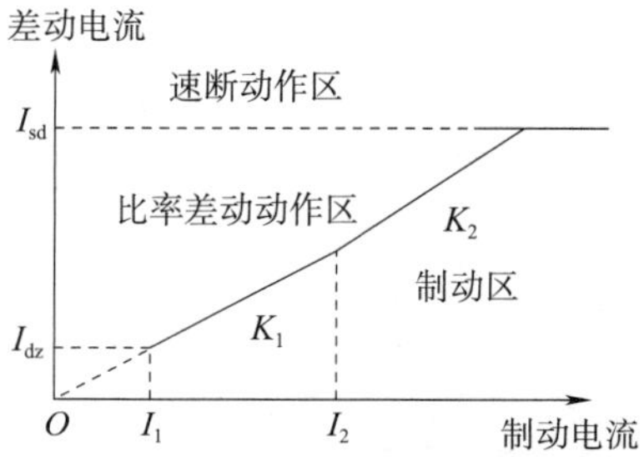

图 2-4-19 比率差动保护动作特性

实例:

差动电流整定值:$I_{dzA}=I_{dzB}=0.5\times2\times0.24=0.24(\text{A})$,$I_{dzC}=0.5\times2\times0.42=0.42(\text{A})$

制动电流Ⅰ段整定值:$I_{dzA}=I_{dzB}=1\times2\times0.24=0.48(\text{A})$,$I_{dzC}=1\times2\times0.42=0.84(\text{A})$

制动电流Ⅱ段整定值:$I_{dzA}=I_{dzB}=3\times2\times0.24=1.44(\text{A})$,$I_{dzC}=3\times2\times0.42=2.52(\text{A})$

平衡系数:$k_{ph}=\dfrac{8}{1}\times\dfrac{750}{2\ 000}=1.5$

备注:当 V/V 变压器或 V/X 变压器原边流互采用差接时,不投入公共相 C 相比率差动保护。

③高压侧过电流保护

A 相、B 相、C 相过电流保护动作值(A):

$$I_{dzA}=\frac{K_k}{K_{fh}}\cdot\frac{I'_{eA}}{n'_L},I_{dzB}=\frac{K_k}{K_{fh}}\cdot\frac{I'_{eB}}{n'_L},I_{dzC}=\frac{K_k}{K_{fh}}\cdot\frac{I'_{eC}}{n'_L}$$

备注:单相变压器无 C 相高压侧过电流保护。

可靠系数 $K_k=1.2$,返回系数 $K_{fh}=0.95$。

低电压启动动作值(V):$U_{dz}=\dfrac{1}{K_k\cdot K_{fh}}\cdot\dfrac{U_{min}}{n''_Y}$

可靠系数 $K_k=1.2$,返回系数 $K_{fh}=1.1$。

动作时限:0.7 s。

实例:

A 相、B 相电流整定值:$I_{dzA}=I_{dzB}=\dfrac{1.2}{0.95}\times\dfrac{181.82}{750}=0.31(\text{A})$

公共相 C 相电流整定值：$I_{dzC}=\frac{1.2}{0.95}\times\frac{314.92}{750}=0.53(A)$

低电压启动动作值：$U_{dz}=\frac{1}{1.2\cdot 1.1}\times\frac{24\ 000}{275}=66(V)$

④低压侧过电流保护

过电流保护动作值(A)：$I_{dz}=\frac{K_k}{K_{fh}}\cdot\frac{2I''_e}{n''_L}$

可靠系数 $K_k=1.2$，返回系数 $K_{fh}=0.95$。

低电压启动动作值(V)：$U_{dz}=\frac{1}{K_k\cdot K_{fh}}\cdot\frac{U_{min}}{n''_Y}$

可靠系数 $K_k=1.2$，返回系数 $K_{fh}=1.1$。

动作时限：0.4 s。

实例：

过电流保护动作值：$I_{dz}=\frac{1.2}{0.95}\times\frac{2\times 727.27}{2\ 000}=0.92(A)$

低电压启动动作值：$U_{dz}=\frac{1}{1.2\cdot 1.1}\times\frac{24\ 000}{275}=66(V)$

⑤高压侧过负荷Ⅱ段保护

a. 3 倍变压器额定电流($I_{dz}=3I_e$)情况下，120 s 跳闸(过负荷Ⅱ段)；2 倍变压器额定电流($I_{dz}=2I_e$)情况下，120 s 告警(过负荷Ⅰ段)。

b. 动作电流：过负荷Ⅰ段：$I_{zd}=0.95I_{dz}$；过负荷Ⅱ段：$I_{zd}=0.95I_{dz}$。

c. 时间常数：反时限曲线穿越“①”说明的点。

一般反时限：$120=\frac{0.14}{\left(\frac{I_{dz}}{0.95I_{dz}}\right)^{0.02}-1}\times\frac{T}{10}$，得 $T\approx 8.7$ s

d. 反时限类型：建议采用一般反时限。

实例：

A 相、B 相过负荷保护Ⅱ段动作值(A)：

$$I_{dzA}=I_{dzB}=0.95\times 3\times I_e=0.95\times 3\times 0.24=0.68$$

共用相 C 相过负荷保护Ⅱ段动作值(A)：

$$I_{dzC}=0.95\times 3\times I_{eC}=0.95\times 3\times 0.42=1.20$$

过负荷保护Ⅱ段时限整定 TGF(s)：

一般反时限：$120=\frac{0.14}{\left(\frac{I_{dz}}{0.95I_{dz}}\right)^{0.02}-1}\times\frac{T}{10}$，得 $T\approx 8.7$ s

A 相、B 相过负荷保护Ⅰ段动作值(A)：

$$I_{dzA}=I_{dzB}=0.95\times 2\times I_e=0.95\times 2\times 0.24=0.46$$

共用相 C 相过负荷保护Ⅰ段动作值(A)：

$$I_{dzC}=0.95\times 2\times I_{eC}=0.95\times 2\times 0.42=0.80$$

过负荷保护Ⅰ段时限整定 TGF(s)：

一般反时限：$120=\dfrac{0.14}{\left(\dfrac{I_{dz}}{0.95I_{dz}}\right)^{0.02}-1}\times\dfrac{T}{10}$，得 $T\approx 8.7$ s

⑥进线侧失压保护

进线失压保护动作值(V)：$U_{dz}=\dfrac{1}{K_k\cdot K_{fh}}\cdot\dfrac{k\cdot U_{min}}{n'_Y}$

可靠系数 $K_k=1.2$，返回系数 $K_{fh}=1.1$。

时限：3.5 s。

备注：失压保护在主变测控装置整定。

实例：

失压动作值：$U_{dz}=\dfrac{1}{1.2\times 1.1}\times\dfrac{8\times 24\ 000}{2\ 200}=66(\text{V})$

⑦低压侧过电压保护

过电压保护动作值(V)：$U_{dz}=K_k\cdot\dfrac{U_{max}}{n''_Y}$

可靠系数 $K_k=1.2$。

时限：1.0 s。

实例：

过电压动作值：$U_{dz}=1.2\times\dfrac{220\ 000}{2\ 200}=120(\text{V})$

2. 全并联 AT 供电保护配置(表 2-4-3)及案例说明

表 2-4-3　全并联 AT 牵引网保护和安全自动功能配置

运行方式 位置		正常运行(定值 1 区)	越区供电(定值 2 区)		断路器 1 带 2 运行 (定值 3 区)
			Ⅰ型分区所	Ⅱ型分区所	
变电所		大电流瞬动、距离Ⅰ段、过电流、电流增量、重合闸	大电流瞬动、距离Ⅰ段、过电流、电流增量、重合闸	大电流瞬动、距离Ⅰ段、距离Ⅱ段、电流速断、过电流、电流增量、重合闸	大电流瞬动、距离Ⅰ段、过电流、电流增量、重合闸
AT 所		失压保护、检有压重合闸	失压保护、检有压重合闸	失压保护、检有压重合闸	失压保护、检有压重合闸
分区所	供电侧	失压保护、检有压重合闸	失压保护、检有压重合闸	失压保护、检有压重合闸	失压保护、检有压重合闸
	越区侧	—	失压保护、检有压重合闸	距离Ⅰ段、过电流、电流增量、重合闸	—

(1)变电所馈线保护计算实例

原始参数见表 2-4-4。

(2)正常供电(非越区)

①阻抗保护

阻抗Ⅰ段：

表 2-4-4　变电所馈线保护原始参数

项目	代号	单位	实例	备注
馈线最大负荷电流(一次)	$I_{fh.max}$	A	1 107	—
27.5 kV 母线最低电压(一次)	U_{min}	V	24 000	—
馈线流互变比	n_L	—	1 500	—
27.5 kV 压互变比	n_Y	—	275	—
负荷阻抗角	ϕ	°	18.2	—
保护阻抗角	θ	°	70	—
变电所—分区所区段末端短路电抗(非越区)	X_{L1}	Ω	1.8	本区段
变电所—分区所区段最大电抗(非越区)	X_{L1max}	Ω	2.45	本区段
分区所—AT 所区段末端短路电抗(越区)	X_{L2}	Ω	1.7	下一区段
分区所—AT 所区段最大电抗(越区)	X_{L2max}	Ω	2.13	下一区段
AT 所—变电所区段最大电抗(越区)	X_{L3max}	Ω	4.04	下一区段
列车启动电流	I_q	A	880	—
最小负荷阻抗(一次)	$Z_{min}=\dfrac{U_{min}}{I_{fh.max}}$	Ω	21.68	—

线路电抗(Ω):$X=1.5X_{L1max}\cdot\dfrac{n_L}{n_Y}$,$X_{L1max}$为正常供电时线路最大电抗。

负荷电阻(Ω):$R=K_k\cdot Z_{min}\cdot\dfrac{n_L}{n_Y}\cdot\left(\cos\phi-\dfrac{\sin\phi}{\tan\theta}\right)$,$Z_{min}$为最小负荷阻抗,$\phi$ 为整定的负荷阻抗角,θ 为整定的线路阻抗角。

可靠系数 $K_k=0.9$。

时限:0.1 s。

实例:

线路电抗:$X=1.5\times2.45\times\dfrac{1\ 500}{275}=20.05(\Omega)$

负荷电阻:$R=0.9\times21.68\times\dfrac{1\ 500}{275}\times\left[\cos\left(\dfrac{18.2}{180}\times3.14\right)-\dfrac{\sin\left(\dfrac{18.2}{180}\times3.14\right)}{\tan\left(\dfrac{70}{180}\times3.14\right)}\right]=89(\Omega)$

②低压启动过电流保护

过电流保护动作值(A):$I_{dz}=\dfrac{K_k}{K_{fh}}\cdot\dfrac{I_{fh.max}}{n_L}$

可靠系数 $K_k=1.2$,返回系数 $K_{fh}=0.95$。

低电压启动动作值(V):$U_{dz}=\dfrac{1}{K_k\cdot K_{fh}}\cdot\dfrac{U_{min}}{n''_Y}$

可靠系数 $K_k=1.2$,返回系数 $K_{fh}=1.1$。

时限:0.1 s。

实例:

过电流保护动作值:$I_{dz}=\dfrac{1.2}{0.95}\times\dfrac{1\ 107}{1\ 500}=0.93(A)$

低电压启动动作值：$U_{dz}=\frac{1}{1.2\times1.1}\times\frac{24\ 000}{275}=66(\text{V})$

③电流增量保护

电流增量保护动作值(A)：$\Delta I=K_{k}\cdot\frac{I_{q}}{n_{L}}$

可靠系数 $K_{k}=1.2$。

时限：0.4 s(整定原则：馈线保护最大时限+0.2～0.4 s)。

实例：

电流增量保护动作值：$\Delta I=1.2\times\frac{880}{1\ 500}=0.70(\text{A})$

④过负荷保护

整定原则与实例：参考变压器过负荷保护。

⑤PT 断线检测

PT 断线检测电压：$U_{DX}=40\sim60$ V

PT 断线检测电流：$I_{DX}=\frac{I_{fh.max}}{n_{L}}$

实例：

PT 断线检测电压：$U_{DX}=60$ V

PT 断线检测电流：$I_{DX}=\frac{1\ 107}{1\ 500}=0.74(\text{A})$

⑥重合闸

重合闸时限：2.0 s。

第五节　故 障 测 距

电气化铁路接触网发生各种短路故障时，故障点精确测距是缩短事故处置时间、保证安全供电的重要技术手段。不同的供电方式牵引网采用不同原理的故障测距方法。对于单线直接供牵引网，故障测距原理主要是电抗测距法。对于 AT 供电方式，主要有 AT 中性点吸上电流比、上下行电流比和横联电流比测距法。

一、直接供电方式测距原理

电气化铁路直接供电方式如图 2-5-1 所示。其中图(a)为直接供电的单线形式，图(b)为天窗状态下的直接供电方式，图(c)为直接供电的复线方式，图(d)为上下行全并联直接供电方式，上下行间由隔离开关并联连接。

1. 单线直接供电方式

由于直接供电牵引网可以等效为 R-L 电力线路，供电臂存在着区间和站场，因而在各分段，牵引网阻抗具有不同的单位阻抗特性，但是在局部分段，如在区间上的一段，牵引网状况具有一致性，在该段可以采用均匀单位阻抗计算。牵引网短路时，可能存在一定的过渡电阻，通常只考虑线路的电抗和距离关系进行故障定位，短路电抗距离曲线如图 2-5-2 所示。

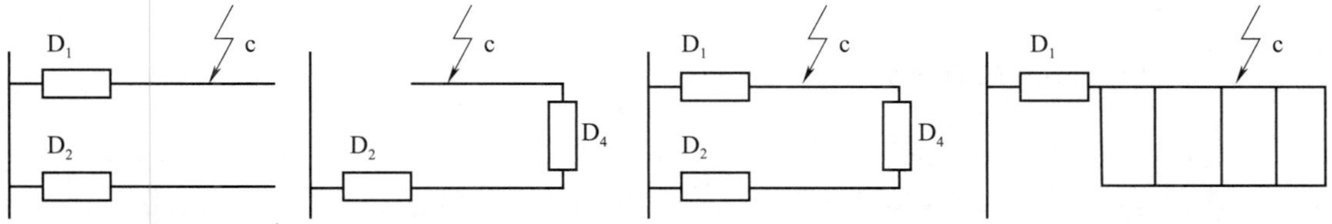

（a）直接供电的单线形式（b）天窗状态下的直接供电方式（c）直接供电的复线方式（d）上下行全并联直接供电方式

图 2-5-1　电气化铁路直接供电方式

当故障发生在 L_{n-1} 和 L_n 之间时，根据电抗距离关系有：

$$l=l_{n-1}+\frac{X_n-X_{n-1}}{l_n-l_{n-1}}(X-X_{n-1}) \tag{2-5-1}$$

2. 复线直接供电方式(图 2-5-3)

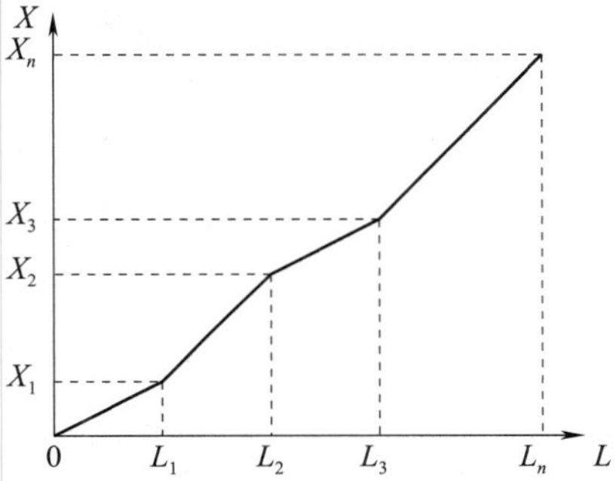

图 2-5-2　直接供电方式下短路电抗距离曲线

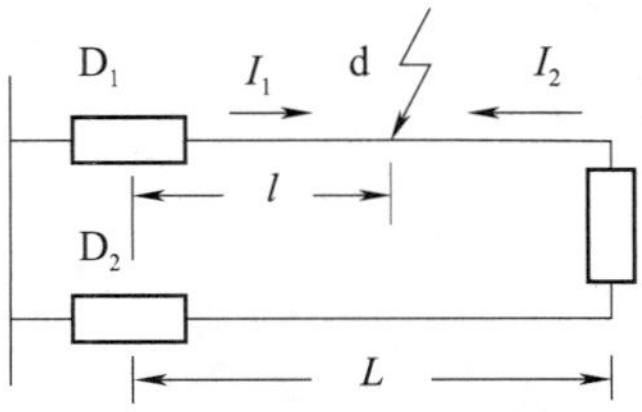

图 2-5-3　复线直接供电牵引网

直接供电方式下的复线方式一般在分区亭并联，如图 2-5-1(c)所示。当短路发生时，上下行互阻抗的影响不能忽略，如图 2-5-2 所示。

$$l=\frac{Z_1}{Z_1+Z_2}\times 2L \tag{2-5-2}$$

式中，Z_1、Z_2 分别为上行、下行测量阻抗。

式(2-5-2)即为现行常用的复线直接供电方式下的测距原理。在上下行牵引网不满足对称条件时，式(2-5-2)不能满足要求，但可以通过分区所保护动作的时间优化，来适用式(2-5-1)。

3. 复线全并联直接供电方式

在我国某条线首次采用牵引网单边全并联供电，即同一方向上下行由一台断路器供电且接触悬挂(含加强线)在每个车站都实施一次横向电联接，从而实现接触网的低阻抗，减少电压损失和增强供电能力，改善供电质量，如图 2-5-1(d)所示。列车在上、下行间运行时无电位差，不会拉电弧，避免烧损受电弓和分段绝缘器。该线的故障测距通过接触网检测系统来进行故障测距，当发生故障时，保护动作后通过远动设备将各个并联点的开关断开，从而形成单线状况，然后将上行馈线合闸到接触网检测系统，通过检测系统判断故障是否发生在上行线，如果上行线没有检测到故障状态，再将检测系统合闸到下行线进行检测，从而找到故障点。但这样进行故障定位需要状态良好的远动系统，所需要的时间也会比较长，造成线路长时间处于断电状态。且由于故障大多是瞬时性故障，单侧重合闸的时候，故障已经消失，因而不能有效找到短路点,形成故障隐患。

二、AT 供电方式下故障测距

由于 AT 供电方式与其他供电方式的特殊性,其故障测距法也与常规测距方式有显著不同。在 AT 供电测距中,采取吸上电流比、上下行电流比、横联比测距、电抗测距法相结合的方法,并在现场得到了较广泛的应用。各所测距装置采集电量分布示意如图 2-5-4 所示。

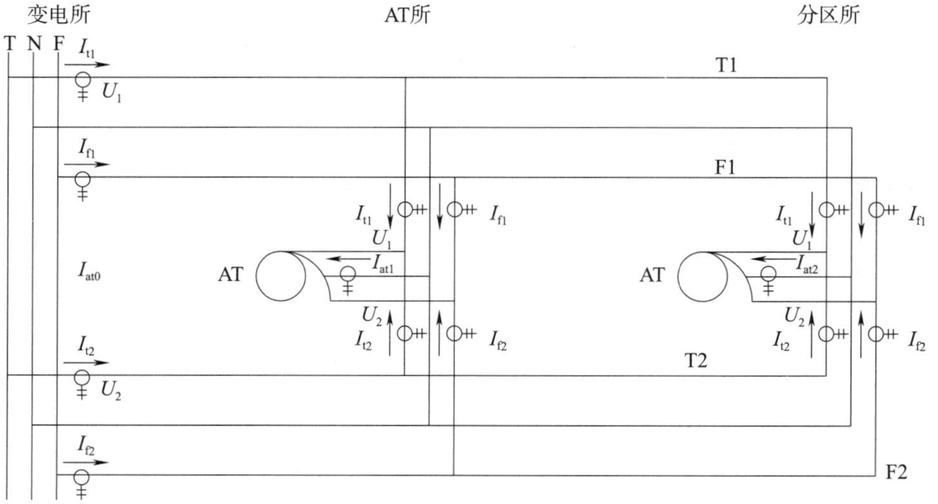

图 2-5-4　武广高铁各测距装置采集电量分布示意

1. AT 中性点吸上电流比测距法

吸上电流比测距法也称为 AT 测距法,主要适用于带 AT 自耦变压器运行时的故障测距。电抗测距法则在 AT 解列,采用直供电方式时适用。

AT 中性点吸上电流比定义为 $H=I_{n+1}/(I_n+I_{n+1})$,其中 I_n 和 I_{n+1} 为故障点所在 AT 段两个 AT 的中性点吸上电流(图 2-5-5)。

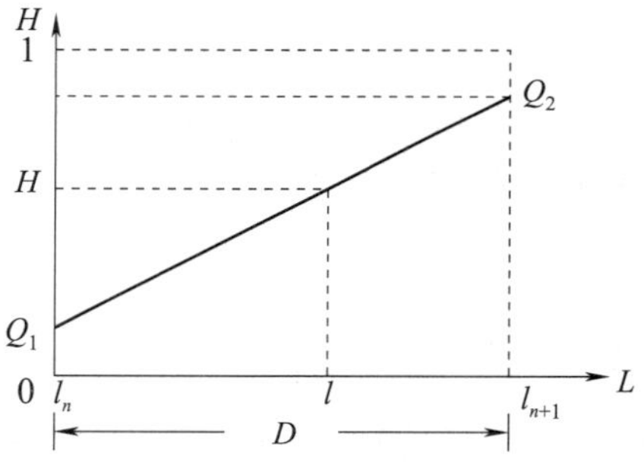

图 2-5-5　AT 测距法原理

武广高铁测距装置各类电量符号含义见表 2-5-1。

表 2-5-1　武广高铁测距装置各类电量符号含义

符号	含义	符号	含义
U_1	下行母线电压,kV	Q	吸流比
U_2	上行母线电压,kV	I_{at0}	(所 0)变电所吸上电流
I_{t1}	下行 T 线电流,A	I_{at1}	(所 1)AT 所吸上电流
I_{f1}	下行 F 线电流,A	I_{at2}	(所 2)分区所吸上电流
I_{t2}	上行 T 线电流,A		
I_{f2}	上行 F 线电流,A		

网络内钢轨回流电流分布与列车在 AT 段中位置系数 x/D 成线性关系(图 2-5-5)。

在理想情况下，靠近变电所端 AT 处短路时 $H=0$，远离变电所端 AT 处短路时 $H=1$。有吸上电流比值 Q 公式为：

$$Q=\frac{I_{\mathrm{at}(n+1)}}{I_{\mathrm{at}(n)}+I_{\mathrm{at}(n+1)}} \tag{2-5-3}$$

我国高铁线多采用 2 个 AT 段，则各所亭吸上电流分别为：

$$I_{\mathrm{at0}}=\begin{cases} I_{\mathrm{t1}}+I_{\mathrm{f1}}+I_{\mathrm{t2}}+I_{\mathrm{f2}}\text{（变电所处无自耦变）} \\ I_{\mathrm{at1}}+I_{\mathrm{at2}}\text{（变电所设自耦变）} \end{cases}$$

$$I_{\mathrm{at1}}=I_{\mathrm{at1}}+I_{\mathrm{at2}}$$

$$I_{\mathrm{at2}}=I_{\mathrm{at1}}+I_{\mathrm{at2}} \tag{2-5-4}$$

根据吸上电流比公式，按下列测距公式确定实际故障位置。

测距公式为：

$$L=\sum_{i=0}^{n-1}D_i+x_n+\frac{Q-Q_n}{Q_{n+1}-Q_n}(x_{n+1}-x_n) \tag{2-5-5}$$

其中，n、$n+1$ 为故障 AT 段两端的吸上电流编号，D_i 为各 AT 段长度，x_i 为各分段点距离，Q_i 为各分段点出故障时的吸上电流比。

由于故障时，吸上电流比 Q 会受到站场、大地泄漏、AT 漏抗等因素的影响，采用式(2-5-5)求取故障距离时，可能产生误差，所以实际运用中，不采用整个 AT 段的基于式(2-5-5)的直线测距公式，而是采用分段线性法，典型两个 AT 段测距如图 2-5-6 所示。

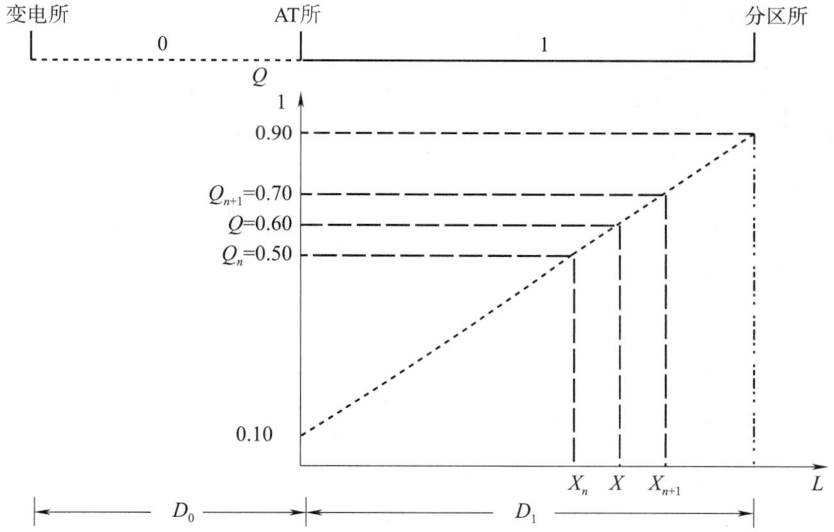

图 2-5-6　AT 测距法分段线性测距

若设吸上电流比 Q 值为 0.6，根据图中参数：

$$L=\sum_{i=0}^{n-1}D_i+x_n+\frac{Q-Q_n}{Q_{n+1}-Q_n}(x_{n+1}-x_n)=D_0+x_n+\frac{0.6-0.5}{0.7-0.5}(x_{n+1}-x_n) \tag{2-5-6}$$

2. 上下行电流法故障测距

当 AT 供电牵引网末端并联运行时，当发生 T—F 线故障时，测距公式为：

$$l=\frac{I_1}{I_1+I_2}\times 2L \tag{2-5-7}$$

式(2-5-7)中的 I_1、I_2 并不是牵引馈线的电流，而是当量等值电流，它们与牵引网馈线上下行电流成相同的线线关系，其中 $I_1=I_{T1}-I_{F1}$、$I_2=I_{T2}-I_{F2}$，I_{T1}、I_{F1}、I_{T2}、I_{F2} 为上下行的 T 线、F 线电流。此电流比方法在第一 AT 段精度比较高。

3. 横联线电流比测距原理

横联线电流指的是下行流向上行的馈线电流。横联线电流比指的是故障 AT 段距离变电所远端横联线电流与故障 AT 段两端横联线电流之和的比值。在变电所，不能通过 CT 获取横联线电流，但可以通过上下行馈线电流差的一半获取 $I_{HL0}=\frac{|I_{T1}-I_{F1}|-|I_{T2}-I_{F2}|}{2}$。在 AT 所和分区所，横联电流分别为：$I_{HL1}=|I_{T1}-I_{F1}|$，$I_{HL2}=|I_{T2}-I_{F2}|$。根据全并联 AT 牵引网 T—R，F—R，T—F 三种短路故障的电流分布图，可推导出适用于这三种故障情况下的测距公式 $X=\frac{I_{HL(n+1)}}{I_{HLn}+I_{HL(n+1)}}\times D$。当使用横联线电流比原理时，找到供电臂上各所横联线电流最大值和次大值，根据横联线电流最大值和次大值求横联线电流比，并求出故障距离。如横联线电流最大值在变电所处，则当 $|I_{TF1}|>|I_{TF2}|$，故障判别为下行方向，反之为上行方向，当在 AT 所或分区所处时，$-45°<\arg(U_1,I_{TF1})<135°$，判别为上行方向，反之为下行方向。

从横联线电流比原理的公式可以知道，测距距离的计算不受 AT 漏抗及故障点短路过渡阻抗的影响，有较高的测距精度。

4. AT 测距法短路故障类型判断

在 AT 供电系统中，根据接地点所在位置的不高可分为 T 型故障(接触线对地短路)、F 型故障(正馈线对地短路)、TF 型故障(接触线与正馈线发生短路故障)。

(1)AT 测距法全并联 TF 型故障判断

变电所采集好各所数据后，首先判断 TF 型故障，当 $\max(|I_{at0}|,|I_{at1}|,|I_{at2}|)<I_{set}$，则为 TF 型故障。

当 TF 型故障公式成立，如：

$$\frac{|I_{t1}-I_{f1}|}{|I_{t2}-I_{f2}|}>1.1 \tag{2-5-8}$$

则判别故障在下行方向。

当 TF 故障公式成立，如：

$$\frac{|I_{t1}-I_{f1}|}{|I_{t2}-I_{f2}|}<0.9 \tag{2-5-9}$$

判别故障在上行方向。

求取故障距离：

$$L=\frac{\min(|I_{t1}-I_{f1}|,|I_{t2}-I_{f2}|)}{|I_{t1}-I_{f1}|+|I_{t2}-I_{f2}|}\times 2D_0 \tag{2-5-10}$$

(2)AT 测距法全并联 T 型或 F 型故障

当不是 TF 型故障时，故障 AT 段为吸上电流最大处所和最大相邻的次大值处所之间。根据最大吸上电流处所处的 I_{t1}、I_{f1}、I_{t2}、I_{f2} 最大值，确定故障上、下行和 T、F 类型。

5. 电抗法测距故障方向、类型判别

在 AT 供电方式下，当故障发生且重合闸失败采用电抗法测距。判断为全解列直供方式或重合闸失败且整定为电抗法时，须采取如下电抗计算公式：

$$x_1=\mathrm{imag}\left(\frac{U_{\mathrm{T1}}}{I_{\mathrm{T1}}-I_{\mathrm{F1}}}\right) \tag{2-5-11}$$

在变电所，如果$|I_{t1}-I_{f1}|\geqslant|I_{t2}-I_{f2}|$，为下行故障。此时，当 $0.9<|I_{t1}|/|I_{f1}|<1.1$ 判为 TF 型故障；否则，当$|I_{t1}|>|I_{f1}|$，则为 T 型故障；当$|I_{t1}|<|I_{f1}|$，则为 F 型故障。

如果$|I_{t1}-I_{f1}|<|I_{t2}-I_{f2}|$，为上行故障。此时当 $0.9<|I_{t2}|<|I_{f2}|<1.1$，判为 TF 型故障；否则，当$|I_{t2}|>|I_{f2}|$，则为 T 型故障；当$|I_{t2}|<|I_{f2}|$，则为 F 型故障。

三、故测案例分析

1. AT 供电方式下故障测距形式

目前 AT 供电方式下，普遍采取的测距方案是故障测距装置分别设置在各 AT 所（分区所），通过远动通道将各所数据采集上传形成故障测距报告。故障跳闸时，由变电所的 AT 测控装置启动测距（试验、通道测试），变电所的测距管理机将命令发送到 AT 所、分区所，回答的数据再返回到变电所的 AT 测控装置，由它完成测距计算，将结果上送后台和调度。通信的任务是完成测距命令和数据的传送。通信示意如图 2-5-7 所示。

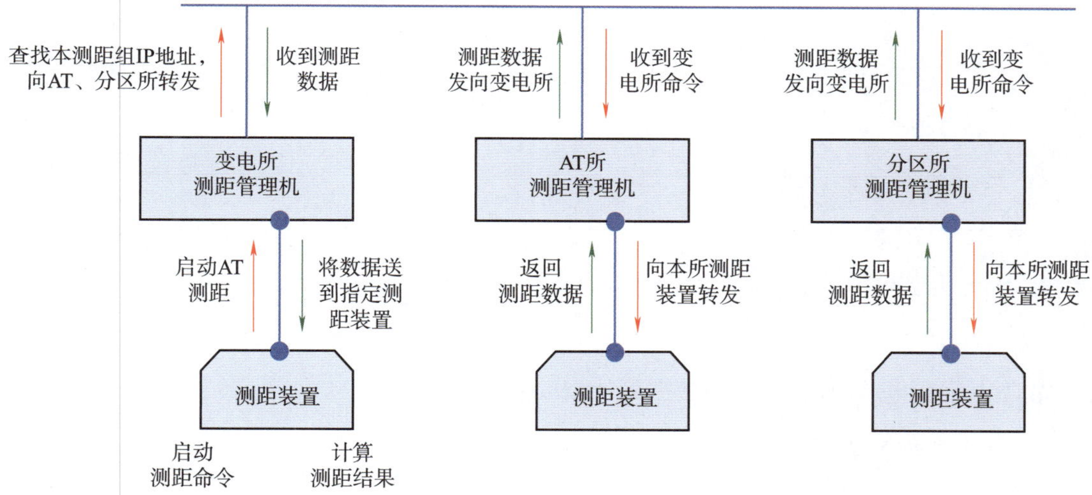

图 2-5-7　故障测距通道示意

2. 故测案例：吸上电流比法测距（雷击跳闸，重合闸成功）

(1)故障报告(表 2-5-2)

(2)数据分析

①Q 值校核，吸上电流 $I_{at0}=1\ 473$ A，$I_{at1}=3\ 359$ A，$I_{at2}=657$ A，取吸上电流值最大与次大进行计算：

$$Q=\frac{I_{\mathrm{at}(n+1)}}{I_{\mathrm{at}(n)}+I_{\mathrm{at}(n+1)}}=3\ 359/(1\ 473+3\ 359)=0.69$$

表 2-5-2　吸上电流比法测距故障报告

2014-03-28,16：12：25.692,××变电所	2014-03-28,16：12：25.578,××变电所
213 馈线已跳闸	2 号故障侧　故障性质:故障
阻抗 I 段	AT 故障断路器号=214T 线故障
重合闸成功	故障公里标 K1 390+273
馈线电压=7.86 kV	AT 测距法　上行失压动作
馈线电流=2 525 A	U_1=7.84 kV　　U_2=7.83 kV
阻抗=3.10 Ω	I_{t1}=1 545 A　　I_{f1}=1 037 A
阻抗角=65.2°	I_{t2}=1 968 A　　I_{f2}=1 003 A
2014-03-28,16：12：25.691,××变电所	Q=0.69
214 馈线	I_{at0}=1 473 A
已跳闸	AT 所参数
过流阻抗 I 段	U_1=2.05 kV　U_2=1.97 kV
重合闸成功	I_{t1}=1 671 A　I_{f1}=833 A
馈线电压=7.84 kV	I_{t2}=3 331 A　I_{f2}=830 A
馈线电流=2 927 A	I_{at1}=3 359 A
阻抗=2.69 Ω	分区所参数
阻抗角=65.2°	U_1=2.97 kV　U_2=2.98 kV
	I_{t1}=142 A　I_{f1}=158 A
	I_{t2}=190 A　I_{f2}=167 A
	I_{at2}=657 A

故障点距变电所距离(公式中数据可从 QL 特性表得出)：

$$L=\sum_{i=0}^{n-1}D_i+x_n+\frac{Q-Q_n}{Q_{n+1}-Q_n}(x_{n+1}-x_n)$$

$$=9.08+(0.69-0.66)\times(12.11-9.08)/(0.85-0.66)=9.558\ \text{km}$$

换算成公里标:K1 390+273。

②上下行判断,取 AT 所四个电流量进行判断。

U_1=2.05 kV　　　U_2=1.97 kV

I_{t1}=1 671 A　　　I_{f1}=833 A

I_{t2}=3 331 A　　　I_{f2}=830 A

取最大值为 I_{T2}=3 331 A,判故障点上行 T 线,即 214T 故障。

3. 电抗法测距(电缆故障,重合闸不成功)

(1)故障报告(表 2-5-3)

表 2-5-3　电抗法测距故障报告

故障日期:2013-01-10	报告类型:AT 故障测距
故障时间:11:43:18:62	断路器号:214
故障信息:213 已跳闸,重合闸成功	报告性质:故障
动作标志:阻抗Ⅰ段元件动作	故障类型:F 型
电量参数:	距离标志:相对距离
U=23.38 kV	测距结果:0.09 km
I=2 387 A	
Z=9.83 Ω	动作标志:
φ=26.10°	上行失压动作
	电抗测距法
故障日期:2013-01-10	
故障时间:11:30:57:684	U_1=1.73 kV
	U_2=1.73 kV
故障信息:214 已跳闸,重合闸失败	I_{t1}=0
	I_{f1}=0
动作标志:过电流元件动作、阻抗Ⅰ段元件动作	I_{t2}=7 A
电量参数:	I_{f2}=8 028 A
U=5.17 kV	I_{at1}=0
I=8 037 A	I_{at2}=0
Z=0.63 Ω	X=0.04 Ω
φ=64.70°	φ=11.90°

(2)数据分析

采用重合失败(直供状态)的数据进行分析,重合闸失败时的运行方式为直供方式。当前运行方式为上行(214)直供方式,下行(213)AT。

因 214 重合失败,可由变电所故障测距装置采集的变电所馈线电流进行判断。

①判断故障类型

变电所故测数据如下:

I_{t1}=0 A,I_{f1}=0,I_{t2}=7 A,I_{f2}=8 028 A,I_{at1}=0,其中 I_{f2}=8 028 A 最大,判别为 F 型故障。

②判断上下行

下行电流为 0,上行电流为 $I_{t2}+I_{f2}$=8 035 A,故障点在上行,即 214 故障。

以上合判为 214F 型故障。

③故障测距计算、定位

采用电抗法测距。测量电抗为 X=0.04 Ω,单位电抗为 0.49 Ω。

故障点距变电所距离:

$$L=\frac{x}{x_0}=0.04/0.49=0.081(\text{km})$$

4. 通道不通情况下的故测数据分析

2015-04-03,23：48：44,变电所 211、212 跳闸,1 号故障测距因通道异常,所 1(AT 所),全并联方式下 AT 所的故测数据接收失败,测距数据丢失,误差增大。

因供电方式采用全并联 AT 供电网络图,可以在运用 KCL 定律的基础上,将缺失的 AT 所测距数据补充完整,再通过补充后的数据计算故障距离。故测原始数据和修正后数据见表 2-5-4,已知变电所、分区所馈线电流,可以计算出 AT 所的各馈线电流,基本复原该所的所有测距所需的电量参数。

表 2-5-4　故测原始数据和修正后数据

故测原始数据	修正后数据
2015-04-03,23：48：44.849	2015-04-03,23：48：44.849
1 号故障测距,故障性质:故障	1 号故障测距,故障性质:故障
AT 故障断路器号＝212F 线故障	AT 故障断路器号＝212F 线故障
故障公里 K1 355＋083	修正公里:K1 357＋308
所 1 数据接收失败	所 1 数据接收失败
电抗法测距,上行失压动作	电抗法测距,上行失压动作
U_1＝13.22 kV　U_2＝13.23 kV	U_1＝13.22 kV　U_2＝13.23 kV
I_{t1}＝1 053 A　I_{f1}＝1 028 A	I_{t1}＝1 053 A　I_{f1}＝1 028 A
I_{t2}＝1 046 A　I_{f2}＝1 042 A	I_{t2}＝1 046 A　I_{f2}＝1 042 A
Q＝0.49	Q＝0.49
I_{at0}＝29 A	I_{at0}＝29 A
AT 所参数(无数据上传)	AT 所参数(通过计算)
U_1＝　kV　U_2＝　kV	U_1＝　kV　U_2＝　kV
I_{t1}＝　A　I_{f1}＝　A	I_{t1}＝319 A　I_{f1}＝163 A
I_{t2}＝　A　I_{f2}＝　A	I_{t2}＝329 A　I_{f2}＝485 A
I_{at1}＝　A	I_{at1}＝1 296 A
分区所参数	分区所参数
U_1＝6.89 kV　U_2＝6.89 kV	U_1＝6.89 kV　U_2＝6.89 kV
I_{t1}＝734 A　I_{f1}＝865 A	I_{t1}＝734 A　I_{f1}＝865 A
I_{t2}＝717 A　I_{f2}＝2 324 A	I_{t2}＝717 A　I_{f2}＝2 324 A
I_{at2}＝2 924 A	I_{at2}＝2 924 A

第六节　电气主接线图及牵引变电二次图纸

一、电气主接线图

1. 电气主接线的概念

变配电所的主接线是指由断路器、隔离开关、互感器、避雷器、主变压器、母线和电缆等高压一次设备,按一定的顺序连接起来用于表示接收和分配电能的电路。它能够反应变配电所的基本结构和性能,在运行中表明电能的输送和分配关系、一次设备的运行方式,是实际运行操作的依据。

2. 牵引变电电气主接线图

主接线图一般用单线图表示。单线图是表示三相相同的交流电气装置中一相连接顺序的图,当三相不完全相同时,则用多线图表示。

在主接线图中,它使用国标文字及图形符号。电气设备的状态按正常状态画出,所谓正常状态就是指电路中无电压和无外力作用下开关的状态,即断开状态。例如隔离开关都是以断开状态画出,如果有特殊情况则应注明。供电安装使用的电气主接线图,在图上要标出主要电气设备的规格型号。

3. 电气主接线的基本要求

电气主接线的设计正确与否与电力系统的安全、经济运行,对电力系统的稳定和调度的灵活性,以及对电气设备的选择、配电装置的布置、继电保护及控制方式的拟定等都有重大的影响。在选择电气主接线时,要注意发电厂或变电所在电力系统中的地位、进出线回路数、电压等级、设备特点及符合性质等条件,并满足以下基本要求:

(1)保证必要的供电可靠性和保证电能质量。

(2)具有一定的灵活性和方便性。

(3)具有一定的经济性。

4. 电气主接线图的分类

母线是接受和分配电能的装置,是电气主接线和配电装置的重要环节。电气主接线一般按有无母线分类,即分为有母线和无母线两大类。

有母线的主接线形式包括单母线和双母线。单母线又分为单母线无分段、单母线有分段、单母线分段带旁路母线等形式;双母线又分为普通双母线、双母线分段、3/2 断路器、双母线及带旁路母线的双母线等多种形式。

无母线的主接线形式主要有单元接线、桥形接线和角形接线等。

5. 电气主接线中开关电器的配置原则

当线路或高压配电装置检修时,需要有明显可见的断口,以保证检修人员及设备的安全。故在电气回路中,在断路器可能出现电源的一侧或两侧均应配置隔离开关。若馈线的用户侧没有电源时,断路器通往用户的那一侧,可以不装设隔离开关。若电源是发电机,则发电机与出口断路器之间可以不装隔离开关。但有时为了便于对发电机单独进行调整和试验,也可以装设隔离开关或设置可拆卸点。

当电压在 110 kV 及以上时,断路器两侧的隔离开关和线路隔离开关的线路侧均应配置接地开关。对 35 kV 及以上的母线,在每段母线上亦应设置 1～2 组接地开关,以保证电器和母线检修时的安全。

6. 电气设备的运用状态

电气设备的运用状态有运行状态、热备用状态、冷备用状态和检修状态。

运行状态是指断路器和隔离开关都在合闸位置,将电源至受电端间的电路接通,其间的电气设备及二次设备均处于带电工作的状态。

热备用状态,是指断路器在断开位置,而隔离开关仍在合闸位置,其特点是断路器一经操作即接通电源。

冷备用状态，是指设备的断路器及隔离开关均在断开位置，其显著特点是该设备(如断路器)与其他带电部分之间有明显的断开点。设备的冷备用根据工作性质分为断路器冷备用与线路冷备用等。

检修状态，是指设备的断路器和隔离开关均已断开，待检修设备(如断路器)两侧装设了保护接地线(或合上接地隔离开关)，并悬挂了工作标示牌，安装了临时遮栏，该设备即处于检修状态。检修应根据工作性质分为断路器检修和线路检修等。

7. 牵引变电所电气主接线举例分析

因电气化铁路的牵引变电所普遍只有两路进线电源，且电源进线较短，无系统功率穿越，故普遍采用分支接线形式，即“双 T 接线”。电源进线是从电力系统区域变电站高压母线上分支接入(T 形连接)牵引变电所，因无系统功率穿越，故两电源进线之间不需要连接桥，考虑到运行的灵活性，一般保留只有隔离开关的跨条，如图 2-6-1 所示。

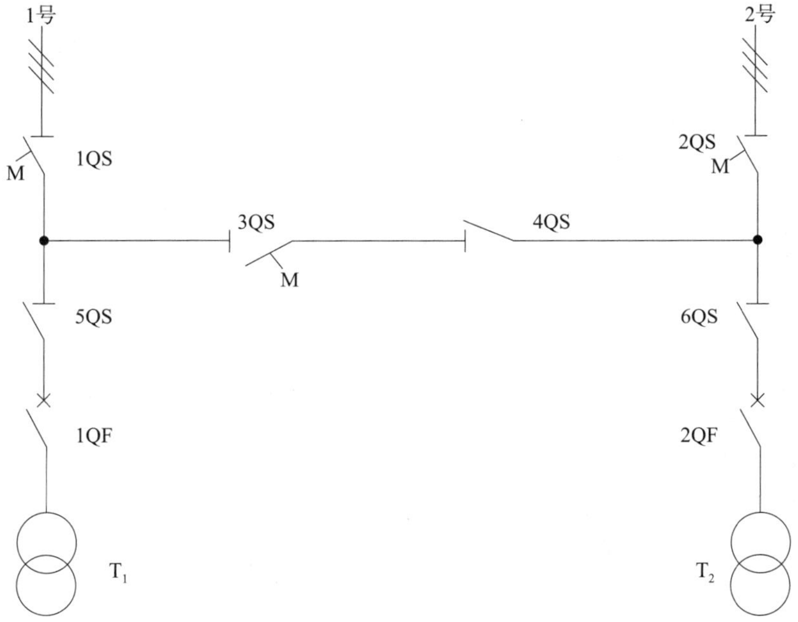

图 2-6-1　分支接线

牵引变电所一般采用一路进线电源主供(通常是电气化铁路专用线路)，另一路进线电源线路备用；变压器采用一侧投入运行，另一侧备用的运行方式。这样就可以再分成两种直列供电和两种交叉供电的运行方式。

下面介绍几种常见的牵引变电所主接线的形式。

(1)带回流线的直接供电方式下的三相牵引变电所电气主接线

带回流线的直接供电方式下的三相牵引变电所电气主接线如图 2-6-2 所示。该变电所为某复线电气化铁路的一个区间牵引变电所，该区段线路牵引供电系统采用带回流线的直接供电方式。

(2)带回流线的直接供电方式下的单相牵引变电所电气主接线

带回流线的直接供电方式下的单相牵引变电所电气主接线如图 2-6-3 所示，该变电所为

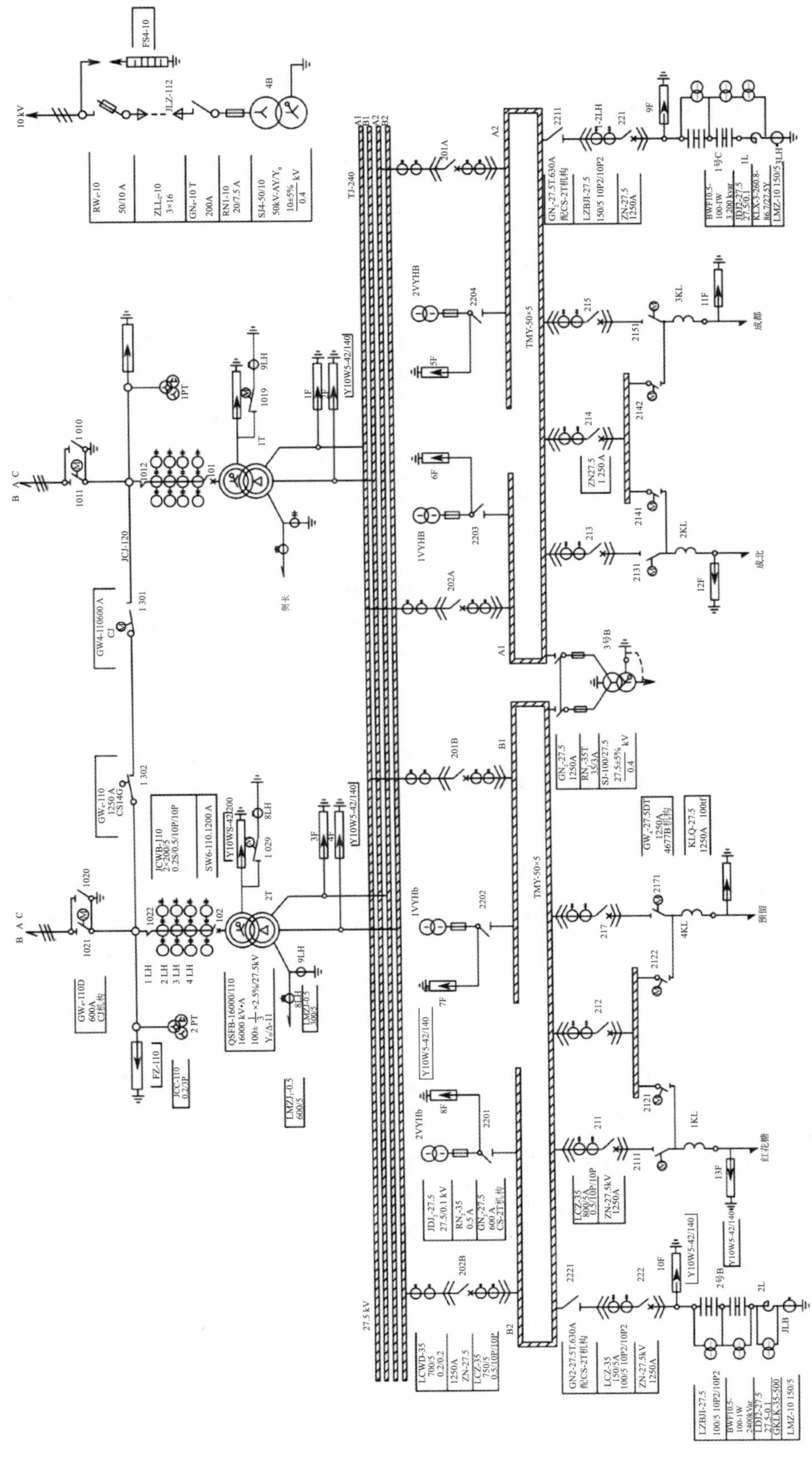

图2-6-2　带回流线的直接供电方式下的三相牵引变电所电气主接线

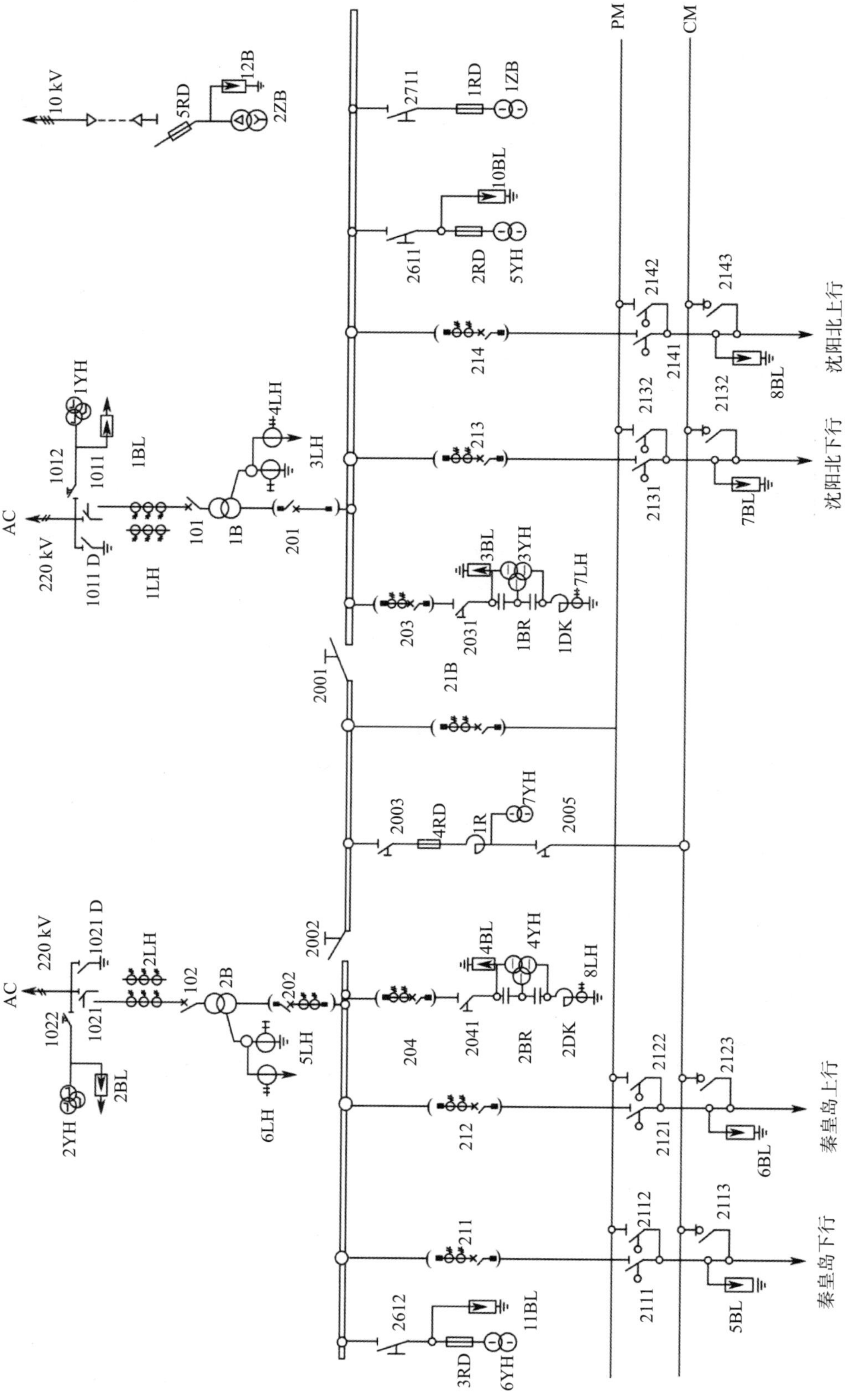

图2-6-3　带回流线的直接供电方式下的单相牵引变电所电气主接线

某客运专线(复线)区间牵引变电所,该区段线路牵引供电系统采用带回流线的直接供电方式,牵引变压器采用单相接线。

(3)AT 供电方式下的客运专线牵引变电所电气主接线

图 2-6-4 为某客运专线牵引变电所电气主接线图。该牵引变电所采用电力系统两回独立可靠的 220 kV 电源,互为热备用;高速正线采用全并联 2×25 kV(AT)供电方式;牵引变电所采用 4 台单相变压器,2 台运行、2 台备用;牵引变电所不设置自耦变压器,不设置并联电容补偿装置。

目前客专牵引变电所牵引侧电气设备一般采用 GIS 组合电器,采用单母线不分段接线方式。每台变压器的高压侧有一个绕组,工作在 220 kV 电压下;低压侧有两个参数相同的串联绕组,每个绕组输出额定电压 27.5 kV,N 端(N_1、N_2)架空输出到线路后接钢轨,T(T_1、T_2)和 F(F_1、F_2)架空输出到接触网后分别与接触导线、正馈线相连,接触导线与钢轨间的首端电压是 27.5 kV,正馈线与钢轨间的首端电压也是 27.5 kV,也由此形成了 2×25 kV(AT)供电方式。

8. 分区所、开闭所、AT 所电气主接线举例分析

AT 供电方式下客运专线的分区亭、开闭所、AT 所结构较复杂,因此,在这里仅举例分析选自工作现场的分区亭、开闭所、AT 所电气主接线工程图纸,由于个别设计部门与设备厂家在图形和文字符号上并未遵照国际标准,有所差异,请读者注意识读。

(1)开闭所主接线

由于开闭所为一级负荷,一般设两路电源进线。图 2-6-5 为某开闭所电气主接线,其电气设备主要采用 GIS 组合电器。27.5 kV 电源采用两路进线,为一主一备的运行方式,设有备用电源自投装置,27.5 kV 母线不分段。

(2)分区所主接线

复线电化区段用 AT 供电方式时,分区亭主接线如图 2-6-6 所示。2×25 kV 侧开关设备采用户内 GIS 开关柜。

(3)AT 所(自耦变压器站)主接线

AT 所电气主接线如图 2-6-7 所示。2×25 kV 侧开关设备采用户内 GIS 开关柜。

二、牵引变电二次图纸

1. 二次接线的概念

二次设备是指对一次设备的工作状态进行控制、保护、监视和测量的一系列低压、弱电设备,又称为辅助设备,包括测量、控制和信号装置,继电保护装置,自动装置,操作电源,控制电缆及熔断器等。二次设备通过电压互感器和电流互感器与一次设备取得电的联系。变电所中的二次设备按一定顺序相互连接而成的电路称为二次电路,也称为二次接线。

二次接线是供电系统电气接线的重要组成部分,它附属于一定的一次接线或一次设备。二次接线的基本任务是反映一次设备的工作状况,控制一次设备;当一次设备发生故障时,能将故障部分迅速退出工作,以保持电力系统处在最佳运行状态。

2. 常见的二次接线图种类

用来表明二次设备的配置、相互连接关系和工作原理的电气接线图,称为二次电路图,即二次接线图。按照用途,一般将二次接线图分为归总式原理接线图、展开式原理图和安装接线图。

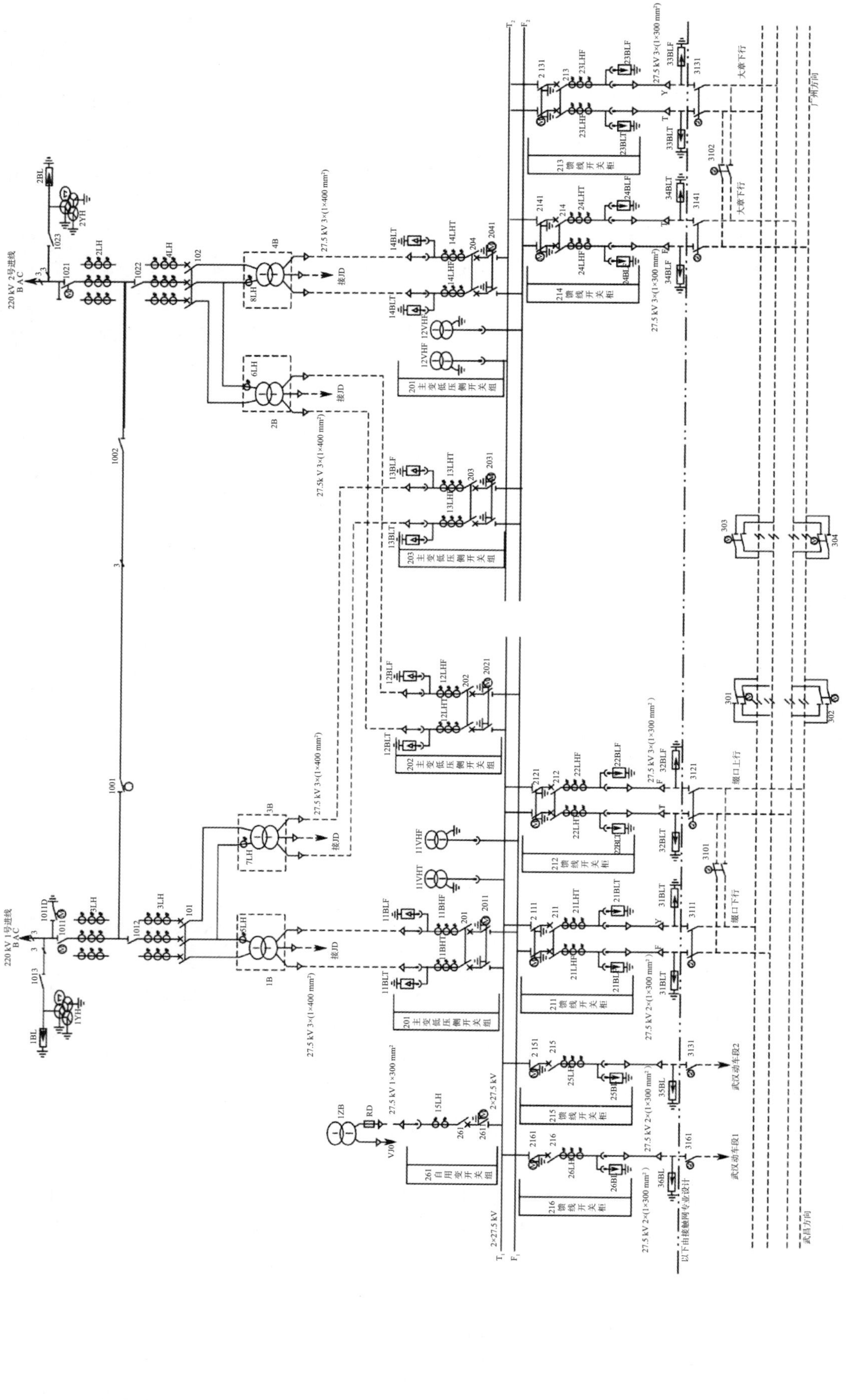

图2-6-4　AT供电方式下的单相V/X客运专线牵引变电所电气主接线

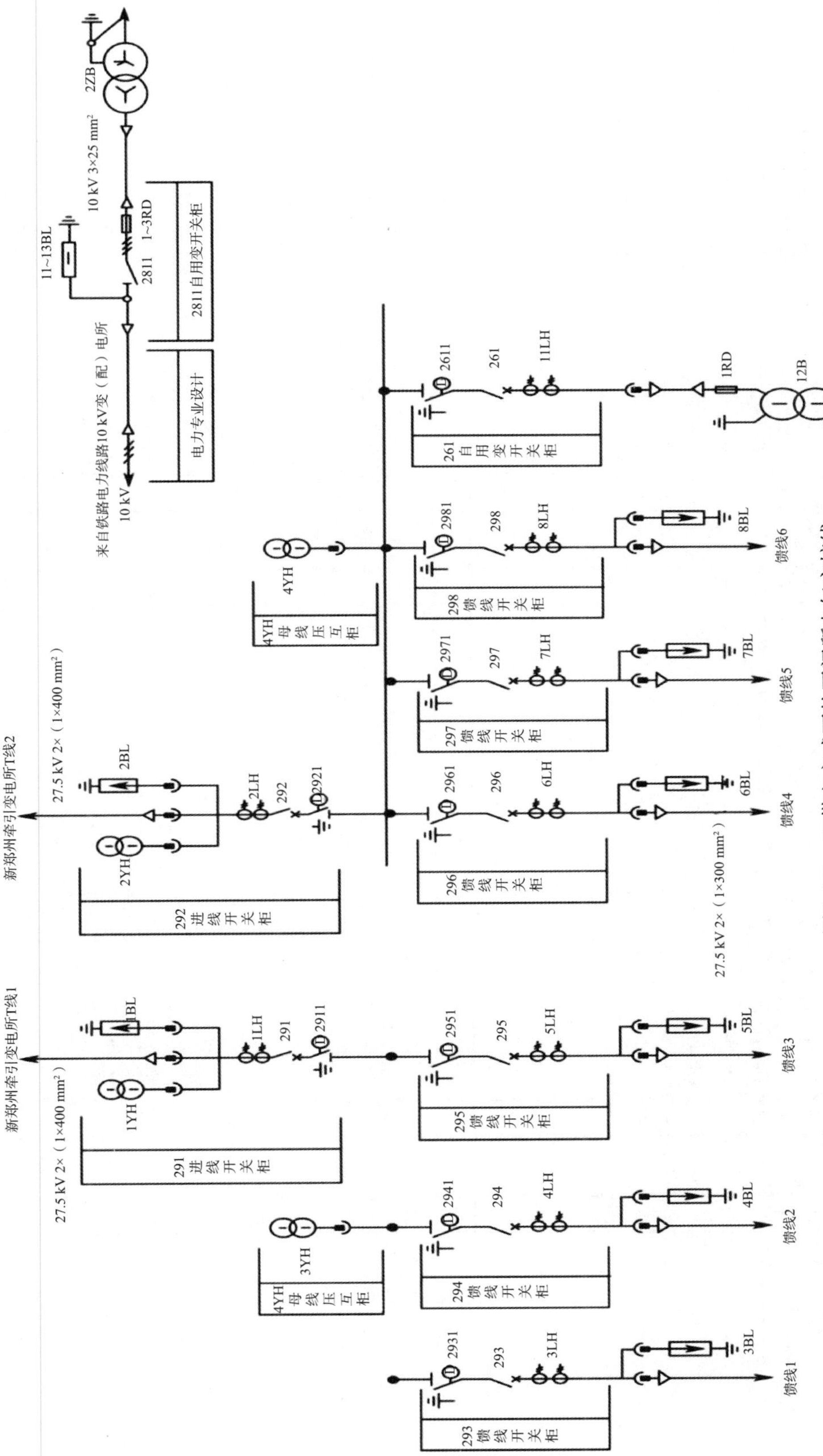

图2-6-5　AT供电方式下的开闭所电气主接线

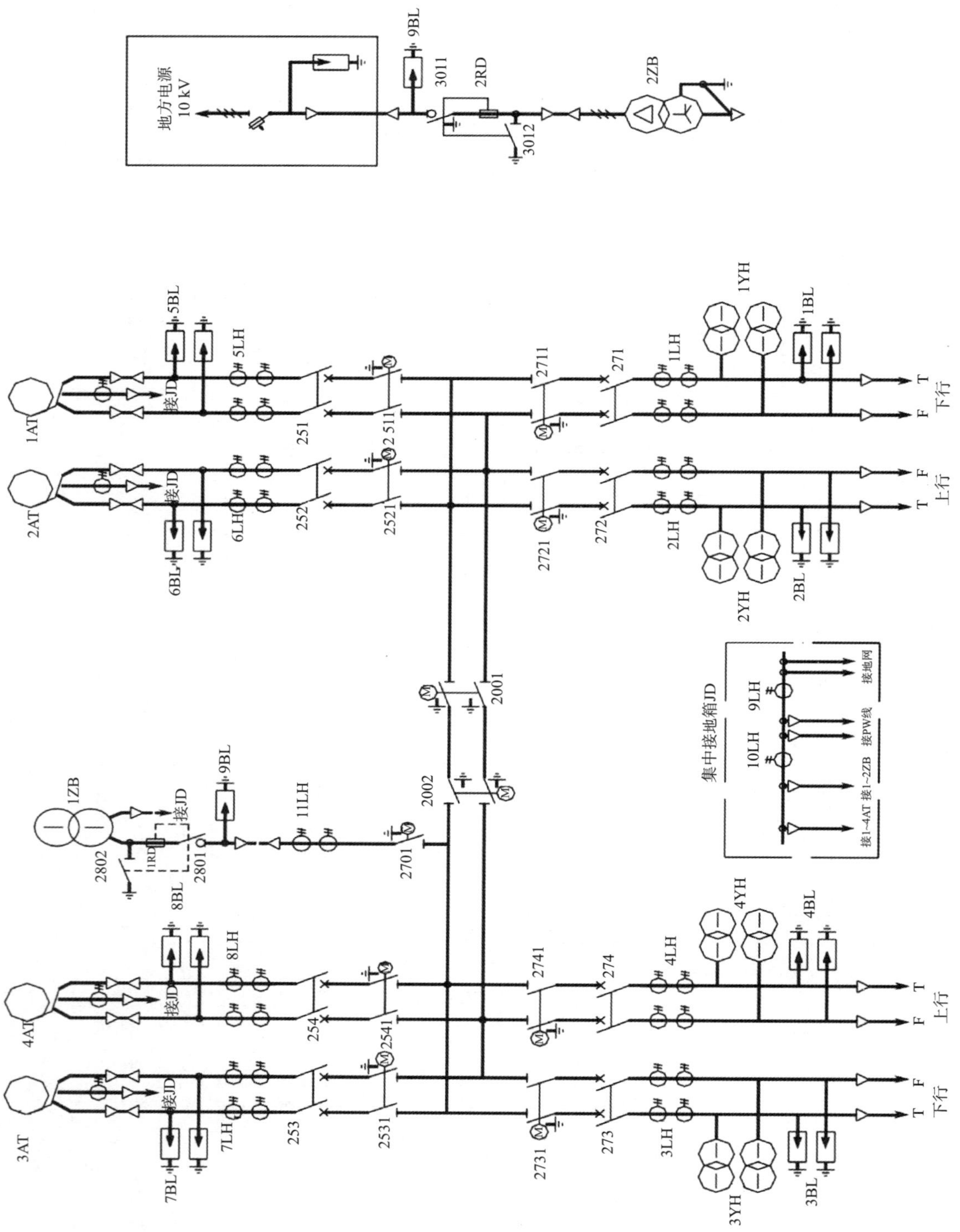

图2-6-6　AT供电方式下的分区亭电气主接线

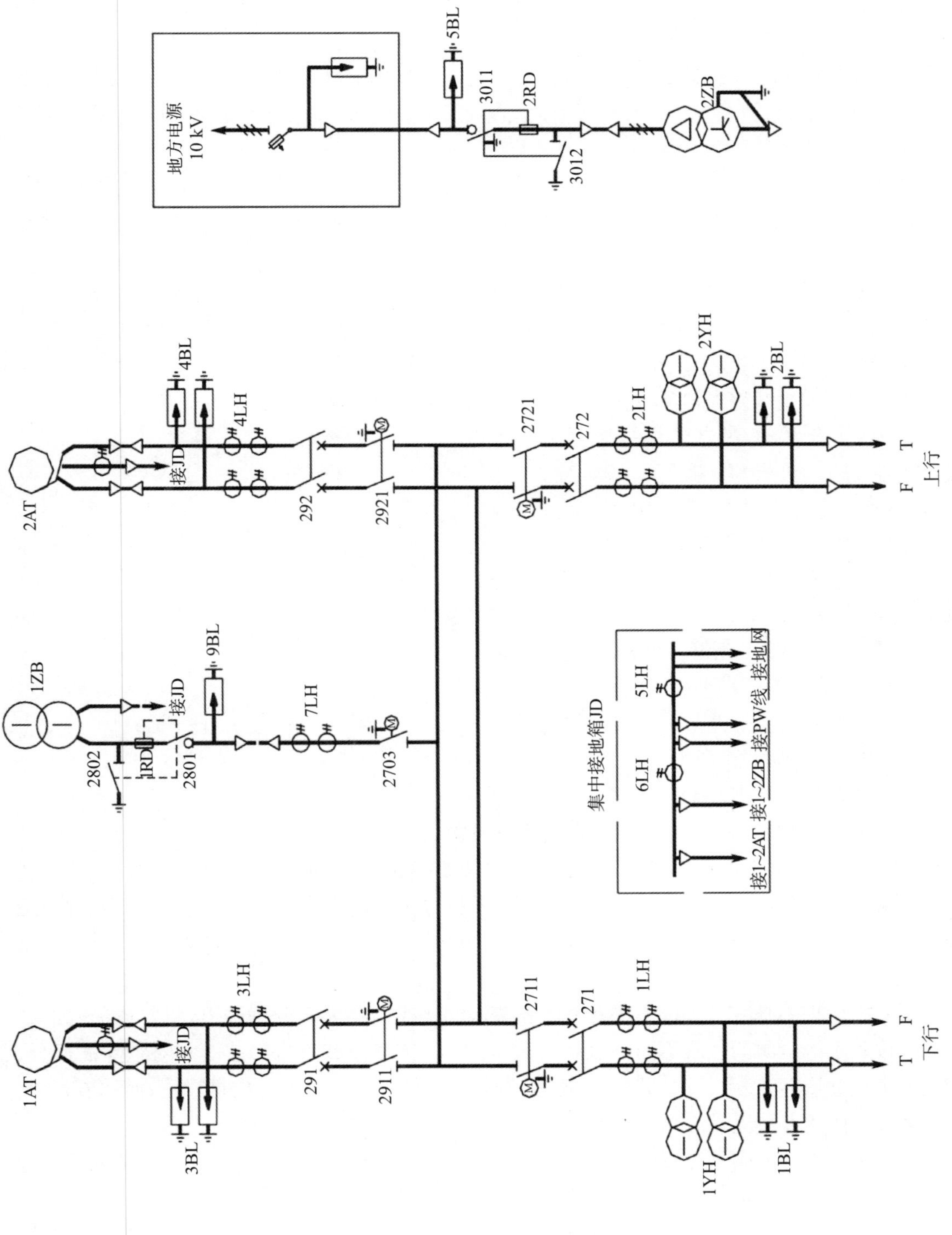

图2-6-7　AT供电方式下的AT所电气主接线

(1)归总式原理接线图

归总式原理接线图简称原理图,是以整体的形式表示各二次设备之间的电气连接及其工作原理的接线图,一般与一次接线中有关部分画在一起。

归总式原理图的主要特点如下:

①二次接线和一次接线的有关部分画在一起,且电气元件以整体的形式来表示,能表明各二次设备的构成、数量及电气连接情况,图形直观形象,便于设计构思和记忆,并可清晰地表明二次接线对一次接线的辅助作用。

②用统一的图形和文字符号表示,按动作顺序画出,便于分析整套装置的动作原理,能使我们对整套装置的工作原理有一个整体概念,是绘制展开式原理接线图等其他工程图的原始依据。

③其缺点是交、直流回路画在一起,连线交叉零乱,又没有元件间的内部连线、端子号码和回路的标号等,对于较复杂的装置很难用原理接线图表现出来,即使画出了图,也很难看清楚,安装接线时容易出差错,不便于现场查找回路及调试,依靠它排除故障较困难。

下面以某输电线路过电流保护原理(图 2-6-8)为例,说明这种接线图的特点。

由图 2-6-8 可知,过电流保护装置由一个电流继电器 KA、时间继电器 KT、信号继电器 KS 组成,并通过电流互感器 TA 和断路器分闸线圈 YT 与主电路联系在一起。正常时,由于负荷电流经电流互感器变换后流入电流继电器线圈的电流值小于 KA 的动作值,所以导致各继电器均处于正常状态,常开接点断开。断路器处于合闸位置的动作状态,其常开辅助接点闭合。

当一次电路发生短路故障时,馈线电流增大,TA 的二次电流也随之增大。当二次电流增大至 KA 的整定动作值时,KA 动作,其常开接点闭合,接通了 KT 线圈的直流回路,其带时限的常开接点延时闭合,使直流电源的正极经 KT 的常开接点、KS 的线圈、断路器常开辅助接点、分闸线圈与直流电源的负极接通,分闸线圈受电,断路器操作机构动作,使断路器跳闸,自动切除故障线路。同时,信号继电器受电动作,其接点转换,发出分闸信号。

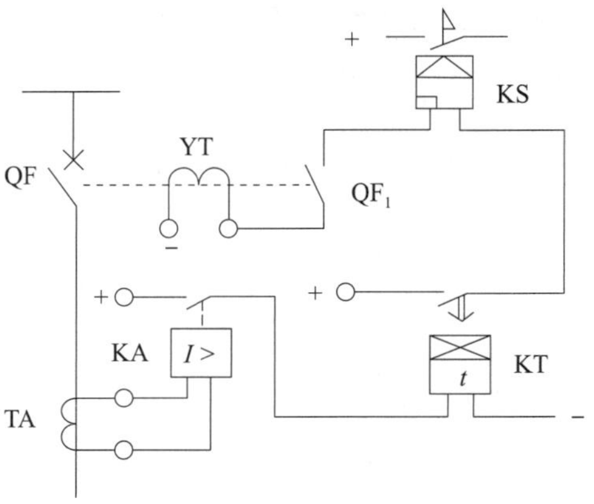

图 2-6-8　某输电线路过电流保护原理

(2)展开式原理图

展开式原理图是将二次设备按其线圈和接点的接线回路展开分别画出,将整体形式的二次电路按其供电电源的性质不同,分解成交流电压、交流电流和直流回路等相对独立的部分,组成多个独立回路,表示二次电路设备配置、连接关系和工作原理的二次接线图,简称展开图。

展开图的主要特点是以分散的形式表示二次设备之间的电气连接。

①按不同电源回路划分成多个独立回路。例如,直流与交流回路分开绘制,直流回路又分控制回路、测量回路、保护回路和信号回路等;交流回路又分电流回路和电压回路。

②同一元件的线圈、接点按其通过电流性质的不同,分别绘入对应的直流回路、交流回路中去。例如,交流电流线圈接入电流回路,交流电压线圈接入电压回路。为了避免看图时产生混淆,属于同一元件的线圈和接点标有相同的文字符号。

图 2-6-9 为在图 2-6-8 的基础上绘制的某输电线路过电流保护展开图。该馈线过电流保护装置的接线可用交流电流回路、直流回路两部分图来表示，同样能说明该保护装置的工作原理。

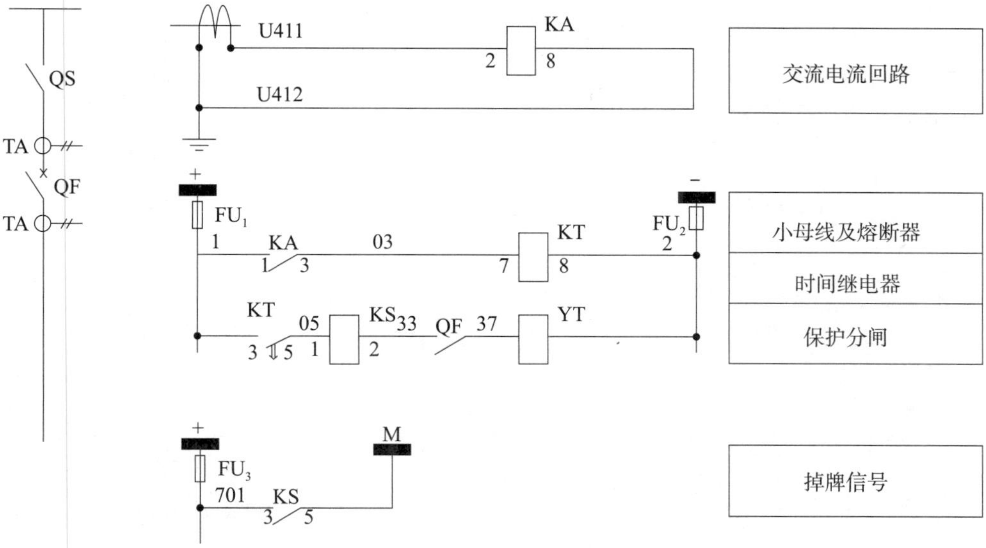

图 2-6-9　某输电线路过电流保护展开图

展开图中，属于同一性质电路内的线圈、接点按电流通过的方向顺序（该顺序应便于接线）连接构成各自的回路。在同一回路里，继电器的线圈、接点及其他二次设备按电流流通的顺序从左至右依次连接，称为展开图的"行"。在各行的右侧标出回路作用的文字说明。各回路的排列顺序一般是先交流电流回路、交流电压回路，后直流回路。在每个回路当中，对交流回路来说按 U、V、W、N 相序分行排列；对直流回路则是按各元件动作的先后顺序由上而下逐行垂直排列。

比较图 2-6-8 和图 2-6-9 可知，展开图 2-6-9 接线清楚，全图从左到右、从上到下层次清楚，动作顺序层次分明，便于读图和分析，特别在复杂电路中优点更为突出。

由于展开图结构清楚，标号明确，所以其应用较为广泛，它不但便于施工安装接线，也有利于变电所的运行维护、检修调试及故障分析处理。因此，要求从事变电所工作的有关人员都要学会看展开图，并且熟练地掌握。特别是变电所的值班人员，更要加倍熟悉展开图，对它做到了如指掌，这样才能在变电所内发生故障时，做到迅速、正确地判断和处理故障，使之尽快恢复正常运行。

展开图是二次接线装置施工、运行维护以及故障分析和处理的重要图纸，也是绘制安装接线图的主要依据。

(3)安装接线图

用于表明配电盘的类型，各二次设备在盘上的安装位置以及设备间的尺寸及二次设备接线情况的图叫安装接线图。安装接线图一般包括盘面布置图、端子排图和盘后接线图。

安装接线图是生产厂家制造控制盘、保护盘以及现场施工安装接线所依据的主要图纸，也是变电所运行维护等工作的主要参考图。

①盘面布置图

根据配电盘及各二次设备的实际尺寸，按一定比例绘制而成的盘面设备布置图，称为盘面布置图。它表示了配电盘正面各安装单位二次设备的实际安装位置，是正视图，并附有设备明细表，列出盘中各设备的名称、型号、技术数据及数量等，以便制造厂备料和安装加工。主变压器保护测控盘盘面布置如图 2-6-10 所示。

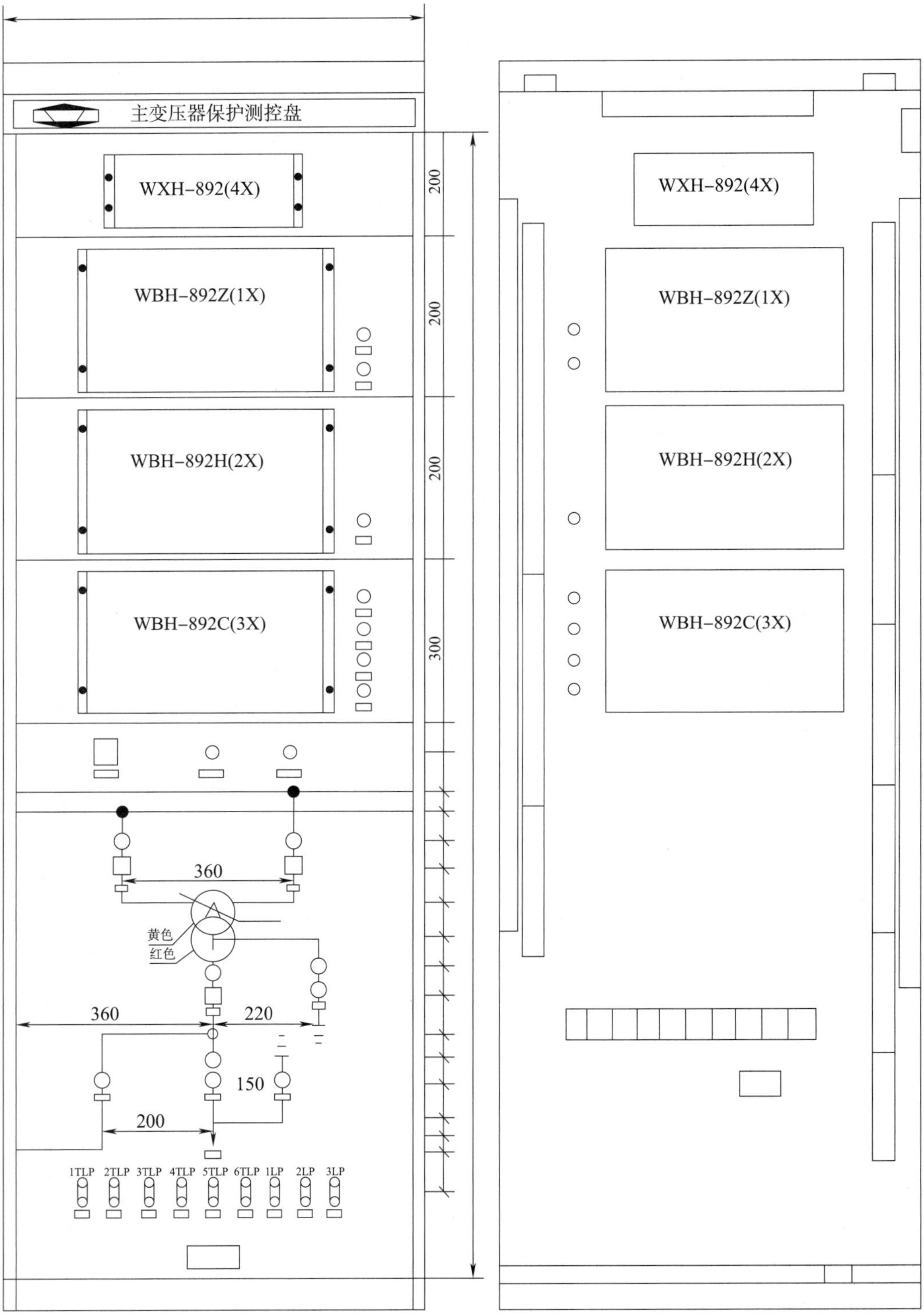

图 2-6-10　主变压器保护测控盘盘面布置

②盘后接线图

盘后接线图是以展开图、盘面布置图和端子排图为原始资料而绘制的实际接线图。它是背视图,即是从盘的背后看到的设备图形。盘后接线图标明了盘上各个设备引出端子之间的连接情况,以及设备与端子排之间的连接情况。

图 2-6-11 是常见的盘后接线图的布置形式,对安装在盘正面的设备,在盘后看不见设备轮廓者以虚线表示;在盘后看得见设备轮廓者以实线表示。

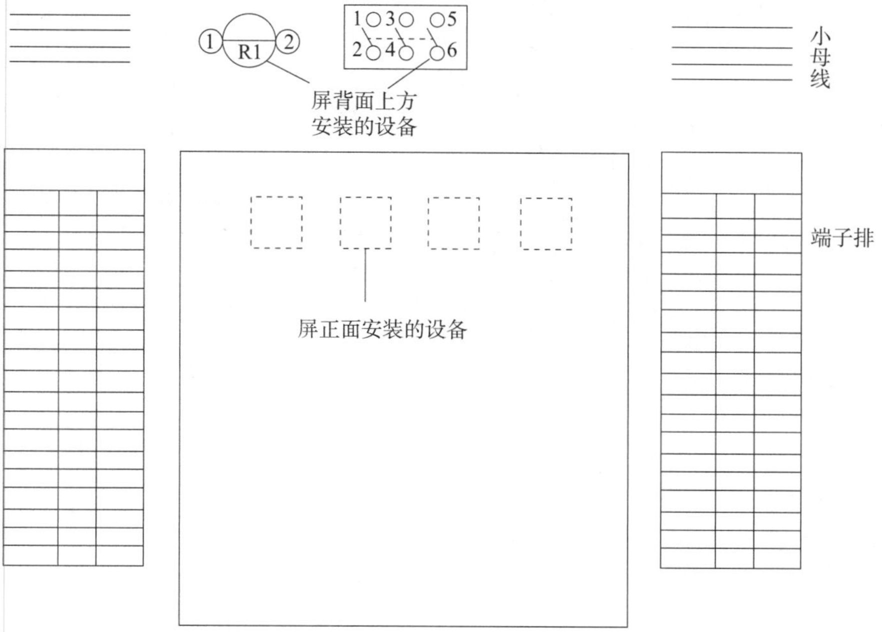

图 2-6-11　盘后接线图的布置

③端子排图

表示各接线端子的组合及其与盘内外设备连接情况的图称为端子排图。端子排图是背视图,它反映了配电盘上需要装设的端子数目、类型、排列次序、导线去向以及端子与盘上设备及盘外设备连接情况。

三列式端子排表示方法示意如图 2-6-12 所示。与电缆相连接侧的标号,标明所接盘外设备的二次回路标号和所接盘顶设备的名称符号。端子排中间列的编号表明端子顺序号及端子类型。与盘内设备相连侧的标号是到盘内各设备的编号(或回路标号)。

端子排两侧的标记在安装接线中是标在连接导线所套的胶木头或塑料套管上的。端子排的起始、终端端子上,标注端子排所属的回路名称、文字符号及安装单位。同盘内有多个安装单位时,端子排按各安装单位划分成段,并以终端端子分隔。

3. 二次识图

在日常的故障处理中,我们首先需要故障回路进一步进行故障查找,此时就需要我们运用二次图纸来查找回路,在这里介绍一些二次识图的方法来帮助我们快速查找所需回路。

(1)看二次接线图的基本方法

二次接线图的逻辑性很强,在绘制时遵循着一定的规律,所以看图时若能抓住规律就很容易看懂。看图的基本方法如下:

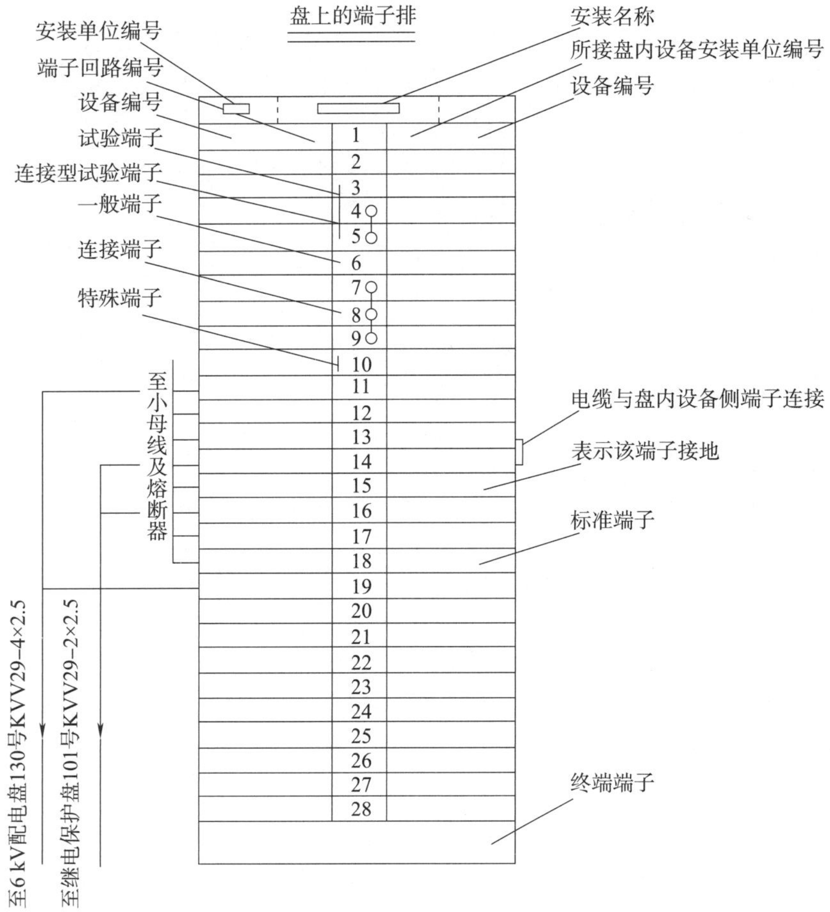

图 2-6-12　端子排表示方法示意

①根据展开图右侧的文字说明，了解各回路的性质，然后从上到下逐个回路看通。

②先交流、后直流；交流看电源，直流找线圈；抓住接点不放松，一个一个全查清。“先交流、后直流”是指先看二次接线图的交流回路，把交流回路看完弄懂后，根据交流回路的电气量以及在系统中发生故障时这些电气量的变化特点，向直流逻辑回路推断，再看直流回路。“交流看电源，直流找线圈”是指交流回路要从电源(交流回路的电流互感器和电压互感器的二次绕组)入手。交流回路有交流电流和电压回路两部分，先找出电源来自哪组电流互感器或哪组电压互感器，再由此顺回路接线往后看：交流沿闭合回路依次分析设备的动作；直流从正电源沿接线找到负电源，并联系与交流回路有关的线圈分析各设备的动作。“抓住接点不放松，一个一个全查清”是指继电器线圈找到后，再找出与之相应的接点。根据接点的闭合或开断引起回路的反应情况，再进一步分析，直至查清整个逻辑回路的动作过程。

③先线圈，后接点。即先查启动元件，后查启动元件的接点通断的电路。因为只有到继电器或装置的线圈通电(并达到其启动值)，其相应接点才会动作；由接点的通断引起回路的变化，进一步分析整个回路的动作过程。

④先上后下、先左后右，盘外设备一个也不漏。这个要领主要是针对端子排图和屏后安装而言。看端子排图一定要配合展开图来看，展开图有如下规律：

a. 直流母线或交流电压母线用粗线条表示，以示区别于其他回路的联络线。

b. 继电器和各种电气元件的文字符号与相应原理接线图中的文字符号一致。

c. 继电器和每一个小的逻辑回路的作用都在展开图的右侧说明。

d. 继电器的触点和各种电气元件之间的连接线段都有回路标号。

e. 同一个继电器的线圈和触点采用相同的文字符号。

f. 各种小母线和辅助小母线都有标号。

g. 对于个别继电器或触点在另一张图纸中表示，或在其他安装单位中表示，都在图纸中说明去向，对任何引进的触点或回路也说明来处。

h. 直流“＋”极按奇数顺序标号，“－”极按偶数标号。回路经过电气元件(如线圈、电阻、电容等)后其标号性质随着改变。

i. 常用的回路都有固定标号，如直流正极回路用 01、负极回路用 02、断路器的跳闸回路用 33，合闸回路用 03 等。约定标号的目的主要是引起调试人员的重视。当 01 与 33 相碰时会引起跳闸；当 01 与 03 相碰时会引起合闸；当 01 与 02 相碰时会引起电源短路。

j. 交流回路的标号除采用三位数外，前面还加注文字符号。交流电流回路数字范围为 400～599；交流电压回路数字范围为 600～799。其中个位数表示不同回路；十位数表示互感器组数。回路使用的标号组，要与互感器文字后的“序号”相对应。如电流互感器 TA1 的 A 相回路标号是 A411～A419；电压互感器 TV2 的 B 相回路标号是 B621～B629。

展开图上凡是屏内与屏外有联系的回路，均在端子排图上有一个回路标号，单纯看端子排图是不容易看懂的。端子排图是一系列的数字和文字符号的集合，把它与展开图结合起来看就可清楚它的连接回路。

某一完整功能的实现，要通过若干“行”完成，各“行”可能在不同的图纸上，应找全与该功能相关的所有图纸。

(2)回路编号的基本原则

①用 3 位或 3 位以下的数字组成，需要标明回路的相别或某些主要特征时，可在数字编号的前面(或后面)增注文字或字母符号。

②按等电位的原则标注，即在电气回路中，连于一点上的所有导线均标以相同的回路编号。

③电气设备的触点、线圈、电阻、电容等元件所间隔的线段，即视为不同的线段，一般给予不同的标号；当两段线路经过常闭接点相连，虽然平时都是等电位，但一旦接点断开，就变为不等电位，所以经常闭触点相连的两段线路也要给予不同编号。对于在接线图中不经过端子而在屏内直接连接的回路，可不编号。

(3)直流回路编号一般原则

①对于不同用途的直流回路，使用不同的数字范围，如控制和保护用 001～099 及 100～599，励磁回路用 601～699。

②控制和保护回路使用的数字标号，按熔断器所属的回路进行分组，每一百个数分为一组，如 101～199，201～299，301～399……其中每段里面先按正极性回路(编为奇数)由小到大，在编负极性回路(偶数)由大到小。

③信号回路的数字标号，按事故、位置、预告、指挥信号进行分组，按数字大小进行排列。

④开关设备、控制回路的数字标号组，应按开关设备的数字序号进行选取。例如有 3 个控制开关 1KK、2KK、3KK，则 1KK 对应的控制回路数字标号选 101～199，2KK 所对应的选

201～299,3KK 所对应的选 301～399。对分相操作的断路器,其不同相别的控制回路常用在数字组后加小写的英文字母来区别,如 107a,335b 等。

⑤正极回路的线段按奇数标号,负极回路的线段按偶数编号;每经过回路的主要压降元(部)件(如线圈、绕组、电阻等)后,即行改变其极性,其奇偶顺序随之改变。对不能标明极性或其极性在工作中改变的线段,可任选奇数或偶数。

⑥对于某些特定的主要回路通常给予专用的标号组。例如:正电源 101、201,负电源 102、202;合闸回路中的绿灯回路为 105、205、305、405。

(4)交流回路编号一般原则

①对于不同用途的交流回路,使用不同的数字组,在数字组前加大写的英文字母来区别其相别。例如电流回路用 400～599,电压回路用 600～799。电流回路的数字标号,一般以十位数字为一组,如 A401～A409,B401～409,C401～409……A591～599,B591～B599。若不够亦可 20 位数为一组,供一套电流互感器使用。几组相互并联的电流互感器的并联回路,应先取数字组中最小的一组数字标号。不同相的电流互感器并联时,并联回路应选任何一组电流互感器的数字组进行标号。电压回路的数字标号,应以十位数字为一组。例如 A601～A609,B601～609,C601～609,A791～799……以供一个单独互感器回路标号使用。

②电流互感器和电压互感器的回路,均需在分配给他们的数字标号范围内,自互感器引出端开始,按顺序编号,例如 TA 的回路标号用 411～419,2TV 的回路标号用 621～629 等。

③某些特定的交流回路给予专用的标号组。如用"A310"标示 110 kV 母线电流差动保护 A 相电流公共回路;"B320I"标示 220 kV Ⅰ号母线电流差动保护 B 相电流公共回路;"C700"标示绝缘检查电压表的 C 相电压公共回路。

(5)相对编号法

相对编号法就是在每个接线端子处标明它所连接对象的编号,以表明二者间相互连接关系的一种方法。如甲、乙两端子需相连接时,就在甲端子处标明乙端子的编号,在乙端子处标明甲端子的编号。由于是相互标注连接对方的标号,故称为相对编号法。

在接线和维修时就可以根据图纸,使盘上每个设备的任一端子,都能找到与它连接的对象。如果在某个端子旁边没有编号,那就说明该端子是空着的,没有连接对象;如果有两个标号,那就说明该端子有两个连接对象,配线时应用两根导线接到两处去。按规定,每个端子上最多只能接两根导线。

①相对编号的作用

回路编号可以将不同安装位置的二次设备通过编号连接起来,对于同一屏内或同一箱内的二次设备,相隔距离近,相互之间的连线多,回路多,采用回路编号很难避免重号,而且不便查线和施工,这时就只有使用相对编号:先把本屏或本箱内的所有设备顺序编号,再对每一设备的每一个接线柱进行编号,然后在需要接线的接线柱旁写上对端接线柱编号,以此来表达每一根连线。

②相对编号的组成

一个相对编号就代表一个接线桩头,一对相对编号就代表一根连接线,对于一面屏、一个箱子,接线柱数百个,每个接线柱都得编号,编号要不重复、好查找,就必须统一格式,常用的是"设备编号"—"接线桩头号"格式。

设备编号一种是以罗马数字和阿拉伯数字组合的编号,多用于屏(箱)内设备数量较多的安装图,如中央信号继电器屏、高压开关柜、断路器机构箱等。罗马数字表示安装单位编号,阿拉伯数字表示设备顺序号，在该编号下边，通常还有该设备的文字符号和参数型号。例如一面屏上安装有两条线路保护，我们把用于第一条线路保护的二次设备按从上到下顺序编为 I_1、I_2、I_3……端子排编为Ⅰ；把用于第二条线路保护的二次设备按从上到下顺序编为 II_1、II_2、II_3……端子排编为Ⅱ。为对应展开图，在设备编号下方标注有与展开图相一致的设备文字符号，有时还注明设备型号，如图 2-6-13 所示。这种编号方式便于查找设备，但缺点是不够直观。

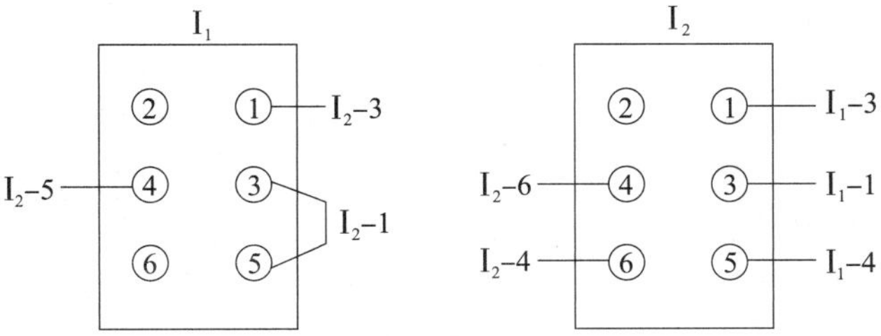

图 2-6-13　相对编号法接线

相对编号法标记符号含义如图 2-6-14 所示。

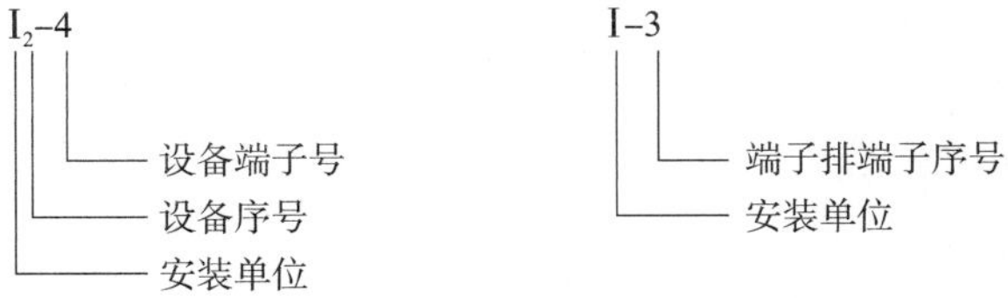

图 2-6-14　相对编号法接线

另一种是直接编设备文字符号（与展开图相一致的设备文字符号），用于屏（箱）内设备数量较少的安装图。微机保护将大量的设备都集成在保护箱里了，整面微机保护屏上除保护箱外就只有空气开关、按钮、压板和端子排了，所以现在的微机保护屏大都采用这种编号方式。例如保护装置就编为 1n、2n、11n，空气开关就编为 1K、2K、31K，连接片编为 1LP、2LP、21LP 等；按钮就编为 1SA、2FA、11FA；属于 1n 装置的端子排就编为 1D，属于 11n 装置的端子排就编为 11D 等等。采用设备文字编号的二次安装接线如图 2-6-15 所示。

设备接线柱编号。每个设备在出厂时对其接线柱都有明确编号，在绘制安装接线图时就应将这些编号按其排列关系、相对位置表达出来，以求得图纸和实物的对应。对于端子排，通常按从左到右、从上到下的顺序用阿拉伯数字顺序编号。图 2-6-15 中的“11n/LFX-912”接线柱从上到下的顺序编号、“11D”端子排从上到下的顺序编号。

把设备编号和接线柱编号加在一起，每一个接线柱就有了唯一的相对编号。如接线柱 I_1-a、I_5-1、11n7、1K-3、1LP-2、11FA-1，端子号Ⅰ-1、Ⅰ-13、11D6、11D37。每一对相对编号就唯一对应一根二次接线，如 11D9 和 11n10、I_4-1 和Ⅰ-1。

（6）控制电缆的编号

在一个变电所里，二次回路的控制电缆也有相当数量，为方便识，需要对每一根电缆进行唯一编号，并将编号悬挂于电缆根部。电缆编号由打头字母和横杠加上三位阿拉伯数字构成，如 1Y-123、2SYH-112、3E-181A……打头字母表征电缆的归属，如“Y”就表示该电缆归属于 110 kV 线路间隔单元，若有几个线路间隔单元，就以 1Y、2Y、3Y 进行区分；“E”表示 220 kV

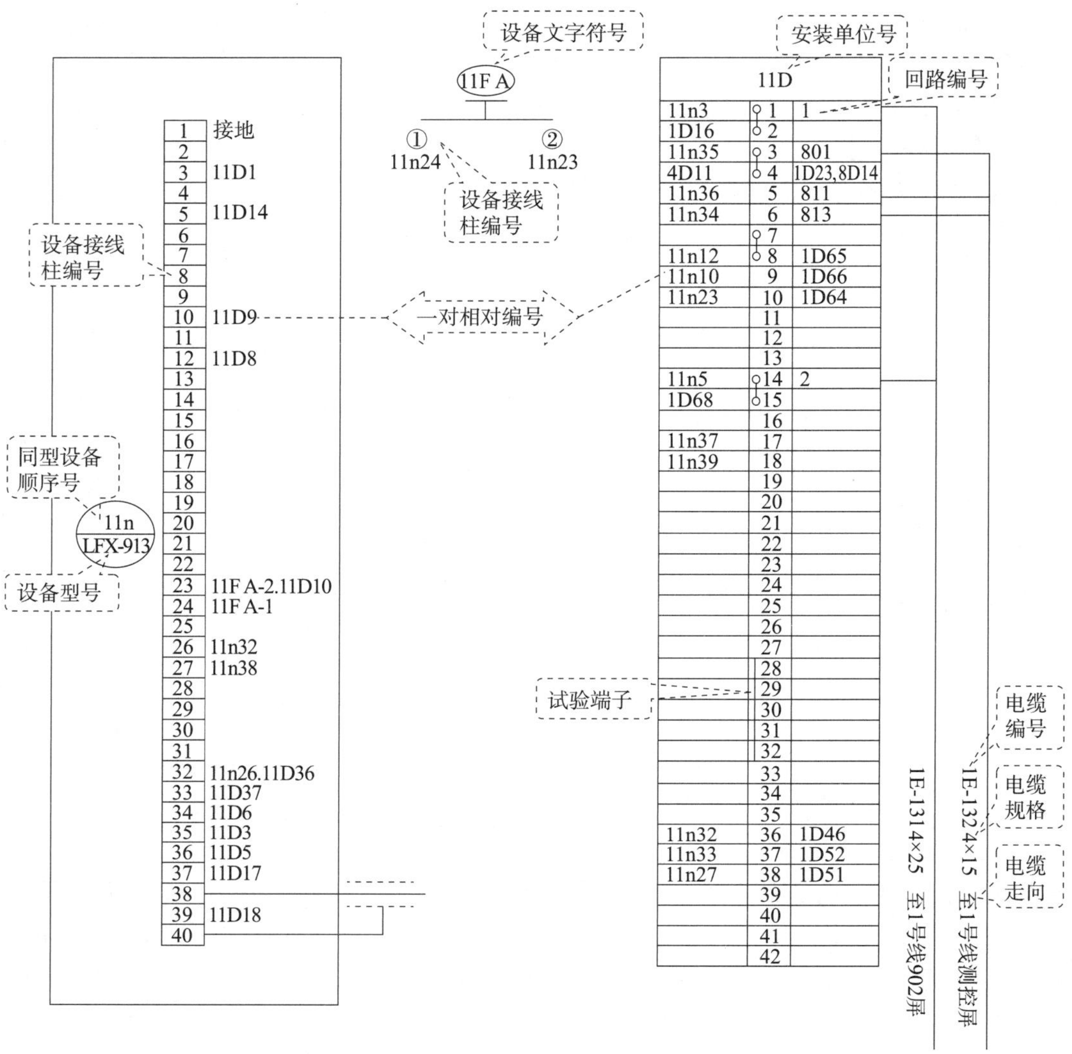

图 2-6-15　采用设备文字编号的二次安装接线

线路间隔单元；“2UYH”表示该电缆归属于 35 kV Ⅱ段电压互感器间隔。阿拉伯数字表征电缆走向，如 121～125 表示该电缆是从控制室到 110 kV 配电装置的，180～189 表示该电缆是连接本台配电装置（TA、刀闸辅助触点）和另台配电装置（端子箱）的，130～149 表示该电缆是连接控制室内各个屏柜的。有时还在阿拉伯数字后面加上英文字母表示相别。

为方便安装和维护，在电缆牌和安装接线图上，不仅要注明电缆编号，还要在其后标注电缆规格和电缆详细走向，如图 2-6-15 所示。

(7)小母线编号

在保护屏顶，大都安装有一排小母线，为方便取用交流电压和直流电源，对这些小母线，我们也要进行标号来识别。标号一般由英文字母表示，前面可加上表明母线性质的“＋”“－”“～”号，后面可以加上表征相别的英文字母。如＋KM1 表示Ⅰ段直流控制母线正极，1YMa 表示Ⅰ段电压小母线 A 相，－XM 表示直流信号母线负极。

(8)回路数字编号

直流回路、交流回路的数字标号见表 2-6-1、表 2-6-2。

表 2-6-1　直流回路的数字标号

回路名称	数字标号组			
	一	二	三	四
正电源回路	101	201	301	401
负电源回路	102	202	302	402
合闸回路	103～131	203～231	303～331	403～431
绿灯或合闸回路监视继电器回路	103	203	303	403
跳闸回路	133～149	233～249	333～349	433～449
	1133、1233	2133、2233	3133、3233	4133、4233
备用电源自动合闸回路	150～169	250～269	350～369	450～469
开关设备的位置型号回路	170～189	270～289	370～389	470～489
事故跳闸音响信号回路	190～199	290～299	390～399	490～499
保护回路	01～099(或 0101～0999)			
发电机励磁回路	601～699(或 6011～6999)			
信号及其他回路	701～799(或 7011～7999)			
断路器位置遥信回路	801～809(或 8011～8999)			
断路器合闸线圈或操作机构电动机回路	871～879(或 8711～8799)			
隔离开关操作闭锁回路	881～889(或 8810～8899)			
发电机调速器电动机回路	991～999(或 9910～9999)			
变压器零序保护公用电源回路	001、002、003			

表 2-6-2　交流回路的数字标号

回路名称	互感器的符号及电压等级	回路标号组				零序
		U 相	V 相	W 相	中性线	
保护装置及测量表计的电流回路	TA	U11～U19	V11～V19	W11～W19	N11～N19	L11～L19
	TA1-1	U111～U119	V111～V119	W111～W119	N111～N119	L111～L119
	TA1-2	U121～U129	V121～V129	W121～W129	N121～N129	L121～L129
	TA1-9	U191～U199	V191～V199	W191～W199	N191～N199	L191～L199
	TA2-1	U211～U219	V211～V219	W211～W219	N211～N219	L211～L219
	TA2-9	U291～U299	V291～V299	W291～W299	N291～N299	L291～L299
保护装置及测量仪表电压回路	TV1	U611～U619	V611～V619	W611～W619	N611～N619	L611～L619
	TV2	U621～U629	V621～V629	W621～W629	N621～N629	L621～L629
	TV3	U631～U639	V631～V639	W631～W639	N631～N639	L631～L639
经隔离开关辅助触点或继电器切换后的电压回路	6～10 kV	U(W,N)760～769,V600				
	35 kV	U(W,N)730～739,V600				
	110 kV	U(V,W,L,试)710～719,N600				
	220 kV	U(V,W,L,试)720～729,N600				
绝缘监察电压表的公用回路		U700	V700	W700	N700	

续上表

回路名称	互感器的符号及电压等级	回路标号组				零序
		U 相	V 相	W 相	中性线	
母线差动保护公用电流回路	6～10 kV	U360	V360	W360	N360	
	35 kV	U330	V330	W330	N330	
	110 kV	U310	V310	W310	N310	
	220 kV	U320	V320	W320	N320	

4. 牵引变电所高压侧断路器的控制与监视举例

某变电所一次主电路如图 2-6-16 所示。变电所中的控制监视设备采用了综合自动化系统。按照面向电气间隔的原则，1 台牵引变压器及其高低压侧开关构成 1 个主变间隔，配置相应的主变压器测控保护单元。考虑到牵引主变压器保护与控制的重要性，按主变压器主保护、主变压器后备保护、主变压器测控三套独立装置设计。

图 2-6-16 中 110 kV 断路器(101 和 102)采用 SF_6 断路器(配用液压操动机构)，110 kV 隔离开关(1011、1021、1302、1019、1029)采用电动机操动机构。

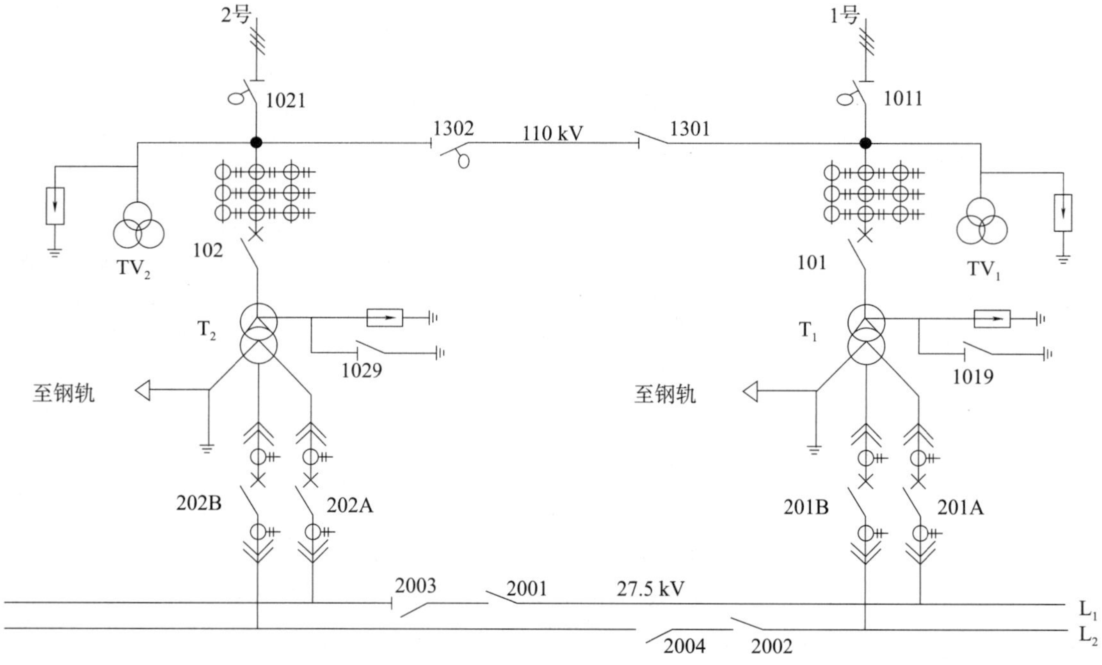

图 2-6-16　某牵引变电所一次主电路

本节以 102 断路器的控制与监视为例进行介绍，其原理接线如图 2-6-17 所示。

(1)控制信号回路工作原理分析

①远动控制合闸

当断路器合闸条件满足要求时，以 2 号进线、T_2 变压器的运行方式为例，分析断路器 102 微机控制合闸回路工作原理。

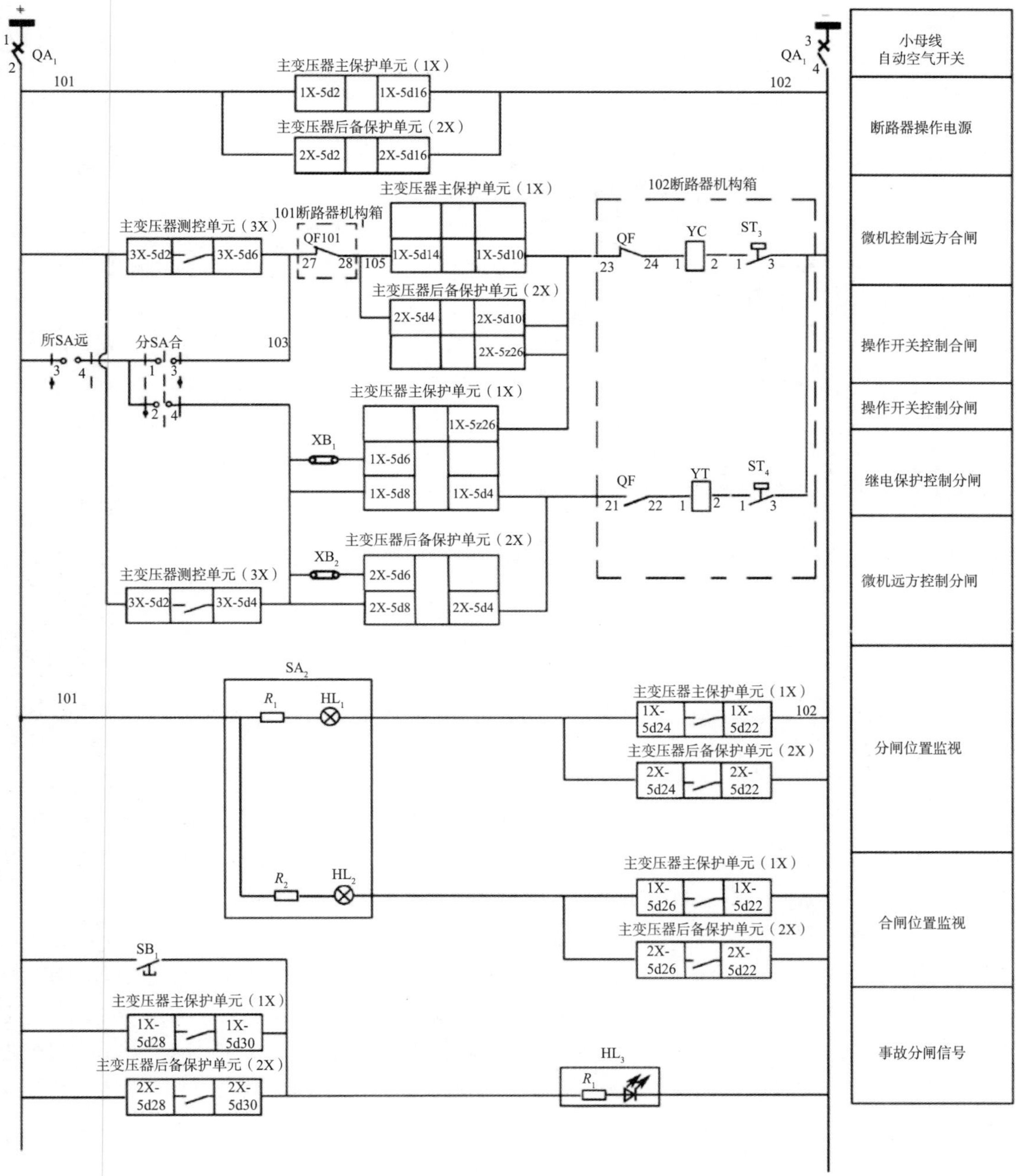

图 2-6-17　牵引变电所高压侧断路器控制和信号回路展开图

合闸前，断路器 102 在分闸位置，断路器联动辅助常闭接点 $QF_{23\text{-}24}$ 闭合。选择开关 SA1 手柄在“远”位，$SA1_{3\text{-}4}$ 不通，变电所当地没有操作权限。

当电力调度发出该变电所 102 断路器的合闸指令时，通过远动通信通道、变电所当地远动通信管理机等设备，将合闸指令传送至主变测控单元 3X，主变测控单元 3X 中的保护插件相关开关量输出接口输出，使其信号插件中的对应微型继电器动作，接点闭合使图 2-6-17 中主变测控单元 3X 的 3X-5d2 和 3X-5d4 端子接通，发出合闸命令脉冲。使：

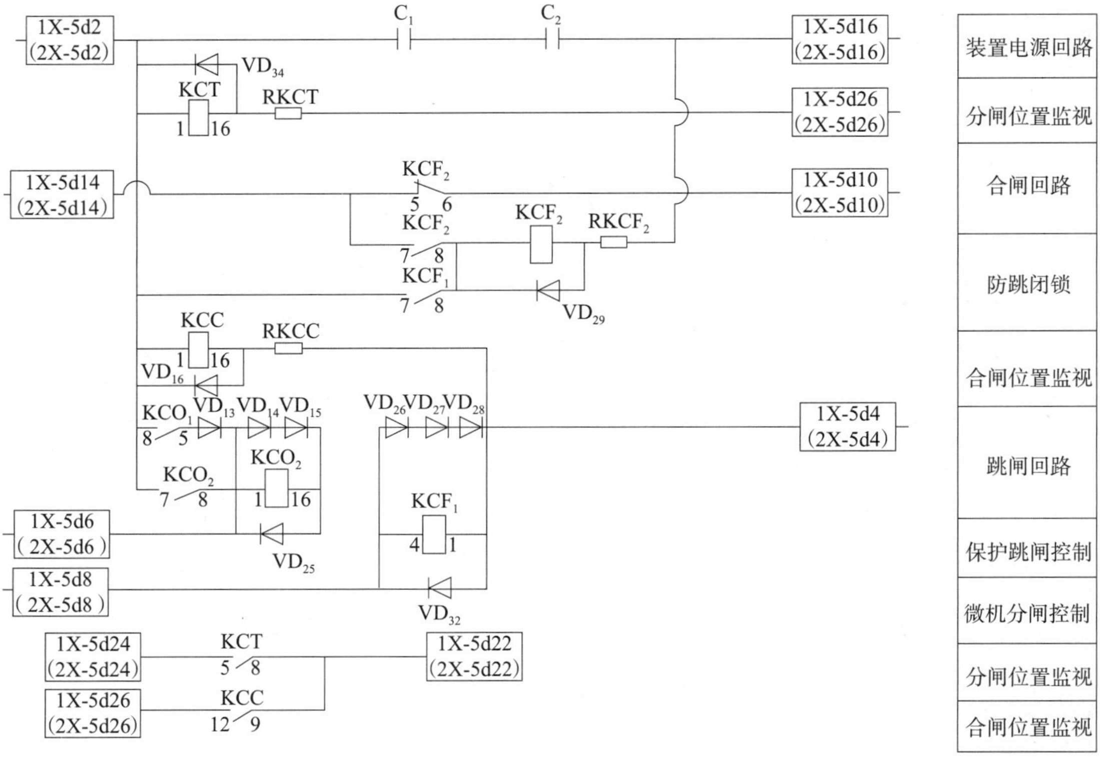

图 2-6-18 主变压器主保护(主变压器后备保护)装置出口插件原理

(图 2-6-17)“+”－$QA1_{1\text{-}2}$－(3X-5d2)－(3X-5d4)－$QF101_{27\text{-}28}$－(1X-5d14)－(图 2-6-17)－$KCF2_{5\text{-}6}$－(1X-5d10)－(图 2-6-17)－$QF_{23\text{-}24}$－$YC_{1\text{-}2}$－$ST3_{1\text{-}3}$－$QA1_{3\text{-}4}$－“－”。

电路接通。断路器合闸线圈 YC_{1-2}受电,操动机构驱动断路器合闸,断路器合闸完毕,辅助联动接点 $QF_{23\text{-}24}$断开,切断合闸回路。

常开辅助接点 $QF_{21\text{-}22}$闭合,使:

(图 2-6-17)“+”－$QA1_{1\text{-}2}$－(1X-5d2)－(图 2-6-18)－$KCC_{1\text{-}16}$－RKCC－(1X-5d4)－(图 2-6-17)－$QF_{21\text{-}22}$－$YT_{1\text{-}2}$－$ST4_{1\text{-}3}$－$QA1_{3\text{-}4}$－“－”。

电路接通。由于合闸位置继电器线圈 $KCC_{1\text{-}16}$阻抗大,分闸线圈 $YT_{1\text{-}2}$阻抗小,使得分闸线圈承受的电压小于最小允许动作值,故断路器不分闸。而合闸位置继电器 KCC 受电动作,其常开接点 $KCC_{12\text{-}9}$(图 2-6-18)闭合,使:

(图 2-6-17)“+”－$QA1_{1\text{-}2}$－R_2－HL_2－(1X-5d26)－(图 2-6-18)－$KCC_{12\text{-}9}$－(1X-5d22)－(图 2-6-17)－$QA1_{3\text{-}4}$－“－”。

电路接通。红灯 HL_2 亮,指示断路器合闸状态,同时,主变主保护单元和主变后备保护单元在当地监控单元中给出合闸位置信号。

②远动控制分闸

当断路器分闸条件满足要求时,以 2 号进线、T_2 变压器的运行方式为例,分析断路器 102 微机控制分闸回路工作原理。

分闸前,断路器 102 在合闸位置,断路器联动辅助常闭接点 $QF_{21\text{-}22}$闭合。选择开关 SA_1 手柄在“远”位,不通,变电所当地没有操作权限。

当电力调度员发出该变电所102断路器的分闸指令时，通过远动通信通道、变电所当地远动通信管理机等设备，将合闸指令传送至主变测控单元3X，主变测控单元3X中的保护插件相关开关量输出接口输出，使其信号插件中的对应微型继电器动作，接点闭合使图2-6-17中主变测控单元3X的3X-5d2和3X-5d4端子接通，发出分闸命令脉冲。使：

(图2-6-17)“+”－$QA_{1\text{-}2}$－(3X-5d2)－(3X-5d4)－(1X-5d8)－(图2-6-18)－$KCF1_{4\text{-}1}$－(1X-5d4)－(图2-6-17)－$QF_{21\text{-}22}$－$YT_{1\text{-}2}$－$ST4_{1\text{-}3}$－$QA1_{3\text{-}4}$－“－”。

电路接通。合闸位置继电器线圈$KCC_{1\text{-}16}$被短接，而$KCF1_{4-1}$为阻抗非常小的电流线圈，断路器分闸线圈$YT_{1\text{-}2}$受电动作，操动机构驱动断路器分闸，断路器分闸完毕，辅助联动接点$QF_{21\text{-}22}$断开，切断分闸回路。

常闭辅助接点$QF_{23\text{-}24}$闭合，使：

(图2-6-17)“+”－$QA_{1\text{-}2}$－(1X-5d2)－(图2-6-18)－$KCT_{1\text{-}16}$－RKCT－(1X-5z26)－(图2-6-17)－(1X-5d10)－$QF_{23\text{-}24}$－$YC_{1\text{-}2}$－$ST3_{1\text{-}3}$－$QA1_{3\text{-}4}$－“－”。

电路接通。由于分闸位置继电器线圈$KCT_{1\text{-}16}$阻抗大，合闸线圈$YC_{1\text{-}2}$阻抗小，使得合闸线圈承受的电压小于最小允许动作值，故断路器不合闸。而分闸位置继电器KCT受电动作，其常开接点$KCT_{5\text{-}8}$(图2-59)闭合，使：

(图2-6-17)“+”－$QA1_{1\text{-}2}$－R_1－HL_1－(1X-5d24)－(图2-6-18)－$KCT_{5\text{-}8}$－(1X-5d22)－(图2-6-17)－$QA1_{3\text{-}4}$－“－”。

电路接通。绿灯HL_1亮，指示断路器分闸状态，同时，主变压器主保护单元和主变压器后备保护单元在当地监控单元中给出分闸位置信号。

(2)电气防跳工作原理分析

操作过程中，断路器在短时间内反复出现分、合闸的情况，称为断路器的“跳跃”。频繁跳跃不仅会使断路器损坏，而且还将扩大事故范围。为此，必须采取防跳措施，通常在控制回路中设置电气防跳措施。

断路器的跳跃现象一般发生在主变压器及其线路处于永久性短路故障而且合闸回路断不开的情况下。当断路器合闸送电至故障线路后，继电保护装置动作使断路器跳闸，图2-6-17中，若控制开关SA_2仍在合位而未转换，或主变压器测控单元3X的3X-5d2和3X-5d4端子接通未返回，断路器将再次合闸，保护又将使断路器跳闸，如此反复分、合动作，即发生跳跃现象。

如图2-6-18所示，在主变压器主保护单元(主变压器后备保护单元)的出口插件中设置具有电压线圈与电流线圈的双线圈防跳继电器，电流线圈KCF_1串联于跳闸回路中，其动作电流略小于跳闸线圈的动作电流，以保证跳闸时其可靠动作，此电流线圈电阻极小，对跳闸回路影响甚微；另一线圈为电压自保持线圈KCF_2，经过自身的常开接点$KCF2_{7\text{-}8}$并联于合闸线圈回路。此电压线圈及其串联电阻阻值很大，不影响合闸回路动作，采用常闭接点$KCF2_{5\text{-}6}$串联于合闸回路。当断路器合闸于永久性故障点时，保护出口继电器常开接点$KCO1_{8\text{-}5}$闭合，使断路器跳闸，同时也使跳闸回路中的防跳继电器的电流线圈KCF_1受电动作，其常开接点$KCF1_{7\text{-}8}$闭合，为电压自保持线圈KCF_2提供电能，其常闭接点$KCF2_{5\text{-}6}$断开，切断合闸回路。常开接点$KCF1_{7\text{-}8}$闭合，若此时控制开关SA_2仍在合位而未转换，或主变压器测控单元3X的3X-5d2和3X-5d4端子接通未返回，则会使防跳继电器KCF_2自动保持在动作状态。常闭接点始终断开，切断合闸回路，避免了断路器再次合闸，从而起到了防止断路器跳跃的作用。只有当合闸脉冲消除后，防跳继电器电压线圈断电返回，电路才能恢复合闸功能。

5. 牵引变电所馈线隔离开关的控制与监视

某变电所采用弹簧储能操动机构的真空断路器和电动操动机构的隔离开关等设备构成馈线间隔，主接线图可参见图 2-6-16。隔离开关的控制方式可以分为远动控制、距离控制和就地控制三种。这里以 1 号馈线的馈线隔离开关 2111 为例进行介绍。

(1)隔离开关电动操动机构的工作原理

①隔离开关电动操动机构控制电路工作原理

在事故情况或检修、试验时，可以在操作机构箱内通过控制按钮进行当地分、合闸操作，如图 2-6-19 所示，SB_3 为合闸控制按钮，SB_4 为分闸控制按钮，就地操作时，操动机构上的远动/所内选择开关 SA_2 处于所内位，$SA_{2\text{-}1}$ 闭合。手动/电动选择开关 S3 处于电动位，$S3_{1\text{-}2}$ 闭合，同时紧急停止按钮接点 $SB5_{1\text{-}2}$、电动机电源空气开关 QA_9 处于闭合状态，为隔离开关进行操作做好了准备。合闸接触器 KM_1 和分闸接触器 KM_2 分别通过(11-12)常闭接点实现互锁，即避免了分、合闸接触器的同时受电。

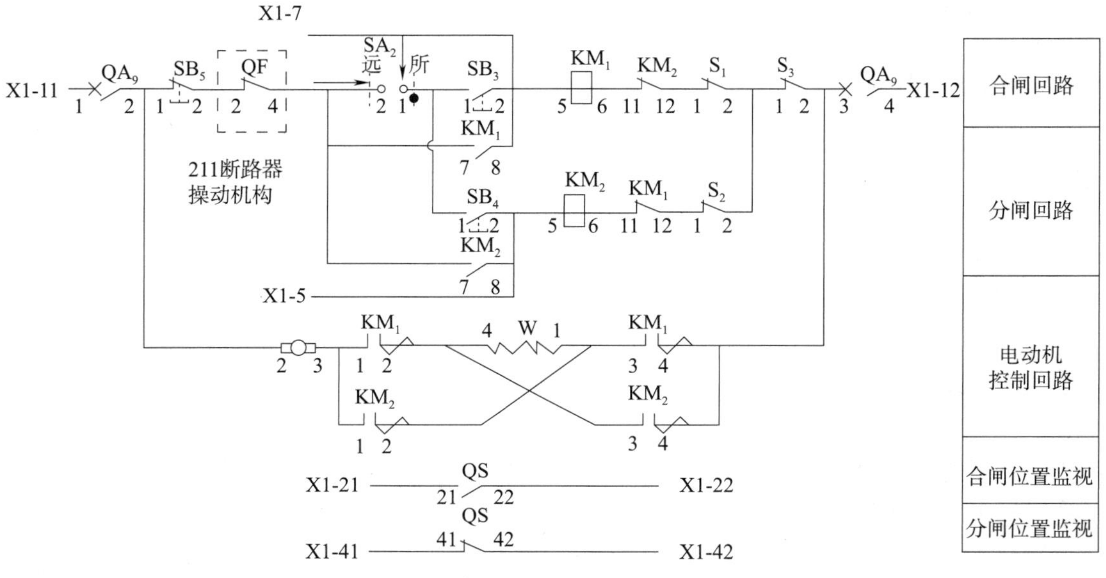

图 2-6-19　隔离开关电动操动机构原理展开图

SB_3—合闸按钮；SB_4—分闸按钮；SB_5—紧急停机按钮；QA_9—自动空气开关；

SA_2—控制方式转换开关；KM_1—合闸接触器；KM_2—分闸接触器

②合闸操作

如图 2-6-19 所示，2111 隔离开关合闸前，确认 211 断路器在分位，$QF_{2\text{-}4}$ 闭合。隔离开关在分位，分闸行程开关常闭接点 $S2_{1\text{-}2}$ 断开，合闸行程开关的常闭接点 $S1_{1\text{-}2}$ 闭合，分、合闸接触器都不受电，$KM1_{11\text{-}12}$、$KM2_{11\text{-}12}$ 处于闭合状态。

就地操作合闸时，将合闸按钮 SB_3 瞬间按下，$SB3_{1\text{-}2}$ 闭合，使：

(X1-11)－$QA9_{1\text{-}2}$－$SB5_{1\text{-}2}$－$QF_{2\text{-}4}$－$SA2_{1\text{-}2}$－$SB3_{1\text{-}2}$－$KM1_{5\text{-}6}$－$KM2_{11\text{-}12}$－$S1_{1\text{-}2}$－$S3_{1\text{-}2}$－$QA9_{3\text{-}4}$－(X1-12)。

电路接通。图 2-6-19 中，X1-11 可获得正电源，而 X1-12 可获得负电源，则合闸接触器线圈 KM_1 受电动作，$KM1_{7\text{-}8}$ 闭合，对合闸接触器线圈进行电源自保持，同时，常开触点 $KM1_{1\text{-}2}$、$KM1_{3\text{-}4}$ 闭合，使：

(X1-11)—$QA9_{1-2}$—电动机转子绕组—$KM1_{1-2}$—电动机励磁绕组 W_{4-1}—$KM1_{3-4}$—$QA9_{3-4}$—(X1-12)。

电路接通。电动机顺时针方向旋转，通过机械传动装置，推动隔离开关合闸。

隔离开关合闸到位时，分闸行程开关 S_2 不再受主轴定位件的抵压，其常闭接点 $S2_{1-2}$ 闭合，为隔离开关的分闸操作做好准备。同时，主轴上的定位件接触并抵压合闸行程开关 S_1，$S1_{1-2}$ 断开，合闸接触器线圈失电，$KM1_{1-2}$、$KM1_{3-4}$ 断开返回，自动切断电动机回路，使电动机停转。

隔离开关合闸到位时，隔离开关本体辅助接点 QS_{21-22} 闭合，图 2-6-20 中，位置信号灯 HL_1 亮红光，指示隔离开关在合闸位置。

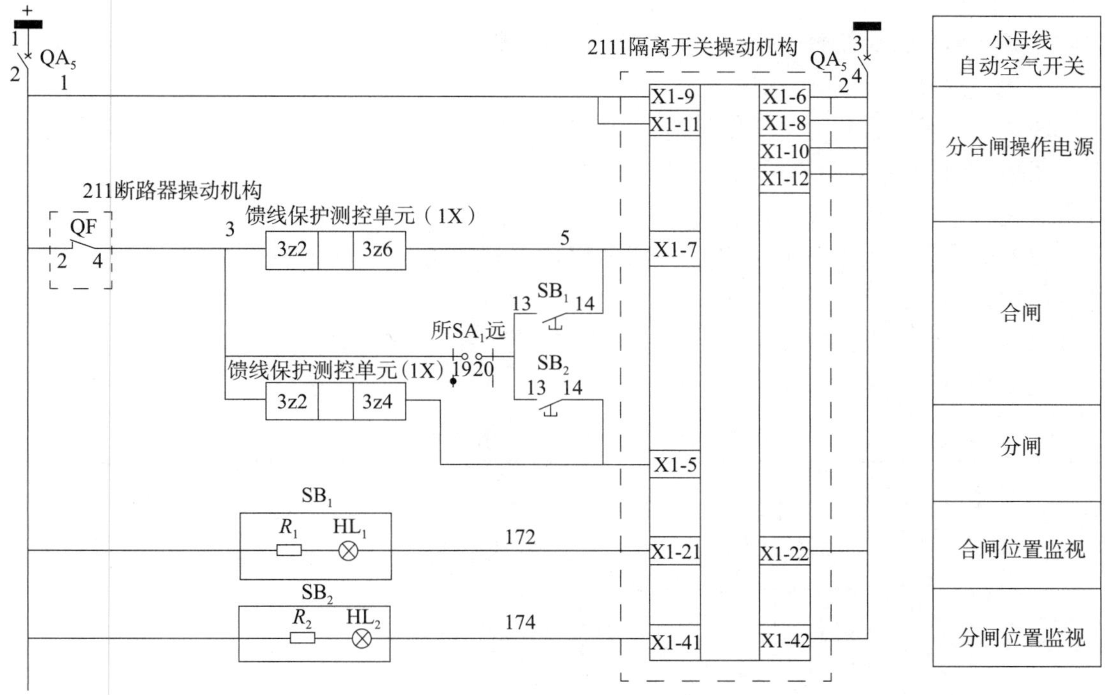

图 2-6-20 馈线隔离开关控制和信号回路展开图

③分闸操作

2111 隔离开关分闸前，确认 211 断路器在分位，QF_{2-4} 闭合。隔离开关在合位，合闸行程开关常闭接点 $S1_{1-2}$ 断开，分闸行程开关的常闭接点 $S2_{1-2}$ 闭合；分合闸接触器都不受电，$KM1_{11-12}$、$KM2_{11-12}$ 处于闭合状态。就地操作分闸时，将合闸按钮 SB_4 瞬间按下，$SB4_{1-2}$ 闭合，使：

(X1-11)—$QA9_{1-2}$—$SB5_{1-2}$—QF_{2-4}—$SA2_{1-2}$—$SB4_{1-2}$—$KM2_{5-6}$—$KM1_{11-12}$—$S2_{1-2}$—$S3_{1-2}$—$QA9_{3-4}$—(X1-12)。

电路接通。分闸接触器线圈 KM_2 受电动作，$KM2_{7-8}$ 闭合，对分闸接触器线圈进行电源自保持，同时，常开触点 $KM2_{1-2}$、$KM2_{3-4}$ 闭合，使：

(X1-11)—$QA9_{1-2}$—电动机转子绕组—$KM2_{1-2}$—电动机励磁绕组 W_{1-4}—$KM2_{3-4}$—$QA9_{3-4}$—(X1-12)。

电路接通。电动机逆时针方向旋转，通过机械传动装置，推动隔离开关分闸。

隔离开关分闸到位时，合闸行程开关 S_2 不再受主轴定位件的抵压，其常闭接点 $S1_{1\text{-}2}$ 闭合，为隔离开关的合闸操作做好准备。同时，主轴上的定位件接触并抵压分闸行程开关 S_2，$S2_{1\text{-}2}$ 断开，分闸接触器线圈失电，$KM2_{1\text{-}2}$、$KM2_{3\text{-}4}$ 断开返回，自动切断电动机回路，使电动机停转。

隔离开关分闸到位时，隔离开关本体辅助接点 $QS_{41\text{-}42}$ 闭合，图 2-6-20 中，位置信号灯 HL_2 亮绿光，指示隔离开关在分闸位置。

6. 电气图形文字符号

电气图中元件、部件、组件、设备、装置、线路等一般是采用图形符号、文字符号和项目代号来表示。图形符号、文字符号和项目代号可看成是电气工程语言中的“词汇”。阅读电气图，首先要了解和熟悉这些符号的形式、内容、含义，以及它们之间的相互关系。

(1)图形符号

通常用于图样或其他文件以表达一个设备或概念的图形、标记或字符，统称为图形符号。电气图中所用的图形符号主要是一般符号和方框符号。

①一般符号。用于表示一类产品和此类产品特征的一种通常很简单的符号。

②方框符号。用于表示元件、设备等的组合及其功能的一种简单图形符号。既不给出元件、设备的细节，也不考虑所有连接，例如正方形、长方形、圆形图形符号。

根据国家标准《电气图用图形符号》(GB/T 4728)的规定，将电气图形符号分为 11 类，常用的图形见表 2-6-3。

表 2-6-3　常用电气图形符号

元件名称	图形符号(新)	元件名称	图形符号(新)
变压器	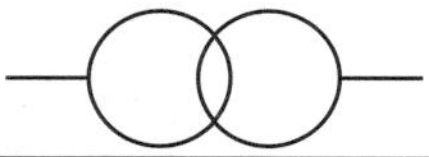	电警笛，报警器	
电压互感器	形式 1 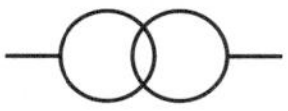 形式 2 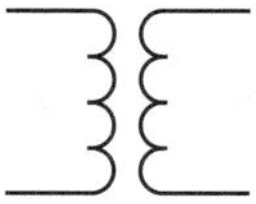	蜂鸣器	 或 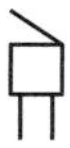
电流互感器有两个铁芯和两个二次绕组	形式 1 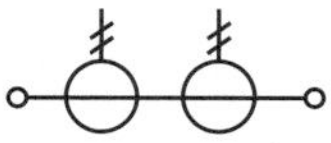 形式 2 	电喇叭	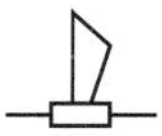
电流互感器有一个铁芯和两个二次绕组	形式 1  形式 2 	灯和信号灯，闪光型信号灯	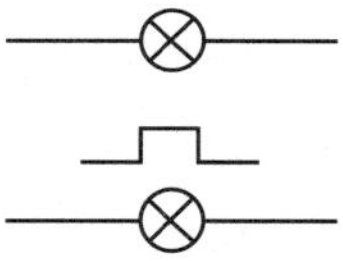
电铃	 或 	机电型位置指示器	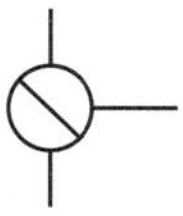
		断路器，自动开关	

续上表

元件名称		图形符号(新)
隔离开关		
负荷开关		
三级开关单线表示		
三级开关多线表示		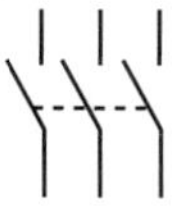
击穿保险器		
熔断器		
避雷器		
接触器(具有灭弧触点)	常开(动合)触点	
	常闭(动断)触点	
按钮	动合	 不闭锁  闭锁
	动断	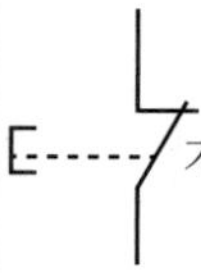 不闭锁  闭锁

元件名称		图形符号(新)
手动开关		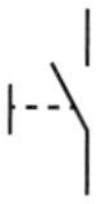
位置开关,限位开关	常开(动合)接点	
	常闭(动断)接点	
非电量触点	常用(动合)触点	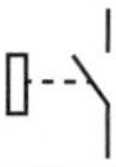
	常闭(动断)触点	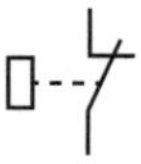
电阻		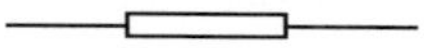
可变电阻		
电容	一般形式	
	电解电容	
电感,线圈,扼流圈,绕组一带磁芯的电感器		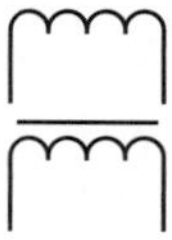
二极管	一般符号	
三极管	PNP 型	
	NPN 型	
蓄电池		
桥式全波整流器		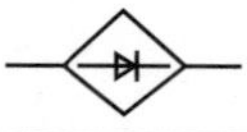
整流器		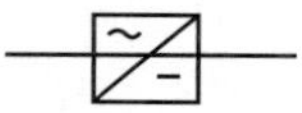
整流器/逆变器		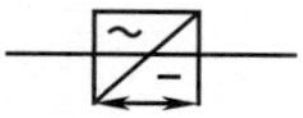

续上表

元件名称		图形符号(新)
连接片	闭合	形式1 形式2 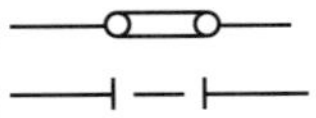
	断开	
切换片		
端子	一般符号	
	可拆卸的端子	
继电器,接触器线圈		
继电器电压线圈		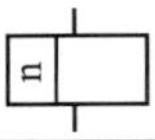
继电器电流线圈		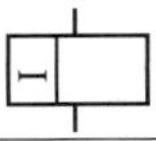
极化继电器线圈		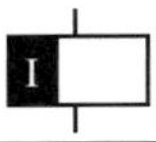
继电器缓放线圈		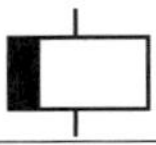
继电器缓吸线圈		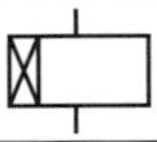
继电器开关	常开(动合)触点	形式1 形式2 
	常闭(动断)触点	
单级转换开关中间断开的双向触点		
接触器	常开灭弧接点	
	常闭灭弧接点	

元件名称		图形符号(新)
继电器接触器	被吸合时延时闭合的常开触点	形式1 形式2 
	被释放时延时断开的常开触点	形式1 形式2 
	被释放时延时闭合的常闭触点	形式1 形式2 
	被吸合时延时断开的常闭触点	形式1 形式2 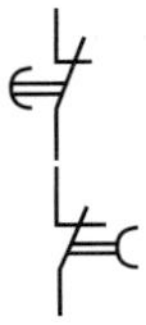
仪表的电流线圈		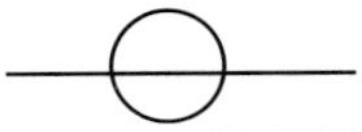
仪表的电压线圈		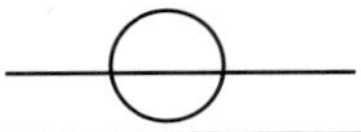
电压表		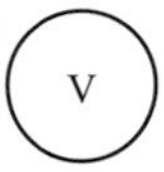
电流表		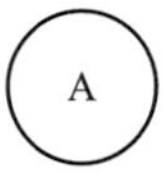
有功功率表		
无功功率表		
有功电能表		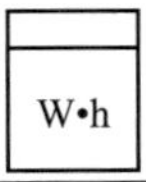
无功电能表		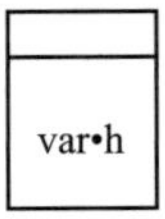

续上表

元件名称		图形符号(新)	元件名称		图形符号(新)
信号继电器	机械保持的常开(动合触点)	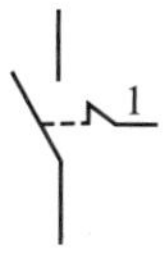	信号继电器	机械保持的常闭(动断)触点	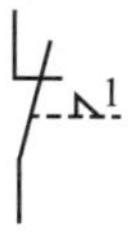

图形符号均是按无电压、无外力作用的正常状态表示的。所谓正常状态是指电气元件的受电量和非电气元件的受力量均未达到动作值的状态。

在选用图形符号时，应尽可能采用优选形；在满足需要的前提下，尽可能采用最简单的形式；在同一图号的图中只能选用同一种图形形式。大多数图形符号的取向是任意的。在不会引起错误理解的情况下，可根据图面布置的需要将符号旋转或取其镜像放置。

(2)文字符号

在电气图中，除了用图形符号来表示各种设备、元件等外，还在图形符号旁标注相应的文字符号，以区分不同的设备、元件，以及同类设备或元件中不同功能的设备或元件。

文字符号分为基本文字符号和辅助文字符号。基本文字符号分为单字母符号和双字母符号。

①单字母符号。单字母符号是用拉丁字母将各种电气设备、装置和元器件划分为 23 大类，每大类用一个专用单字母符号表示。由于拉丁字母“I”和“O”易同阿拉伯数字“1”和“0”混淆，因此不把它们作为单独的文字符号使用。字母“J”也未采用。

②双字母符号。双字母符号是由一个表示种类的单字母符号与另一字母组成，其组合形式是以单字母符号在前，另一字母在后的次序列出。只有当用单字母符号不能满足要求，需要将大类进一步划分时，才采用双字母符号，以便较详细和更具体地表述电气设备、装置和元器件。

③辅助文字符号。辅助文字符号是用以表示电气设备、装置和元器件以及线路的功能、状态和特征的，通常是由英文单词的前一两个字母构成。辅助文字符号一般放在基本文字符号的后边，构成组合文字符号，也可单独使用，如“ON”表示接通，“OFF”表示关闭。

第七节 供电 SCADA 系统和综合自动化设备

一、供电 SCADA 系统

1. SCADA 系统概念

SCADA 是英语 Supervisory Control And Data Acquisition 的缩写，即数据采集与监视控制系统，广泛应用于电力、给水、石油、化工等领域。在电力系统又称 PSCADA 系统，是英语 Power Supervisory Control And Data Acquisition 的缩写，即电力数据采集与监视控制系统。

PSCADA 系统是铁路牵引供电、电力系统的重要组成部分。PSCADA 系统利用远程通信技术进行信息传输，实现对远方设备的监视和控制。以下简称供电 SCADA 系统。

供电 SCADA 系统的主要功能即实现“四遥”：遥控、遥测、遥信、遥调。

牵引供电调度系统应具备对牵引供电设备状况进行远程实时监控的条件，并纳入调度系统集中统一管理，(接触网)负荷开关和电动隔离开关应纳入远动控制，电力设备应具备远程监控条件。电力变、配电所的控制保护测量设备，应纳入远动系统调度管理；箱式变电站应设置远动终端，纳入远动系统。

2. SCADA 系统构成

供电 SCADA 系统由三大部分构成：调度端、被控站和信道。

调度端：设在调度所内，完成远动对象的监控、数据统计及管理功能等，含各式服务器及调度员工作站等。

被控站：受调度端监视的站称为被控站。被控站完成远动系统的数据采集、预处理，发送、接收及输出执行等功能，含变电所、配电所综合自动化设备、电力箱变 RTU、网开关 OPU 等。

信道：远动信息传输的介质(通路)称为信道，即通信通道(通信段或供电段维护)。

典型 SCADA 系统构成如图 2-7-1 所示。

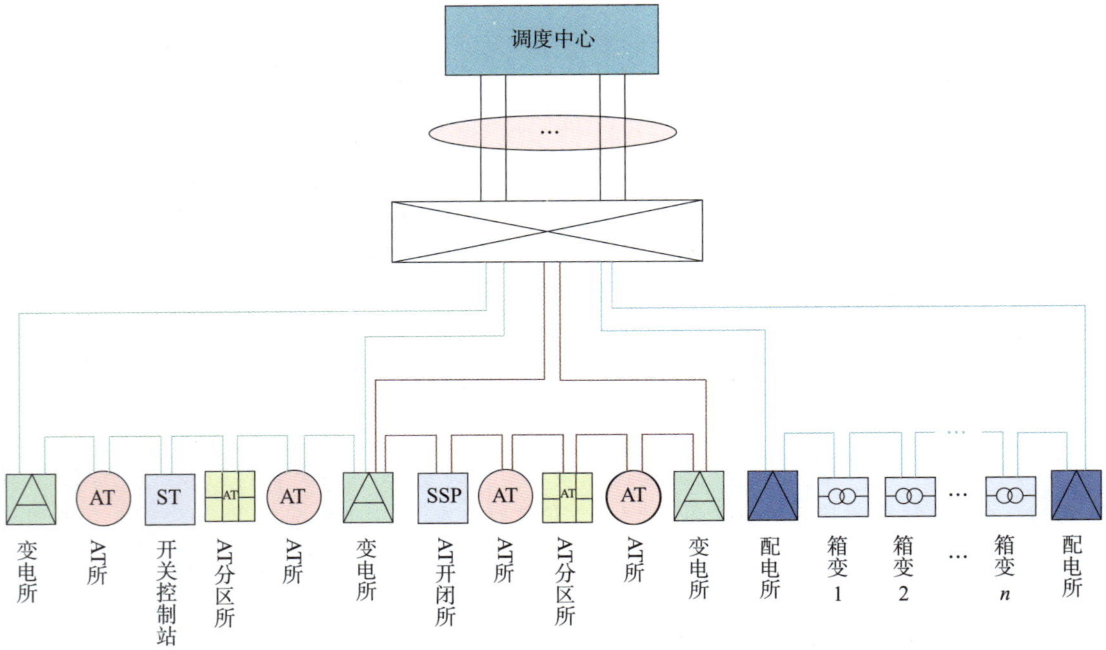

图 2-7-1　典型 SCADA 系统构成

3. 调度端 SCADA 系统

调度端 SCADA 设备(含各站段复示系统)由硬件及软件两部分构成。

调度端 SCADA 硬件设备由调度员工作站及机房设备两部分组成。

(1)调度员工作站(HMI)：调度员工作站又称 HMI，是英文 Human Machine Interface(人机接口)的缩写，也称人机界面。调度员工作站的人机界面(又称用户界面或使用者界面)是系统和用户之间进行交互和信息交换的媒介，它实现信息的内部形式与人类可以接受形式之间的转换。其外界呈现形式为调度员工作台，也包括各站段使用的复示工作站。

传统的调度员工作站由三屏构成，一主一备，互为冗余。

(2)机房设备：含通信前置机、应用服务器、数据服务器、维护工作站、WEB服务器、时钟服务器、磁盘阵列、交换机、路由器、防火墙、电源设备等。

调度端SCADA硬件设备构成如图2-7-2所示。

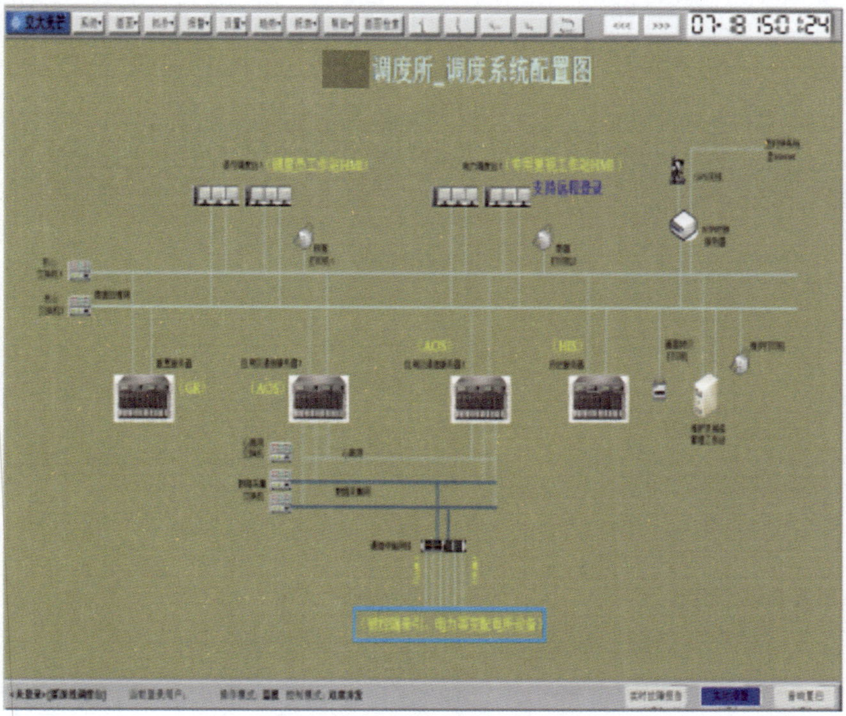

图2-7-2　调度端SCADA硬件设备构成

(3)调度端软件设备

调度端软件设备是基于传统操作系统(UNIX、Linux、Windows)，并在相关组态软件或其他软件平台基础上集成开发出来调度自动化管理系统。

以GM-6000调度管理自动化系统为例，其外观界面呈现形式如图2-7-3所示，为调度员操作的主界面，集画面显示和操作功能为一体。调度员所要进行的各种操作都通过画面来实现。

调度管理自动化系统通常应具备以下几项功能：

①控制功能：完成对开关设备及自动装置等的控制操作。

②监视功能：实时显示各配电所、开关站高/低压的开关状态、预告及事故信号及电流、电压等各种测量。实时显示被控站上送的保护信息。

③日志功能：操作日志记录功能。

④据存储功能：实现相应的历史数据存储、报警等信息处理功能，对实时/历史趋势进行查询。

⑤报表功能：丰富的报表功能，并按报表方式进行显示和存储。

⑥动态拓扑(带电推导)功能：能根据开关位置、遥测等进行供电臂、主接线有电、无电带电推导、着色揭示。

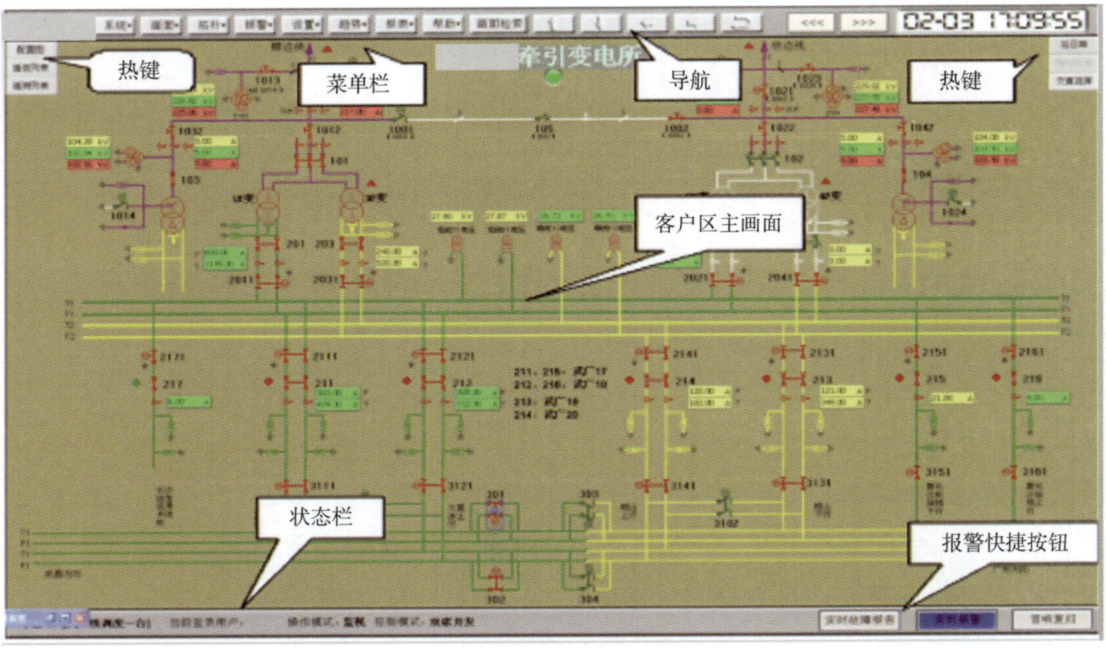

图 2-7-3　GM-6000 调度管理自动化系统外观界面

4. SCADA 系统信道

远动信息传输的介质(通路)称为信道，即通信通道。

根据原铁道部运电通信函〔2012〕428 号《铁路供电调度系统通信组网及时方案指导意见》要求，对于承载控制站与被控站之间直接参与生产控制数据的远动通道，应设置两条互为备用的通信通道。但承载故标、安全监控、在线监测、专用复示等数据的维护通道，可设置一条通信通道。被控站的供电调度业务通过传输系统以太网通道汇聚到车站，统一经车站通信数据网接入路由器 VPN 通道上传到控制站。

主要采用光纤通信技术组成远动传输通道，光纤通信原理如图 2-7-4 所示。

图 2-7-4　光纤通信原理

(1)通信组网的基本结构有星形点对点、总线形、环形、树形、网状结构形式。通信组网的基本结构形式如图 2-7-5 所示。

(2)各型通信组网优缺点对比见表 2-7-1。

5. SCADA 系统通信组网方式

根据通信承载网的条件，供电远动 SCADA 系统的组网可以采用以下三种方案：

方案一：利用通信数据网+MSTP 系统以太网通道承载；

方案二：利用 MSTP 系统以太网通道承载；

方案三：利用 MSTP 系统环形 2M 通道+SCADA 专用数据网承载。

MSTP(Multi-Service Transfer Platform)：即基于 SDH 的多业务传送平台。

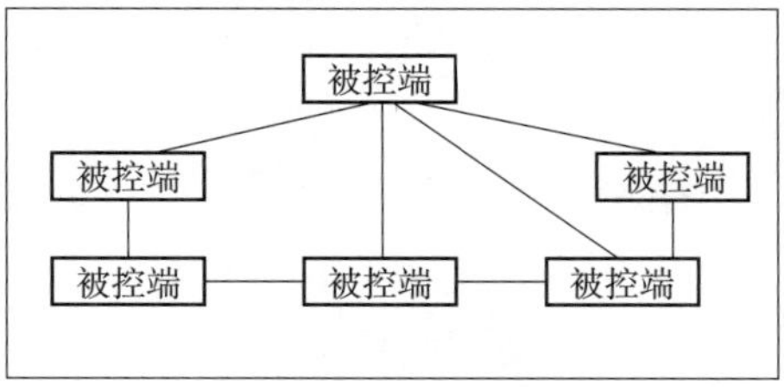

（a）网状

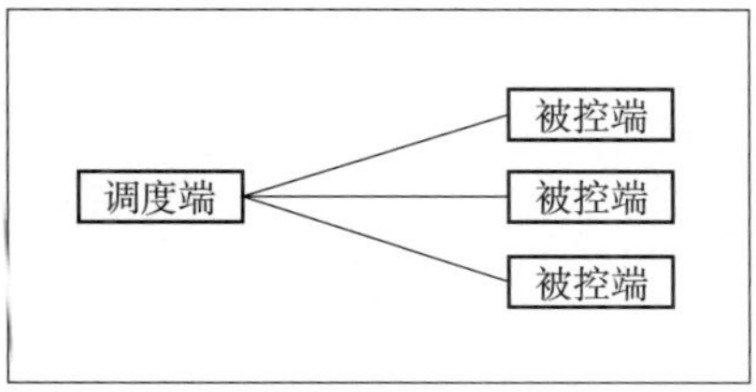

（b）星形点对点

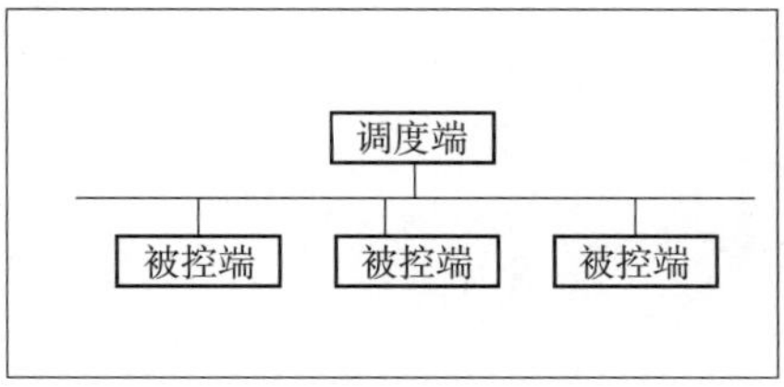

（c）总线（T）形

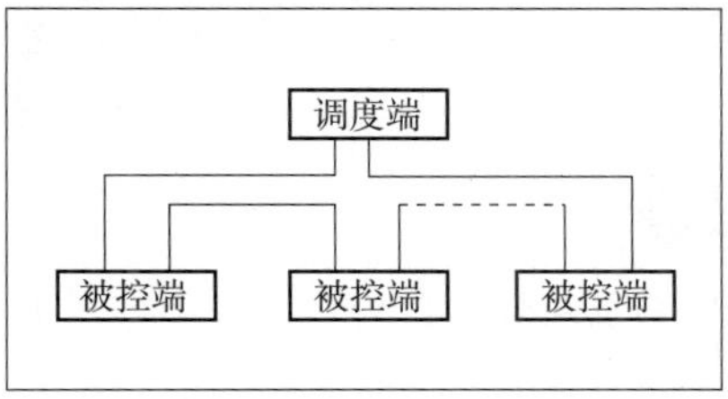

（d）环形

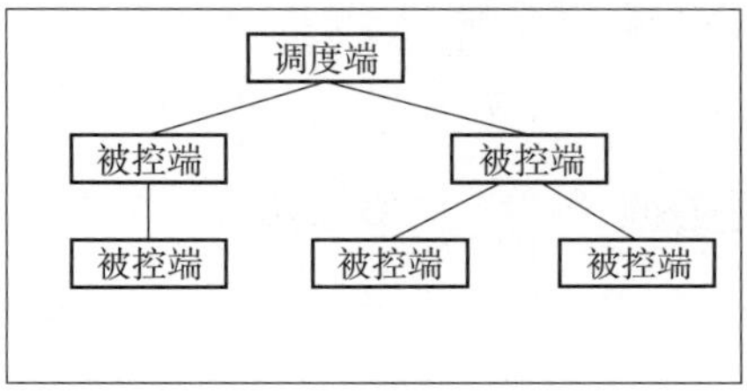

（e）树形

图 2-7-5　通信组网的基本结构形式

表 2-7-1　各型通信组网优缺点对比

星性点对点	总线(T)形	环形	树形	网状
1. 各个被控站到调度端都有一条独立的通道 2. 不存在资源共享而带来的通道竞争问题 3. 多个被控站同时可与调度端监控中心通信 4. 要求调度端通信节点的可靠性很高，否则出现故障就会危及整个网络 5. 通道资源占用太多、工程造价高	1. 调度端经过共线信道与被控站相连 2. 任何一个节点发出的信息都可沿着总线传输，并被总线上其他任何一个节点接收，是一种广播式结构 3. 实现了资源共享，节省了通道资源 4. 一个节点损坏，不会影响整个网络工作 5. 需解决存在两个节点同时向一个节点发送信息的通道竞争而发生的通信冲突问题 6. 如果主干线路某处故障，则整个系统的通信都可能受到影响	1. 调度端通过两个通信口与远近两个被控站相连 2. 系统中每个被控站两两相连依次构成一个环 3. 每个被控站向相邻站发送数据 4. 当环形通道中当某个节点发生故障时，可以自动旁路，隔离故障点，不会影响到整个系统的通信 5. 除非有两个或两个以上的线路故障点出现时，才可能影响到系统的通信 6. 但信息传输会有一定程度的延时，通信设备有所增加 7. 为了提高环形通道的可靠性，常采用双环或多环等冗余措施来解决	1. 分层分支的结构 2. 一个分支和节点故障不影响 3. 其他分支和节点的工作	1. 一个节点有多条路径可以到达 2. 可靠性高 3. 信道及设备投资较高

SDH(Synchronous Digital Hierarchy):同步数字体系。

典型 SCADA 远动系统组网如图 2-7-6、图 2-7-7 所示。

(1)牵引供电远动系统——星形汇聚 MSTP+数据网组网方案示意图。

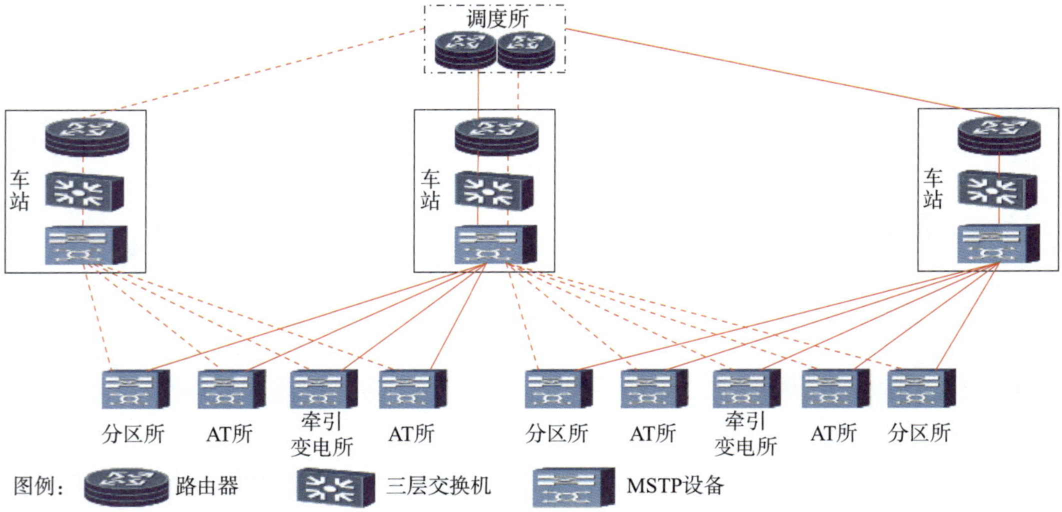

图 2-7-6　星形汇聚 MSTP+数据网组网方案

(2)牵引供电远动系统——以太总线 MSTP+数据网组网方案示意图。

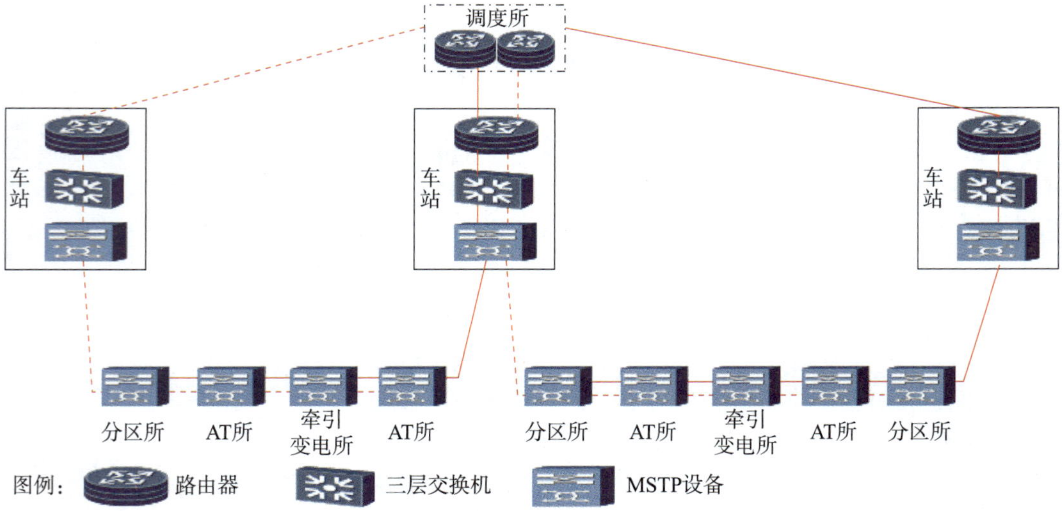

图 2-7-7　以太总线 MSTP+数据网组网方案

在典型 SCADA 远动系统组网结构中,电气化所亭的远动数据通过所亭内 MSTP 传输设备提供的远动通道传输至车站数据网设备;"V 停"站和车站接触网开关控制站的远动数据通过车站数据网设备提供的远动通道传输至主控站数据网设备;电气化所亭附近上网及分相接触网开关控制站的远动数据先接入电气化所亭汇聚后,再统一利用电气化所亭 MSTP 设备提供的远动通道传输至车站数据网设备;隧道接触网开关控制站的远动数据接入到邻近通信区间接入点 MSTP 设备,通过该 MSTP 设备提供的远动通道传输至车站数据网设备。最后通过数据网承载，上传到调度中心调度端，实现调度端与被控端的交互通信。

(3)供电远动系统与通信专业的接口方案

供电远动 SCADA 业务与通信专业在调度端、供电段、被控站处存在接口。

调度端接口方案(图 2-7-8)：在调度端，通信数据网的两台接入路由器与 SCADA 系统的两台三层交换机分别通过 2 个 GE(o)接口互连，并启用 LACP(链路聚合协议)。

被控站接口方案(图 2-7-9)：当被控站供电远动 SCADA 设备与 MSTP 设备之间为室内布线且布线距离小于 100 m 时，采用 FE(e)接口互连。大于 100 m 时，采用光缆连接。

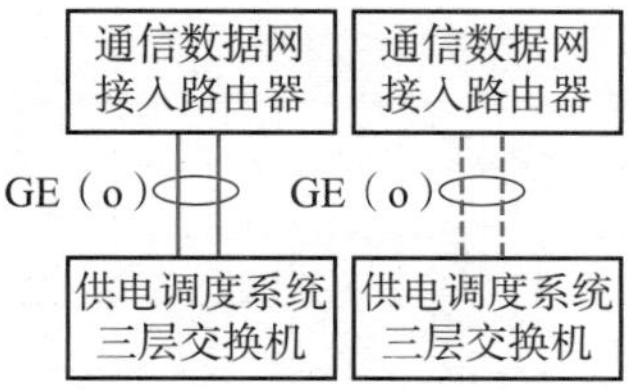

图 2-7-8　调度端接口方案

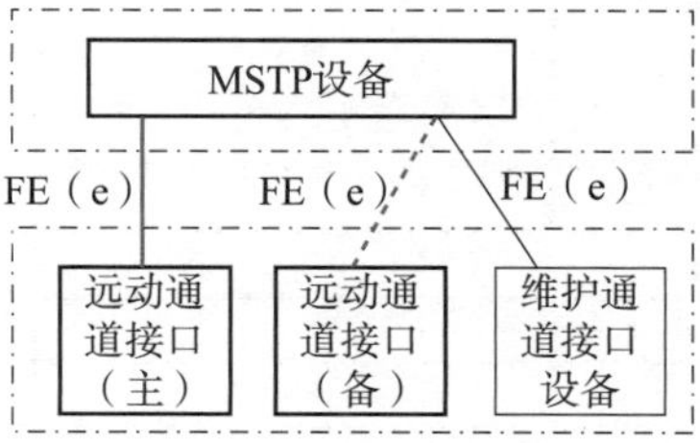

图 2-7-9　被控站接口方案

分工界面：当采用光接口互联时，分工界面位于被控站光纤配线箱内，当采用电口互联时，分工界面位于通信电口配线架上。

6. 调度端与被控端通信规约介绍

通信规约定义：通信规约(协议)是指通信双方必须共同遵守的约定，也成为通信控制规程或传输控制规程。使用规约可较广泛地实现主站与子站、子站与子站间的设备互连、信息互换、站间交互操作性。

供电远动 SCADA 系统常见的规约分别是 IEC 60870-5-101、IEC 60870-5-103 和IEC 60870-5-104 规约。其中，103 规约按照查询方式上送信息，104 规约按主动模式上送信息。

101、103 规约和 104 规约常用于调度中心和子站之间通信；101 规约一般用于串口通信，也可用 UDP 方式；104 规约则用于网络通信，采用 TCP/IP 方式。

在通信规约确定以后，调度端与被控端通过统一的远动点表进行信息的互相确认与甄别。典型远动点表如图 2-7-10 所示。

如果 RTU 有变化数据主动上送，典型报文如下所示(接收→变位遥信)：

68(启动符)15(长度)04 A3(发送序号)2A 64(接收序号)1E(类型标示，带 7 字节时标 SOE 遥信)01(可变结构限定词，有 1 个变位遥信上送)03　00(传输原因，表突发事件)01　00(公共地址即 RTU 地址)08 00 00(信息体地址，第 8 号遥信)01(遥信分)3C A3 07 10 1B 09 12(时标码，采用 16 进制，顺序为秒及毫秒：分：时：日：月：年，对应 2018 年 9 月 27 日 16 时 07 分 41 秒 788 毫秒)。

解析为：2018 年 9 月 27 日 16 时 07 分 41 秒 788 毫秒，RTU 突发上送遥信码为 8(对应电源——保护装置联络——隔离刀闸开关分合位)的 SOE 遥信变“分”位(位置状态双点遥信值 01 为分位)。

7. SCADA 系统典型故障案例分析

SCADA 系统常见故障按原因来源的不同，可分两类。一类为外部硬故障，包括模拟量(遥测)、开关量(遥信)板件、二次接线松脱断等原因导致的装置误动；另一类为内部软故障，含

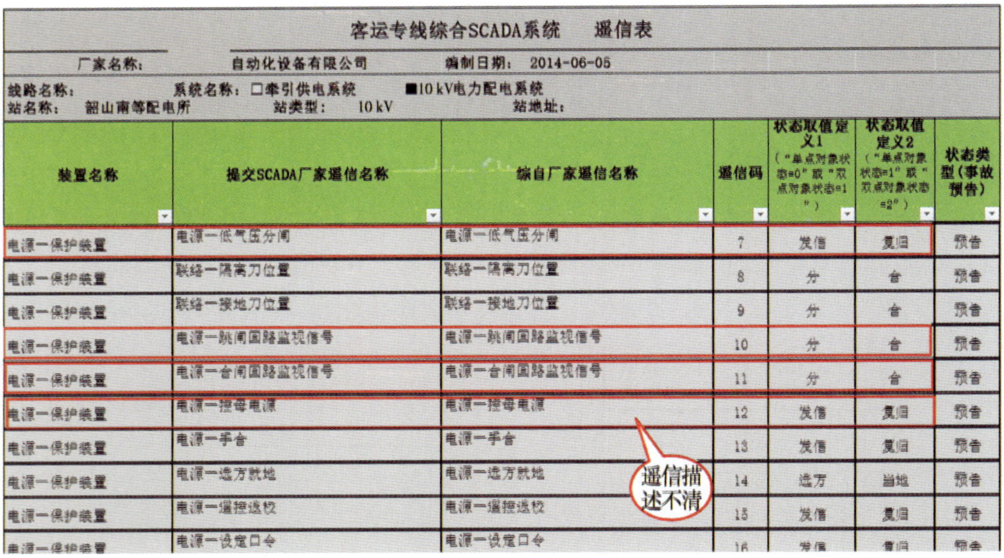

客运专线综合SCADA系统　遥信表

厂家名称：　自动化设备有限公司　编制日期：2014-06-05

线路名称：　系统名称：□牵引供电系统　■10 kV电力配电系统

站名称：　韶山南等配电所　站类型：　10 kV　站地址：

装置名称	提交SCADA厂家遥信名称	综自厂家遥信名称	遥信码	状态取值定义1（"单点对象状态=0"或"双点对象状态=1"）	状态取值定义2（"单点对象状态=1"或"双点对象状态=2"）	状态类型（事故预告）
电源一保护装置	电源一低气压分闸	电源一低气压分闸	7	发信	复归	预告
电源一保护装置	联络一隔离刀位置	联络一隔离刀位置	8	分	合	预告
电源一保护装置	联络一接地刀位置	联络一接地刀位置	9	分	合	预告
电源一保护装置	电源一跳闸回路监视信号	电源一跳闸回路监视信号	10	分	合	预告
电源一保护装置	电源一合闸回路监视信号	电源一合闸回路监视信号	11	分	合	预告
电源一保护装置	电源一控母电源	电源一控母电源	12	发信	复归	预告
电源一保护装置	电源一手合	电源一手合	13	发信	复归	预告
电源一保护装置	电源一远方就地	电源一远方就地	14	远方	当地	预告
电源一保护装置	电源一遥控远校	电源一遥控远校	15	发信	复归	预告
电源一保护装置	电源一设定口令	电源一设定口令	16	发信	复归	预告

图 2-7-10　典型远动点表

抗干扰性差导致的干扰误动、原理算法缺陷导致的保护误动，定值写入错误、控制字投退错误导致的保护误动等。不管哪一类型故障，通常均需要从调度端、被控端进行综合分析，结合进行原因查找。典型案例如 2017 年 6 月 23 日厦深线汉龙变电所 3141F 开关因报文缓存、二次回路故障导致的非远动分闸分析。

(1)事件概况

变电所 3141F 开关不定态产生，2 s 后变电所 3141F 开关不定态消失，局供电调度员查阅变电所主接线图时，发现变电所 3141F 网开处于分位。调度端报文见表 2-7-2。

表 2-7-2　调度端报文

记录号	被控站	供电类型	电压等级	类型	对象	描述
33	牵引变电所	牵引	27.5 kV	开关不定态	3141F 网开	产生
34	牵引变电所	牵引	27.5 kV	开关不定态	3141F 网开	消失

通过查阅变电所电 214 电流趋势，发现自 21:10 后，214F 线电流在 T 线电流正常的情况下，电流持续为零，未再起分流作用，判定开关确已分开，并通知供电段现场核实开关位置，经现场确认 3141F 位置在分位。

调度端查询电流趋势图如图 2-7-11 所示。

(2)故障原因调查及分析

①调阅调度端变电所事件记录报表，发现天窗时，汉龙变电所 3141F 网开曾进行过三次远动操作分闸，均执行分超时(第三次执行分超时后，现场确认开关在合位后，未再进行后续操作)。事件报文见表 2-7-3。

②天窗点，设备管理单位安排人员对变电所 3141F 接触网隔离开关进行现场检查。在将电机电源空气开关 QF_1 拆除并对其接点进行测量时，发现 QF_1 的两回路触点存在时通时不通现象，后对电机电源空气开关拆除进行了更换处理。

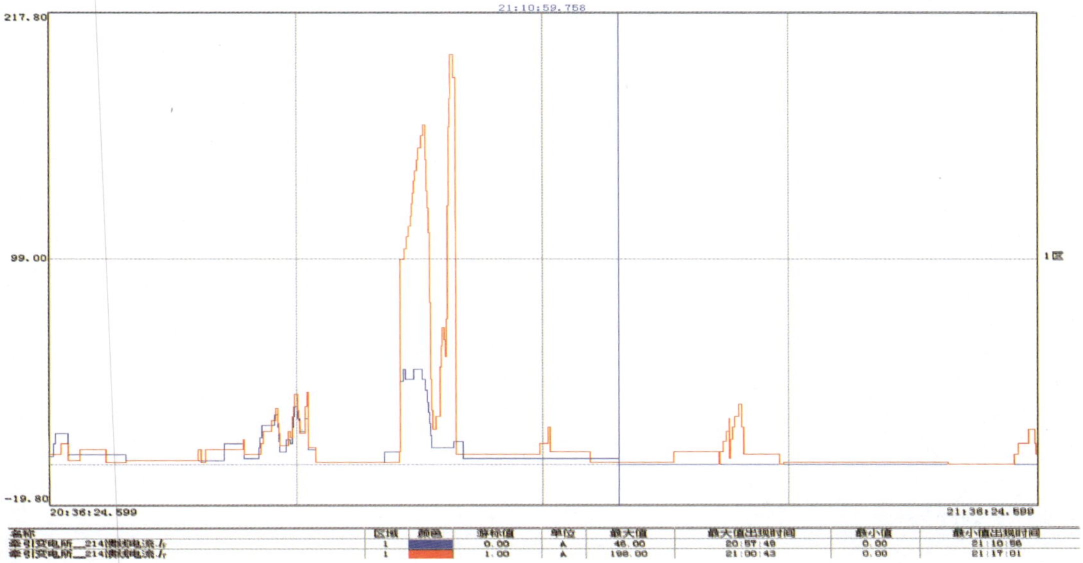

图 2-7-11　调度端电流趋势

表 2-7-3　事件报文

记录号	被控站	供电类型	电压等级	类型	对象	描述
16	牵引变电所	牵引	27.5 kV	单控	3141F 网开	分　选择
17	牵引变电所	牵引	27.5 kV	单控	3141F 网开	分　选择　成功
18	牵引变电所	牵引	27.5 kV	单控	3141F 网开	分　执行
19	牵引变电所	牵引	27.5 kV	单控	3141F 网开	分　执行　超时
20	牵引变电所	牵引	27.5 kV	单控	3141F 网开	分　选择
21	牵引变电所	牵引	27.5 kV	单控	3141F 网开	分　选择　成功
22	牵引变电所	牵引	27.5 kV	单控	3141F 网开	分　执行
23	牵引变电所	牵引	27.5 kV	单控	3141F 网开	分　执行　超时
24	牵引变电所	牵引	27.5 kV	单控	3141F 网开	分　选择
25	牵引变电所	牵引	27.5 kV	单控	3141F 网开	分　选择　成功
26	牵引变电所	牵引	27.5 kV	单控	3141F 网开	分　执行
27	牵引变电所	牵引	27.5 kV	单控	3141F 网开	分　执行　超时

电气二次回路原理如图 2-7-12 所示。

网开关操作机构工作电源由 AC 220 V 经微型直流电源转换为 DC 110 V，然后分别经 QF_1 供电给电机回路，经 QF_2 供电给控制回路。

正常远方分闸条件：隔离开关处于合位，控制电源空开 QF_2、电机电源空开 QF_1 处于合位，“远方/手摇/就地”转换开关 SA_1 处于“远方”位，合闸限位开关 SL_1 处于断开状态，分闸限位开关 SL_2、手摇闭锁开关 SA_2、KM_1(21、22)接点、热继电器 KH(95、96)接点、停止按钮 SBS 均处于闭合状态。

正常远方分闸过程：在当地或远方发出分闸指令后，控制回路的分闸接触器 KM_2 受电吸

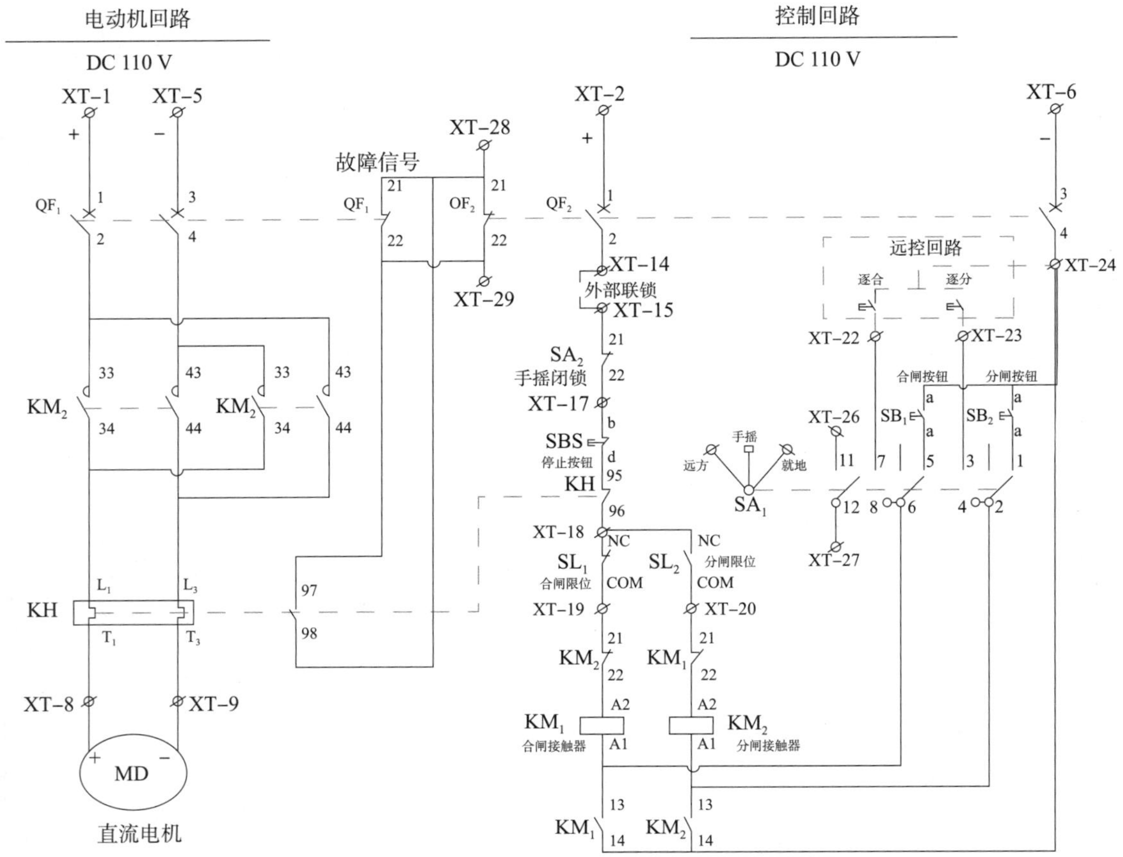

图 2-7-12　电气二次回路原理

合，KM_2 常开触点（13、14）接点闭合，分闸回路得电自保持。同时 KM_2 受电后其常开触点（33、34）、（43、44）接点闭合，接通电机回路，电机转动实现分闸操作。开关分闸到位后，分闸限位接点 SL_2（NC、COM）断开，分闸接触器 KM_2 失电返回，电机停止转动完成分闸操作。同时合闸限位接点 SL_1（NC、COM）闭合，为下一次合闸操作准备。

结合调度端当日天窗远动执行"超时"及现场对 QF_1 空开检查情况，分析当日变电所 3141F 隔开非远动分闸的过程为：因网开关机构箱内的电动机回路中空气开关 QF_1 性能不良、时通时断，对变电所 3141F 网开关进行远动分闸调试时，集团调度端发出分闸操作指令，机构箱内分闸接触器受电吸合接通电机分闸回路并自保持。但由于其电机电源空气开关 QF1 内部触点接触不良，开关不通，电机无电不转，网开关拒动报分执行超时。由于未做进一步处理，控制回路一直保持此分闸指令。在受线路机车运行振动等因素的影响，变电所 3141F 隔开电机电源空开接点瞬间导通，电机得电后转动造成 3141F 隔开非远动分闸。

故障电机电源空气开关 QF_1 如图 2-7-13 所示。

二、被控站设备和变电所亭综合自动化设备

1. 被控站设备分类

供电 SCADA 系统被控站设备主要包括下面四类设备：

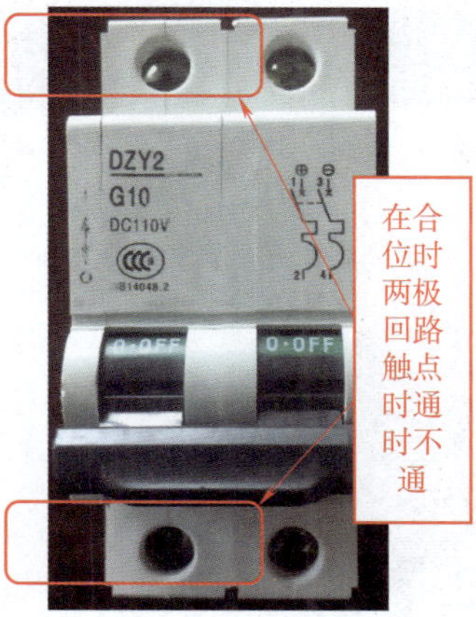

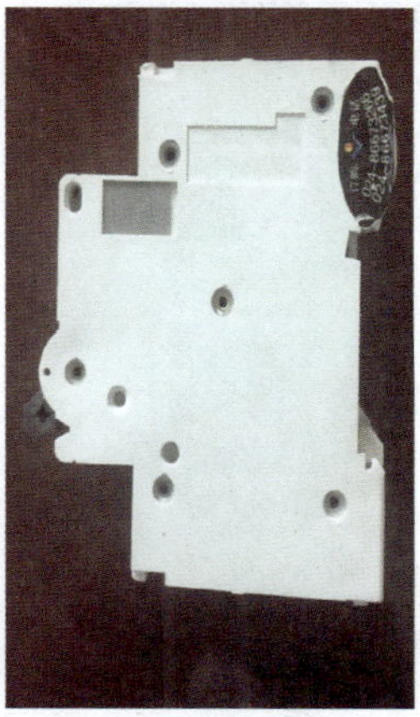

图 2-7-13　故障电机电源空气开关 QF_1

(1)牵引变电所亭、配电所综合自动化系统(简称综自设备),如图 2-7-14 所示。

(2)箱式变电所远动终端(RTU),如图 2-7-15 所示。

(3)接触网开关控制站(OPU 或 RTU,OPU:光纤处理单元,Optical Process Unit 的缩写;RTU:远程控制单元,Remote Terminal Unit 的缩写),如图 2-7-16 和图 2-7-17 所示。

(4)低压供电监控远动终端(RTU)。

图 2-7-14　牵引变电所亭综合自动化系统

2. 牵引变电所亭综合自动化设备

(1)变电所亭综合自动化系统定义

变电所亭综合自动化系统是指利用先进的计算机技术、现代电子技术、通信技术和信息处理技术等实现对变电站二次设备(包括继电保护、控制、测量、信号、故障录波、自动装置及远动

图 2-7-15　箱式变电所远动终端

图 2-7-16　接触网开关控制站(1)

图 2-7-17　接触网开关控制站(2)

装置等)的功能进行重新组合、优化设计,对变电站全部设备的运行情况执行监视、测量、控制和协调的一种综合性的自动化系统。包含传统的自动化监控系统、继电保护、自动装置等设备,是集保护、测量、控制、远传等功能为一体,通过数字通信及网络技术来实现信息共享的一套微机化的二次设备及系统。

国际大电网会议 WG34.03 工作组则定义更严格,综合自动化系统是指采用了变电站自动化技术的变电站控制和保护系统，它包括7个功能组：远动功能，自动控制功能，测量表计功能，继电保护功能，与继电保护相关功能，接口功能和系统功能。

当前的综合自动化系统是以计算机技术为基础、以数据通信为手段、以信息共享为目标，是对传统继电保护＋RTU＋当地监控系统老一代综自系统的全新发展，并正朝着功能实现综合化、结构实现分层分布化、操作监视实现屏幕化、测量显示实现数字化、运行管理实现智能化的新的方向发展。

(2)变电所亭综合自动化系统的构成

变电所亭综合自动化系由变电站层和间隔层设备构成，如图2-7-18所示。

变电站层设备包括当地监控单元和远动管理机等以监控盘设备为中心的通信处理设备及人机交互设备。

间隔层设备包括各屏柜采集和保护单元，包括牵引主变压器单元、馈线单元、并补单元及其他相关保护设备。

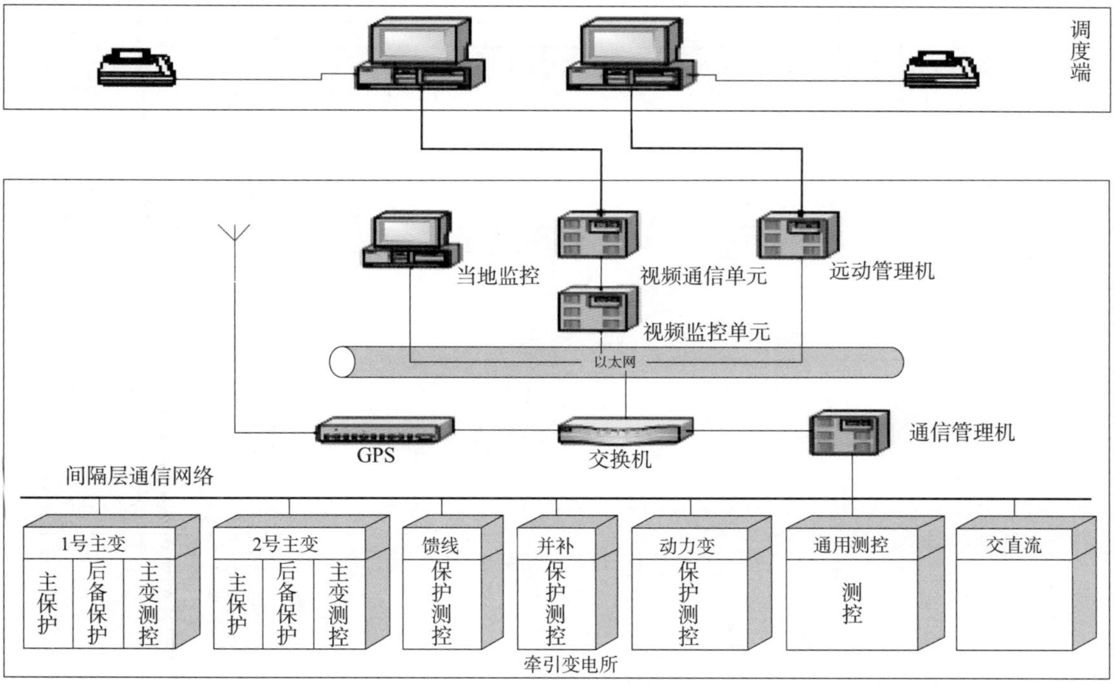

图2-7-18　变电所亭综合自动化系统构成

(3)变电所亭综合自动化系统的应用模式

按变电所亭有无人值班(值守)分为分散式无人值守模式、集中式有人值班模式、集中式无人值守模式三种。

①分散式无人值守模式(图2-7-19)

②集中式有人值班模式(图2-7-20)

③集中式无人值守模式(图2-7-21)

(4)变电所亭综合自动化系统典型应用

以最早运用于武广线的变电所亭综合自动化系统为例，统一采用集中式布局，仍按无人值班有人值守设计，其实际构成及硬软件特征如下。

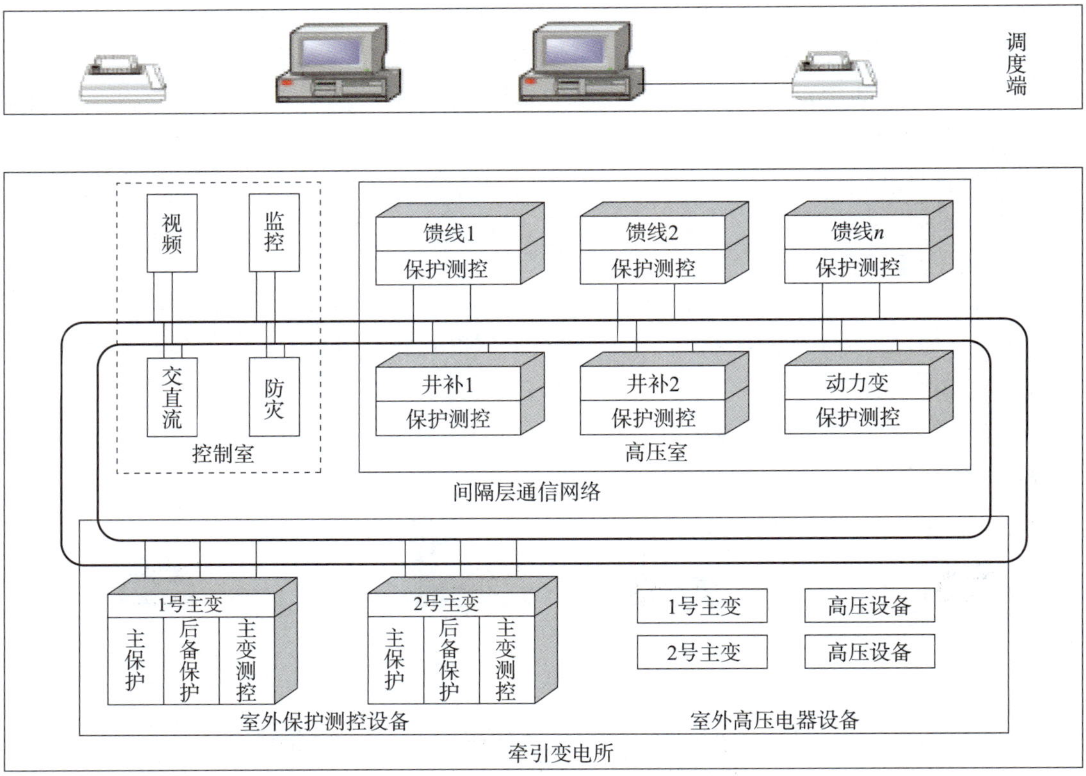

图 2-7-19　分散式无人值守模式

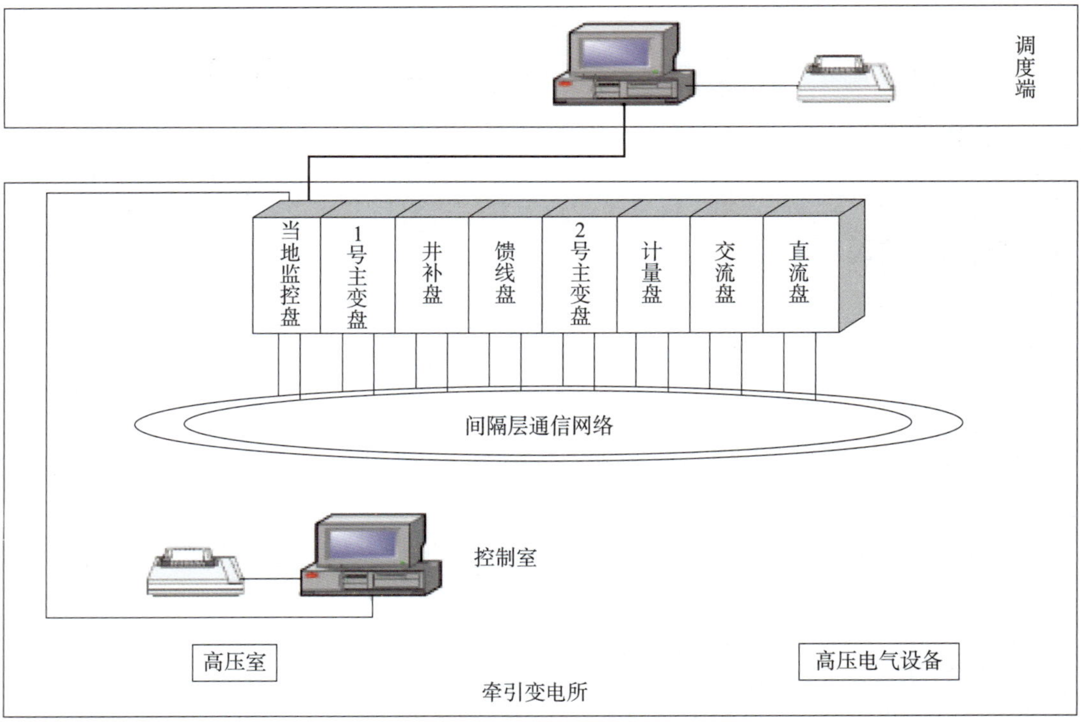

图 2-7-20　集中式有人值班模式

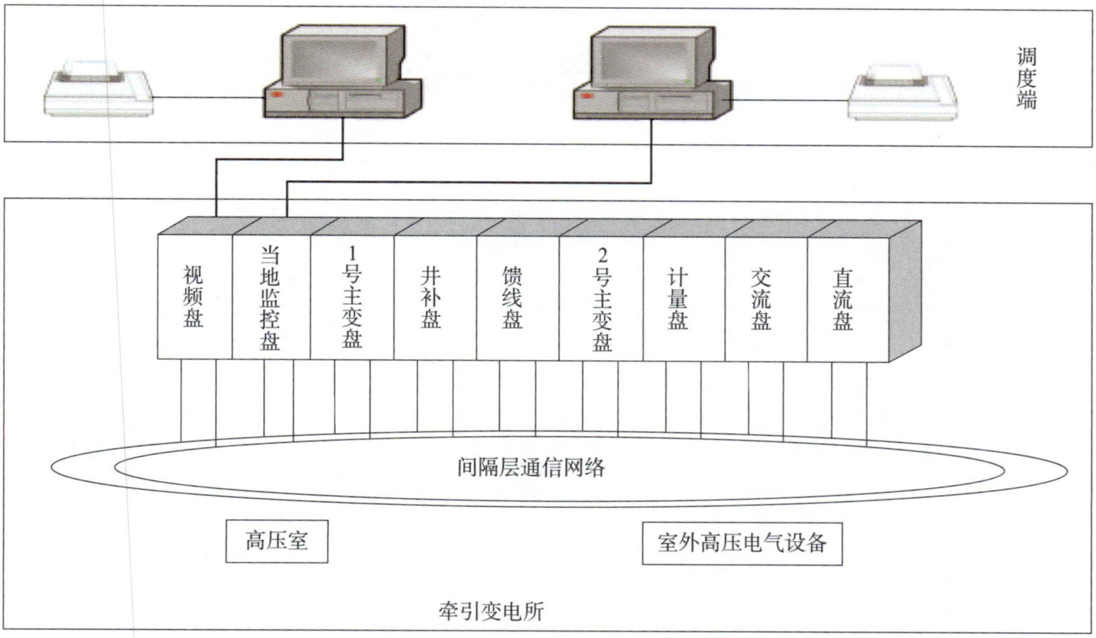

图 2-7-21　集中式无人值守模式

①系统构成及工作原理(图 2-7-22)

内部组网通常由主变主保护装置、后备保护装置、主变测控装置、馈线保护装置、故障测距装置、通用测控装置、通用通信装置(892)、远动通信管理机(895)、交换机或其他通信接口设备构成。内部组网结构如图 2-7-23 所示。

构成各成套保护装置(测控装置)的数据采集单元原理如图 2-7-24 所示。

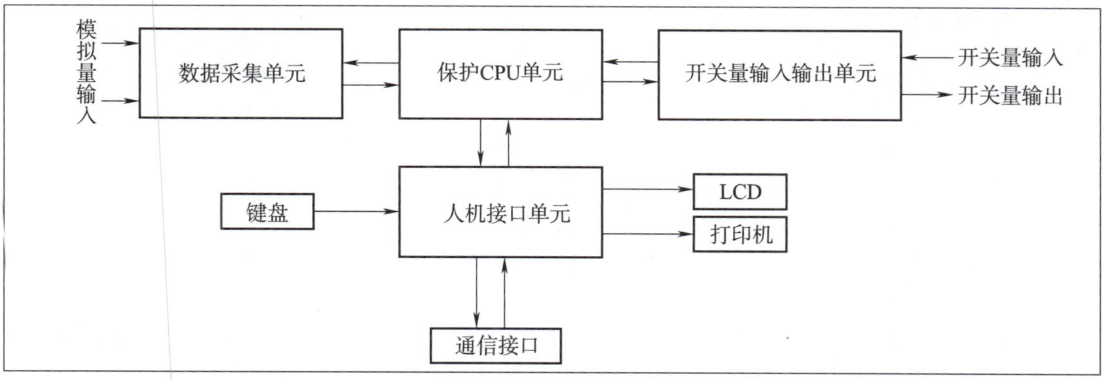

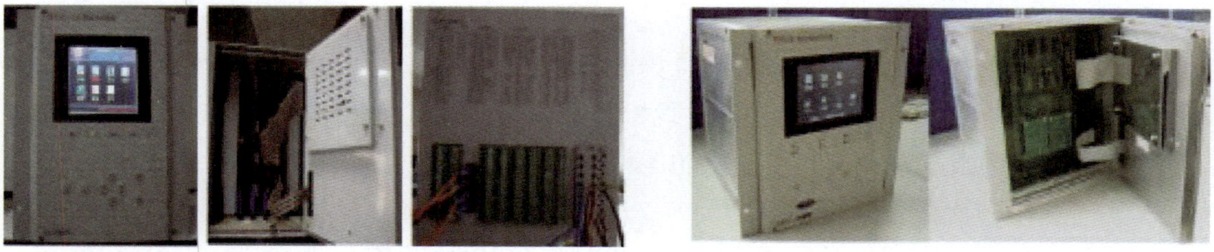

图 2-7-22　系统构成及工作原理

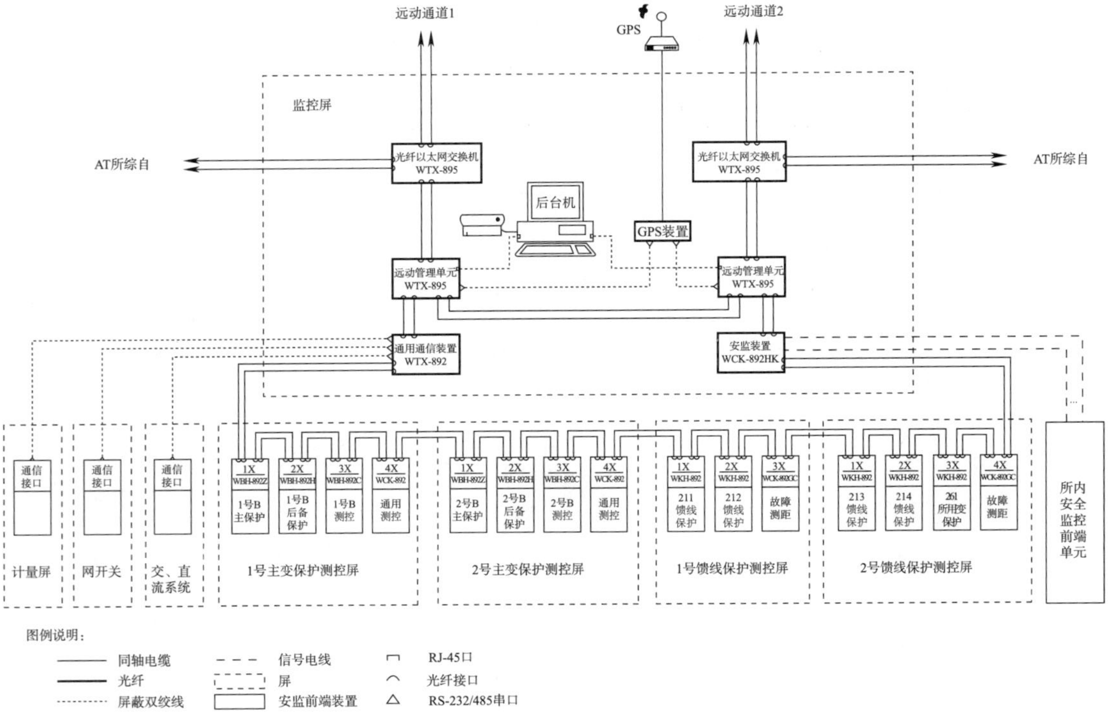

图 2-7-23　内部组网结构

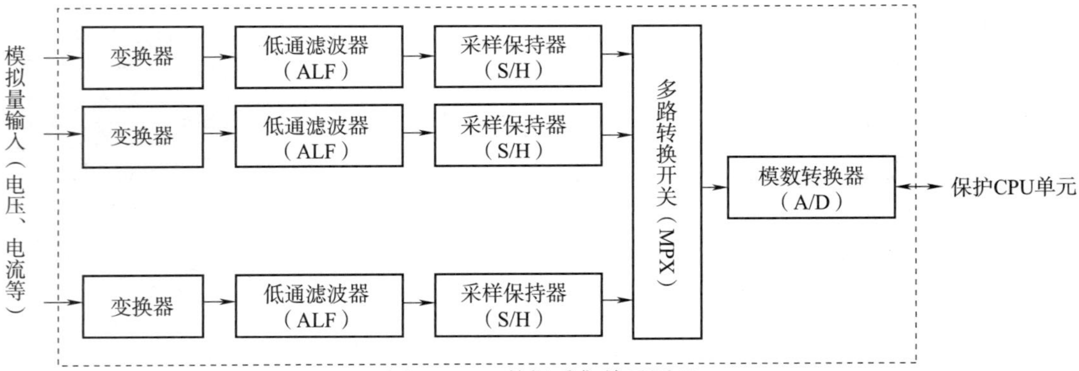

图 2-7-24　数据采集单元原理

开关量输入输出单元原理如图 2-7-25 所示。

通过保护测控装置液晶人机界面，可直接对各接点状态进行监视，可实现对各回路通断状态的显性化观察，如图 2-7-26 所示。

②当地监控子系统（图 2-7-27）

当地监控子系统是对各测控装置信息集成人机界面展示，由当地监控主机与打印机等外设设备组成，通过网络适配器与计算机网络相连，并配置操作、显示用的人机接口设备。

当地监控子系统具有以下几项主要功能：

a. 实时显示一次设备运行状态；

b. 主接线图带电自动推导功能，更直观准确地显示供电状态；

c. 控制功能：遥控、程控、人工置数；

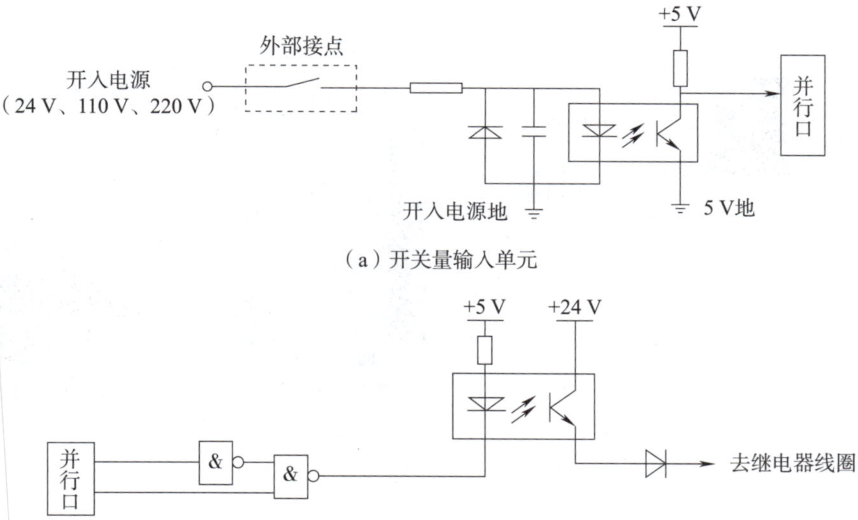

（a）开关量输入单元

（b）开关量输出单元

图 2-7-25　开关量输入输出单元原理

图 2-7-26　液晶人机界面

d. 实时报警功能；
e. 总召唤功能；
f. 数据存储功能；
g. 历史数据查询；
h. 实时曲线功能；
i. 报表统计功能；
j. 继电保护相关功能。

利用后台监控装置实时查看主接线图，查看三遥状态，进行单控或程控操作。并可实时监控报警 soe 报警信息（soe：sequence of event，事件顺序记录），包括系统信息、装置信息、遥测信息、遥信变位、遥控操作、程控操作、故障报告、事件报告、自检报告事件发生时间及状态变化信息记录等。实时报警窗口如图 2-7-28 所示。

③工程师站子系统

工程师站子系统主要针对检修与维护人员进行开发和开放，以各成套保护装置为单元，可分别进行遥测、遥信、遥控、定值、故障报告、事件报告、自检报告状态量显示。如图 2-7-29 所示。

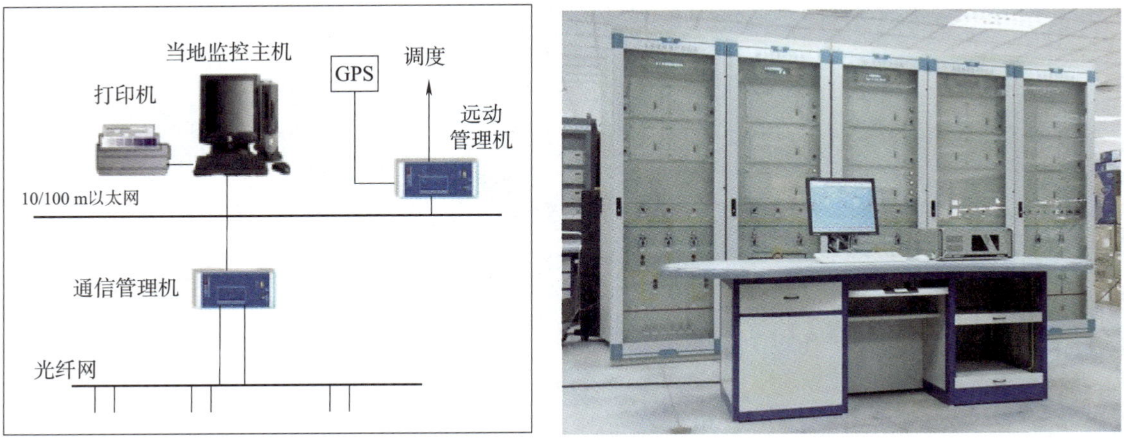

图 2-7-27　当地监控子系统

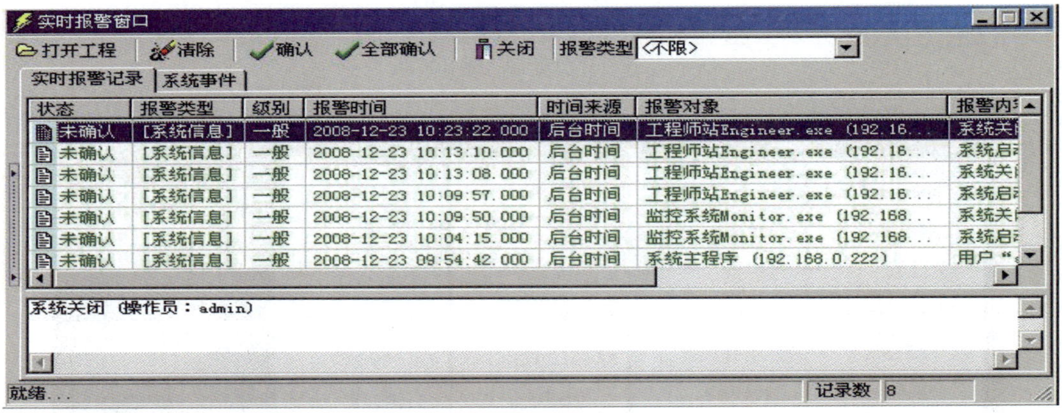

图 2-7-28　实时报警窗口

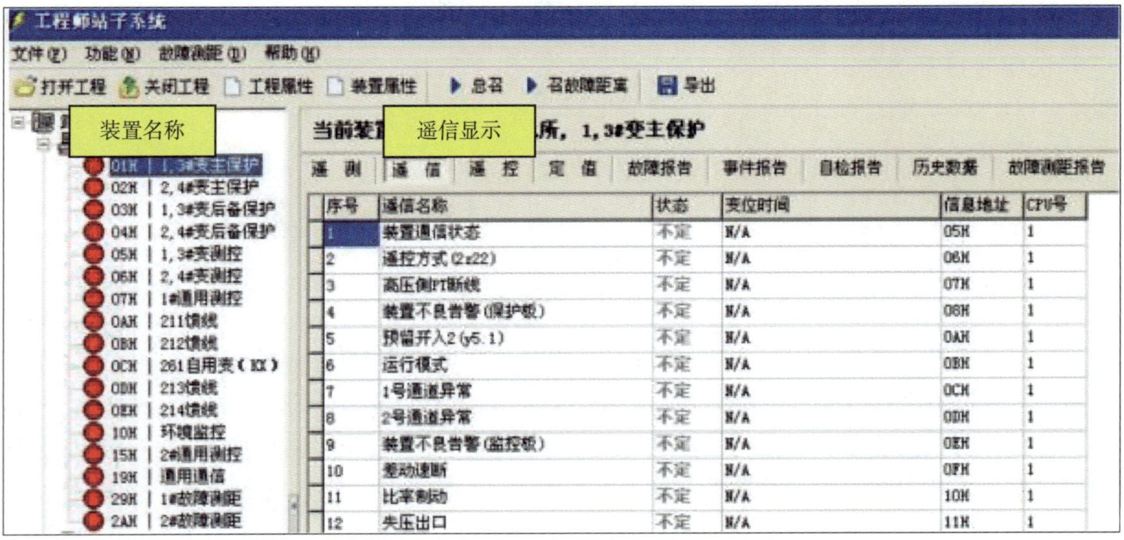

(a) 遥信显示

图　2-7-29

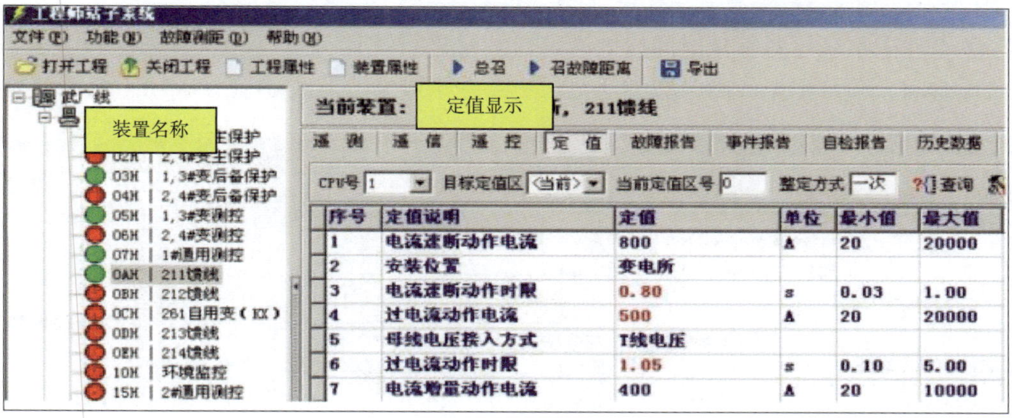

（b）定值显示

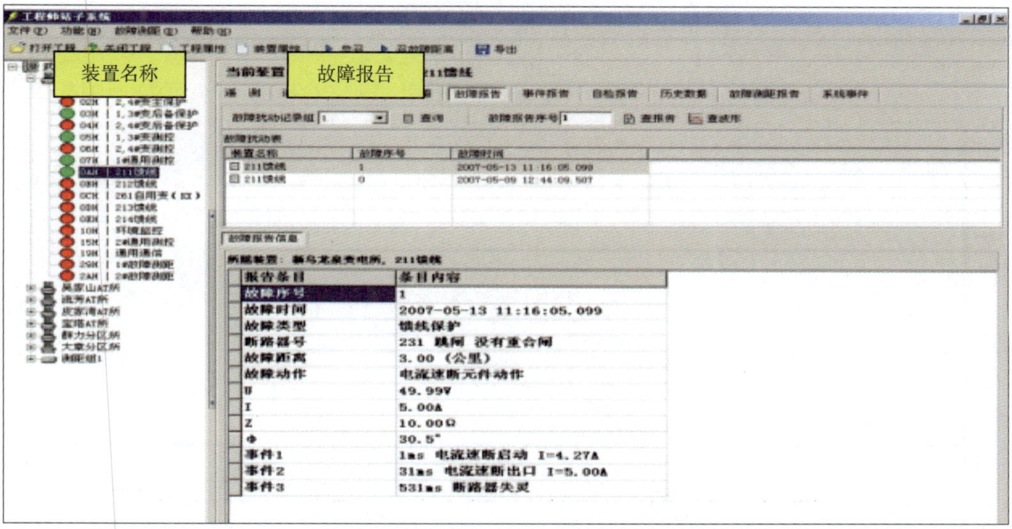

（c）故障报告

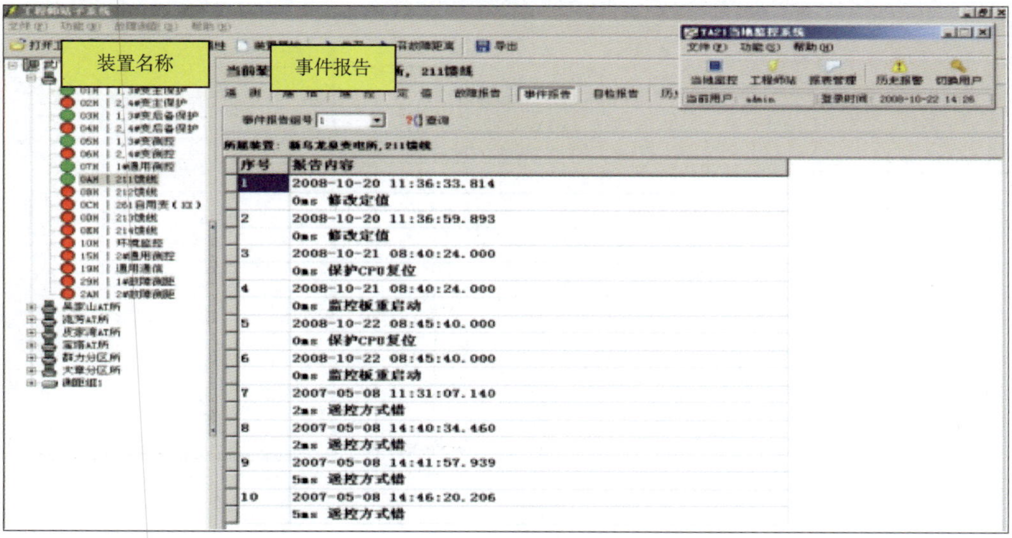

（d）事件报告

图 2-7-29　工程师站子系统

④报表管理子系统

报表管理子系统可对筛选时间段内选定遥测量进行统计分析，记录选定时间段内极值及极值出现时间。并可根据故障录波和遥测历史数据生成录波曲线。如图 2-7-30 所示。

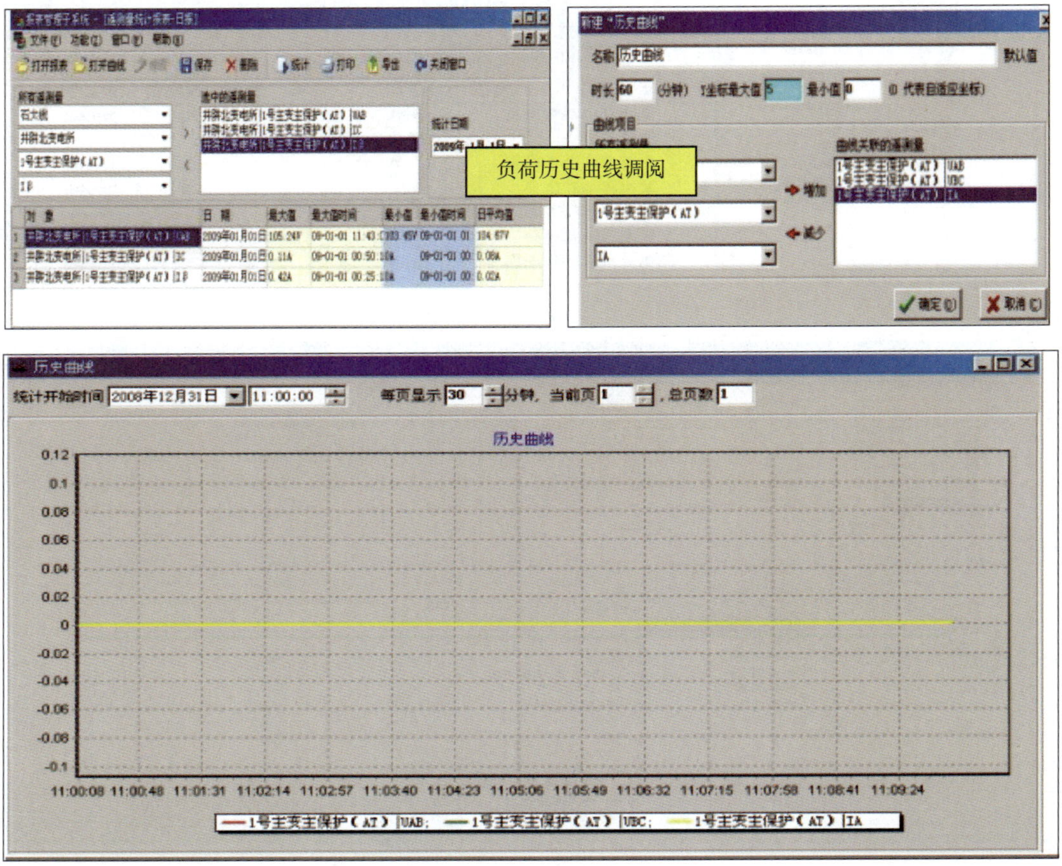

（a）负荷历史曲线调阅

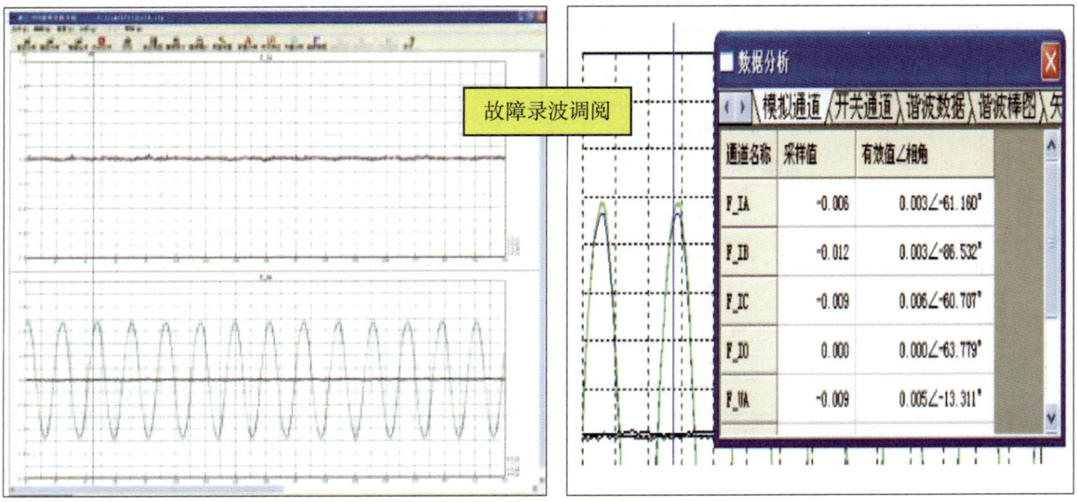

（b）故障录波调阅

图 2-7-30　报表管理子系统

(5)变电所亭综合自动化系统常见运行故障分类

①间隔层设备故障

间隔层常见结构如图 2-7-31 所示，其接线形式通常按一次设备端子箱↔屏柜端子排↔保护测控装置↔屏柜上元器件组成，各组件间由电缆进行连通及传输信息。

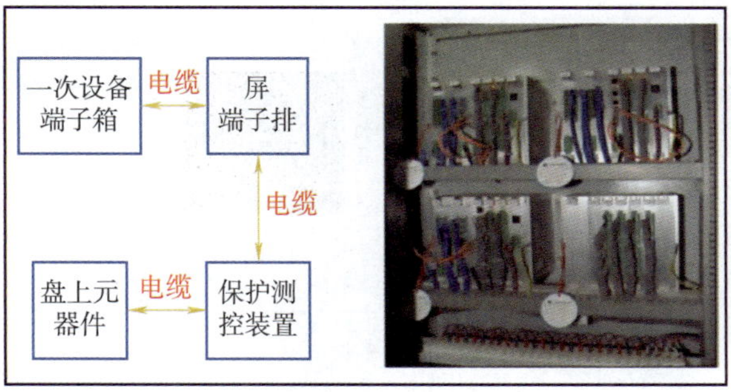

图 2-7-31　间隔层常见结构

间隔层设备故障，按信息分类，可分模拟量(遥测)、开关量(遥信)故障两类。开关量故障又可分为输入量开关故障、输出量开关故障两类。各类故障发生原因及处置可按图 2-7-32 所示进行分析和处理。

②保护装置误动

造成保护装置误动的原因按原因来源的不同，可分两类。一类为外部硬故障，包括模拟量(遥测)、开关量(遥信)、板件原因导致的保护装置误动。另一类为内部软故障，含抗干扰性差导致的干扰误动、原理算法缺陷导致的保护误动，定值写入错误、控制字投退错误导致的保护误动等。

图 2-7-33 为一干扰导致的差动保护误动作典型案例。

(6)变电所亭综合自动化系统故障典型案例分析

在实际运用中，因间隔层设备故障导致的保护误动较为多发。典型案例如因保护装置交流采样板故障，变电所 212 馈线多次发生保护误动。

①事件概况

某日 10 时 52 分至 11 时 25 分期间及 14 时 04 分，南广铁路山头口变电所 212 馈线共发生 8 次跳闸。由于其末端分区所退出检修上、下行没有闭环，影响 212 馈线停电 8 min，影响动车运行共计 3 列。

其 8 次跳闸均为距离保护Ⅱ段动作，呈现低电压、小电流特点。8 次跳闸故障报告数据如图 2-7-34 所示。

②故障原因调查及分析

a. 当日 12 时 36 分，设备管理单位人员到所巡查，发现 212 馈线实时电压显示异常，判断为保护输入电压异常导致保护误动作。其实时电压如图 2-7-35 所示(母线正常二次电压应为 100 V/27.5 kV，实时电压仅为 6.35 V/1.746 kV)。

b. 现场人员用万用表检查 212 保护装置电压输入回路，测得电压为 97 V，与电压二次回路额定值(100 V)相符，确定保护装置电压输入回路无接线松动及开路故障。在用手摇动保护装置电压输入插头，保护装置显示的电压值恢复为 96.7 V，瞬间后又降为 4.7 V，反复多次均出现相同情况，判断为 212 保护装置交流采样板内部有接触不良的故障。

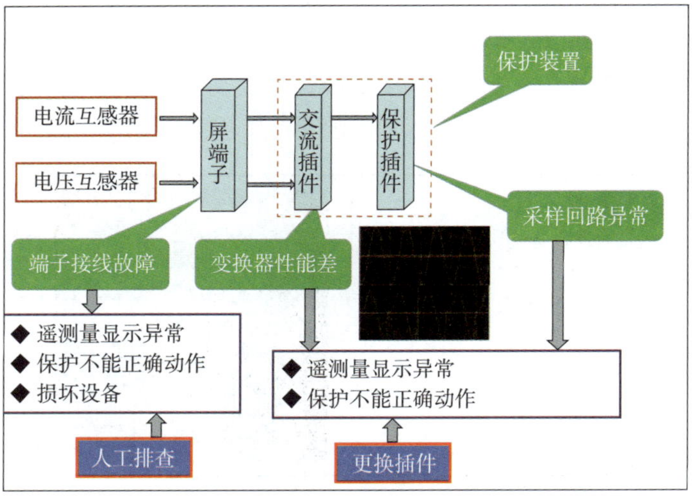

（a）模拟量输入回路

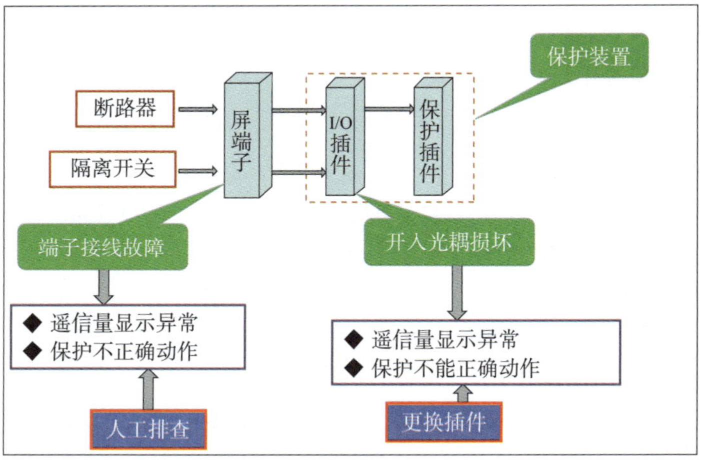

（b）开关量输入回路

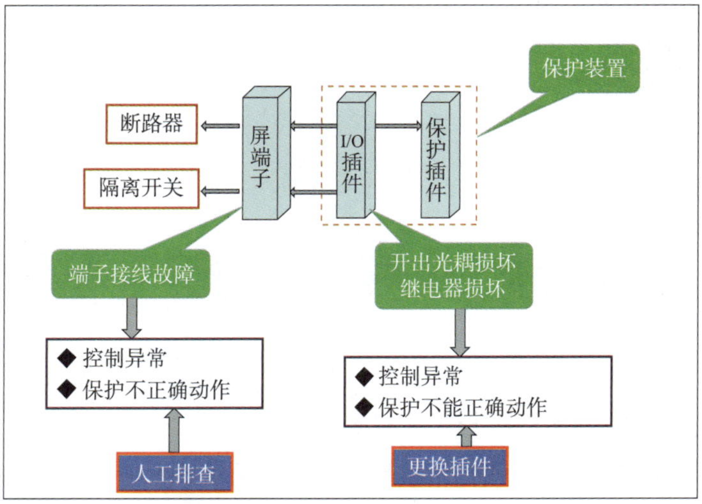

（c）开关量输出回路

图 2-7-32　故障发生原因及处置

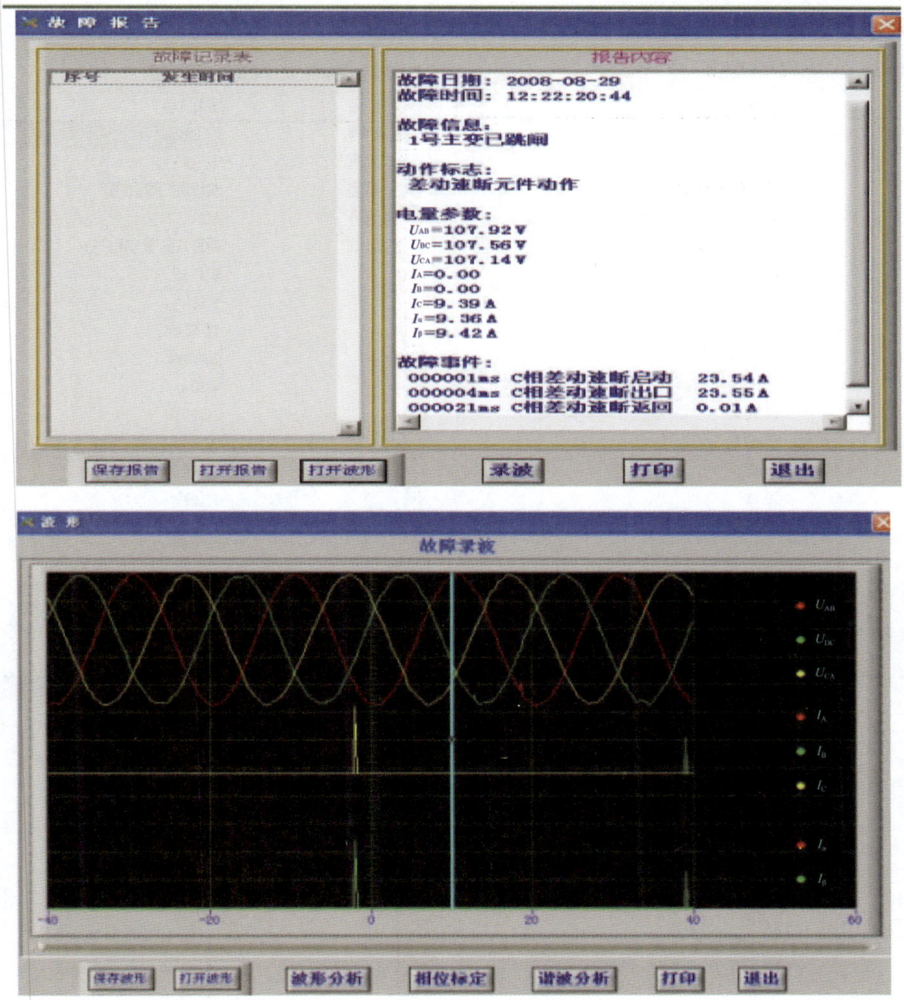

图 2-7-33　差动保护误动作案例

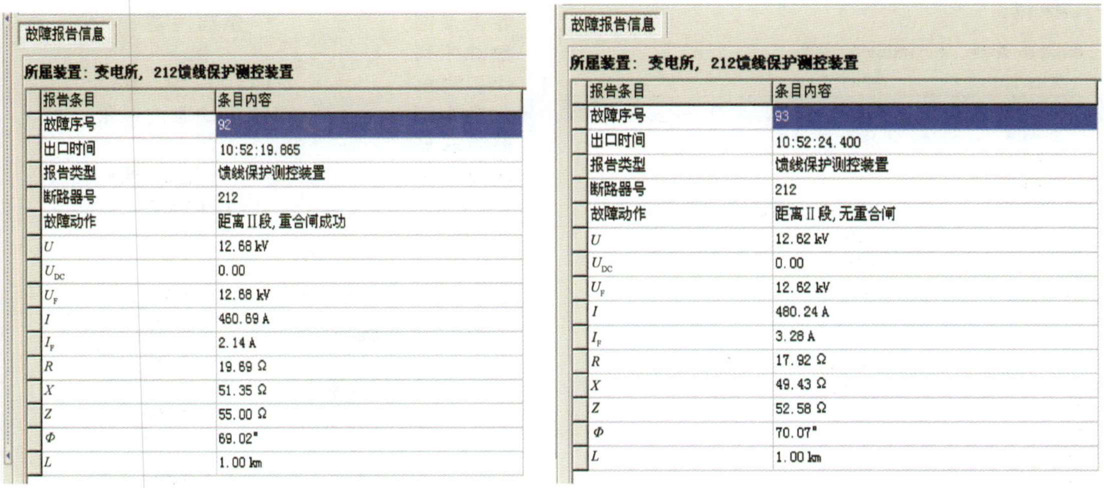

故障报告信息

所属装置：变电所，212馈线保护测控装置

报告条目	条目内容
故障序号	92
出口时间	10:52:19.865
报告类型	馈线保护测控装置
断路器号	212
故障动作	距离 II 段，重合闸成功
U	12.68 kV
U_{DC}	0.00
U_F	12.68 kV
I	460.69 A
I_F	2.14 A
R	19.69 Ω
X	51.35 Ω
Z	55.00 Ω
Φ	69.02°
L	1.00 km

故障报告信息

所属装置：变电所，212馈线保护测控装置

报告条目	条目内容
故障序号	93
出口时间	10:52:24.400
报告类型	馈线保护测控装置
断路器号	212
故障动作	距离 II 段，无重合闸
U	12.62 kV
U_{DC}	0.00
U_F	12.62 kV
I	480.24 A
I_F	3.28 A
R	17.92 Ω
X	49.43 Ω
Z	52.58 Ω
Φ	70.07°
L	1.00 km

图　2-7-34

故障报告信息

所属装置：变电所，212馈线保护测控装置

报告条目	条目内容
故障序号	94
出口时间	11:07:31.905
报告类型	馈线保护测控装置
断路器号	212
故障动作	距离Ⅱ段，重合闸成功
U	0.22 kV
U_{DC}	0.00
U_F	12.63 kV
I	429.27 A
I_F	2.28 A
R	19.56 Ω
X	55.50 Ω
Z	58.85 Ω
Φ	70.58°
L	1.00 km

故障报告信息

所属装置：变电所，212馈线保护测控装置

报告条目	条目内容
故障序号	95
出口时间	11:20:22.773
报告类型	馈线保护测控装置
断路器号	212
故障动作	距离Ⅱ段，重合闸成功
U	0.17 kV
U_{DC}	0.00
U_F	12.53 kV
I	394.09 A
I_F	4.90 A
R	19.71 Ω
X	60.62 Ω
Z	63.74 Ω
Φ	71.99°
L	1.00 km

故障报告信息

所属装置：变电所，212馈线保护测控装置

报告条目	条目内容
故障序号	96
出口时间	11:21:28.873
报告类型	馈线保护测控装置
断路器号	212
故障动作	距离Ⅱ段，重合闸成功
U	0.13 kV
U_{DC}	0.00
U_F	12.58 kV
I	395.15 A
I_F	1.69 A
R	18.76 Ω
X	60.66 Ω
Z	63.49 Ω
Φ	72.82°
L	1.00 km

故障报告信息

所属装置：变电所，212馈线保护测控装置

报告条目	条目内容
故障序号	97
出口时间	11:22:39.383
报告类型	馈线保护测控装置
断路器号	212
故障动作	距离Ⅱ段，重合闸成功
U	0.26 kV
U_{DC}	0.00
U_F	12.58 kV
I	397.85 A
I_F	4.57 A
R	18.81 Ω
X	60.61 Ω
Z	63.46 Ω
Φ	72.75°
L	1.00 km

故障报告信息

所属装置：变电所，212馈线保护测控装置

报告条目	条目内容
故障序号	98
出口时间	11:25:35.179
报告类型	馈线保护测控装置
断路器号	212
故障动作	距离Ⅱ段，重合闸成功
U	0.25 kV
U_{DC}	0.00
U_F	12.61 kV
I	399.73 A
I_F	3.65 A
R	17.35 Ω
X	60.70 Ω
Z	63.13 Ω
Φ	74.05°
L	1.00 km

报告条目	条目内容
故障序号	99
出口时间	14:04:39.958
报告类型	馈线保护测控装置
断路器号	212
故障动作	距离Ⅱ段，重合闸失败
U	1.17 kV
U_{DC}	0.00
U_F	12.64 kV
I	421.19 A
I_F	20.90 A
R	20.48 Ω
X	53.50 Ω
Z	57.29 Ω
Φ	69.05°
L	1.00 km

图 2-7-34　8 次跳闸故障报告数据

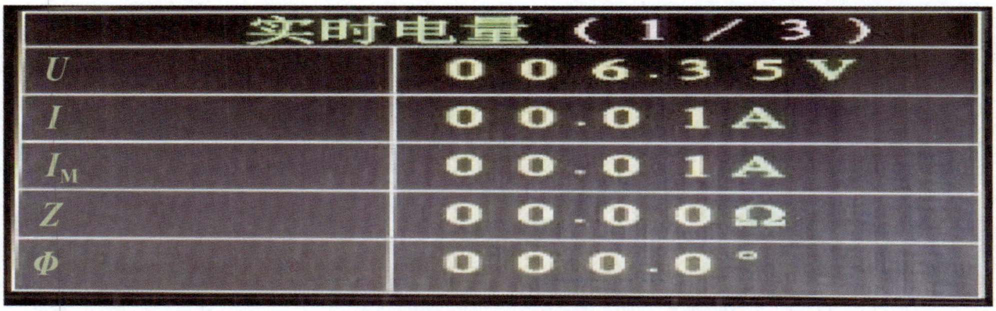

图 2-7-35　实时电压

为了防止电压回路故障再次引起保护误动作，当日 14 时 20 分退出该保护装置的距离保护，保留装置其他电流量的保护。当日天窗后更换采样板后装置运行正常。

其采样板外观如图 2-7-36 所示，经厂家分析检查发现交流采样板块元器件有焊接不良的内部缺陷，引起电压输入不稳定。

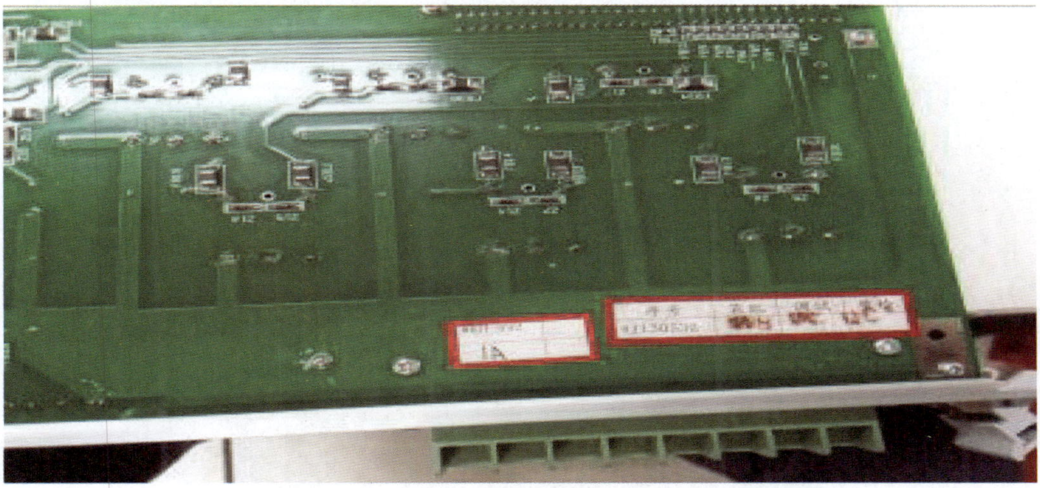

图 2-7-36　采样板外观

同时经检查其 PT 断线保护时限设置过长(1 000 ms)，大于阻抗Ⅱ段动作时限 400 ms，导致 PT 断线闭锁未起作用，也时导致本次保护误动的另一原因。

c. 综合分析导致本次跳闸保护误动的原因是 212 保护装置交流采样板内部有接触不良故障。当电压因接触不良出现降低时，电流由于重联动车取流，落入了阻抗保护的动作区，造成 212 断路器跳闸。同时保护程序中“PT 断线闭锁”有时限且整定时限长于阻抗保护动作时限不合理，“PT 断线闭锁”没能闭锁阻抗保护，引起了保护的误动作。

第八节　高速铁路接触网的回流与接地

一、牵引网的回流概述

1. 直供方式牵引负荷电流回流

在牵引供电系统中，牵引负荷电流一般是经接触网送给电力机车，通过电力机车经钢轨、回流线(与钢轨并联)流回牵引变电所的。由于钢轨对地存在泄漏,因此,由电力机车所在位置起,牵引负荷电流大部分经钢轨流回牵引变电所,简称轨回流,小部分由钢轨入地,经大地流回牵引变电所,简称地回流,如图 2-8-1 所示。

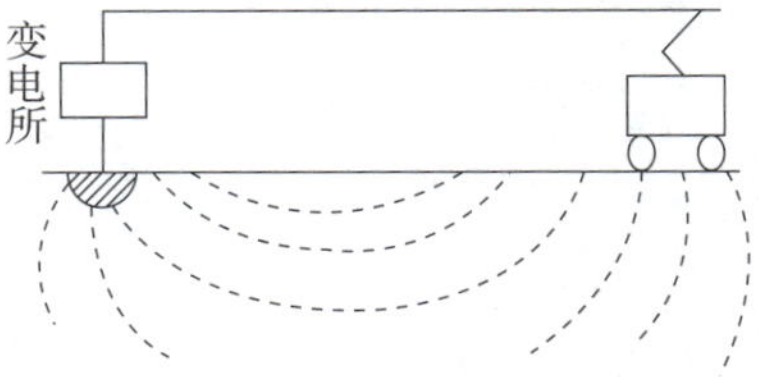

图 2-8-1　直供方式牵引负荷电流回流示意

目前,绝大部分电力牵引区段钢轨的接头处一般都有良好的电连接,以保证牵引负荷电流沿轨道回输牵引变电所。轨回流一般是沿两条钢轨回输的。为了能绕过信号轨道电路的轨端绝缘,在钢轨接头处装有扼流变压器,如图 2-8-2、图 2-8-3 所示。扼流变压器设于电气化区段双轨条轨道电路的钢轨绝缘处,对轨道电路中的信号电流起绝缘作用的一种特殊的变压器。特点是既能将相邻的轨道电路中的信号电流隔开,又可使牵引电流通过它从一个轨道电路区段流向另一轨道电路区段,不致被钢轨绝缘隔断。

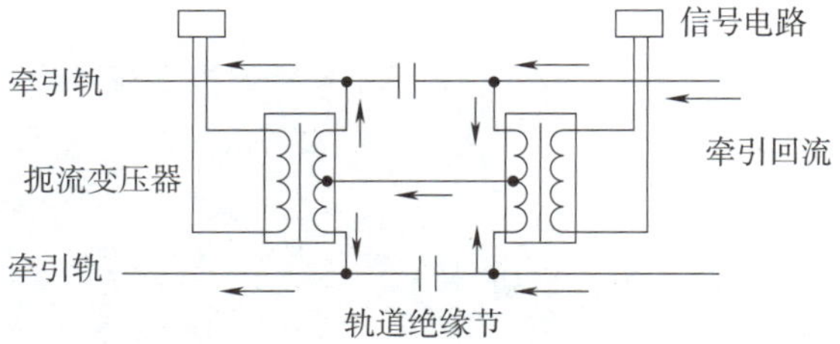

图 2-8-2　牵引负荷电流钢轨回流方式原理

图 2-8-3　扼流变压器实物接线

2. 带回流线的直接供电方式牵引电流回流

带回流线的直接供电方式中回流通路主要由钢轨回流、PW 线回流、综合贯通地线回流、大地回流构成回流网络,如图 2-8-4 所示。

全线回流线(NF)与接触网同杆异侧贯通架设,回流线(NF)作为钢轨回流的并联通道,工作接地兼闪络保护。通过吸上线与扼流变压器中性点相连,实现回流线与钢轨在牵引供电回流系统的连接,钢轨中的回流尽可能地由回流线流回牵引变电所,使钢轨电位得到有效降低。其中,连接扼流变压器或空心线圈中间端子和回流线的电缆称作吸上线。吸上线中流过的是牵引回流,一般采用铜芯电缆。一般而言,吸上线是不能直接与钢轨连接的,应根据铁路信号的要求,采取不同的连接方式。变电所和分区亭附近,吸上线的截面应比其他地点的吸上线的截面大些。

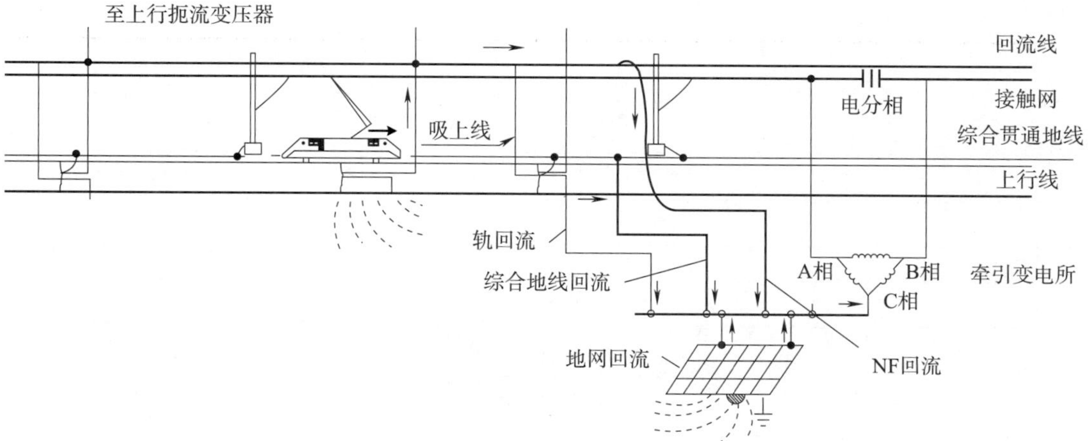

图 2-8-4　带回流线的直接供电方式牵引电流回流示意

3. AT 供电方式牵引电流回流

在 AT 供电方式中，回流通路主要由钢轨回流、PW 线回流、综合贯通地线回流、大地回流构成回流网络。PW 线一般每隔 1.2～1.5 km 并联一次，通过 70 mm^2 钢缆连接至扼流变压器中性点，并经中性点接入综合接地，如图 2-8-5 所示。

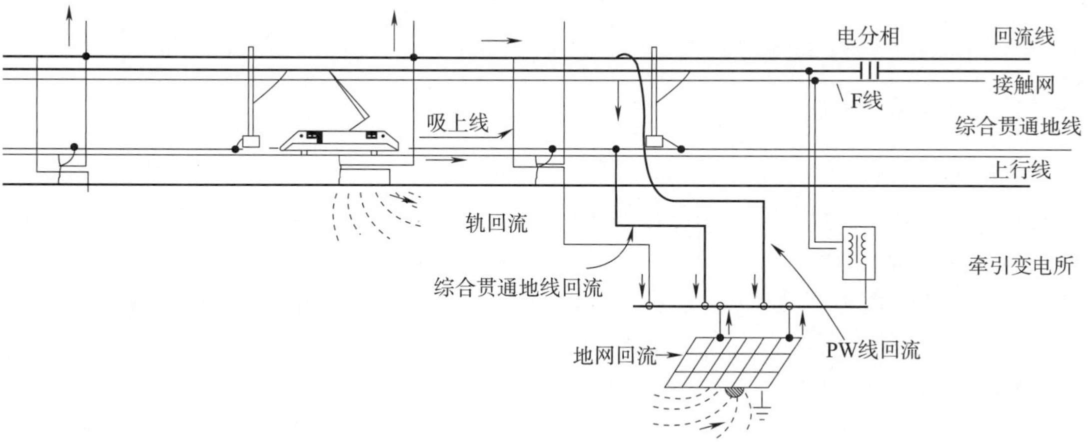

图 2-8-5　AT 牵引变电所回流示意

变电所、分区所处的回流电缆连接方式：一般采用截面积 150 mm^2 1 kV 等级铜芯电力电缆将 PW 线、钢轨、贯通地线与所亭集中接地箱之间进行连接；PW 线与集中接地箱之间采用 2 根截面积为 150 mm^2 1 kV 等级电力电缆；综合地线与集中接地箱之间采用 2 根截面积为 150 mm^2 1 kV 等级电力电缆；钢轨通过扼流变压器与集中接地箱连接，采用 2 根截面积为 150 mm^2 1 kV 等级电力电缆。回流电缆连接示意如图 2-8-6 所示。

4. 牵引所亭的各回流通路电流大致分布情况

根据沪昆线某所的实测电流来看，目前的 AT 供电全并联供电方式下，各回流通路大小存在差别，存在一定的比率关系。比如某所所测点实测钢轨回流占总回流的 29.2%，动态范围在 22.0%～34.6%之间；PW 线回流占 36.8%，动态范围在 31.3%～40.6%之间；综合地线回

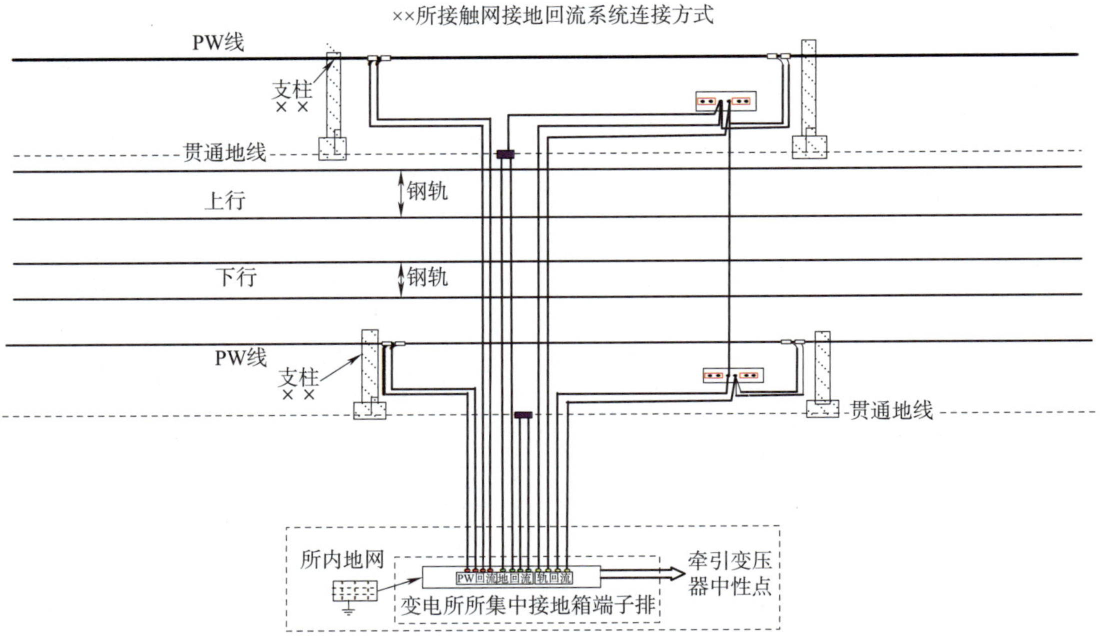

图 2-8-6　牵引变电所处的回流电缆连接示意

流占 24.4%，动态范围在 18.3%～28.2%之间；地网回流占 9.5%，动态范围在 7.3%～24.5%之间。所测点钢轨、PW 线、综合地线及分区所地网等不同回流途径占总回流比例正常。

二、综合接地系统作用

1. 钢轨电位

在电力牵引区段，钢轨是牵引回流的必然通路。由于钢轨自身阻抗以及对地泄漏阻抗，牵引回流必然在钢轨上产生电位。泄漏电阻越大，钢轨对地的绝缘越好，钢轨对地电位越高，如果钢轨电位过高，在可接触到的、与钢轨相连的设备外壳或支架上会出现较高电位，从而对人体造成危害。

钢轨电位的分布取决于列车和铁路牵引供电系统的分布。对于无砟轨道和 AT 供电方式下的高速铁路，列车所在位置轨电位最大，与列车相邻的自耦变压器处有次大值。最高钢轨电位随着泄漏电阻的增加而增加。中国高速铁路采用无砟轨道，钢轨对地的泄漏电阻普遍较高，《无砟轨道条件下 ZPW-2000 系列轨道电路传输特性关键参数技术条件(暂行)》规定，高速铁路轨道电路的道床泄漏电阻应不小于 3 Ω · km，为满足这一需要以及高速铁路的整体安全，必须预先设计可靠且有效的铁路综合接地系统，使可能触及的导电体的接触电压、轨道电位符合表 2-8-1 安全要求。

表 2-8-1　接触电压、轨道电位安全要求

运行状况	容许接触电压(V)	容许轨道电位(V)
长期运行(t>300 s)	60	120
短时运行(t=300 s)	65	130
故障状态(t=100 ms)	842	1 684

2. 综合接地系统

信号系统要利用以钢轨为载体的轨道电路来传输列车运行控制信息，要求两轨之间及轨对地之间要有良好的绝缘。无砟轨道绝缘性能高，将导致钢轨电位增加，危及人身设备安全。鉴于此采取综合接地系统，用以减小接地电阻，降低钢轨电压，并为沿线设备提供公共参考地电位。

综合接地系统是将铁路沿线的牵引供电回流系统、电力供电系统、信号系统、通信及其他电子信息系统、建筑物、道床等需要接地的装置通过贯通地线连成一体的接地系统。

高速铁路综合接地系统由贯通地线、接地装置及接地连接线等构成。系统以沿线两侧分别敷设的贯通地线为主干，充分利用沿线桥梁、隧道、路基地段构筑物设施内的接地装置作为接地体，形成等电位综合接地平台。通过贯通地线将铁路沿线建筑物、构筑物的防雷接地、强弱电设备的工作接地、保护接地、防过电压接地、防静电接地、屏蔽接地装置等电位接起来，以确保人身安全和设备安全。综合接地系统示意如图 2-8-7 所示。

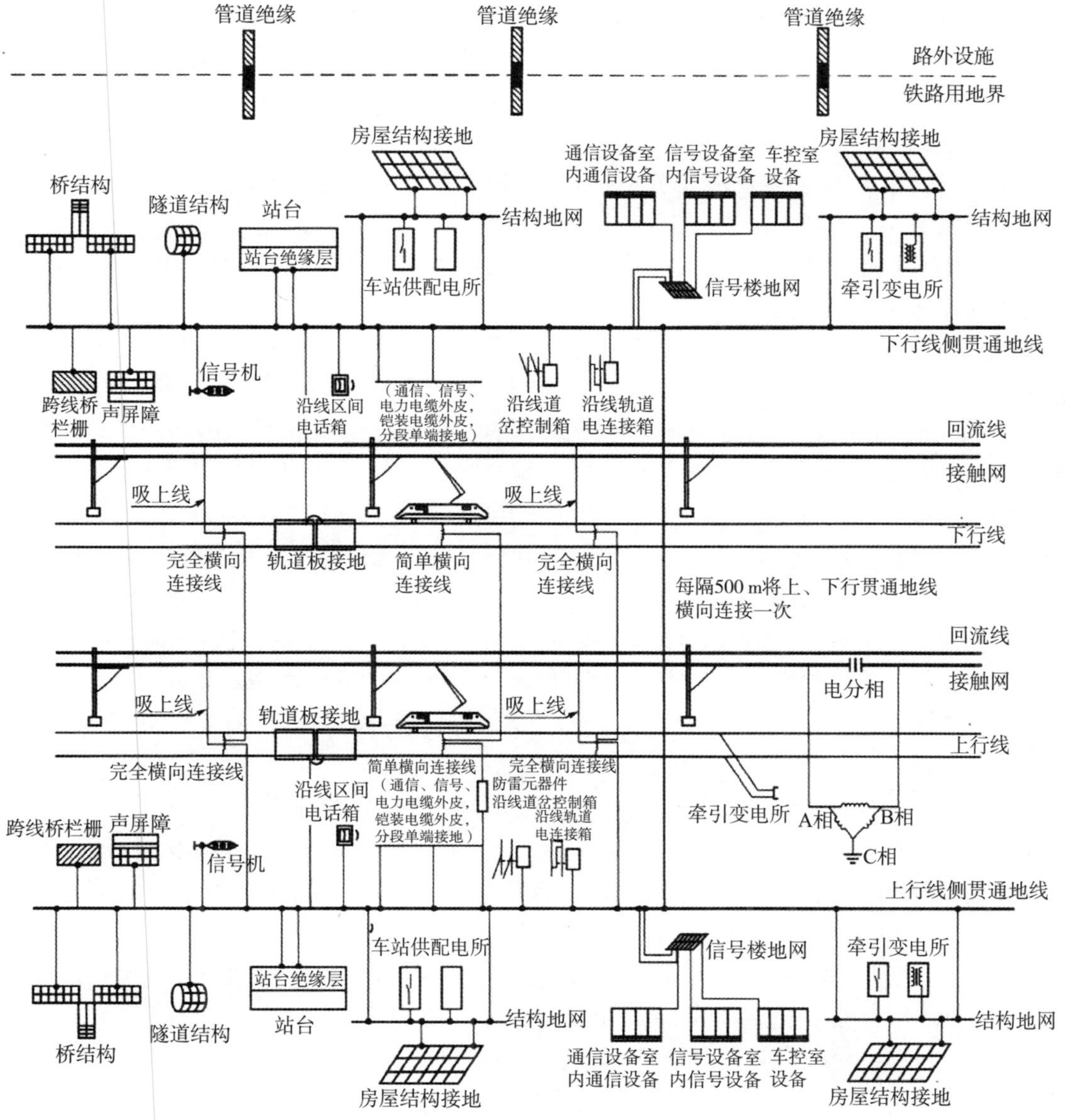

图 2-8-7　综合接地系统示意

3. 牵引供电的接地

在综合接地系统中，桥、隧地段、车站范围及牵引变电所附近均沿铁路两侧敷设贯通地线，在适当地点将两侧贯通地线作横向连接，并满足以下要求：

桥梁地段应通过梁体内的横向结构钢筋将两侧贯通地线作横向连接；隧道地段通过环向接地钢筋实现两侧贯通地线的横向连接；路基地段贯通地线间的横向连接，原则上在每段轨道电路的中间点设一处；有条件时，横向连接线与贯通地线同步埋设；条件不具备时，横向连接线可埋设于轨底不小于 0.6 m 处并采用热镀（渗）锌钢管防护；横向连接线与贯通地线同材质、同截面；距铁路 20 m 范围内的铁路建筑物的接地装置均与综合接地系统的贯通地线可靠连接；在路肩、桥梁、隧道之外的地点埋设贯通地线时应设相应标志。

为满足牵引供电系统设备接地以及铁路其他电子设备和设施的电气安全需要，对牵引供电系统接入高速铁路综合接地系统有以下具体要求：

(1)PW 线或 NF 线与轨道的连接必须通过扼流变压器或空芯线圈中性点连接。贯通地线与信号轨道，电路完全横向连接线的连接点、PW 线或 NF 线的引下线与扼流变压器或空芯线圈中性点连接点宜在同一里程。

(2)牵引变电所应采用不少于两路独立的架空回流线或回流绝缘电缆（线）经扼流变压器中性点与钢轨相连接，并将回流线引入牵引变电所。回流电缆（线）的截面应满足另一回流电缆（线）故障情况下的最大载流量需要。

(3)牵引网中的防雷接地装置在贯通地线上的接入点与其他设备在贯通地线的接入不应共用同一接地端子。

(4)牵引变电所围墙内外的管道附属设备的金属外皮应与变电所地网相连，再就近接入综合接地系统。

(5)全线 AT 区段架设保护线作为钢轨回流的并联通道，工作接地兼闪络保护。区间地段保护线兼作安全接地。现场应对 PW 线接入综合接地系统接入点进行测量，确保电气上联通。接地连接电缆沿路基敷设不应裸露在外，沿桥面或轨道板等混凝土面敷设时应每隔 500 mm及转角点设置电缆固定卡子，满足动车组通过时不被卷走破坏、确保行车安全要求。

(6)区间（含桥、路、隧）PW 线与 H 型钢支柱不绝缘架设，PW 线每隔 1 200～1 500 m（根据各区段短路电流和轨道结构等计算）上下行采用 70 mm^2 铜缆并联一次（如扼流变压器中性点已经通过 70 mm^2 铜缆并联，上下行 PW 线不增设并联铜缆），通过 2×150 mm^2 铜缆连接至扼流变压器中性点，并经中性点接入综合接地。PW 线每隔 300～500 m 采用 70 mm^2 铜缆接入综合接地系统一次。

(7)箱梁上接触网 H 型钢柱基础螺栓、钢板与梁体内综合接地钢筋应可靠焊接，实现 PW 线与综合接地系统连接及上下行 PW 线并联。路基区段，通过钢柱与基础接地端子、上下行基础间（通过预留过轨及手孔）采用 70 mm^2 铜缆连接，实现 PW 线与综合接地系统连接及上下行 PW 线并联。

(8)站台区段支柱与 PW 线绝缘设置，增设架空地线（GW）作为附加的闪络保护地线兼安全接地。PW 线每隔 1 200～1 500 m（根据各区段短路电流和轨道结构等计算）上下行采用 70 mm^2铜缆并联一次（如扼流变压器中性点已经通过 70 mm^2 铜缆并联，上下行 PW 线不增设并联铜缆），通过 2×150 mm^2 扼流变压器中性点接钢轨，同时接入综合接地一次；架空地线每隔300～500 m 采用 VV 1 kV 1×70 mm^2 铜缆接入综合接地一次。PW 线与架空地线

(GW)之间采取绝缘配合措施。成排钢柱采用架空地线集中接地，零星支柱独立接地，接地电阻不大于 10 Ω。

(9)变电所、分区所、AT 所处，上、下行各设 PW 回流(PW 线采用电缆或架空线)和轨回流(采用电缆或架空线连接扼流变压器中性点后回所)。

(10)所亭位置吸上线采用 2×VV 150 mm^2 吸上线将 PW 线与扼流变压器中性点连接，并经过中性点接入综合接地。其余区段吸上线采用 2×VV 150 mm^2 接 PW 线与扼流变压器中性点；为保证可靠的回流通道，提高系统的可靠性，上、下行贯通地网各通过 1×VV 150 mm^2同所亭地网进行连接。

(11)桥梁区段避雷器引下接墩台接地端子，墩台承台钢筋接地网作为避雷器单独的接地极，该墩台不接入综合接地系统(要求墩台接地电阻不大于 10 Ω)；路基区段避雷器接地引出路基，单独设置小于 10 Ω 的接地极；所亭位置避雷器通过 1×VV 150 mm^2 电缆分别与上、下行综合地线连接。独立避雷针和架空避雷线(网)的接地应设独立接地装置，接地装置与被保护建筑物或变、配电所接地网的地中距离不应小于 3 m；当有困难时，可与综合接地系统相连，但其地下连接点至建筑物内的电气、电子设备与接地网的地下连接点之间的地中长度不应小于 15 m。

(12)距综合接地线 20 m 以内的电力箱变、变配电所与综合地线连接，大于 20 m 的则不与综合地线连接。无论是否与综合地线连接，箱变、变配电所接地电阻都要求不大于 1 Ω。

图 2-8-8 为典型牵引供电系统接地示意。

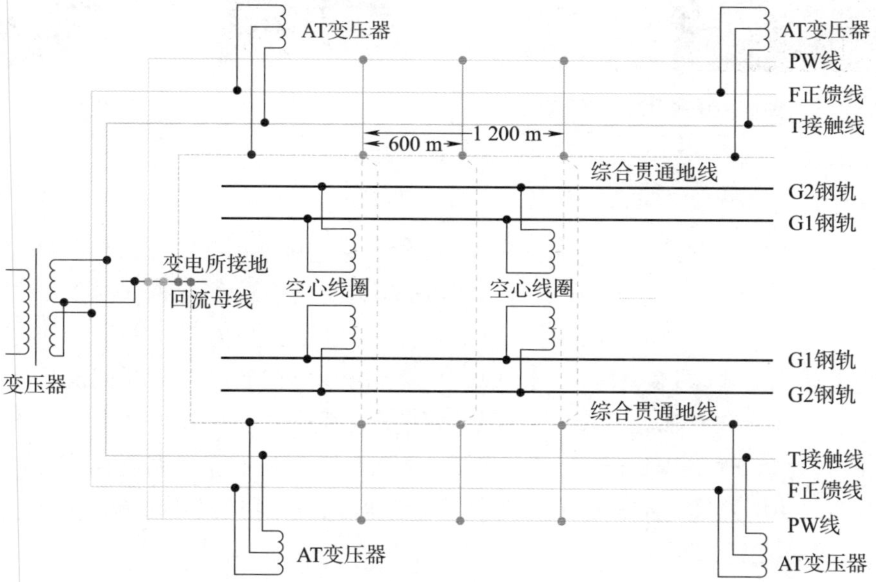

图 2-8-8　牵引供电系统接地示意

贯通地线在综合接地系统中起着至关重要的作用，其截面积的选择应能满足最大牵引回流和接触网短路瞬间(100 ms 以下)大电流的热稳定要求。其材质应满足国家对土壤环境质量要求的有关规定，电阻率不应大于 0.017 241 Ω · mm^2/m(20 ℃)；外护套可采用导电高分子材料或金属材料制造，应具有很好的耐酸、碱、盐腐蚀性能。当外护套采用导电高分子材料时，其体积电阻率不应大于 0. 7 Ω · cm；使用环境温度应满足－40～＋60 ℃的要求。

铁路综合接地工程是一项综合性工程，需综合考虑铁路沿线土壤电阻率及土壤中酸、碱、盐的含量，供电臂电流分配、吸上线布置，沿铁路管线、建筑物或构筑物分布，轨道电路划分，路基、桥梁、隧道结构，防雷等众多因素。

三、回流系统故障典型故障案例

1. 事故概况

××年××月××日 15 时 18 分 47 秒，变电所 212 断路器跳闸，重合闸成功。15 时 18 分 52 秒，该变电所 212 断路器再次跳闸，重合闸未启动。15 时 23 分，供电调度远动操作该变电所 212 断路器试送成功。16 时 17 分，抢修人员发现线路上 0120 号支柱处斜腕臂底座受损、回流线肩架抱箍烧断悬在空中(图 2-8-9、图 2-8-10)，经抢修处理后将变电所全所退出运行，并于 21 时 03 分采用越区方式恢复送电。

图 2-8-9　线路侧一腕臂固定抱箍烧断

图 2-8-10　回流电缆烧断

2. 现场情况

(1)现场回流示意(图 2-8-11)

该电气化线路供电方式为直供加回流，故障牵引变电所采用 110 V/27.5 kV 三相阻抗匹配平衡变压器，安装容量 2×40 MV·A；共 8 回直供馈线。该牵引变压器于 1997 年投入运行，至今已运行 21 年。在 2016 年进行了改造，将主变压器调整为三相 VV 接线方式，回流方式与既有接线方式一致(图 2-8-11)。变电所 1、2 号主变 N 相的设置并联回流母线，即软横回流线，型号为 LMY－6.3×6.3。接触网回流线从变电所外进入变电所内使用 2 条 1 kV 铝芯电力电缆，截面为 300 mm^2，型号为 VLV 1 kV 1×150。回流电流由钢轨通过吸上线流入回流线，在变电所近端由电缆接引入变电所内，并引入主变压器低压侧 N 相，构成完整的回流通路。

(2)现场勘查情况

主变压器架空回流母线支柱下方径路的地面下约 5 m 长电缆烧毁，4 根回流电缆有 2 处断点，绝缘全部烧结，1 处 3 根电缆断头熔结，其余 9 个断头；另有单根电缆烧断共 4 个断头。在其中的两个转角处电缆弯曲半径过小，烧毁程度最严重，且有旧的断股、散股，有明显的氧化痕迹。4 根电缆穿于同一 PVC 管内，PVC 管直径 100 mm，埋深距地面 350 mm，被烧毁的5 m 长电缆上部地面其中有 3 m 长被混凝土硬化。

(3)故障报告

××月××日 15 时 18 分 47 秒，变电所 212DL 跳闸，重合成功。阻抗 I 段出口，电压

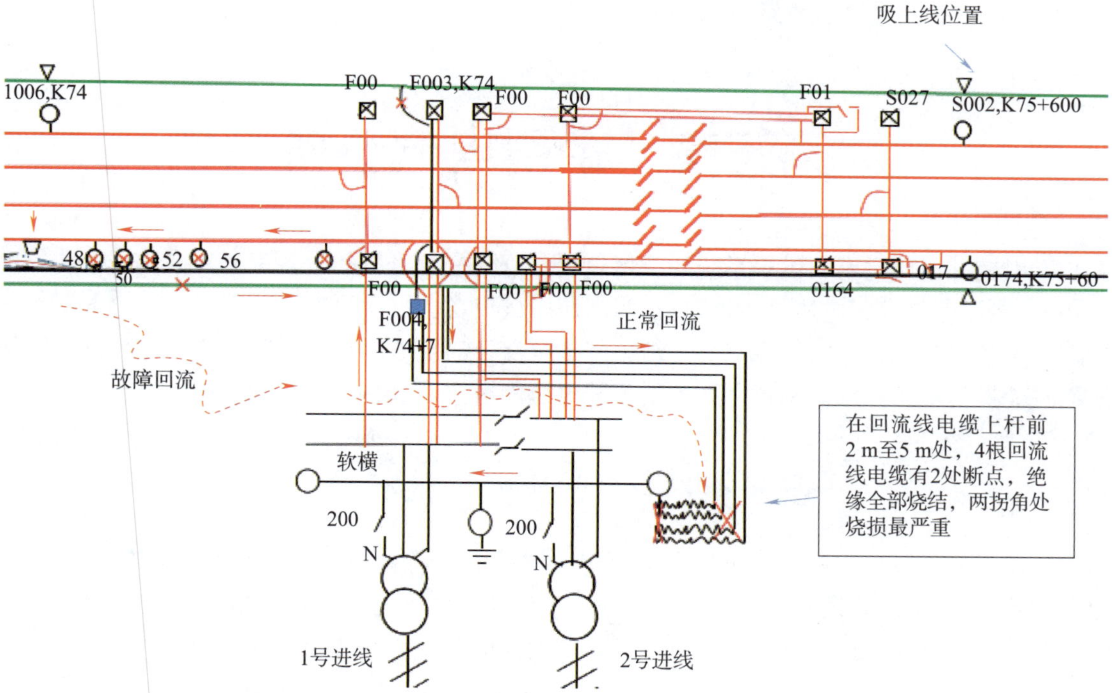

图 2-8-11　故障所在地牵引供电系统接地回流示意

8 600 V,电流 4 050 A,电阻 1.22 Ω,电抗 1.73 Ω,阻抗角 54.80°,故障测距 4 km;分区所 272DL 跳闸重合成功。15 时 18 分 52 秒,212DL 跳闸,重合闸未启动。阻抗Ⅰ段出口,电压 8 970 V,电流 4 206 A,电阻 1.23 Ω,电抗 1.73 Ω,阻抗角 54.60°,故障测距 4 km;分区所 272DL 跳闸。

3. 原因分析

在该变电所设计之初,未设计地回流通道,未将主变压器 N 相与地网连通,钢轨回流、回流线回流统一通过回流电缆回所,成为牵引回流的唯一通路;在之后的牵引变电所改造时,铝芯回流电缆未能进行升级,经过长时间的运行后,铝芯电缆老化腐蚀,回流电缆最终在最薄弱处烧断接地,唯一回流通路被中断,回流严重不畅。造成接触网线路上回流线电位抬高,接触网等径圆杆上的底座抱箍和回流线肩架抱箍对支柱内钢筋放电,烧伤底座抱箍,斜腕臂下塌与支柱放电导致跳闸。

4. 改进措施及建议

(1)按照现行设计规范,在变电所内增设集中接地回流箱,将钢轨回流、回流线回流、集中接地分别通过架空或是绝缘电缆回所后接至集中接地箱。回流电缆设置至少两路独立回路,且采用铜芯电缆。

(2)在回流各回路中增加相应的电流互感器,并接入综自系统方便通过复视系统进行实时巡查。定期组织专业技术人员对牵引回所电流进行分析、综合评判所内各回流通路的电流分布是否符合要求。

(3)定期对集中接地箱内的主导电低压回路的电气连接部位进行红外测温。

第三章　牵引电气设备

牵引变配电所是牵引供电系统的重要组成部分。变配电所的设备可分为一次设备和二次设备，一次设备是变配电所的主体，也称为高压电气设备。二次设备由控制、信号、继电保护及自动装置、测量及监察装置等部分组成，也包括电流互感器、电压互感器的二次绕组引出线和所用直流操作电源系统。本章主要阐述变配电所的一、二次设备及其检修试验。

第一节　高压电气设备

高压电气设备是变配电系统的主体，牵引变电所高压侧配电设备多数采用单体设备，室外分散布置设计，也有采用 GIS 组合电器，可集中布置。高压电气设备包括各种电压等级的开关、变压器、互感器、母线和电缆、电抗器等。牵引变电所高压设备如图 3-1-1 所示。

图 3-1-1　牵引变电所高压设备

一、牵引变压器

变压器是变配电所中最重要的一次设备，其主要功能是变换电压和传输电能，将一次侧的电能通过电磁能量转换的方式传输到二次侧，同时根据应用的需要将电压升高或降低，完成电能的输送和分配。

1. 变压器的工作原理

变压器是根据电磁感应原理工作的，单相变压器的原理如图 3-1-2 所示，闭合的铁芯上绕有两个互相绝缘的绕组，其中，接入电源的一侧叫一次侧绕组，输出电能的一侧叫二次侧绕组。当交流电源电压加到一次侧绕组后，就有交流电源通过该绕组，在铁芯中产生交变磁通，这个交变磁通不仅穿过一次侧绕组，同时也穿过二次侧绕组，两个绕组分别产生感应电势，如果二次侧绕组与外电路的负荷接通，便有电流流入负荷，即二次侧绕组有电能输出。

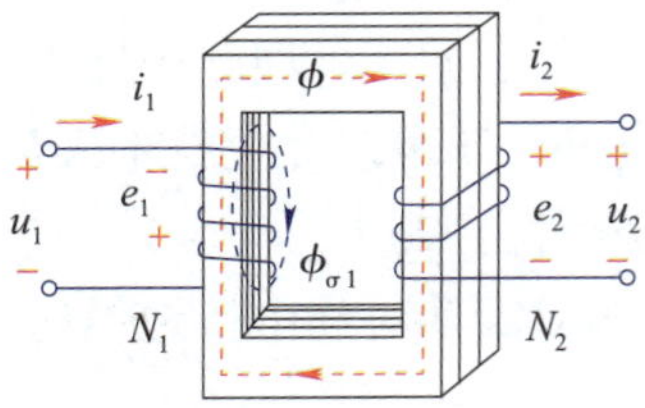

图 3-1-2　变压器原理

变压器一、二次侧感应电势之比等于一、二次侧绕组匝数之比。

$$\frac{u_1}{u_2}=\frac{N_1}{N_2} \tag{3-1}$$

变压器一、二次侧电流之比与一、二次侧绕组的匝数之比成反比。

$$\frac{i_1}{i_2}=\frac{N_2}{N_1} \tag{3-2}$$

变压器一、二次侧绕组因匝数不同将导致一、二次侧绕组的电压高低不等，匝数多的一边电压高，匝数少的一边电压低。

变压器一、二次侧电流之比与一、二次侧绕组的匝数成反比。即变压器匝数多的一侧电流小，匝数少的一侧电流大，也就是电压高的一侧电流小，电压低的一次电流大。

2. 变压器的结构

油浸变压器典型结构如图 3-1-3 所示。

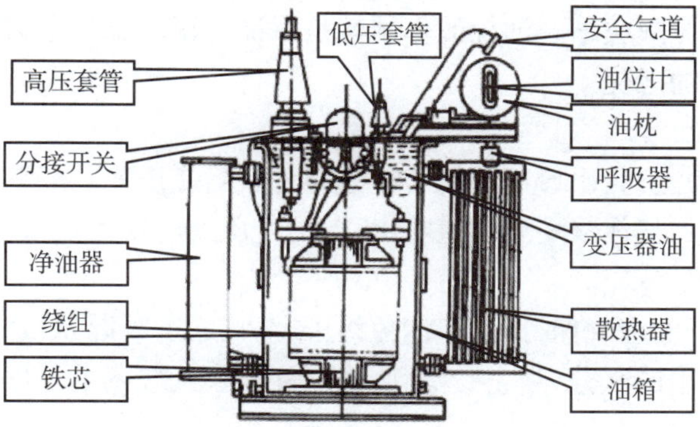

图 3-1-3　油浸变压器典型结构

(1)铁芯

①铁芯的结构

变压器的铁芯是磁路部分，由铁芯柱和铁轭两部分组成。绕组套在铁芯柱上，而铁轭则用来使整个磁路闭合。由于芯式铁芯结构比较简单，绕组的布置和绝缘也比较容易，因此我国电力变压器主要采用芯式铁芯。常用的芯式铁芯如图 3-1-4 所示。

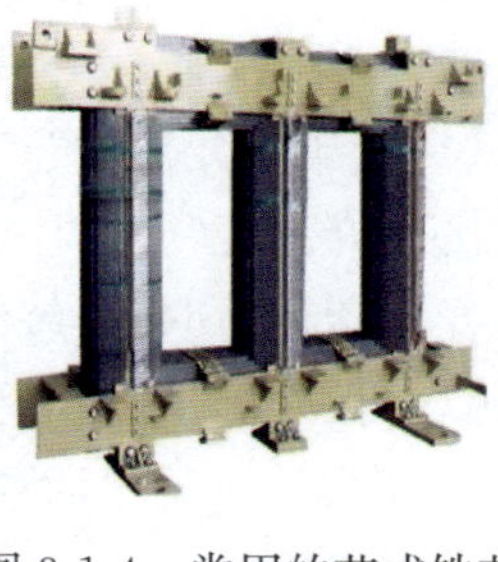

图 3-1-4　常用的芯式铁芯

②铁芯材料

由于铁芯为变压器的磁路，所以其材料要求导磁性能好，才能使铁损小，故变压器的铁芯采用硅钢片叠制而成。片厚则涡流损耗大，片薄则叠片系数小，因为硅钢片的表面必须涂覆一层绝缘漆以使片与片之间绝缘。

(2)绕组

绕组是变压器的电路部分，一般采用绝缘纸包的铝线或铜线绕制而成。为了减小绝缘距离，通常将低压绕组靠近铁轭。

(3)绝缘

变压器内部主要绝缘材料有变压器油、绝缘纸板、电缆纸等。

(4)分接开关

为了供给稳定的电压，调节负载电流，均需对变压器进行电压调整。目前，变压器调整电压的方法是在其某一侧绕组上设置分接，切除或增加一部分绕组的线匝，以改变绕组的匝数，从而达到改变电压比的有级调整电压的方法。这种绕组抽出分接头以供调压的电路，称为调压电路；变换分接进行调压所采用的开关，称为分接开关。

变压器二次侧不带负载，一次侧也与电网断开的调压方式，称为无励磁调压方式或无载调压；带负载进行变换绕组分接的调压方式，称为有载调压。

(5)油箱

油箱是油浸式变压器的外壳，变压器的器身置于油箱内，箱内灌满变压器油。油箱结构根据变压器的大小分为吊器身式油箱和吊箱壳式油箱两种。牵引变压器一般采用吊箱壳式油箱。

(6)油枕

油枕又称储油柜，位于变压器油箱上方，通过气体继电器与油箱相通。当变压器的油温发生变化时，其体积会膨胀或收缩。油枕的作用就是保证油箱内总是充满油，并减小油面与空气的接触面，从而减缓油的老化。

(7)安全气道

位于变压器的顶盖上，其出口用玻璃防爆膜封住。当变压器内部发生严重故障，而气体继电器失灵时，油箱内部的气体从安全气道喷出，保护变压器不受严重损害。

(8)吸湿器

为了使油枕内上部的空气保持干燥，避免污染，油枕通过吸湿器与大气相通。吸湿器内装有硅胶，它能吸收空气中的水分，当它受潮到一定程度时，其颜色由蓝色变为粉红色。

(9)气体继电器

位于油枕和箱盖的连接管之间，在变压器发生内部故障产生气体或油箱漏油使油面降低时，接通信号或跳闸回路，保护变压器。

(10)高低压绝缘套管

变压器内部的高低压引线是经绝缘套管引到油箱外部的，它起着固定引线和对地绝缘的作用。套管由带电部分和绝缘部分组成。

3. 变压器运行要求

(1)变压器允许运行方式

①允许温度与温升

变压器运行时，其绕组和铁芯产生的损耗转变成热量，一部分被变压器各部件吸收使之温度升高，另一部分则散发到其他介质中。变压器运行时，各部件的温度是不同的，绕组温度最高，铁芯次之，变压器油温度最低。为了便于监视运行中变压器各部件的温度，规定以上层油温为允许温度。

变压器的允许温度主要取决于绕组的绝缘材料。当变压器绝缘材料的工作温度超过允许值时，其使用寿命将会缩短。

变压器的温度与周围环境温度的差称为温升。当变压器的温度达到稳定时的温升称为稳定温升。温度温升大小与周围环境温度无关，它仅取决于变压器损耗与散热能力。

②变压器过负载能力

在不损害变压器绝缘和不降低变压器使用寿命的前提下，变压器在较短时间内所能输出的最大容量为变压器的过负载能力。一般牵引变压器过负荷见表 3-1-1。

表 3-1-1　一般牵引变压器过负荷

过负荷(%)	30	60	75	100	140	200
持续运行时间(min)	120	45	20	10	5	2

③允许电压波动范围

施加于变压器一次侧绕组的电压因电网电压波动而波动。变压器的电源电压一般不得超过额定值的 5%。不论分接头在什么位置,只要电源电压不超过额定值的 5%,变压器都可在额定负载下运行。

(2)变压器油及运行

变压器油是流动的液体,可充满油箱内各部件之间的气隙,排除空气,从而防止各部件受潮而引起绝缘强度的降低。

变压器油本身绝缘强度比空气大,所以油箱内充满油后,可提高变压器的绝缘强度。变压器油在运行中还可以吸收绕组和铁芯产生的热量,起到散热和冷却的作用。

4. 牵引变压器接线方式

牵引变压器接线形式,应根据各地电网的具体情况和牵引变压器的容量综合确定。主要接线形式有单相、V/V、V/X 和阻抗匹配平衡变压器,具体接线方式如图 3-1-5～图 3-1-8 所示。

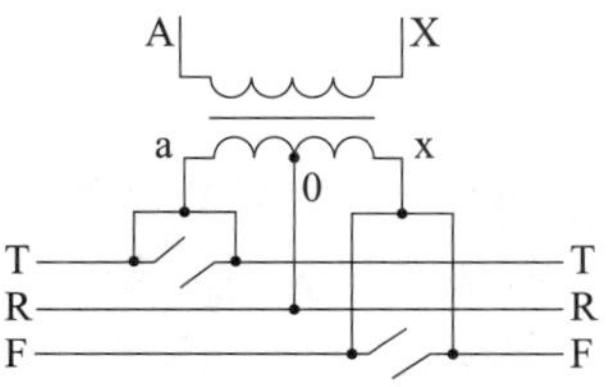

图 3-1-5　单相接线

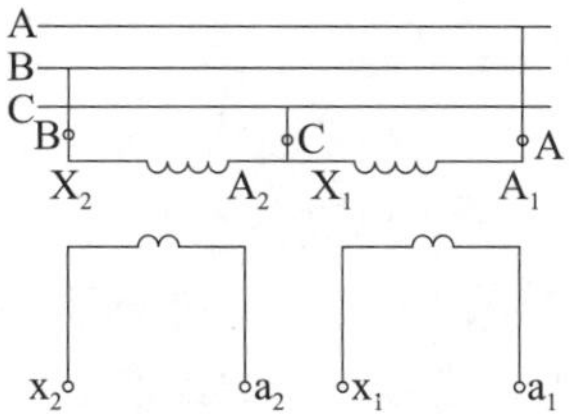

图 3-1-6　V/V 接线

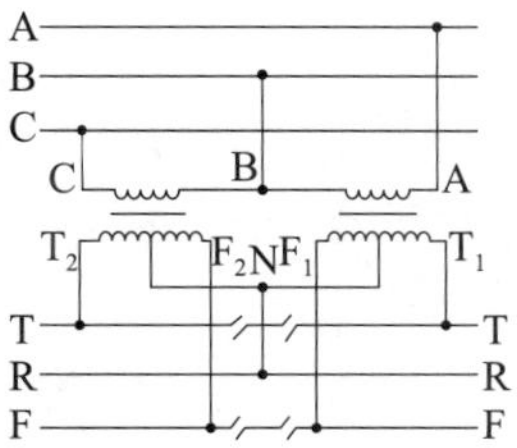

图 3-1-7　V/X 接线

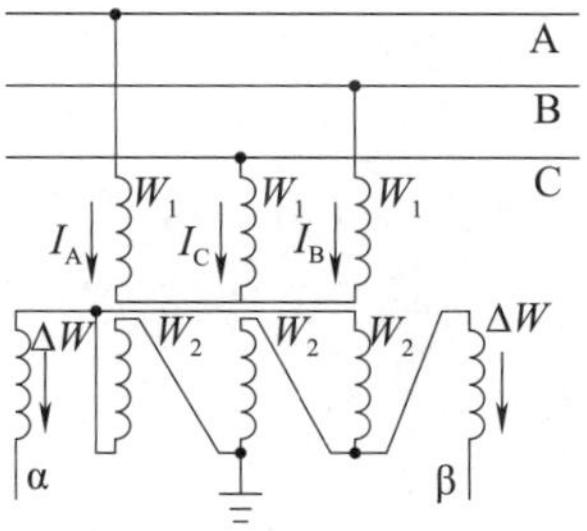

图 3-1-8　阻抗匹配平衡变压器接线

(1)纯单相接线

图 3-1-5 所示为纯单相接线。单相接线采用副边绕组带中点抽头的单相牵引变压器。原边绕组接入三相电力系统的 A、B 相。副边绕组出线端子 a、x 分别接到 2 段 2×27.5 kV 牵引母线上。2 组牵引母线分别通过馈电线向变电所两侧供电臂的牵引网供电。在 AT 供电方式中,单相变压器都已经集成了自耦变压的功能,从而减少了二次出口侧的自耦变压器,简化了牵引供电系统的接线和设备投资。

(2)V/V 接线

图 3-1-6 所示的 V/V 接线变压器,可以减轻牵引负荷带来的三相电压不平衡度。原边绕组接入三相电力系统的 A、B 相。副边绕组出线端子分别接到上、下行牵引母线上,通过馈电线向变电所两侧供电臂的牵引网供电。

(3)V/X 接线

我国高速铁路 AT 供电方式中的牵引变电所使用最多的是 V/X 接线牵引变压器,如图 3-1-7 所示。两台单相变压器的原边线圈作 V 形连接形成与高压电网连接的三个输入端,副边线圈的四个端点形成 X 形连接的四个输出端子,副边线圈各引出中间接地点,为 X 的中心点。其中连接接触网的次边绕组是 T 绕组,接正馈线的次边绕组是 F 绕组。

(4)阻抗匹配平衡变压器接线

阻抗匹配平衡变压器的接线如图 3-1-8 所示。高压侧采用星形接线,每相绕组匝数为 W_1;低压侧采用三角形接线,每相绕组匝数为 W_2,并且还在 ab 绕组的两端各接一个外延绕组,其匝数为 $\triangle W=0.336W_2$,这样可使两供电臂的电压 U_α 和 U_β 形成 90°的相位差。副边绕组三角形接线结构即在非接地相增设两个外移绕组。内三角形接线的一角 c 与轨道、接地网连接,两端分别接到牵引侧两相母线上,由两相牵引母线分别向两侧对应的供电臂牵引网供电。

5. 牵引变压器检修试验

(1)变压器的绝缘特性试验项目

①绝缘电阻测量。

②吸收比或极化指数测量。

③铁芯、夹件(如果夹件单独外引接地)的对地绝缘测量。目的:检查变压器整体的绝缘状况具有较高的灵敏度,能有效地检查出变压器绝缘整体受潮、整体劣化、部件表面受潮或脏污以及贯穿性的集中缺陷。例如,各种贯穿性短路、瓷件破裂、引线接壳、器身内有铜线搭桥等现象引起的半贯穿性或金属性短路等。

④测量介质损失角的正切值。目的:测量介损是预防性试验的基本方法之一。它能发现绝缘整体受潮,劣化,小体积的被试品贯通及未贯通性缺陷;不能发现大体积的被试品集中性缺陷。

⑤泄漏电流测量。目的:测量泄漏电流是预防性试验的基本试验方法之一。它较灵敏地发现贯通的集中性绝缘缺陷,整体受潮或有贯通的受潮部分缺陷;它不能发现未贯通的集中性缺陷,绝缘老化及游离缺陷。

⑥外施交流耐压试验。目的:交流耐压试验在预防性试验属于破坏行试验,是对电气设备进行的最后绝缘检验,也是鉴定电气设备绝缘强度的最有效方法。它能发现电气设备主绝缘中的所有缺陷,保证电气设备的绝缘有一定的水平和裕度。

(2)变压器的电气性能试验项目

①直流电阻不平衡率测量(各分接位置)。目的:直流电阻测试主要是针对感性负载的直流电阻测试,比如变压器的绕组直流电阻的测量,是一项方便而有效的考察绕组电流回路连接状况的试验,能反映绕组焊接质量、绕组匝间短路、绕组断股或引出线折断、分接开关及导线接触不良等故障,实际上它也是判断各相绕组直流电阻是否平衡、调压开关挡是否正确的有效手段。

②电压比测量(各分接位置)。目的:变压器的变比是指变压器空载运行时,原边电压 U_1 与次边电压 U_2 的比值。变压器的变比试验是检验变压器能否达到预计的电压变换效果,检验各绕组的匝数比与设计是否相符,各分线装配是否准确,以及在运行中匝间是否发生短路等。因此变比试验是变压器交接和大修后能否投入运行,特别是变压器并联运行的重要依据。

③连接组别(单相变压器测量极性)及相位校定。目的:变压器连接组别必须相同是变压器并列运行的重要条件之一。若参加并列运行的变压器连接组别不一致,将出现不能允许的环流;同时由于运行,继电保护接线也必须知晓变压器的连接组别;连接组别是变压器的重要特性指标。因此在出厂、交接和绕组大修后都应测量绕组的连接组别。

④空载电流与空载损耗测量,短路阻抗和负载损耗测量。空载试验的目的:测量变压器的空载损耗和空载电流;验证变压器铁芯的设计计算、工艺制造是否满足技术条件和标准的要求;检查变压器铁芯是否存在缺陷,如局部过热、局部绝缘不良等。负载试验的目的:计算和确定变压器有无可能与其他变压器并联运行;计算和试验变压器短路时的热稳定和动稳定;计算变压器的效率;计算变压器二次侧电压由于负载改变而产生的变化。

⑤五次空载冲击合闸试验。目的:a. 带电投入空载变压器时,会产生励磁涌流,其值可超过额定电流,且衰减时间较长,甚至可达几十秒。由于励磁涌流产生很大的电动力,为了考核变压器各部的机械强度,需做冲击合闸试验,即在额定电压下合闸若干次。b. 切空载变压器时,有可能产生操作过电压。对不接地绕组此电压可达 4 倍相电压;对中性点直接接地绕组,此电压仍可达 2 倍相电压。为了考核变压器绝缘强度能否承受需做开断试验,有切就要合,即需多次切合。c. 由于合闸时可能出现相当大的励磁涌流,为了校核励磁涌流是否会引起继电保护误动作,需做冲击合闸试验若干次。d. 每次冲击合闸试验后,要检查变压器有无异音异状。一般规定,新变压器投入,冲击合闸 5 次。

(3)附件试验项目

①变压器油的耐压、含水、介损、色谱试验(其他常规项目按交接试验标准要求)。

②非纯瓷质套管的介损和电容测量(其他常规项目按交接试验标准要求)。

③变压器有载分接开关的直流电阻(连同绕阻)、油耐压、切换波形、过渡电阻、二次回路绝缘测量,其他常规项目按要求。

④套管电流互感器的极性、电流比、伏安特性(对保护级)及二次回路绝缘测量。

⑤气体继电器的油流速整定及二次回路绝缘测量。

⑥温控器的校验及二次回路绝缘测量。

⑦压力释放阀的二次回路绝缘测量。

⑧油流继电器的方向指示及二次回路绝缘测量。

⑨冷却装置(风冷控制箱、强油风冷控制箱)的运转试验及二次回路绝缘测量。

⑩变压器设置的各种保护(包括差动、过流、速断、零序保护等)的校定试验。

二、高压开关电器

高压开关电器用以分、合电路。其种类较多,如断路器、隔离开关、负荷开关、熔断器等,其中以断路器结构最复杂,性能最完善,地位最重要。

1. 高压断路器

在高压电路中,断路器可用来通断负荷电流,与继电保护装置配合迅速切断短路电流。它是一种具有开关和保护双重作用、有很强灭弧能力、性能较完善的高压开关。

高压断路器的基本结构如图 3-1-9 所示，其中开断元件是核心，开关设备的控制、保护和安全隔离等方面的任务都需由它来完成。其他组成部分都是配合开断元件为完成上述任务而设置的。

(1)六氟化硫断路器

由于六氟化硫断路器开断能力强，断口电压便于做得较高，允许连续开断次数较多，适于频繁操作、噪声小、无火灾危险等场合，在我国高速铁路中广泛应用。六氟化硫断路器如图 3-1-10所示。

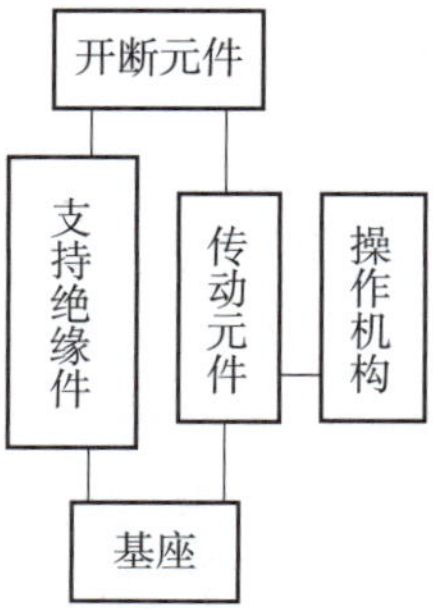

图 3-1-9　高压断路器的基本结构

图 3-1-10　六氟化硫断路器

六氟化硫断路器具有如下特点：

①开断能力强

六氟化硫断路器是通过吹出六氟化硫气体来完成吹弧，它的吹弧速度快、燃弧时间短、开断电流大，能有效保护中高压电路的安全。六氟化硫断路器在断开电容或电感电流后，不存在重燃和复燃的危险。

②电气寿命长

六氟化硫断路器的使用寿命很长、检修周期长，并能适应短时间内的频繁操作，有良好的安全性和耐用性。

③绝缘水平高

六氟化硫断路器采用六氟化硫气体作为绝缘介质，这种气体的绝缘水平极高。

④密封性能好

六氟化硫断路器的结构简单、密封性好，灭弧室、电阻和支柱成独立气隔，且六氟化硫本身的含水量较低。六氟化硫断路器的安装和检修方便，不需打开断路器的内部结构，能保持六氟化硫断路器内部良好的密闭性。

(2)真空断路器

真空断路器是指触头在高真空中开断电路的断路器。它利用高真空作为绝缘介质和灭弧介质。真空间隙具有很高的绝缘强度。在高真空中，有很高的耐压水平，可有效阻止交流电弧过零后的重燃，故具有良好的灭弧性能。真空断路器如图 3-1-11 所示。

真空断路器具有如下特点：

①触头开距小，10 kV 真空断路器的触头开距只有 10 mm 左右，操作机构的操作功率就小，机械部分行程小，其机械寿命就长。

②燃弧时间短，且与开关电流大小无关，一般只有半周波。

③熄弧后触头间隙介质恢复速度快，对开断近区故障性能较好。

④由于触头在开断电流时磨损量较小，所以触头的电气寿命长，满容量开断达 30～50 次，额定电流开断达 5 000 次以上，噪声小适于频繁操作。

⑤体积小、质量轻。

⑥适用于开断容性负荷电流。

图 3-1-11　真空断路器

2. 隔离开关

隔离开关是一种没有专门灭弧装置的开关设备。在分闸状态有明显可见的断口，在合闸状态时能可靠地通过正常工作电流和额定范围内的短路、故障电流。它在牵引供电系统中用量最多、分布最广、操作最频繁。隔离开关实物如图 3-1-12 所示。

图 3-1-12　隔离开关

隔离开关的主要用途：

①隔离电源。

②隔离开关与断路器配合进行倒闸操作。

③通断小电流电路。

④隔离开关的基本技术要求。

⑤开关的断路距离和绝缘部分在任何形式的过电压下不致击穿和闪络。

⑥开关有足够的热、动稳定性。

⑦主闸刀和接地刀、隔离开关和断路器间有可靠的联锁装置，以防止误操作。

⑧隔离开关的结构应简单，动作要可靠、灵活。户外隔离开关在恶劣气候条件下也能可靠分、合闸。

⑨隔离开关应能承受一定的操作次数。

3. 高压熔断器

高压熔断器一般用于 27.5 kV 侧和所用变压器附近，是最简单的一种保护电器，兼有开关的作用，常和被保护的电器设备串接于电路中使用，如图 3-1-13 所示。

当电路中流过短路电流时，利用熔体产生的热量使本身熔断，从而切断电路，起到保护电气设备、缩小事故范围的作用。

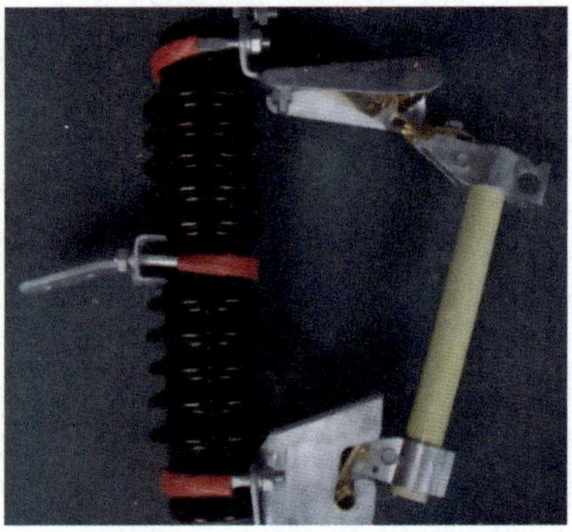

图 3-1-13　高压熔断器

高压熔断器的主要优缺点：

高压熔断器结构简单，安装维修方便，但不能作正常的分、合电路使用。因熔断器动作后必须更换熔件，势必造成局部停电。另外，其保护特性易受外界因素的影响。在功率较小和对保护特性要求不高的配电装置中得到广泛的应用。

4. 高压断路器试验项目

(1)测量绝缘电阻。目的：能较灵活地发现拉杆受潮、裂纹、表面沉积污染，弧道灼痕贯穿性缺陷。在合闸状态下，主要检查拉杆对地绝缘；在分闸状态下，主要检查断口之间的绝缘以及内部灭弧室是否受潮或烧伤。

(2)测量每相导电回路的电阻：采用电流不小于 100 A 的直流压降法，测量每相导电回路的电阻值，测试结果应符合产品技术条件的规定。目的：断路器导电回路直流回路电阻包括套管导电杆电阻、导电杆与触头连接处电阻和动、静触头之间的接触电阻等。导电杆电阻一般不会变化，其他两处的连接电阻和接触电阻由于各种因素之间的影响(如触头表面氧化、触头间残留有机械杂物或碳化物、接触压力下降、接触面积减小和短路电流烧伤等)，常常有所增加。所以测量每相导电回路电阻，实际上是检查动、静触头之间的接触电阻和连接电阻的变化，判断动、静触头是否接触良好。运行中动、静触头之间的接触电阻往往会增大，使正常运行工作电流下发生过热现象，尤其是通过短路电流时，触头发热更严重，可能烧伤周围绝缘或造成触头烧熔黏接，从而影响断路器跳闸时间和开断能力，甚至发生拒动。所以规定断路器在安装后、定期(包括大小修)和开断短路电流一定次数后，都要进行此项试验。

(3)交流耐压试验：在分闸状态下进行交流耐压试验。真空灭弧室断口间的试验电压应按规定，试验中不应发生贯穿性放电。交流耐压试验是鉴定设备绝缘强度最有效和最直接的试验项目。对断路器进行耐压试验的目的是为了检查断路器的安装质量，考核断路器的绝缘强度。

(4)测量断路器触头的分合闸时间，分合闸的同期性。分合闸时间是断路器重要参数之一，其长短关系到分合故障电流的性能；如果分合闸严重不同期，将造成线路和变压器的非全项接入或切断，从而可能出现危害绝缘的过电压。分合闸速度直接影响到断路器分合短路电流的能力。分合闸动作电压测量关系到断路器能否正常运行的重要数据。

(5)测量分、合闸线圈及合闸接触器线圈的绝缘电阻值，不应低于 10 MΩ；直流电阻值与产品出厂试验值相比应无明显差别。

(6)断路器操动机构的试验目的：在于考核断路器动作的可靠性，这是由于操作电源常因容量不足或操作电缆较长、截面过大或过小等使断路器在分合瞬间，其线圈端子上的电压不能达到额定操作电压，而分合闸电压的降低直接影响断路器的分合闸速度，从而影响断路器的开断性能。

①合闸操作

弹簧、液压操动机构的合闸线圈以及电磁操动机构的合闸接触器的动作，符合规定。

②脱扣操作

直流或交流的分闸电磁铁，在其线圈端子处测得的电压大于额定值的65%时，应可靠地分闸；当此电压小于额定值的30%时，不应分闸。

③模拟操动试验

在额定电压下，对断路器进行就地或远控操作，每次操作断路器均应正确、可靠地动作，其联锁及闭锁装置回路的动作应符合设计要求。

5. 隔离开关、负荷开关及高压熔断器试验项目

(1)测量绝缘电阻。隔离开关与负荷开关的有机材料传动杆的绝缘电阻值。目的：能较灵活地发现拉杆受潮、裂纹、表面沉积污染，弧道灼痕贯穿性缺陷。主要检查拉杆对地绝缘。

(2)测量高压限流熔丝管熔丝的直流电阻。目的：检查熔丝在运输途中有无断裂或局部振断。

(3)测量负荷开关导电回路的电阻。目的：在长期工作的电流下发热的热量将随着电阻的增加而增大，电接触的温度急剧上升，可能造成金属材料机械强度下降，接触面表面强烈氧化，接触电阻更加恶化，绝缘材料绝缘性能下降。严重时可能使触头局部熔焊，影响到开关的正常分合，当通过短路电流时，还会影响开关的动、热稳定性能和开断性能。所以需要测量导电回路的电流电阻。

(4)交流耐压试验

交流耐压试验应符合下述规定：三相同一箱体的负荷开关，应按相间及相对地进行耐压试验，其余均按相对地或外壳进行。交流耐压试验是鉴定设备绝缘强度最有效和最直接的试验项目。目的是为了检查断路器的安装质量，考核隔离开关的绝缘强度。

(5)操动机构的试验。目的：保证隔离开关的正常分合闸。

①操动机构的分合闸操作，当其在额定电压时，应保证隔离开关的主闸刀或接地闸刀可靠地分闸和合闸。

②检查操动机构线圈的最低动作电压。

③隔离开关、负荷开关的机械或电气闭锁装置应准确可靠。

三、高压互感器

互感器(包括电压互感器和电流互感器)是一次系统和二次系统间的联络元件，是牵引供电系统中测量和保护用的重要电气设备。

互感器的作用：

(1)将二次电气设备(仪表、继电器等)与高电压、强电流的一次电路隔离，以解决测量中的绝缘问题，保证人身和设备的安全问题。

(2)准确地变换电压、电流。将一次电路中的高电压、大电流变为二次回路中的低电压和小电流。

(3)使二次电气设备标准化、系列化，不受主电路的限制，便于实现远距离集中控制、测量、保护。

1. 电流互感器

电流互感器如图 3-1-14 所示。

电流互感器的用途是实现被测电流值的变换。一组电流互感器通常有多个铁芯,即具有多个二次绕组,提供不同的用途。

电流互感器的一次侧绕组串联于被测量的一次电路中,二次绕组通过导线或电缆串接仪表及继电保护等二次设备。电流互感器二次电流在正常运行条件下,应与一次电流成正比。

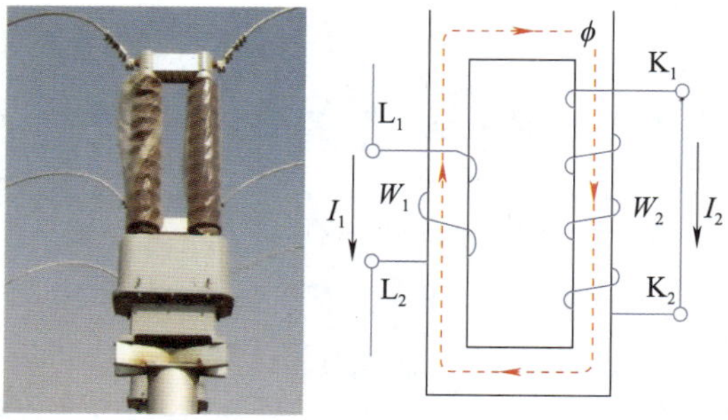

图 3-1-14 电流互感器

电流互感器按其用途和性能特点可分为两大类,一类是测量用互感器,用于运行状态监视、记录和电能计量等用途;一类是保护用互感器,主要在供电系统非正常运行和故障状态下,启动开关设备清除故障,也可实现故障监视和故障记录等。

测量和保护用两类电流互感器的工作范围和性能差别很大,一般不能共用。但可装在一组电流互感器内,由不同的铁芯和二次绕组分别实现测量和保护的功能。

电流互感器在运行中绝对不允许副边绕组开路,副边绕组一端必须接地,二次侧不允许加装熔断器。

2. 电压互感器

电压互感器按照原理可分为电磁式电压互感器和电容式电压互感器,高速铁路中一般采用电容式电压互感器。电压互感器如图 3-1-15 所示。

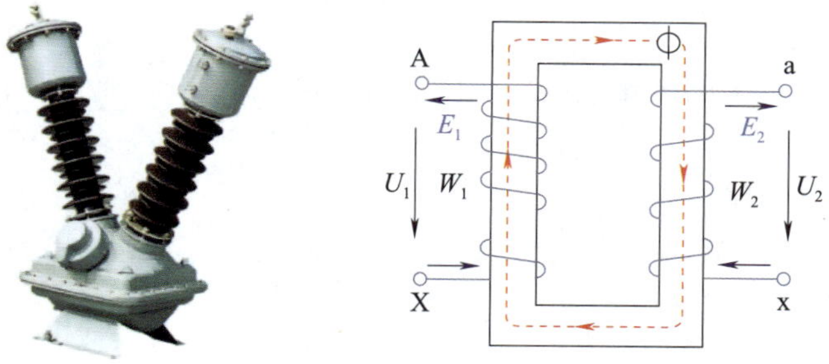

图 3-1-15 电压互感器

电压互感器按绕组数分为双绕组和三绕组电压互感器,三绕组电压互感器除具有供给测量仪表和保护继电器的基本副绕组外,还有一个辅助副绕组,用来接入监视电网绝缘状况的仪表和保护接地继电器。

3. 互感器的试验项目

(1)测量绕组的绝缘电阻。目的:检查互感器整体的绝缘状况具有较高的灵敏度,能有效地检查出互感器绝缘整体受潮、整体劣化、部件表面受潮或脏污以及贯穿性的集中缺陷。例如,各种贯穿性短路、瓷件破裂、引线接壳、器身内有铜线搭桥等现象引起的半贯穿性或金属性短路等。

(2)测量 35 kV 及以上电压等级互感器的介质损耗正切值(tan δ)。目的:能发现绝缘整体受潮、劣化、小体积的被试品贯通及未贯通性缺陷;不能发现大体积的被试品集中性缺陷。

(3)局部放电试验。目的:由于电流互感器绝缘体中存在着细微的气泡和裂纹,没有形成连通性故障,用交流耐压方式无法检测成功。利用局部放电的方式进行绝缘体局部放电检测,通过获取局部放电量来判断检测部位是否存在着放电现象,从而检验出绝缘体内部的薄弱环节,加强互感器的运行安全。

(4)交流耐压试验。目的:为考核电流互感器和全绝缘电压互感器的主绝缘强度和检查其局部缺陷,电流互感器和全绝缘电压互感器必须进行绕组连同套管一起对外壳的交流耐压试验。电流互感器和全绝缘电压互感器外施工频耐压试验一般在交接、大修后或必要时进行。

(5)绝缘介质损耗性能试验。目的:能发现绝缘整体受潮、劣化、小体积的被试品贯通及未贯通性缺陷;不能发现大体积的被试品集中性缺陷。

(6)测量绕组的直流电阻。目的:有效地考察绕组电流回路连接状况的试验,能反映绕组焊接质量、绕组匝间短路、绕组断股或引出线折断及导线接触不良等故障。

(7)检查接线组别和极性。目的:极性、接线组别的测试是判断电压互感器、电流互感器绕组接线正确性的基本方法,极性、接线组别的测试确保保护回路、测量回路接线正确。

(8)测量电流互感器的励磁特性曲线。目的:误差曲线是根据励磁特性曲线和电流互感器二次线圈电阻计算而来的曲线,误差曲线建立了电流互感器最大允许误差和所连接二次负荷的关系,只要确保电流互感器所在系统的短路电流和所接二次负荷落在误差曲线的允许区间内,保护用电流互感器就能正常工作,否则电流互感器则可能发生磁饱和而失效。

(9)测量电磁式电压互感器的励磁特性。目的:主要是检查互感器铁芯质量,通过磁化曲线的饱和程度判断互感器有无匝间短路,根据铁芯励磁特性合理选择配置互感器,避免电压互感器产生铁磁谐振过电压。

(10)电容式电压互感器(CVT)的检测。目的:电容式电压互感器特有的介质损耗试验测试方法。能发现电容式电压互感器绝缘整体受潮、劣化、小体积的被试品贯通及未贯通性缺陷;不能发现大体积的被试品集中性缺陷。

(11)密封性能检查。目的:防止互感器内部受潮产生绝缘不良。

(12)测量铁芯夹紧螺栓的绝缘电阻。目的:正常运行时,是不允许铁芯多点接地的,正常运行中,绕组周围存在着交变的磁场,由于电磁感应的作用,高压绕组与低压绕组之间、低压绕组与铁芯之间、铁芯与外壳之间都存在着寄生电容,带电绕组将通过寄生电容的耦合作用,使铁芯对地产生悬浮电位。由于铁芯及其他金属构件与绕组的距离不相等,使各构件之间存在着电位差,当两点之间的电位差达到能够击穿其间的绝缘时,便产生火花放电,这种放电是断续的,长期下去对互感器油和固体绝缘都有不良膨响。

四、GIS 组合电器与开关柜

GIS 组合电器与开关柜是成套电气装置,是将断路器、三位置开关(隔离开关、接地开关)、电流互感器、电压互感器、避雷器、母线、进出线套管、电缆终端等主要电气元件,按照一次主接线的要求，依次组成一个整体，高压带电部分均封闭于接地的金属体内，并充以一定压力的 SF_6 气体作为绝缘介质。

110 kV 及以上称为 GIS 组合电器，封装了两路断路器及其他设备；27.5 kV 及 10 kV 称为 GIS 开关柜，一般由单个断路器（单极或多极）及其他设备组合而成，如图 3-1-16 所示。

图 3-1-16　GIS 组合开关柜

1. GIS 的特点

(1)小型化

因采用绝缘性能卓越的 SF_6 气体作为绝缘和灭弧介质，能实现小型化，占地面积小。

(2)可靠性高

由于带电部分全部密封于惰性 SF_6 气体中，坚固的金属外壳（钢板或铝板）可靠接地，大大提高了设备运行的可靠性。此外，GIS 设备被牢固地安装在基础预埋件上，设备重心低，强度高，具有优良的耐振性能。

(3)安全性好

带电部分完全封闭，没有触电危险。SF_6 气体为不燃烧气体，无火灾危险。

(4)杜绝对外部的不利影响

全封闭设备噪声小。对电磁和静电实现屏蔽，对外不产生电磁干扰。

(5)安装周期短

可在工厂内进行整机装配和试验合格后，以单元或间隔的形式运达现场，可缩短现场安装工期，提高可靠性。扩建非常方便。

(6)维护方便，检修周期长

可连续十几年不需要检修，平时维护工作主要是监视 SF_6 气体的压力和定期测定气体含水量，检修工作量及费用较小。

2. GIS 的主要设备及其组合元件

(1)GIS 柜气室

GIS 柜气室的密封性能是衡量其品质的重要指标，GIS 柜的主要设备（真空断路器、三工位开关）均设置在 SF_6 气室内。

(2)断路器

断路器是 GIS 组合电器和开关柜的核心设备，可采用性能优良的 SF_6 气体断路器，在电压等级较低的场合，通常采用真空断路器。

(3)断路器操作机构

断路器操作机构功能原理基本一样,只是结构形式有所差别,均属于弹簧储能、机械防跳类型和具有手动、电动功能。

(4)三工位开关

三工位开关将隔离开关和接地开关融为一体,是配合 GIS 开关柜而设计的,具有结构简单、操作可靠、性能高、调试简单、质量轻等优点。三工位开关装置设在 SF_6 气室中,操作机构在气室外,其功能是连接、隔离、接地。三工位开关有一个动触头,两个静触头。三工位开关结构如图 3-1-17 所示。

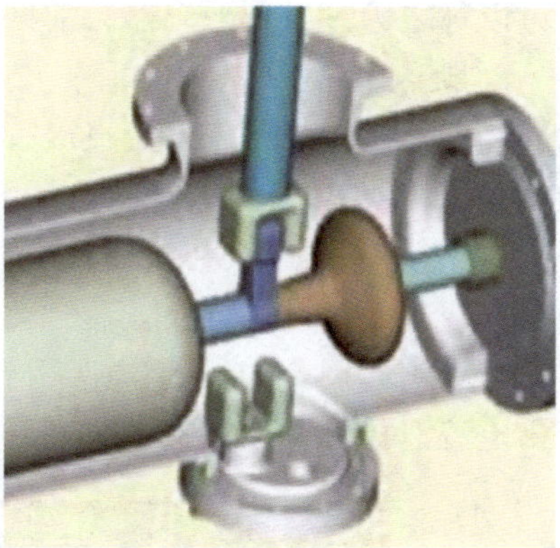

图 3-1-17　三工位开关结构

①三位置开关和断路器可以实现电气联锁。

通过二次联锁回路实现:

a. 仅当断路器处于分位,三位置开关才允许操作;

b. 三位置开关操作时,断路器不允许合闸。

②三位置开关和断路器可以实现机械联锁。

③应用三工位开关实现馈线接地的操作顺序。

(5)电压互感器与电流互感器

GIS 开关柜中的电压互感器、电流互感器可根据需求选为母线型和线路型。

(6)避雷器

避雷器一般采用金属氧化物避雷器,金属氧化物避雷器体积小、保护性能优良的特点很适合 GIS。

(7)母线

母线的布置形式主要有三相共筒式和分相式两种。三相共筒式是将三相母线封闭于一个金属圆筒内,分相式是将三相母线分别封闭在三个金属圆筒内。

(8)充气套管与电缆密封终端

组合电器的进出线与架空线连接采用充气(SF_6)套管,进出线与电缆的连接则采用电缆密封终端。

3. GIS 的试验项目

(1)测量主回路的导电电阻。目的:检查主回路中的连接和触头接触情况。

(2)主回路的交流耐压试验。试验电压值为出厂试验电压的 80%。目的:GIS 设备一般是现场安装、调试完成,必须进行耐压试验。其目的是检查总体安装后的绝缘性能是否完好,验证是否存在各种隐患(如安装错误,包装、运输、储存和安装调试中的损坏,存在异物等)导致内部故障。

(3)密封性试验(检漏试验)。目的:检查 GIS 本体 SF_6 气体是否有泄漏。

(4)组合电器的操动试验。当进行组合电器的操动试验时,联锁与闭锁装置动作应准确可靠。电动、气动或液压装置的操动试验,应按产品技术条件的规定进行。目的:确保 GIS 内各开关能可靠分合,检查 GIS 整体的二次联锁回路接线是否符合设计要求。

(5)气体密度继电器、压力表和压力动作阀的检查。在充气过程中检查气体密度继电器及压力动作阀的动作值,应符合产品技术条件的规定。对单体到现场的这些设备,应进行校验。目的:检查 GIS 本体每个 SF_6 气室上所装的气体密度继电器、压力表的动作值是否符合本产品的技术要求。

五、防雷设备

1. 避雷器

避雷器是一种保护电器，用来防止雷击产生的过电压波沿线路侵入变配电所或其他建筑物内，破坏设备的绝缘。避雷器应与被保护设备并联，装在被保护设备的电源侧，用来限制电气设备绝缘上承受的过电压。避雷器除限制雷电过电压外，还能限制一部分操作过电压，功能上可以称之为过电压限制器。常见的有氧化锌避雷器，如图 3-1-18 所示。

2. 接闪器

接闪器是专门用来接受直接雷击的金属物体。接闪器的金属杆称为避雷针，接闪器金属线称为避雷线，或称架空地线。接闪器金属带称为避雷带，接闪金属网称为避雷网。

避雷针是变配电所常用的设备，如图 3-1-19 所示。一般采用镀锌圆钢或镀锌钢管制成，通常安装在电杆或构架、建筑物上。它的下端要经引下线与接地装置相连接。避雷针的功能实质是引雷作用，它能将雷电吸引到避雷针本身，然后经与避雷针相连接的引下线与接地装置将雷电流泄放到大地中去，使被保护物免受直接雷击。

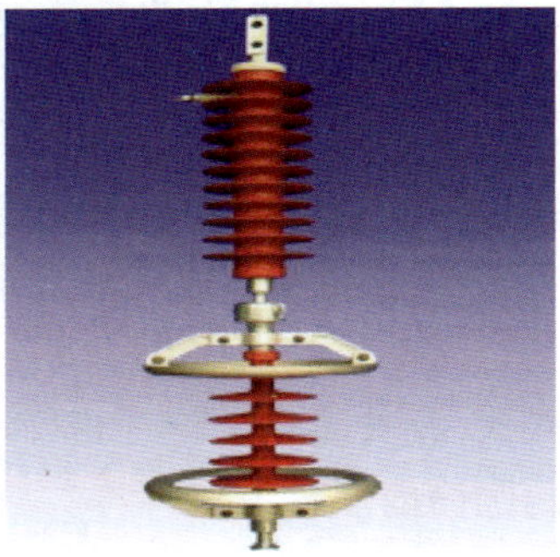

图 3-1-18　氧化锌避雷器

图 3-1-19　避雷针

3. 防雷设备的试验

(1)绝缘电阻测量。

(2)直流 1 mA 下的电压及 75%该电压下的泄漏电流测量。目的：主要是检查避雷器阀片是否受潮，确定其动作性能是否符合要求。

(3)工频放电电压测量。目的：主要是检查防雷设备的放电特性，将测得值与标准值比较，可以了解避雷器的灭弧能力、内部装配和元件绝缘情况等是否正常。

(4)放电动作计数器试验。目的：由于密封不良，放电计数器在运行中可能进入潮气或水分，使内部元件锈蚀，导致计数器不能正确动作，因此需定期试验以判断计数器是否状态良好、能否正常动作，以便总结运行经验并有助于事故分析。

六、27.5 kV 牵引供电电缆

27.5 kV 牵引供电电缆是高速铁路牵引供电系统的重要组成部分，目前客运专线和高速铁路都在大量使用单芯交联聚乙烯绝缘的单芯电缆及其附件。特别是枢纽地区，在节省占地、布置美观方面具有明显的优势，解决了架空困难以及影响市容等问题。

27.5 kV 牵引供电电缆采用交流、单芯铜导体的交联聚乙烯绝缘电缆，外护层选用非磁性金属铠装层。结构如图 3-1-20 所示。

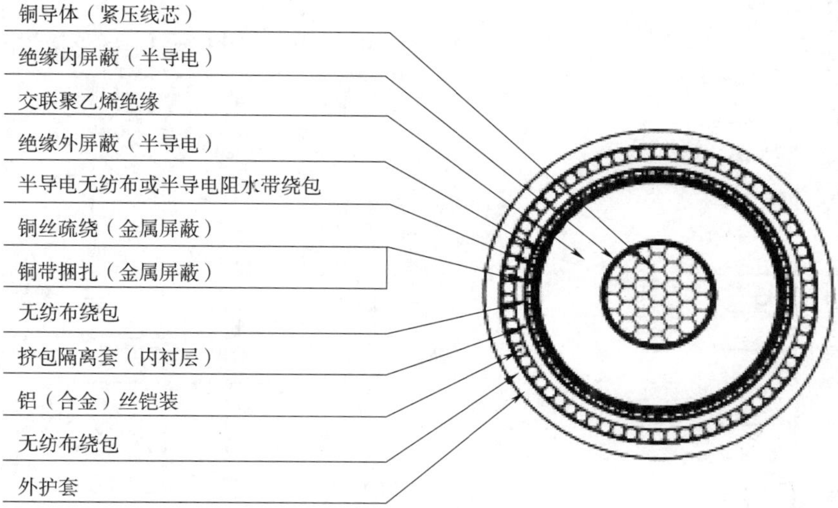

图 3-1-20　27.5 kV 牵引供电电缆的结构

1. 27.5 kV 牵引供电电缆及附件的介绍

(1)27.5 kV 牵引供电电缆的电缆头

电缆头按安装位置分为终端头和中间头两种。电缆终端头按安装方式分为带伞裙的户内、户外电缆终端头以及内锥插拔式终端头；电缆中间头按接地方式分为中间直通头和中间绝缘头。

①户内、户外终端头，安装在电缆的端部，主要起到电缆与电气设备相连接和均匀电缆端部电场的作用，结构如图 3-1-21 所示。

②内锥插拔式终端头，安装在 GIS 柜电缆仓，主要起到电缆与 GIS 柜相连接和均匀电缆端部电场的作用，结构如图 3-1-22 所示。

③中间直通头，将两条电缆连通，使电能顺利输送到目的地。直通头根据整条电缆的接地需求，选择铠装层及屏蔽层引出接地线或不引出接地线。在制作过程中，用铜网将两端电缆的屏蔽层连接，用半导电带将电缆本体的外半导电与电缆头本体的外半导电层连接。中间直通头本体如图 3-1-23 所示。

④中间绝缘头，将两条电缆连通，使电能顺利输送到目的地。绝缘头在制作过程中为了起到接地的分段，电缆头的金属屏蔽层采取物理分段措施，同时在电缆头本体可以看到明显的外半导电断层，绝缘头的两端分别引出铠装屏蔽接地引线。中间绝缘头本体如图 3-1-24 所示。

(2)电缆护层保护器

当长线路高压单芯电缆运行时，由于电磁感应或设备故障，产生过电压，极易击穿电缆护外套，形成单芯电缆多点接地故障，电缆护层保护器能有效限制电缆金属屏蔽层(或金属护套)感应电压和设备故障过电压，更好地保护电缆的正常运行。接地电阻不大于 10 Ω，连接回路应尽可能短。当电缆导线通过电流时，金属保护层产生感应电压，而感应电压的大小与电缆的长度和流过导线的电流成正比。电缆采取一端接地，一端用护层保护器接地的形式运行，这样当电缆金属保护层的电压达到一定值时，护层保护器瞬间动作，释放电流，使电缆金属屏蔽层的感应电压达到安全运行的要求。图 3-1-25 为护层保护器。

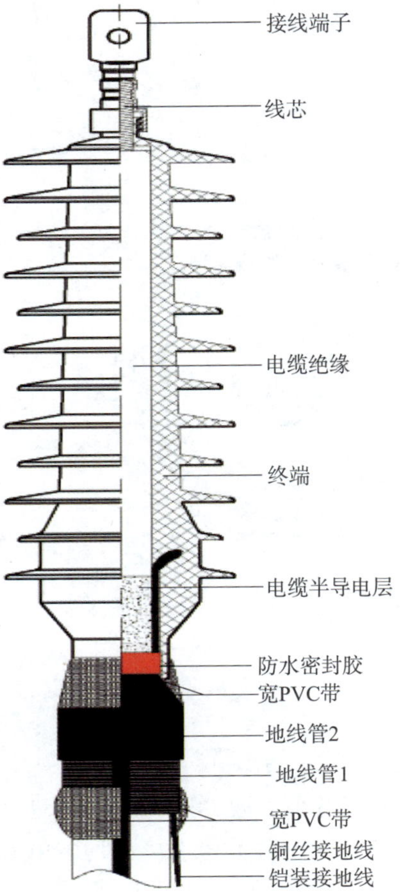

图 3-1-21　户外终端头结构

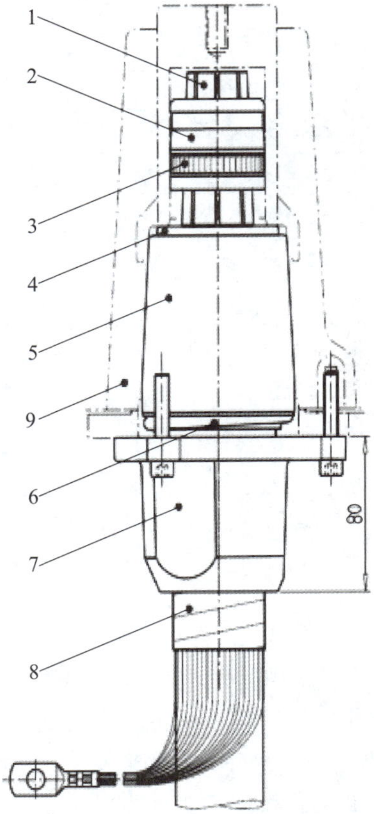

图 3-1-22　插拔头结构

1—金属连接管；2—顶部金属接触环；3—表带式接触机构；4—隔离碟；5—含应力锥的硅橡胶绝缘主体；6—顶推弹簧机构；7—密封尾管及螺栓；8—绝缘密封胶带；9—内锥式套管

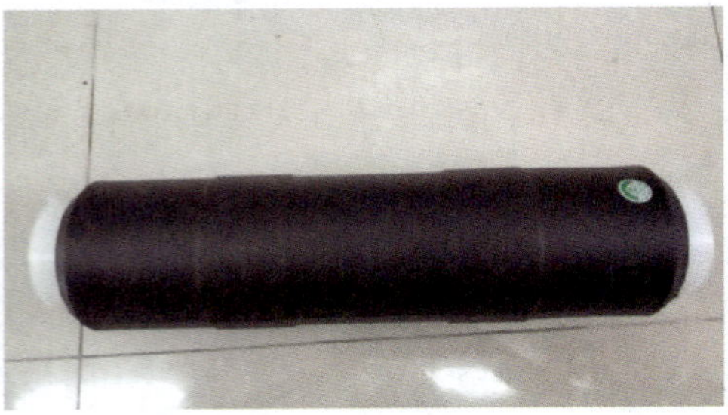

图 3-1-23　中间直通头本体

图 3-1-24　中间绝缘头本体

2. 27.5 kV 牵引供电电缆的安装

(1)27.5 kV 牵引供电电缆的敷设

常见的敷设方式有直埋敷设、电缆沟(槽)敷设和穿管敷设。各种敷设方式的基本要求如下：

①直埋敷设。在含有酸、碱强腐蚀或杂散电流电化腐蚀严重影响地段不宜采用直埋敷设；挖沟的深度应使电缆埋置后的电缆外表面距地面的距离不得小于 0.7 m，当位于车道或耕地

下时，不宜小于 1 m；直埋电缆上下应铺垫不小于 100 mm 厚的细沙或软土，并盖以混凝土板或砖块，覆盖宽度应超出电缆两侧各 50 mm；直埋电缆在直线区段每隔 50～100 m、电缆接头处、转弯处、进入建筑物等处所，应设置明显的方位标志或标桩。

图 3-1-25　电缆护层保护器

②电缆沟(槽)敷设。不同电压等级的电缆原则上应分开不同电缆沟敷设，在多层支架上进行电缆敷设时，应将电压等级高的电缆放置在上层支架，控制电缆等电压等级低的电缆放置在下层支架；在每一个金属支架都应该放置绝缘胶垫；电缆沟应采用有效的防水措施，底部应做集水井；电缆沟在进入电缆夹层等建筑物时应设置防火墙；在中间头、电缆分支、变更敷设方式时应设置电缆井。

③穿管敷设。一般每根管只穿一根电缆，且管内不得有中间头；管的内壁应光滑、平整，管口无能引起刮伤、割裂电缆的缺陷，管口应有防止电缆外护层受到磨损的措施；采用钢管等磁性金属材料时，必须分割磁路；穿管长度在 30 m 以下时，管的内径不小于电缆外径的 1.5 倍；穿管长度超过 30 m 时，管的内径不小于电缆外径的 2.5 倍；地中埋管距地面深度不小于 0.5 m，与铁路交叉处距路基不小于 1 m，距排水沟低不小于 0.3 m。

(2)27.5 kV 牵引供电电缆的接地

单芯电缆的导体与金属保护层的关系，可以看作一个变压器的初级绕组与次级绕组之间的关系，当电缆导体通过电流时，其周围产生的一部分磁力线将与金属保护层铰链，使金属保护层产生感应电压。感应电压的大小与电缆流过导体的电流成正比，而随着电缆长度的增加，感应电压叠加起来可达到危及人身安全的程度，在线路发生短路故障、遭受操作过电压或雷电冲击时，金属保护层上会形成很高的感应电压，甚至可能会击穿护套绝缘。为了降低电缆金属保护层的感应电压，电缆的金属保护层必须接地。

27.5 kV 牵引供电电缆的接地方式一般采用电缆一端接地，另一端用护层保护器接地。电缆接地示意如图 3-1-26 所示。

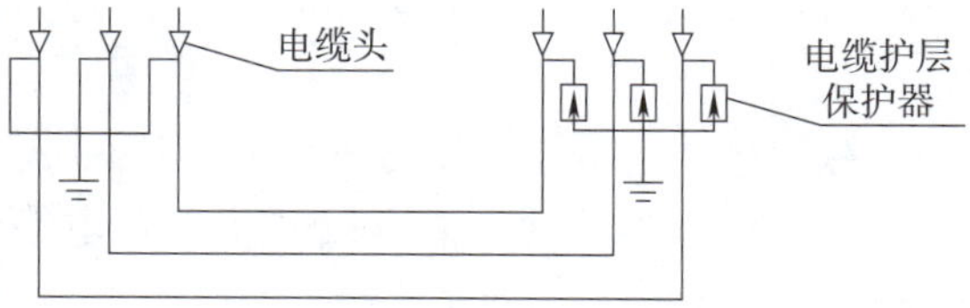

图 3-1-26　电缆接地示意

3. 27.5 kV 牵引供电电缆的检修及维护

27.5 kV 牵引供电电缆的维护根据不同的项目分别制定周期进行，主要项目是电缆及附件外观检查、电缆支架及桥架外观检查、电缆敷设路径检查、电缆铠装层及屏蔽层接地状态检查。

(1)电缆外观检查。检查电缆外护套无破损、裂纹、老化，存在问题时要用高压绝缘胶布、绝缘防水胶布外加装甲带包扎处理；检查电缆本体各结构无回缩下坠的现象，必要时更换整根电缆。

(2)电缆附件检查。检查电缆中间头本体、电缆终端头本体、铠装及屏蔽接地引线和护层保护器有无放电烧伤的痕迹;检查户外终端头伞裙有无开裂、移位等异常现象;发现异常情况时要及时查找出原因并处理,必要时更换附件。

(3)户外终端头的清洁。用酒精纸或工业酒精,每半年一次对户外电缆终端头的伞裙以及电缆头母排支撑绝缘子进行清洁工作,防止出现爬弧现象。

(4)敷设路径检查。检查电缆转弯处、中间头处、穿过建筑墙体处、过轨道两旁等位置的电缆标桩或永久性标识是否齐全,直线段每 50～100 m 设置的标桩是否状态良好、是否齐全;检查电缆沟内是否有积水、支架有无锈蚀严重、电缆盖板是否完备,路径上方不得有堆土或开挖现象。

(5)红外成像仪测温。利用红外成像仪对电缆头等关键部位进行测温工作,通过与环境温度的对比,发现放电发热的隐患点。

4. 27.5 kV 牵引供电电缆的试验

根据试验目的,电缆试验可分为五类:例行试验、抽样试验、型式试验、预鉴定试验和安装敷设后检查及预防性试验。作为铁路 27.5 kV 牵引供电电缆的运营维护者,我们通常需要进行的是安装敷设后检查及预防性试验。27.5 kV 牵引供电电缆因施工过程造成电缆损伤或在运行中的环境不良,易产生树枝性放电,造成绝缘老化、损伤等缺陷,甚至出现供电故障。通过试验能有效地提早发现设备缺陷,采取有效的监控或及时处理以免发生意外停电事故或引起更大的故障。

根据 27.5 kV 牵引供电电缆的结构,电缆的试验项目分为下面几部分:

(1)外护套的试验。外护套的试验包含了外护套的绝缘电阻测试以及外护套的直流耐压试验。目的:高压电缆外护层如果受到损坏,在运行中会造成金属护套的多点接地,将会造成环流损耗,影响电缆的安全运行,所以进行电缆外护层的检测和故障处理十分必要。

①外护套及内护套绝缘电阻,采用 500 V 的兆欧表测量:a. 测量值×电缆长度≥0.5 MΩ · km;b. 外护套耐压试验前后,应无明显变化。

②外护套直流耐压试,试验时必须将护层保护器断开,电缆的铠装接地引线悬空保持足够绝缘距离,采用直流耐压试验:a. 投运前 10 kV/1 min;b. 运行中 5 kV/1 min;c. 试验不击穿。

(2)主绝缘的试验。主绝缘的试验包含了主绝缘的绝缘电阻测试以及主绝缘的耐压试验。

①主绝缘绝缘电阻。目的:从绝缘电阻的数值可以初步判断电缆绝缘是否受潮、老化;耐压试验后可以判断由耐压试验检查出的缺陷性质。

采用 5 000 V 的兆欧表测量,测量时电缆的铠装及屏蔽必须接地:a. 耐压试验前后,应无明显变化;b. 大于 1 000 MΩ 为合格,可以继续投运。

②主绝缘交流耐压试验。目的:电力设备在运行中,绝缘长期受着电场、温度和机械振动的作用会逐渐发生劣化,其中包括整体劣化和部分劣化,形成缺陷。交流耐压试验是鉴定电力设备绝缘强度最有效和最直接的方法。此外,由于交流耐压试验电压一般比运行电压高,因此通过试验后,设备有较大的安全裕度。

a. 不具备试验条件时可用施加正常系统相对地电压 24 h 方法替代;b. 对于运行年限超过 15 年的电缆线路,可选用较低的试验电压或较短的时间;c. 使用 0.1 Hz 耐压试验时,当泄漏电流大于 0.15 mA 时,判断电缆耐压试验不合格;d. 0.1 Hz 耐压试验,交接试验时 $2.1U_0$,

60 min;预防试验时 $2U_0$,60 min;e. 20～300 Hz 谐振耐压试验,交接试验时 $2U_0$,60 min;预防试验时 $1.6U_0$,30 min。

(3)护层保护器的试验。目的:①检测非线性伏安特性曲线是否良好;②护层保护器的绝缘电阻或直流伏安特性,必须将护层保护器拆除与电缆的连接:①泄漏电流 1 mA 时的电压不低于 4 kV(U_{1mA});在 $0.75U_{1mA}$时的泄漏电流应小于 50 μA;②用 1 000 V 兆欧表测量引线与外壳之间的绝缘电阻,其值不应小于 10 MΩ。

(4)接地环流测量。目的:通过测量及时发现环流后,分析原因,有效地避免电缆外护套的烧损。

接地环流测量,用钳形电流表测量或采用在线测量:①测量时需同时测量电缆负荷电流;②单回路敷设电缆线路,一般不大于电缆负荷电流值的 10%,多回路同沟敷设电缆线路,应注意外护套接地电流变化趋势,如有异常变化应加强监测并查找原因;③空载时,27.5 kV 接地电流最大不于 5 A。

七、高压电容器及抗雷线圈

1. 电容器

电容器在牵引供电系统中多用于补偿,且多为并联电容器,也称移相电容器,如图 3-1-27 所示。主要用于补偿电力系统感性负荷的无功功率,以提高功率因数,改善电压质量,降低线路损耗。

牵引系统多采用自动补偿无功功率。电容器根据负荷无功功率的大小自动投切,动态补偿无功功率,改善电能质量。电容器可单台使用、也可多台联机使用。

并联电容器试验项目及周期:

(1)极对壳绝缘电阻

周期:①投运后 1 年内;②6 年一次;③必要时。

要求:串联电容器用 1 000 V 兆欧表,其他用 2 500 V 兆欧表,不低于 2 000 MΩ。

(2)电容值

周期:①投运后 1 年内;②6 年一次;③必要时。

要求:用电桥法或电流电压法测量,电压值偏差不超出额定值的－5%～＋10%范围;电容值不应小于出厂值的 95%。

(3)并联电阻值测量

周期:①投运后 1 年内;②6 年一次;③必要时。

要求:用自放电法测量。电阻值与出厂值的偏差应在±10%范围内。

2. 抗雷圈

抗雷圈是一种保护牵引系统(主要是变压器及其负荷侧的电气设备)不受感应雷电波破坏的装置,如图 3-1-28 所示。其有以下两种作用:

(1)当线路受到感应雷电波时,抗雷圈会产生很高的阻抗,使感应雷电波在侵入的瞬间(即 $t=0$ 时)不能通过,起到了一种盾牌的作用,阻止线路雷电的入侵。

(2)抗雷圈会在感应雷电波侵入瞬间对雷电波产生全反射,使雷电波电压值发生双倍叠加,如此高的电压将会强迫安装于抗雷圈前的放电间隙或避雷器放电泄波,即使失效的避雷器也能强迫其工作。

图 3-1-27　高压电容器

图 3-1-28　抗雷圈

第二节　低压电气设备

一、交直流屏及监控屏

1. 交直流屏(图 3-2-1)

交直流系统分为交流屏、直流屏、电池柜三个部分。变电所内的照明、动力等均受交流系统控制。一次设备的操作电源、电机电源、信号电源、保护电源,应急电源等受直流系统控制。交流系统有两路电源及母联,可以相互自动投切。直流系统中一般有 2 组 4 个整流充电模块(一主一备),将交流转化为直流,直流电压等级分 DC 120 V 的合闸电压、DC 110 V 的控制电压。在直流母线上并联蓄电池组,系统正常时,蓄电池组处于浮充状态。

当两路交流失电,整流充电模块不工作,无法提供直流电时,蓄电池组开始工作。屏内有一监控单元,可对整个交直流系统的各路电压、电流进行监测,对各开关位置的开入信号进行监测,同时可对各带有电操的开关进行控制。当交直流系统发生故障时,必须引起重视,当直流电源失去后,全所一次设备将失去保护,造成严重后果。

图 3-2-1　交直流屏

检查内容及标准:

(1)检查蓄电池是否有膨胀、漏液现象,有则要进行检查,不符合的要及时进行更换。

(2)接头是否有白色氧化物,有则进行清扫,对指头连接导线氧化严重的,还要更换电连接导线。

(3)两路交流电自投是否正常。控制母线电压自动调节装置是否工作正常,变电所电压是否为标准 110 V,配电所电压是否为标准 220 V。

(4)查看保护监控装置信息,各设备运行是否正常,有无报警信号、电池组巡检电压是否在正常范围内,两组四路电源是否正常,有无缺相或者失压等情况。

(5)整流模块工作是否异常,有无报警信号,通信是否良好。

(6)逆变器工作是否异常,有无报警信号,工作模式还是是“旁路优先”还是“逆变优先”,如果是“旁路优先”则要改成“逆变优先”。电压是否为标准的 220 V。

(7)各低压开关是否在正常状态，有无因过负荷或者因线路故障而跳闸，相对应的保险丝是否工作良好。

2. 保护屏及监控屏(图 3-2-2)

保护测控屏是指把保护装置集中安装在一个控制柜里，主要用于线路保护与测控，可分为主变保护测控屏、馈线保护馈线屏、电容补偿保护控制屏等。保护测控屏有以下特点：

(1)由电源及继电器模件、交流采样模件、CPU 及开入量模件、总线模件、人机接口模件等组成。CPU 采用 DSP 芯片，断路器操作模件代替了原来开关柜的全部操作。各装置设有独立箱体，液晶显示屏、按键、运行指示灯、断路器位置指示灯、电源指示灯均装于面板上，便于操作、观察。

(2)根据需要选择保护项目：速断保护(速断、速断方向)、限时速断(限时速断、限时速断方向)、过电流保护(过流、过流方向、反时限)、重合闸(重合闸检无压、重合闸检同期)、过负荷(过负荷告警、过负荷跳闸)、零序过流(零序过流、零序电压闭锁、零序方向、零序跳闸)、低电压、PT 断线等。

(3)在通信系统中，各装置可通过现场总线直接连接微机进行通信，也可与通信管理机进行通信，将采集到的各种信息通过通信管理机上传给微机监控系统；同时通信管理机把接收到的各种命令传送到所对应的装置中。控制设备层以站内一次设备为测控对象，面向对象，综合分析变电站对信息的采集、处理及控制要求，分布式配置小型化、高可靠性的微机保护和测控装置。各装置相对独立，可与变电站层设备通信，实现变电站综合自动化。

3. 环境监控屏(图 3-2-3)

环境监控系统的主要任务是监视变电所内各工作现场的温度、湿度以及浸水等各环境参数。并对一些关键设备、区域进行视频监视，一旦出现异常，系统自动告警，并可以自动启动空调、风机水泵等设备。

(1)环境监控系统组成

监控系统支持多路开关量和模拟量的环境监测传感器，包括离子烟雾传感器、浸水传感器、红外探测器、红外对射、玻璃破碎探测器、温湿度探测、小动物/非法入侵、电子围栏等。

(2)环境监控系统特点

智能软件有电子地图功能明确显示各探测器的位置和状态。现场的控制设备(风机、空调、抽水泵等)能与探测器的警情实现联动。

图 3-2-2　保护屏及监控屏

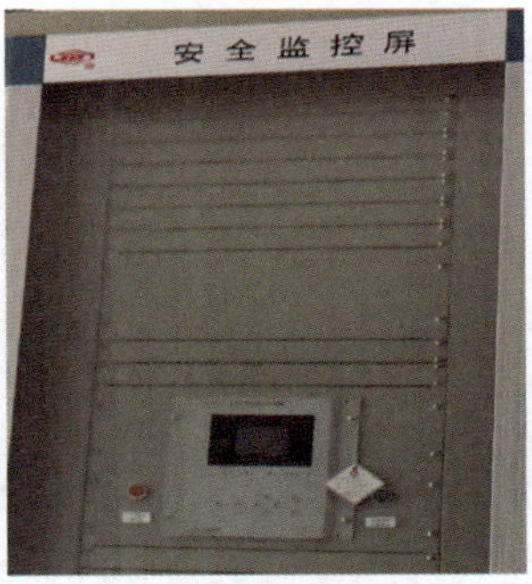

图 3-2-3　环境监控屏

二、主要设备铭牌解析

1．避雷器

避雷器的型号参数及含义如图 3-2-4 所示。

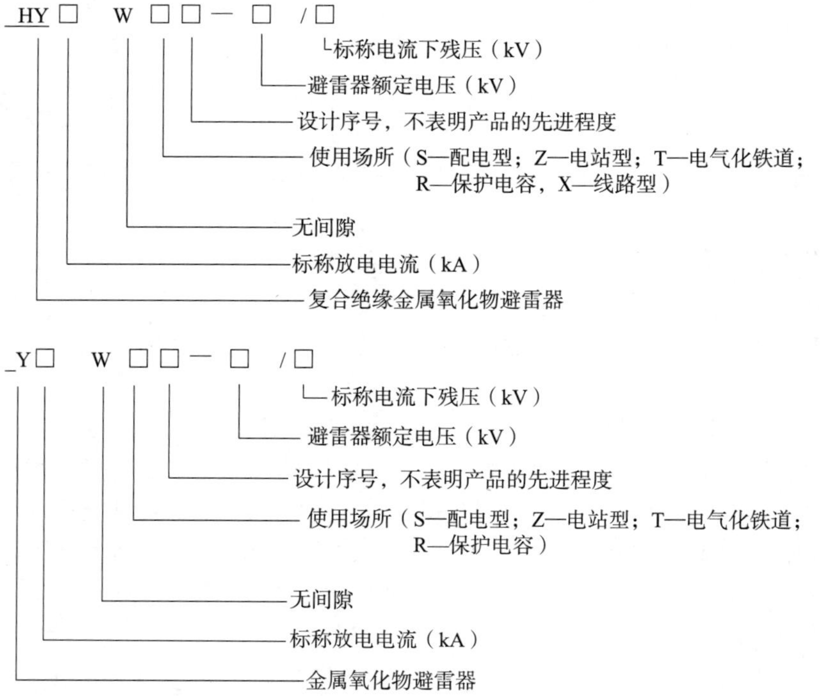

图 3-2-4　避雷器的型号参数及含义

2．变压器

变压器的型号参数及含义如图 3-2-5 所示。

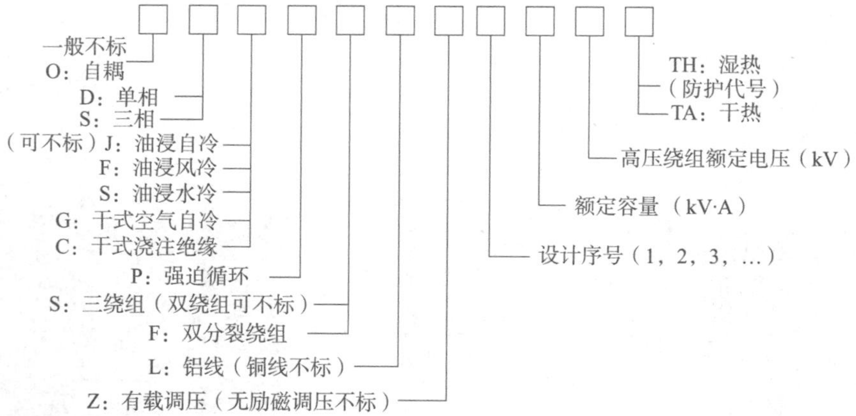

图 3-2-5　变压器的型号参数及含义

第 1 位：一般不标，Q—牵引变压器，O—自耦变压器。

第 2 位：相数，S—三相，D—单相。

第 3 位:冷却方式,可不标,J—油浸自冷,F—油浸风冷,S—油浸水冷,G—干式空气自冷,C—干式浇注绝缘。

第 4 位:循环方式,P—强迫循环。

第 5 位:绕组形式,S—三绕组(双绕组可不标),F—双分裂绕组。

第 6 位:绕组材质,L—铝线(铜线不标)。

第 7 位:调压形式,有载调压(无励磁调压不标)。

第 8 位:设计序号(1,2,3,…)。

第 9 位:额定容量(kV·A)。

第 10 位:高低压绕组额定电压(kV)。

第 11 位:防护代号,HT—湿热,HA—干热,GY—高原。

3. 断路器

断路器的型号参数及含义□□□—□□/□□

第 1 位:代表产品名称,S—少油断路器,D—多油断路器,K—空气断路器,L—六氟化硫断路器,Z—真空断路器,Q—产气断路器,C—磁吹断路器。

第 2 位:代表安装场所,N—户内式,W—户外式。

第 3 位:代表设计序号,用数字表示。

第 4 位:代表额定电压(kV)。

第 5 位:代表补充工作特性,G—改进型,F—分项操作。

第 6 位:代表额定电流。

第 7 位:代表额定断流容量(MV·A)。

4. 隔离开关

隔离开关的型号参数及含义:□□□—□□/□

第 1 位:产品字母代号,G—隔离开关,J—接地开关。

第 2 位:使用环境,N—户内,W—户外。

第 3 位:设计序号(1,2,3,…)。

第 4 位:额定电压(kV)。

第 5 位:派生代号,K—带快分装置,D—带接地刀闸,G—改进型,T—统一设计产品,C—人力操作机构。

第 6 位:额定电流(A)。

5. 电压互感器

电压互感器的型号参数及含义:□□□□□—□

第 1 位:J—电压互感器。

第 2 位:D—单相,S—三相,C—串级,W—五铁芯柱。

第 3 位:G—干式,J—油浸,C—瓷绝缘,Z—浇注绝缘,R—电容式,S—三相。

第 4 位:W—五铁芯柱,B—带补偿角差绕组,连字符号后面,GH—高海拔,TH—湿热区。

第 5 位:设计序号。

第 6 位:额定电压。

例如:JDZF7-10GYW1

J—电压互感器(Voltage transformer),D—单相(Single phase),Z—浇注式(Casting type),F—带剩余电压绕组(With residual voltage winding),7—设计序号(Design number),10—电压等级(kV)[Voltage class(kV)],GYW 1—高原污秽(Plateau dirty)。

6. 电流互感器

电流互感器的型号参数及含义:□□□□□—□

第1位:L—电流互感器。

第2或3位:A—穿墙式,M—母线型,B—支柱式,C—瓷绝缘,S—塑料注射绝缘,D—单匝贯穿式,W—户外式,F—复匝式,G—改进型,Y—低压式,Z—浇注式绝缘,Q—母线型,K—塑料外壳,J—浇注绝缘或加大容量。

第4或5位:B—保护级,C—差动保护,D—D级,J—加大容量,Q—加强型。

第6位　额定电压。

例如:LZZBJ9-10

L—电流互感器(Current transformer),Z—支柱式(Post type),Z—浇注式(Casting type),B—保护级(Wity protective class),J—加强型(Reinforced type),9—设计序号(Design number),10—额定电压(kV)[Highest voltage for equipment(kV)]。

第二部分　变电运行与检修

第四章　基本安全知识

第一节　劳动人身安全知识

在变电所检修作业中，具有“高压、高空”等不安全因素，劳动人身安全存在较大风险，变配电从业人员必须掌握基本的安全风险因素及人身安全常识，不断提高安全意识，养成良好的行为习惯，在作业中做好安全自控、互控，确保自身及他人劳动人身安全。

一、铁路电气化区段对人身构成伤害的特征因素

1. 高电压、大电流

牵引供电系统属高电压系统，变电所进线电压一般为 110 kV 或 220 kV，我国接触网的工作电压一般在 19 kV 至 29 kV 范围，向机车正常供电的馈线电流，跳闸保护整定值在几百安甚至上千安，故障短路情况下可达到几千安。对人身安全构成直接的威胁，稍有疏忽可能产生严重后果。

2. 高空作业

在变配电设备的安装、检修和维护中，一些设备必须进行高空作业才能完成检修，因各种人为或客观因素引发的高空坠落、高空掉物，可直接造成对人员的伤害，安全危险性较大。

3. 感应电

受电气化牵引供电电磁场的互感作用，金属物体或易燃易爆危险品距有电的供电线垂直距离越近，平行距离越长，感应电动势越大。在变电所内已停电设备上，相邻的两个供电系统间会产生感应电。这种感应电可直接引发产生火灾和电击伤害事故，直接危及人身和设备的安全。

二、安全防范措施

1. 车辆伤害安全防范措施

(1)作业人员必须按规定穿戴防护服、工作服。

(2)穿越线路时“一站、二看、三通过”。

(3)沿线路行走必须走线路路肩，路肩无法行走时走轨枕头，严禁走道心，同时集中精神加强行车瞭望及监听。

(4)上道时，严禁有听音乐、戴耳塞等影响听觉的行为，严禁在线路上使用手机。

2. 高空作业安全防范措施

(1)熟练掌握防高空坠落用具性能及使用注意事项。

(2)作业前，必须认真检查所用防高空坠落用具、受力工具状态良好。

(3)作业人员必须戴好安全帽。

(4)攀爬设备前，要检查杆(基)、爬梯状态，选择正确的攀爬方向。

(5)高空作业人员攀爬上下过程正确使用防高空坠落用具。

(6)严禁负重或手握工具、材料攀爬。

(7)在高空作业时,必须严防断线导致人员高空坠落。

3. 触电安全防范措施

(1)作业人员(包括所持的机具、材料、零部件等)与周围带电设备的距离不得小于下列规定:220 kV 为 3 000 mm;110 kV 为 1 500 mm;25 kV 和 35 kV 为 1 000 mm;10 kV 及以下为 700 mm;停电设备附近如有其他带电设备,作业分工时必须明确停、带电设备的范围及安全卡控措施,对带电设备的电气距离不能满足规定时,附近带电设备按停电办理。

(2)停电作业时,必须在与作业地点有直接电气连接的所有可能来电的方向(含厂矿专用线)装设接地线(复线车站 V 停上下行渡线分段处除外)。

(3)严格按《变配电一次作业标准》进行验电。

(4)作业人员必须掌握作业范围内带电设备情况,防止误爬设备、误挂地线等。

(5)发现导线断落地面或悬吊空中,严禁人员靠近断线点 8 m 范围以内。

(6)感应电安全防范措施。

①停电作业时,进行变电所内 27.5 kV 母线检修时,如线路有断开点应加挂临时地线。

②对作业地点有可能产生感应电的设备上要安装临时地线。

4. 其他安全防范措施

(1)严禁钻车、扒车、跳车。

(2)严禁在行车限界内、边坡危岩等处所坐卧、休息。

(3)夜间巡视必须确保照明良好。

第二节　消防安全知识

一、消防的概念和分类

1. 火灾的概念

凡是在时间和空间上失去控制,造成物质损失或人员伤亡的燃烧现象,称之为火灾。

2. 三懂四会的内容

(1)三懂:懂得本岗位的火灾危险性,懂得预防火灾的措施,懂得火灾的扑救方法。

(2)四会:会报警,会使用灭火器,会扑救初始火灾,会火场逃生。

3. 按燃烧的物品种类分类

(1)固体火灾,代号为 A,如木材、棉、毛、麻、纸张等。

(2)液体火灾或可熔化固体火灾,代号为 B,如汽油、乙醇煤油、原油、甲醇 3 类。

(3)气体火灾,代号为 C,如煤气、天然气、甲烷、乙烷、丙烷、氢等。

(4)金属火灾,代号为 D,如钾、钠、镁、钛、锂、铝镁合金等。

(5)电气火灾,如发电机房、变压器室、配电间、仪器仪表间和电子计算机房等在燃烧能及时或不宜断电的电气设备带电燃烧的火灾等。

二、基本灭火措施

不同类型火灾、不同具体条件应采取不同的灭火措施。

1. A 类火灾

一般可采取水冷却法，但对于忌水的物质，如布、纸等尽量减少水渍损失。对珍贵图书、档案，应使用二氧化碳、卤代烷、干粉灭火剂灭火。

2. B、C 类火灾

首先应关闭有关阀门，切断可燃气、可燃液体等可燃物来源，同时将燃烧区容器内可燃液体排至安全地区，并用水冷却燃烧区可燃液体的容器壁，减慢蒸发速度，防止汽化产生蒸汽发生爆炸。及时使用大剂量泡沫灭火剂、干粉灭火剂将液体火灾、气体火灾扑灭。

3. D 类火灾

如镁、铝燃烧时，水及其他普通灭火剂无效，发生钠和钾的火灾切忌用水救，水与钠、钾起反应放出大量热和氢，会促进火灾猛烈发展，扑救金属火灾应用特殊的灭火剂，如砂石、石墨等。

4. E 类火灾

关键要切断电源，精密仪器、贵重电气设备最好用二氧化碳扑救，因为二氧化碳不导电，不含水分，灭火后很快散逸，不留痕迹，不污染仪器设备。

三、如何报火警

1. 报警的意义

以便迅速调集足够的力量，尽早地控制和扑灭火灾，尽可能地减少灾害带来的各类损失。一旦发生火灾，一是要利用现场灭火器材及时扑救，二是要同时报火警。

2. 报警的方法

一是向单位和周围的人报警，二是向公安消防部门报警，即拨打“119”，也可拨打“110”。

3. 报警的内容

(1)发生火灾单位或个人的详细地址，必要时由专人负责引路。

(2)起火物是什么。

(3)火势燃烧的情况。

(4)报警人姓名及电话的号码。

提醒：公安消防部门出警救火是不收取任何费用的。

四、灭火器的配置与检查及操作使用

1. 灭火器的类型

(1)按操作使用方法分为手提式灭火器、推车式灭火器。

(2)按充装的灭火剂分为水型灭火器、泡沫灭火器、干粉型灭火器(BC、ABC)、卤代烷型火器、二氧化碳型灭火器。

2. 灭火器的选择

按照 GB 50140—2005《建筑灭火器配置设计规范》，一般根据灭火器配置场所的火灾种类、危险等级、灭火效能和通用性配置灭火器。

(1)A 类火灾场所(指固体物质火灾)应选择水型灭火器、磷酸铵盐干粉灭火器(ABC 干粉)、泡沫灭火器或卤代烷灭火器。

(2)B 类火灾场所(指液体火灾和可熔化的固体物质火灾)应选择泡沫灭火器、碳酸氢钠干粉灭火器(BC 干粉)、磷酸铵盐干粉灭火器、二氧化碳灭火器、灭 B 类火灾的水型灭火器或卤代烷灭火器。

(3)C 类火灾场所(指气体火灾)应选择磷酸铵盐干粉灭火器、碳酸氢钠干粉灭火器、二氧化碳灭火器或卤代烷灭火器。

(4)D 类火灾场所(指金属火灾)应选择扑灭金属火灾的专用灭火器。

(5)E 类火灾场所(指带电火灾)应选择磷酸铵盐干粉灭火器、碳酸氢钠干粉灭火器、卤代烷灭火器或二氧化碳灭火器,但不得选用装有金属喇叭喷筒的二氧化碳灭火器。

3. 灭火器的设置

(1)灭火器应设置在位置明显和便于取用的地点,且不得影响安全疏散。

(2)对有视线障碍的灭火器设置点,应设置指示其位置的发光标志。

(3)灭火器的摆放应稳固,其铭牌应朝外,手提式灭火器宜设置在灭火器箱内或挂钩、托架上,其顶部离地面高度不应大于 1.50 m;底部离地面高度不宜小于 0.08 m。

(4)灭火器不宜设置在潮湿或强腐蚀性的地点。

(5)灭火器设置在室外时,应有相应的保护措施。

(6)灭火器不得设置在超出其使用温度范围的地点。

4. 灭火器的检查

(1)类型检查:检查配置的灭火器是否适用该场所灭火需要,灭火器是否在有效期内。

(2)外观检查:检查灭火器筒体有无变形和严重锈蚀,铭牌是否清晰,保险销和铅封是否完好,压把、拉环、器头、喷管(嘴)有无损坏、短缺、松动和堵塞。

(3)气压检查:检查灭火器压力表指针,看压力值是否处于正常压力范围,气压表用红、绿、黄三条格显示,指针在红格内为失效。

5. 灭火器的操作使用

(1)使用手提式灭火器时,可手提灭火器的提把或提圈,迅速奔至距燃烧处 5 m 左右,放下灭火器,拔出保险销,一手握住灭火器的开启压把,另一手握住喷射软管前端的喷嘴,对准火焰根部,用力压下开启压把并紧压不放。

(2)推车式灭火器需要两人配合操作,使用时,快速将灭火器推至距离燃烧处约 10 m。

(3)一人迅速展开软管并握紧喷枪对准燃烧物作好喷射准备,另一人开启灭火器,并将手轮转动至最大部位。灭火方式也是由近而远左右扫射,首先对准燃烧最猛烈处,并根据火情调整位置,确保将火焰彻底扑灭,使其不能复燃。

(4)灭火器使用注意事项

①大多数手提式灭火器操作时需要保持直立,以确保灭火剂完全喷出,要避免横立,以防驱动气体泄漏。

②灭电气设备火灾时,注意预防触电。

③灭液体火灾时,注意不能直接对着液面喷射,防止燃烧液体飞溅,造成火势蔓延加大扑救难度。

④扑救室外火灾时,要站在上风向。

⑤使用二氧化碳灭火器时,不能直接用手握灭火器的金属部位,以防止对操作者产生冻伤危害。

五、电气化铁路附近消防安全规定

电气化铁路附近发生火灾时，必须立即通知车站列车调度员、供电调度员或接触网工区班人员，并遵守下列规定：

1. 用水或一般灭火器浇灭离接触网带电部分不足 4 m 的燃着物体时，接触网必须停电。若使用沙土灭火时，距接触网在 2 m 以上者，可不停电。

2. 距接触网超过 4 m 的燃着物体，可以不停电用水浇，但水流不得向接触网的方向喷射，并保持水流与带电部分的距离在 2 m 以上。

第三节　安全用具管理

一、绝缘工具

1. 绝缘工具分类

常见绝缘工具有验电器(测电笔)、高低压封线接地杆、短接地线、绝缘靴、绝缘手套、绝缘挂梯、绝缘滑轮、绝缘绳、令克棒、放电棒等。

按用途分，绝缘工具分为三类。

(1)第一类绝缘工具

第一类绝缘工具是指直接与带电部分接触或带电进行倒闸所用的绝缘工具，常见的有验电器、绝缘手套、绝缘靴、令克棒。

第一类绝缘工具必须按《高速铁路牵引变电所安全工作规则》有关试验规定半年进行耐压试验，如果损坏、受潮或试验超期禁止使用，必须重新进行耐压试验合格后方准使用。

第一类绝缘工具必须指定专人保管，定置存放，且有专门的摆放架，严防受潮。

第一类绝缘工具必须在“安全试验合格证”上注明，各部门定期对第一类绝缘工具进行检查。

(2)第二类绝缘工具

第二类绝缘工具是指停电后使用的绝缘工具，常见的有高低压封线接地杆、个人保安线杆、放电棒。

第二类绝缘工具中高压接地封线杆、放电棒试验周期为 1 年，试验周期超期最多不超过 15 天；低压封线杆、个人短接地线杆不要求做耐压试验，但使用部门每年必须用兆欧表进行绝缘电阻摇测，将摇测结果填入卡片上。

第二类绝缘工具应有防潮措施，必须定置存放并进行编号，在使用时如果受潮，必须完全干燥后方能使用。

(3)第三类绝缘工具

第三类绝缘工具是指第一类、第二类以外的绝缘工具，常见的有绝缘挂梯、绝缘滑轮、绝缘绳。

第三类绝缘工具在不带电的情况下可以当一般受力工具使用，如进行带电作业时，必须按第一类绝缘工具进行管理。

第三类绝缘工具不做耐压试验，但使用前必须进行外观检查，发现破损、异常立即停止使用。

2. 绝缘工具管理

(1)绝缘工具必须指定专人保管,进行编号,建卡建账,登记整理,按规定试验和正确使用,绝缘工具必须存放于干燥处,不得放于地面上,且保持清洁、整齐,有防潮措施。

(2)绝缘工具在每次使用前必须进行认真检查,且用干净柔软的抹布擦拭有效绝缘部分;直接与带电部分接触的测杆、令克棒在使用前必须用 2 500 V 兆欧表进行绝缘电阻摇测,摇测时必须使用专门的电极,并将摇测结果填入《绝缘测杆摇测登记簿》。

(3)绝缘工具试验标签及编号

绝缘工具中接地封线接地杆和测杆,每副中每一节编号和试验标签必须一致;绝缘手套和绝缘靴编号必须注明左右,绝缘手套试验标签和编号必须贴在背面,绝缘靴贴在行走外侧。绝缘工具在使用过程中要注意试验标签和编号的保护,如果发现试验标签和编号脱落时,应迅速查验安全用具试验标签和试验报告单后及时补上。

3. 绝缘工具使用

(1)高压验电器:进行电力线路验电时必须使用相应电压等级、合格的接触式验电器;高压验电器必须在试验有效期内;验电前,宜先在同等级的有电设备上进行试验,确认验电器良好;无法试验时,可用验电器的试验按钮验证验电器声响和闪光均良好方可使用;高压线路的验电应逐相进行;设备验电过程中,如果出现验电器声光或者音响报警,必须立即停止后续的相关作业,人员立即撤离到安全的位置,原因未查明前禁止进行接地封线;在落实并确认需断开的开关已全部断开,且无反送电(含跨越线断落),操作人员方能重新进行接地封线作业;对检修联络用的断路器(开关)、隔离开关(刀闸)或其组合开关验电时,应在其两侧分别验电;使用伸缩式验电器时应保证绝缘的有效长度。

(2)绝缘手套、绝缘靴:在使用前进行充气检验,发现任何破损则不能使用;使用时应将衣袖口、裤口套入靴筒内,勿与各种油脂、酸、碱有腐蚀性物质接触且防锋锐金属的机械损伤;使用后,应将手套擦拭干净,平稳放置,勿使之受压受损;用肥皂清洗绝缘手套后清水冲洗干净,切忌使用汽油、煤油或酒精之类的溶剂清洗。

4. 使用绝缘操作杆、验电器和测量杆时,作业人员手不得越过护环或手持部分的界限;使用时人体应与带电体之间保持不小于最小安全距离的规定,并注意防止绝缘杆被人体或设备短接,以保持有效的绝缘长度。

二、受力工(用)具

1. 常见受力工(用)具

受力工具指安全带、登高板、梯子、起重钢丝绳、手拉葫芦、手扳葫芦、手动紧线器、钢丝套子、滑轮、绳子、夹板、夹具、安全帽等。

2. 受力工具的分类

第一类:安全带、登高板、钢丝套子。

第二类:手拉葫芦、手扳葫芦、手动紧线器、卷扬机、夹具、电动葫芦、起重用钢丝绳、各种绳子等。

3. 受力工具管理

(1)第一类受力工具的管理

第一类受力工具是指直接与人身安全有关,一旦发生损坏,将发生人身伤害事故的受力工具,因此要对其试验、使用、保管、检查进行严格管理。

第一类受力工具必须按牵引变电所安全工作规程及其补充细则有关规定定期做强度试验，试验周期均为一年。

第一类受力工具在每次使用前必须进行认真检查，发现损坏和试验超期禁止使用。

严禁私自取消和损坏安全带保险扣，不能在安全带上附加其他设施，一个人只能拥有一条安全带(包括两根副带)，副带必须做强度试验。安全带使用后要及时清洗扣子，以防油污粘连扣子而影响使用。

登高板在使用前必须进行试踩检查，发现异常禁止使用。

钢丝套使用时不能超过其额定负载。

钢丝套在使用过程中严禁受剪切力，受力时观察其状态，发现不良时停止作业。

钢丝套子在每次使用前必须进行认真检查，发现断股或接头处散股立即停止使用。严禁自制钢丝套子或用 ϕ4.0 铁丝制作套子。

第一类受力工具采购前，必须经安全部门审批后才能进货，经安全部门抽样试验后方能下发。

(2)第二类受力工具的管理

第二类受力工具是指在使用时要承受较大的负荷，一旦发生损坏将造成设备或人身事故的受力工具。

第二类受力工具不做拉力试验，但每季必须进行一次外观检查，发现损坏和异常应立即停止使用。

第二类受力工具必须配套齐全，严禁拆卸和自行修理，作业时必须正确使用。

第二类受力工具要有防腐措施，使用后必须涂防腐油。绳子使用后必须叠绕整齐，严禁受潮。

第四节　触电急救方法

人触电以后，会出现神经麻痹、呼吸困难、血压升高、昏迷、痉挛，直至呼吸中断、心脏停跳等险象，呈现昏迷不醒的状态。如果未见明显的致命外伤，就不能轻率地认定触电者已经死亡，而应该看作是“假死”，施行急救。

有效的急救在于快而得法。即用最快的速度，施以正确的方法进行现场救护，多数触电者是可以复活的。

触电急救的第一步是使触电者迅速脱离电源，第二步是现场救护，现分述如下。

一、使触电者脱离电源

电流对人体的作用时间愈长，对生命的威胁愈大。所以，触电急救的关键是首先要使触电者迅速脱离电源。可根据具体情况，选用下述几种方法使触电者脱离电源。

1. 脱离低压电源的方法

脱离低压电源的方法可用“拉”“切”“挑”“拽”“垫”五字来概括：

“拉”。指就近拉开电源开关、拔出插销或瓷插保险。此时应注意拉线开关和板把开关是单极的，只能断开一根导线，有时由于安装不符合规程要求，把开关安装在零线上。这时虽然断开了开关，人身触及的导线可能仍然带电，这就不能认为已切断电源。

“切”。指用带有绝缘柄的利器切断电源线。当电源开关、插座或瓷插保险距离触电现场较远时，可用带有绝缘手柄的电工钳或有干燥木柄的斧头、铁锨等利器将电源线切断。切断时应防止带电导线断落触及周围的人体。多芯绞合线应分相切断，以防短路伤人。

“挑”。如果导线搭落在触电者身上或压在身下，这时可用干燥的木棒、竹竿等挑开导线或用干燥的绝缘绳套拉导线或触电者，使之脱离电源。

“拽”。救护人可戴上手套或在手上包缠干燥的衣服、围巾、帽子等绝缘物品拖拽触电者，使之脱离电源。如果触电者的衣裤是干燥的，又没有紧缠在身上，救护人可直接用一只手抓住触电者不贴身的衣裤，将触电者拉脱电源。但要注意拖拽时切勿触及触电者的体肤。救护人亦可站在干燥的木板、木桌椅或橡胶垫等绝缘物品上，用一只手把触电者拉脱电源。

“垫”。如果触电者由于痉挛手指紧握导线或导线缠绕在身上，救护人可先用干燥的木板塞进触电者身下使其与地绝缘来隔断电源，然后再采取其他办法把电源切断。

2. 脱离高压电源的方法

由于装置的电压等级高，一般绝缘物品不能保证救护人的安全，而且高压电源开关距离现场较远，不便拉闸。因此，使触电者脱离高压电源的方法与脱离低压电源的方法有所不同，通常的做法是：

(1)立即电话通知有关变电所拉闸停电。

(2)如电源开关离触电现场不远，则可戴上绝缘手套，穿上绝缘靴，拉开高压断路器，或用绝缘棒拉开高压跌落保险以切断电源。

(3)往架空线路抛挂裸金属软导线，人为造成线路短路，迫使继电保护装置动作，从而使电源开关跳闸。抛挂前，将短路线的一端先固定在铁塔或接地引线上，另一端系重物。抛掷短路线时，应注意防止电弧伤人或断线危及人员安全，也要防止重物砸伤人。

(4)如果触电者触及断落在地上的带电高压导线，且尚未确证线路无电之前，救护人不可进入断线落地点 8～10 m 的范围内，以防止跨步电压触电。进入该范围的救护人员应穿上绝缘靴或临时双脚并拢跳跃地接近触电者。触电者脱离带电导线后应迅速将其带至 8～10 m 以外立即开始触电急救。只有在确认线路已经无电，才可在触电者离开触电导线后就地急救。

3. 在使触电者脱离电源时应注意的事项

(1)救护人不得采用金属和其他潮湿的物品作为救护工具。

(2)未采取绝缘措施前，救护人不得直接触及触电者的皮肤和潮湿的衣服。

(3)在拉拽触电者脱离电源的过程中，救护人宜用单手操作，这样对救护人比较安全。

(4)当触电者位于高位时，应采取措施预防触电者在脱离电源后坠地摔伤或摔死。

(5)夜间发生触电事故时，应考虑切断电源后的临时照明问题，以利救护。

二、现场救护

触电者脱离电源后，应立即就地进行抢救。“立即”之意就是争分夺秒，不可贻误。“就地”之意就是不能消极地等待医生的到来，而应在现场施行正确的救护的同时，派人通知医务人员到现场并做好将触电者送往医院的准备工作。

根据触电者受伤害的轻重程度，现场救护有以下几种抢救措施：

1. 触电者未失去知觉的救护措施

如果触电者所受的伤害不太严重，神志尚清醒，只是心悸、头晕、出冷汗、恶心、呕吐、四肢发麻、全身乏力，甚至一度昏迷，但未失去知觉，则应让触电者在通风暖和的处所静卧休息，并派人严密观察，同时请医生前来或送往医院诊治。

2. 触电者已失去知觉（心肺正常）的抢救措施

如果触电者已失去知觉，但呼吸和心跳尚正常，则应使其舒适地平卧着，解开衣服以利呼吸，四周不要围人，保持空气流通，冷天应注意保暖，同时立即请医生前来或送往医院诊察。若发现触电者呼吸困难或心跳失常，应立即施行人工呼吸或胸外心脏挤压。

3. 对“假死”者的急救措施

如果触电者呈现“假死”（即所谓电休克）现象，则可能有三种临床症状：一是心跳停止，但尚能呼吸；二是呼吸停止，但心跳尚存（脉搏很弱）；三是呼吸和心跳均已停止。“假死”症状的判定方法是“看”“听”“试”。“看”是观察触电者的胸部、腹部有无起伏动作；“听”是用耳贴近触电者的口鼻处，听他有无呼气声音；“试”是用手或小纸条试测口鼻有无呼吸的气流，再用两手指轻压一侧（左或右）喉结旁凹陷处的颈动脉有无搏动感觉。如“看”“听”“试”的结果，既无呼吸又无颈动脉搏动，则可判定触电者呼吸停止或心跳停止或呼吸心跳均停止。“看”“听”“试”的操作方法如图 4-4-1 所示。

图 4-4-1　判定“假死”的“看”“听”“试”

当判定触电者呼吸和心跳停止时，应立即按心肺复苏法就地抢救。所谓心肺复苏法就是支持生命的三项基本措施，即通畅气道、口对口（鼻）人工呼吸、胸外按压（人工循环）。

（1）通畅气道

若触电者呼吸停止，要紧的是始终确保气道通畅，其操作要领如下：

①清除口中异物

使触电者仰面躺在平硬的地方，迅速解开其领扣、围巾、紧身衣和裤带。如发现触电者口内有食物、假牙、血块等异物，可将其身体及头部同时侧转，迅速用一个手指或两个手指交叉从口角处插入，从中取出异物，操作中要注意防止将异物推到咽喉深处。

②采用仰头抬颌法（图 4-4-2）通畅气道

操作时，救护人用一只手放在触电者前额，另一只手的手指将其颌骨向上抬起，两手协同将头部推向后仰，舌根自然随之抬起、气道即可畅通。气道是否畅通如图 4-4-3 所示。为使触电者头部后仰，可于其颈部下方垫适量厚度的物品，但严禁用枕头或其他物品垫在触电者头下，因为头部抬高前倾会阻塞

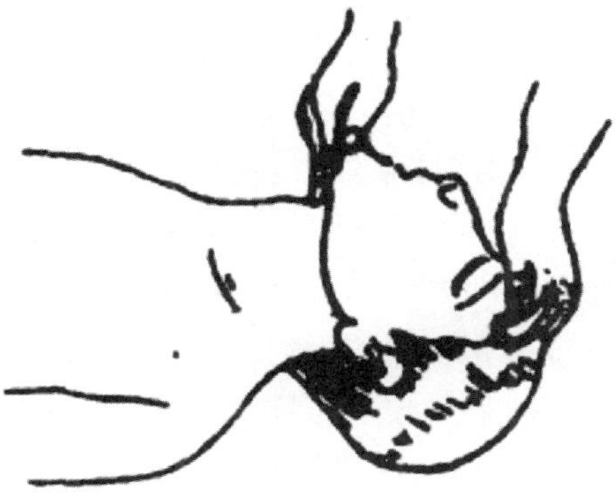

图 4-4-2　仰头抬颌法

气道，还会使施行胸外按压时流向脑部的血量减小，甚至完全消失。

(2)口对口(鼻)人工呼吸(图 4-4-4)

救护人在完成气道通畅的操作后，应立即对触电者施行口对口或口对鼻人工呼吸。口对鼻人工呼吸用于触电者嘴巴紧闭的情况。人工呼吸的操作要领如下：

(a)气道畅通　(b)气道阻塞

图 4-4-3　气道状况

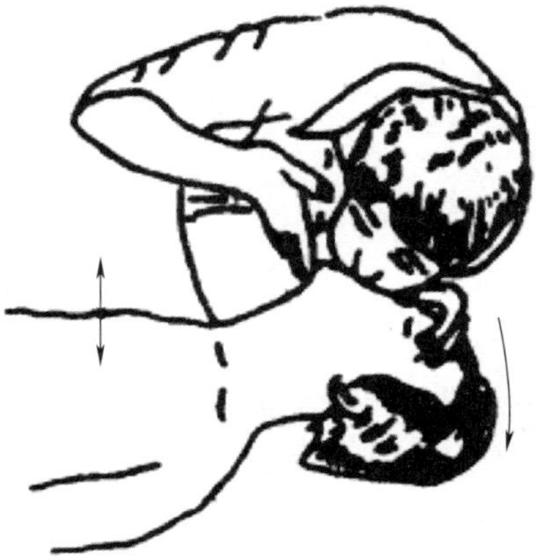

图 4-4-4　口对口人工呼吸

①先大口吹气刺激起搏。救护人蹲跪在触电者的左侧或右侧，用放在触电者额上的手的手指捏住其鼻翼，另一只手的食指和中指轻轻托住其下巴；救护人深吸气后，与触电者口对口紧合，在不漏气的情况下，先连续大口吹气两次，每次 1～1.5 s；然后用手指试测触电者颈动脉是否有搏动，如仍无搏动，可判断心跳确已停止，在施行人工呼吸的同时应进行胸外按压。

②正常口对口人工呼吸。大口吹气两次试测颈动脉搏动后，立即转入正常的口对口人工呼吸阶段。正常的吹气频率是每分钟约 12 次。正常的口对口人工呼吸操作姿势如上述。但吹气量不需过大，以免引起胃膨胀，如触电者是儿童，吹气量宜小些，以免肺泡破裂。救护人换气时，应将触电者的鼻或口放松，让他借自己胸部的弹性自动吐气。吹气和放松时要注意触电者胸部有无起伏的呼吸动作。吹气时如有较大的阻力，可能是头部后仰不够，应及时纠正，使气道保持畅通。

③触电者如牙关紧闭，可改行口对鼻人工呼吸。吹气时要将触电者嘴唇紧闭，防止漏气。

(3)胸外按压

胸外按压是借助人力使触电者恢复心脏跳动的急救方法。其有效性在于选择正确的按压位置和采取正确的按压姿势。

①确定正确的按压位置的步骤

a. 右手的食指和中指沿触电者的右侧肋骨下缘向上，找到肋骨和胸骨接合处的中点。

b. 右手两手指并齐，中指放在切迹中点(剑突底部)，食指平放在胸骨下部，另一只手的掌根紧挨食指上缘置于胸骨上，掌根处即为正确按压位置，如图 4-4-5 所示。

②正确的按压姿势

a. 使触电者仰面躺在平硬的地方并解开其衣服，仰卧姿势与口对口(鼻)人工呼吸法相同。

b. 救护人立或跪在触电者一侧肩旁，两肩位于触电者胸骨正上方，两臂伸直，肘关节固定不屈，两手掌相叠，手指翘起，不接触触电者胸壁。

c. 以髋关节为支点，利用上身的重力，垂直将正常成人胸骨压陷 3～5 cm(儿童和瘦弱者酌减)。

d. 压至要求程度后，立即全部放松，但救护人的掌根不得离开触电者的胸壁。

按压姿势与用力方法如图 4-4-6 所示。按压有效的标志是在按压过程中可以触到颈动脉搏动。

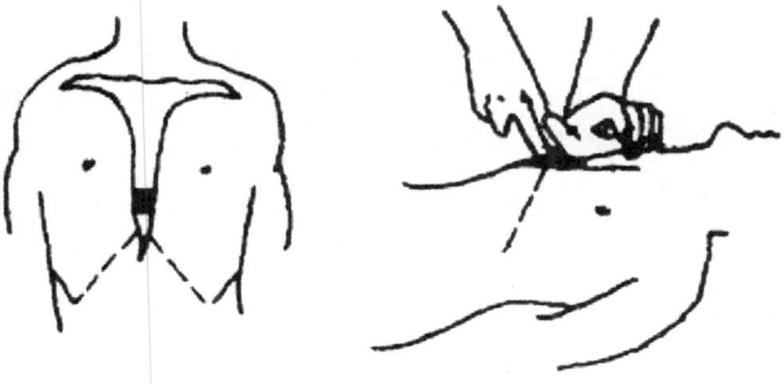

图 4-4-5　正确的按压位置

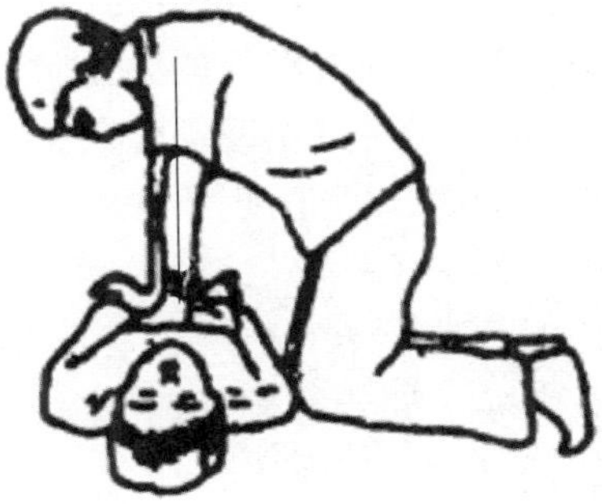

图 4-4-6　按压姿势与用力方法

③恰当的按压频率

a. 胸外按压要以均匀速度进行。操作频率以每分钟 80 次为宜，每次包括按压和放松一个循环，按压和放松的时间相等。

b. 当胸外按压与口对口(鼻)人工呼吸同时进行时，操作的节奏：单人救护时，每按压 15 次后吹气 2 次(15∶2)，反复进行；双人救护时，每按压 15 次后由另一人吹气 1 次(15∶1)，反复进行。

4. 现场救护中的注意事项

(1)抢救过程中应适时对触电者进行再判定

①按压吹气 1 min 后(相当于单人抢救时做了 4 个 15∶2 循环)，应采用“看”“听”“试”方法在 5～7 s 钟内完成对触电者是否恢复自然呼吸和心跳的再判断。

②若判定触电者已有颈动脉搏动，但仍无呼吸，则可暂停胸外按压，而再进行 2 次口对口人工呼吸，接着每隔 5 s 吹气一次(相当于每分钟 12 次)。如果脉搏和呼吸仍未能恢复，则继续坚持心肺复苏法抢救。

③在抢救过程中，要每隔数分钟用“看”“听”“试”方法再判定一次触电者的呼吸和脉搏情况，每次判定时间不得超过 5～7 s。在医务人员未前来接替抢救前，现场人员不得放弃现场抢救。

(2)抢救过程中移送触电伤员时的注意事项

①心肺复苏应在现场就地坚持进行，不要图方便而随意移动触电伤员，如确有需要移动时，抢救中断时间不应超过 30 s。

②移动触电者或将其送往医院，应使用担架并在其背部垫以木板，不可让触电者身体蜷曲着进行搬运。移送途中应继续抢救，在医务人员未接替救治前不可中断抢救。

③应创造条件，用装有冰屑的塑料袋做成帽状包绕在伤员头部，露出眼睛，使脑部温度降低，争取触电者心、肺、脑得以复苏。

(3)触电者好转后的处理

如触电者的心跳和呼吸经抢救后均已恢复,可暂停心肺复苏法操作。但心跳呼吸恢复的早期仍有可能再次骤停,救护人应严密监护,不可麻痹,要随时准备再次抢救。触电者恢复之初,往往神志不清、精神恍惚或情绪躁动、不安,应设法使他安静下来。

(4)慎用药物

人工呼吸和胸外按压是对触电"假死"者的主要急救措施,任何药物都不可替代。无论是兴奋呼吸中枢的可拉明、洛贝林等药物,或者是有使心脏复跳的肾上腺素等强心针剂,都不能代替人工呼吸和胸外心脏按压这两种急救办法。必须强调指出的是,对触电者用药或注射针剂,应由有经验的医生诊断确定,慎重使用。例如肾上腺素有使心脏恢复跳动的作用,但也可使心脏由跳动微弱转为心室颤动,从而导致触电者心跳停止而死亡,这方面的教训是不少的。因此,现场触电抢救中,对使用肾上腺素等药物应持慎重态度。如没有必要的诊断设备条件和足够的把握,不得乱用。而在医院内抢救触电者时,则由医务人员据医疗仪器设备诊断的结果决定是否采用这类药物救治。此外,禁止采取冷水浇淋、猛烈摇晃、大声呼唤或架着触电者跑步等"土"办法刺激触电者的举措,因为人体触电后,心脏会发生颤动,脉搏微弱,血流混乱,如果在这种险象下用上述办法强烈刺激心脏,会使触电者因急性心力衰竭而死亡。

(5)触电者死亡的认定

对于触电后失去知觉、呼吸心跳停止的触电者,在未经心肺复苏急救之前,只能视为"假死"。任何在事故现场的人员,一旦发现有人触电,都有责任及时和不间断地进行抢救。"及时"就是要争分夺秒,即医生到来之前不等待,送往医院的途中也不可中止抢救。"不间断"就是要有耐心坚持抢救,有抢救近 5 h 终使触电者复活的实例,因此,抢救时间应持续 6 h 以上,直到救活或医生作出触电者已临床死亡的认定为止。

只有医生才有权认定触电者已死亡,宣布抢救无效,否则就应本着人道精神坚持不懈地运用人工呼吸和胸外按压对触电者进行抢救。

三、关于电伤的处理

电伤是触电引起的人体外部损伤(包括电击引起的摔伤)、电灼伤、电烙伤、皮肤金属化这类组织损伤,需要到医院治疗。但现场也必须预作处理,以防止细菌感染,损伤扩大,这样可以减轻触电者的痛苦和便于转送医院。

1. 对于一般性的外伤创面,可用无菌生理食盐水或清洁的温开水冲洗后,再用消毒纱布防腐绷带或干净的布包扎,然后将触电者护送去医院。

2. 如伤口大出血,要立即设法止住。压迫止血法是最迅速的临时止血法,即用手指、手掌或止血橡皮带在出血处供血端将血管压瘪在骨骼上而止血,同时火速送医院处置。如果伤口出血不严重,可用消毒纱布或干净的布料叠几层盖在伤口处压紧止血。

3. 高压触电造成的电弧灼伤,往往深达骨骼,处理十分复杂。现场救护可用无菌生理盐水或清洁的温开水冲洗,再用酒精全面涂擦,然后用消毒被单或干净的布类包裹好送往医院处理。

4. 对于因触电摔跌而骨折的触电者,应先止血、包扎,然后用木板、竹竿、木棍等物品将骨折肢体临时固定并速送医院处理。

第五节　有限空间作业的安全与防护

有限空间是指封闭或部分封闭，进出口较为狭窄有限，未被设计为固定工作场所，自然通风不良，易造成有毒有害、易燃易爆物质积聚或氧含量不足的空间。有限空间作业是指作业人员进入有限空间实施的作业活动。

一、牵引供电系统有限空间的种类

1. 给排水设备：阀门井、排水涵洞、集水井、蓄水池（水塔、清水池）和高铁变电所消防水井。

2. 电力设备：箱变基础井、密封式地下电力通道、发电机组储油池、安装有电力设备的箱梁、挖深超过 2 m 的坑内作业。

3. 牵引供电设备：密封式地下牵引供电通道、牵引变电所（含 AT 所、分区所、AT 分区所和变电所）电缆夹层、充 SF_6 气体 GIS 柜的高压室、牵引供电电缆沟集水井、牵引供电电缆沟强排井、变电所集油井，接触网挖深超过 2 m 的坑内作业。

4. 其他变电所、分区所自挖水井及办公区内化粪池等。

二、在有限空间作业时应遵守的原则

1. 必须严格实行作业审批制度，严禁擅自进入有限空间。

2. 必须做到“先通风、再检测、后作业”，严禁通风、检测不合格作业。

3. 必须配备个人防中毒窒息等防护装备，设置安全警示标识，严禁无防护监护措施作业。

4. 必须对作业人员进行安全培训，严禁教育培训不合格上岗作业。

5. 必须制定应急措施，现场配备应急装备，严禁盲目施救。

三、常见有毒气体

有限空间作业场所一般多含有硫化氢、一氧化碳、二氧化碳、氨、甲烷（沼气）和氰化氢等气体，其中以硫化氢和一氧化碳为主的窒息性气体尤为突出。有限空间作业应当严格遵守“先通风、再检测、后作业”的原则。检测指标包括氧浓度、易燃易爆物质（可燃性气体、爆炸性粉尘）浓度、有毒有害气体浓度，检测应当符合相关国家标准或者行业标准的规定。如牵引变电所常用的 110 kV 或者 220 kV SF_6 断路器，充 SF_6 气体的 GIS 柜等高压设备。纯净的 SF_6 气体是一种无色、无嗅、基本无毒、不可燃的卤素化合物，SF_6 气体通常以液态形式存在于钢瓶中。其相对密度在气态时为 6.16 g/cm^3（20 ℃，0.1 MPa 时），在液态时为 1 400 g/cm^3（20 ℃时）；在相同状态下约是空气相对密度的 5 倍。SF_6 气体的化学性质非常稳定，在空气中不燃烧，不助燃，与水、强碱、氨、盐酸、硫酸等不反应；在低于 150 ℃时，SF_6 气体呈化学惰性，极少溶于水，微溶于醇。对电气设备中常用的金属及其他有机材料不发生化学作用。然而，在大功率电弧、火花放电和电晕放电作用下，SF_6 气体能分解和游离出多种产物，主要是 SF_4 和 SF_2，以及少量的 S_2、F_2、S、F 等，这些分解的气体外泄就会导致人员中毒。

常见有毒气体的危害及抢救措施见表 4-5-1。

表 4-5-1 常见有毒气体的危害及抢救措施

序号	有毒气体名称	危 害	抢救措施
1	一氧化碳(CO)	一种无色、无味、无臭的气体；它可燃烧，当含量在13%～75%时，遇火能引起爆炸；一氧化碳极毒，当其含量达0.4%时，人在短时间内就可中毒死亡	一氧化碳中毒，呼吸浅而急促，失去知觉时面颊及身上有红斑，嘴唇呈桃红色。对中毒伤员可采用人工呼吸或用苏生器输氧。输氧时可掺入5%～7%的二氧化碳，以兴奋呼吸中枢，促进恢复呼吸机能
2	硫化氢(H_2S)	一种无色、微甜、有臭鸡蛋味的气体，易溶于水，遇火后能燃烧及爆炸；硫化氢极毒，它能使血液中毒，对眼睛及呼吸系统的黏膜有强烈的刺激作用	硫化氢中毒除施行人工呼吸或苏生器输氧外，可将浸以氯水溶液的棉花团、手帕等放入口腔内，氯是硫化氢的良好解毒物
3	二氧化硫(SO_2)	一种无色、有强烈硫磺味及酸味的气体，同呼吸气管潮湿表皮接触能产生硫酸，刺激并麻痹上部呼吸气管的细胞组织，使肺及支气管发炎	由于二氧化硫遇水生成硫酸，对呼吸系统有强烈的刺激作用，严重时可能灼伤，所以除了施行人工呼吸或苏生器输氧外，应给中毒伤员服牛奶、蜂蜜或用苏打溶液漱口，以减轻刺激
4	二氧化氮(NO_2)	红褐色，易溶于水，是剧毒气体，对人的眼睛及呼吸器官有强烈刺激作用	二氧化氮中毒最突出的症状是指尖、头发变黄，还有咳嗽、恶心、呕吐等症状。因为二氧化氮中毒时，会使伤员发生肺浮肿，因而不能采用人工呼吸，若必须用苏生器输氧时，在纯氧中不能掺二氧化碳，避免刺激伤员肺脏。最好是在苏生器供氧的情况下，使伤员能进行自主呼吸
5	沼气(CH_4)、氨气(NH_4)	沼气是煤矿常见的有害气体，化学名称叫甲烷，无色、无味、无臭、无毒；它比空气轻，常聚集在巷道上方，当其在空气中含量高时可降低氧含量，引起窒息；它具有爆炸性，爆炸浓度一般为5%～16%。氨气是一种无色气体，有似氨水的剧臭；它极毒，能刺激皮肤和上呼吸道并能严重损伤眼睛	吸氧，有条件送高压氧舱；人工呼吸。必要时作气管插管，予兴奋剂洛贝林；防治脑水肿，20%甘露醇250 mL静注并予速尿20 mL静注
6	二氧化碳(CO_2)	一种无色、微毒、稍有酸味的气体，它不助燃，也不维持久的呼吸，它比空气重，常聚集在巷道的下方及通风不良的下山尽头；易溶于水，生成碳酸，对人的眼、鼻、喉的黏膜有刺激作用	二氧化碳及瓦斯窒息造成假死的伤员，除了进行人工呼吸和苏生器输氧外，还要摩擦其皮肤或使之闻氨水，以促进恢复呼吸

第六节 高温预防及中暑急救

一、预防中暑

中暑是人在高温、潮湿而又通风不良的环境中，从事大强度体力活动时，体温调节功能紊乱所致。服装过小、过紧或透气功能差，饥饿、疲劳、睡眠不足，出汗过多，水盐补充不足等都可能促使中暑的发生。

1. 穿戴

夏日的穿戴应注意以隔热防晒、通风透气、利汗散热为原则。穿戴凉帽、遮阳伞、浅色轻便的衣服，选择用耐阳光热阻率高、导热慢、散热快的材质加工成的衣服、鞋袜等防护用品。阳光反射性强的银胶伞或黑、藏青、深绿色等具有防紫外线系数(UPE)达 15 以上的阳伞或遮阳帽是比较好的选择；某些特殊作业人群长期从事高温劳动，应选用轻便、坚固、防热辐射和便于通风透气、排汗的鞋袜，袖套或防护面具。不易遮盖裸露的面颈部、上臂和小腿部需要搽抹防紫外线的护肤霜。

2. 饮食

夏季高温，出汗多，体内盐分减少，体内的渗透压就会失去平稳，从而出现中暑，喝白开水时加些盐或喝盐茶水，可以补充体内失掉的盐分，从而达到防暑的功效。绿豆具有消暑益气、清热解毒、润喉止渴、利水消肿的功效，因此绿豆汤是预防中暑的必备品。苦瓜味苦、性寒冷、能清热泻火，也是夏季清热防暑非常有效的果蔬。

3. 药品

藿香正气水、丸、胶囊有降暑解毒功效，是夏季防暑的常用药之一。夏季防暑的常用药还有人丹，因高温引起的头痛、头晕、恶心等症状均可由人丹清热解暑功效得到缓解。如有条件可用金银花、野菊花、淡竹叶、白茅根、薄荷叶等单味中草药，用水煎服。

对于防暑措施，也有人归纳为“三防”“两足”“一及时”。“三防”：一是防过累，科学安排时间，注意劳逸结合；二是防饥饿，作业者要保证吃饱吃好；三是防过热，车辆、人员可采取措施遮阴防晒，野外作业尽量避开一天的最热时间，作业时可敞开衣领，卷起衣袖，选择在通风地域休息。“两足”：一是保证足量开水供应，作业前和休息时要喝足水，并适时补充；二是要注意补充足量盐分，菜、汤可适当做得咸些，可适当携带炒盐和干咸菜，以补充因大量出汗引起的盐分丧失。炎热天气高强度施工时，每人每天应补充 5～8 L 水和 20～25 g 盐。“一及时”，就是及时发现有中暑早期症状者，及时救治，以免病情加重。

二、中暑症状

1. 先兆中暑

出现大量出汗、口渴、头昏、耳鸣、胸闷、心悸、恶心、体温升高、全身无力等症状。

2. 轻症中暑

除以上病症外，体温 38 ℃以上，面色潮红，胸闷，有面色苍白，恶心、呕吐、大汗、皮肤湿冷、血压下降等呼吸循环衰竭的早期症状。

3. 重症中暑

除前两者症状外，还会出现昏倒痉挛，皮肤干燥无汗、体温 40 ℃以上等症状。

三、急救方法

中暑发病虽急，但几乎都会有头晕、乏力等前兆症状，如中暑，应采取使中暑者体温下降的措施，可使症状得到缓解。

1. 迅速将中暑者移至凉快通风处。

2. 脱去或解开衣服，使患者平卧休息。

3. 给患者喝含盐清凉饮料或含盐 0.1%～0.3%的凉开水。

4. 对重者增加物理降温措施，在头部、腋下等处放置冰袋，加速散热，或用凉水、酒精擦身。

5. 重度中暑者立即送医院急救。

第七节　蛇咬伤急救

如果不知道咬伤人的蛇是否有毒时，应按有毒处理，并按下述流程开始紧急救助。

症状：响尾蛇、铜斑蛇及损嘴蛇咬伤，咬伤处疼痛加剧，咬伤处很快肿胀并且皮肤颜色改变，皮肤痉挛，眩晕，恶心，出汗，口周麻木。

普通毒蛇咬伤：伤口疼痛、出汗、困倦、恶心、言语不清、谵妄、复视、抽搐。

1. 保持患者镇静并静止不动，如果可能的话，使咬伤处低于心脏水平。

2. 尽量辨认蛇的类型。如果把蛇杀死了，请不要破坏蛇的头部。注意，不要过分靠近蛇，以免自己被咬伤。

3. 拨打急救电话并汇报被咬伤人的蛇的种类。

4. 检查患者的气道、呼吸及循环。如果患者没有呼吸或没有脉搏及心跳，请开始心肺复苏。

5. 如果是上肢或下肢被咬伤，可以在其上方绑一个带子。每 15～30 min 放开带子 1～2 min。如果肿胀已超过带子，应将带子上移数寸。

6. 如果确信是有毒蛇咬伤，且咬伤时间在 5 min 以内，并且医务人员要 30 min 以上才能赶到，应切开伤口并吸出毒液。用消毒的刮胡刀片在伤口上切开用吸瓶或嘴吸出毒液。

注意：沿四肢长轴方向切，不要切开头颈及躯干。不要咽下毒液，应将其吐出。如果口腔内有伤口，请不要吸毒液。如果是珊瑚蛇咬伤，请不要切开。

7. 轻轻地用肥皂和水洗伤口。不要擦伤口，应用布轻拍，以使其干燥。

8. 脱去伤口附近的衣服和首饰。

9. 在伤口上放一块干净的布或绷带。

10. 观察是否有严重过敏反应。

11. 如果需移动病人，应抬着他，而不要让他自己走动。

第五章　变电值班(守)员

第一节　变电值班(守)员

牵引变电所一般设值班(守)人员1～2名，值班(守)人员负责监视设备运行状态、应急故障处理和安全保卫。

一、主要工作职责

1. 掌握设备现状，监视设备运行。

2. 按规定进行倒闸作业，在紧急情况下，单人值守时，值守员只可根据供电调度命令，在供电调度员视频监视下在主控室屏控位进行设备的倒闸操作。做好作业地点的安全措施，办理准许及结束作业的手续，并参加有关的验收工作。

3. 及时、正确地填写运行日志和有关记录。

4. 应急故障处理。及时、准确地向供电调度汇报现场故障信息，在供电调度的指挥下进行应急处理，尽快恢复送电。

5. 安全保卫，禁止无关人员进入控制室和设备区。

二、交接班

1. 交班人员向接班人员详细介绍设备运行情况及有关事项，接班人员要认真阅读运行日志及有关记录，熟悉上一班的情况。离开值班(守)岗位时间较长的接班人员，还要注意了解离所期间发生的新情况。

2. 交接班人员共同巡视设备，检查核对运行日志及有关记录应与实际情况符合，信号装置、安全设施要完好。

3. 交接班人员共同检查作业有关的安全设施，核对接地线数量及编号。

4. 交接班人员共同检查工具、仪表、备品和安全用具。

办完交接班手续时，由交接班人员分别在运行日志上签字，由接班人员向供电调度报告交接班情况。应急故障处理或进行倒闸作业时不得进行交接班。未办完交接班手续时，交班人员不得擅离职守，应继续担当值班(守)工作。

三、巡视

值班(守)人员每天应进行设备巡视，视频巡视可作为巡视的辅助手段。日常巡视应按牵引变电所巡视路线图进行。

值班(守)人员对新装或大修后的变压器投入运行后24 h内，要每隔两小时巡视1次。

1. 巡视设备的一般项目和要求如下：

(1)绝缘体瓷体应清洁、无破损和裂纹、无放电痕迹及现象，瓷釉剥落面积不得超过300 mm^2；

复合绝缘子无变形、龟裂等现象。

(2)电气连接部分(引线、二次接线)应连接牢固,接触良好,无过热、断股和散股、过紧或过松。

(3)设备音响正常,无异味。

(4)充油设备的油标、油阀、油位、油温、油色应正常,充油、充气设备应无渗漏、喷油现象。充气设备气压和气体状态应正常。

(5)设备安装牢固,无倾斜,外壳应无严重锈蚀,接地良好,基础、支架应无严重破损和剥落。设备室和围栅应完好并锁住。户外机构箱、端子箱锁具无锈蚀。

(6)加热、通风、空调、安全环境监控、消防、照明等设备应正常。

(7)主控制室、高压室、所用变室、电缆夹层、低压盘等防止小动物措施完备;房屋无渗漏破损。

(8)设备标识和各种安全警示牌等完好、清晰、固定牢靠。

2. 在遇有下列情况,要适当增加巡视次数:

(1)设备过负荷,或负荷有显著增加时。

(2)设备经过大修、改造或长期停用后重新投入系统运行;新安装的设备加入系统运行。

(3)遇有雾、雪、大风雷雨等恶劣天气、事故跳闸和设备运行中有异常和非正常运行时。

第二节　故障报告解读

一、主变压器故障报告解读

某变电所 1 号主变压器比率差动保护动作,101、201A、201B 跳闸。跳闸数据如图 5-2-1 所示。

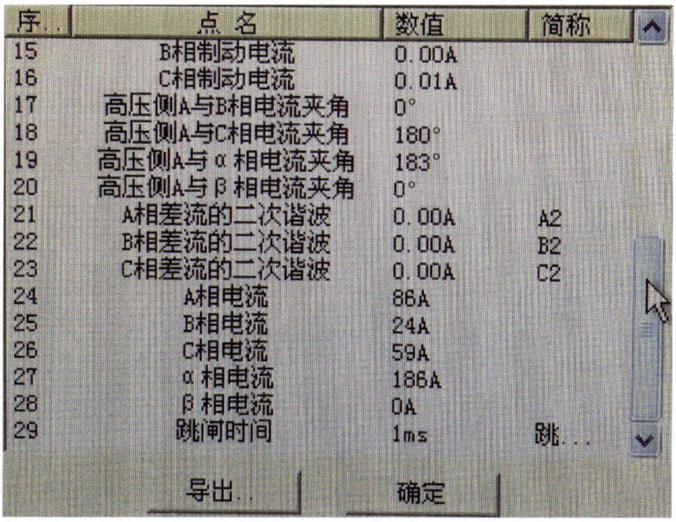

序..	点名	数值	简称
15	B相制动电流	0.00A	
16	C相制动电流	0.01A	
17	高压侧A与B相电流夹角	0°	
18	高压侧A与C相电流夹角	180°	
19	高压侧A与α相电流夹角	183°	
20	高压侧A与β相电流夹角	0°	
21	A相差流的二次谐波	0.00A	A2
22	B相差流的二次谐波	0.00A	B2
23	C相差流的二次谐波	0.00A	C2
24	A相电流	86A	
25	B相电流	24A	
26	C相电流	59A	
27	α相电流	186A	
28	β相电流	0A	
29	跳闸时间	1ms	跳...

图 5-2-1　故障跳闸数据

1. 从故障报告可以看出:

(1)1 号主变压器高压侧电流数据:A 相一次值 86 A(二次值 0.22 A,流互变比为 400/1),

B 相一次值 24 A(二次值 0.06 A,流互变比为 400/1),C 相一次值 59 A(二次值 0.15 A,流互变比为 400/1)。

(2)1 号主变压器低压侧电流数据:α 相一次值 186 A(二次值 0.12 A,流互变比为 1 600/1),β 相一次值 0(二次值 0,流互变比为 1 600/1)。

(3)1 号主变压器差动电流数据:A 相差流二次值 0.45 A,B 相差流二次值 0.11 A,C 相差流二次值 0.32 A;制动电流数据:A 相二次值 0,B 相二次值 0,C 相二次值 0.01 A。

(4)1 号主变压器高低压侧电流角度(以高压侧 A 相电流为基准):高压侧 I_A 与低压侧 I_α 夹角 φ_1 为 183°,高压侧 I_A 与低压侧 I_β 夹角 φ_2 为 0°。

2. 1 号主变压器跳闸数据解读

(1)保护动作解读

A 相差流为 $I_{da}=0.45$ A,且 A 相制动电流为 $I_{ra}=0$,差流达到比率差动门槛值(0.45 A),制动电流位于原点至拐点 1 区间,位于差动保护动作区内。差动保护装置比率制动曲线如图 5-2-2所示。

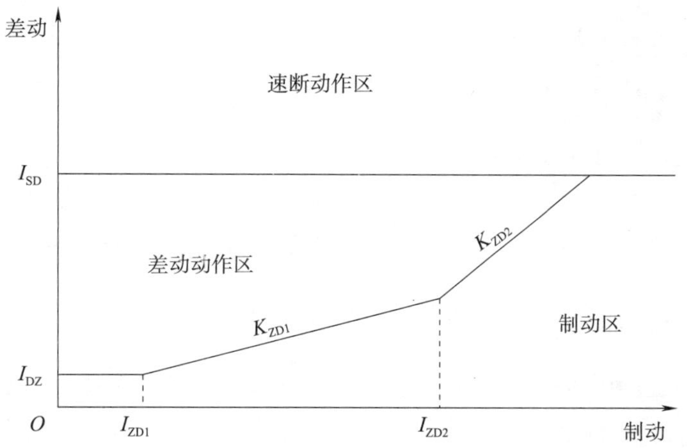

图 5-2-2　差动保护装置比率制动曲线

差流及制动电流计算如下:

$$I_{da}=I_A-1.366K(I_\alpha\cdot\cos\varphi_1)+0.366K(I_\beta\cdot\cos\varphi_2)$$
$$\approx 0.22-1.366\times1.414\times(0.12\times\cos183°)+0.366\times1.414\times(0\times\cos0°)]$$
$$\approx 0.45$$

$$I_{ra}=[I_A+1.366K(I_\alpha\times\cos\varphi_1)-0.366K(I_\beta\cdot\cos\varphi_2)]/2$$
$$=[0.22+1.366\times1.414\times(0.12\times\cos183°)-0.366\times1.414\times(0\times\cos0°)]/2$$
$$\approx 0$$

(2)故障数据解读

变压器正常运行时,主变压器 A 相电流角度与 α 相电流角度应为 0°,取 A 相与 α 相电流夹角 φ_1 进行判断。该角度参数为 $\varphi_1=183°$。

发生跳闸时,主变压器本体无任何非电量信号发出,跳闸后巡视主变本体及引出线无任何异常。

某变电所 1 号主变压器比率差动保护动作后,检修人员利用天窗时间排查发现 201A 开关柜内差动流互至柜内端子排二次电流线 a、n 接反。现场将接线调整并试验确认无误。

(3)综合以上数据判断，由于 201A 开关柜内差动流互至柜内端子排二次电流线 a、n 接反，主变压器正常运行时，流进保护装置 A 相电流与 α 相电流反向，产生差流，当线路上负荷增大时，差流超过差动保护门槛值，引起保护动作。

二、直供加回流供电方式下馈线故障报告解读

直供加回流供电方式馈线跳闸故障报告基本内容：保护动作标志、故标、基本电量参数(故障电流、电压、阻抗、阻抗角)、重合闸情况、谐波分量。馈线跳闸数据如图 5-2-3 所示。

记录号	故障日期	故障时间	被控站名称	供电类型	设备名称	故障序号	故障内容
1.00	2015-6-20	23:40:51.584	牵引变电所	牵引	211馈线保护装置	121	过流速断动作 故障选相=0 子网故障序号=121 电网故障序号=34　二次值 故障电流=1.75 A 故障电压=33.60 V 故障阻抗角=72.00° 故障测距=3.73 km　一次值 一次电流=1 750.00 A 一次电压=9.24 kV 一次二次谐波=0.00 A 一次三次谐波=0.00 A 一次五次谐波=0.00 A　二次值 动作电阻=5.93 Ω 动作电抗=18.25 Ω　一次值 一次电抗=5.01 Ω

图 5-2-3　馈线跳闸数据

1. 从此次跳闸数据报告中可以看出，由于保护厂家的不同，故障报告数据故障电量显示有一次值和二次值(厂家可以进行保护设置)，电流互感器一般二次额定值为 1 A 和 5 A，电压互感器二次额定值一般为 100 V。因此，根据计算的需要，我们可以进行一、二次值之间的换算。

比如一次阻抗、二次阻抗换算：设一次阻抗为 Z_1，二次阻抗为 Z_2，压互、流互一、二次电压比为 K_U，一、二次电流比为 K_I，引入电压电流比综合倍率，电压电流比综合倍率为电压比/电流比，即 K_U/K_I，设压互电压比为 27 500/100(即 275)；流互电流比为 1 000/1(即 1 000)，则 $K_U/K_I=0.275$，根据如下公式：

$$Z_2=\frac{U_2}{I_2},Z_1=\frac{U_1}{I_1}=\frac{U_2K_U}{I_2K_I}=Z_2\frac{K_U}{K_I},\frac{Z_1}{Z_2}=\frac{K_U}{K_I},Z_1=\frac{K_U}{K_I}Z_2,Z_2=Z_1/\frac{K_U}{K_I}$$

$$Z_1=275/1\ 000\times Z_2=0.275\times Z_2;Z_2=1\ 000/275\times Z_1=3.636\times Z_1。$$

其他一次电流、电压和二次电流、电压的换算则除以变比即可。

故障电流=1.75 A，则一次电流为 1.75×1 000=1 750 A；

故障电压=33.60 V，则一次电压为 33.6×275=9.24 kV。

2. 从此次跳闸数据报告中可以看出，故障电压较小 9.24 kV，电流较大 1 750 A，故障阻抗角为 72°，无谐波电流，符合金属性短路故障特性。

3. 故障测距

直供加回流供电方式一般采用线性电抗测距法原理，如果故障报告没有给出故障电抗值，

则可以通过利用 $Z=U/I$ 计算阻抗(U 表示接触网故障电压,I 表示接触网故障馈线电流),进而通过公式 $X=Z\sin\theta$,求出电抗。

现各综自保护厂家故障报告均已经给出故障电抗,距离计算公式:

$$L=L_{i-1}+\frac{(L_i-L_{i-1})(X-X_{i-1})}{X_i-X_{i-1}}$$

式中　L——故障点距离;

L_i——母线相接处到该段结束的总距离;

X——故障点电抗;

X_i——母线相接处到该段结束的总电抗。

三、AT 全并联供电方式下故障报告解读

牵引网某变电所发生短路故障之后,变电所后台报告如下。以某变电所天津凯发保护装置为例。

故障报告:

序号	事项时间	事项描述
1	12:27:41:870	保护事项:馈线 311 保护装置　保护启动
2	12:27:41:870	保护事项:馈线 312 保护装置　保护启动
3	12:27:41:870	故障报告:馈线 311 保护装置　保护启动　动作
4	12:27:41:870	故障报告:馈线 312 保护装置　保护启动　动作
5	12:27:41:871	保护事项:故障测距装置(××方向)故障测距保护启动
6	12:27:41:871	故障报告:故障测距装置(××方向)故障测距保护启动　动作
7		故障报告:故障测距装置(××方向)故障测距保护启动　动作
8		故障报告:故障测距装置(××方向)故障测距保护启动　动作

解析:12:27:41:870 时刻,311、312 馈线装置保护启动;若之前接触网为空载状态无负荷电流,则保护启动时刻即为短路故障发生的时刻。若之前馈线有负荷电流,则保护启动时刻不一定是故障发生时刻。故障前是否有负荷电流,可以查看故障录波。此处保护启动时刻为故障发生时刻。

在后台监控系统,每对应一条保护信息,"保护事项"和"故障报告"是成对出现,各用于不同的功能。

解析:凯发故标装置采用自启动的方式,变电所故标装置设置距离保护启动、过流保护启动、电流增量保护启动三种方式,定值按馈线保护最大保护范围整定,保证供电臂内任意一点发生短路故标都可以启动。启动时间与保护装置的启动时间相同,一般为故障发生时刻。变电所故标启动之后,向 AT 所、分区所故标发召唤数据的命令,子所将记录的馈线电压、电流和自耦变压器吸上电流等数据上传到变电所,由变电所处理和计算测距结果。记录数据的时刻是故标启动之后延时"故标启动时间"定值,一般设置为 80 ms,比馈线最短动作时间定值提前 20 ms。

三条启动报告分别对应变电所、AT 所、分区所故标启动。

故障报告：

序号	事项时间	事项描述
9	12:27:41:963	保护事项:馈线 311 保护装置　距离Ⅰ段动作
10	12:27:41:963	保护事项:馈线 312 保护装置　距离Ⅰ段动作

解析:12:27:41:963 时刻,311、312 保护装置距离Ⅰ段保护同时出口。动作时间＝41:963－41:870＝93 ms,定值为 100 ms,满足“1 s 以下≤±15 ms”的误差标准。

故障报告：

序号	事项时间	事项描述
11	12:27:41:963	故障报告:馈线 311 保护装置　距离Ⅰ段动作
12		T 线故障距离:0.00 km
13		F 线故障距离:0.00 km

解析:AT 供电方式、直供方式的测距功能均由故标装置完成,馈线装置的直供测距功能退出,T 线、F 线测距结果均显示 0。此处无意义。

故障报告：

序号	事项描述
14	线路阻抗角:23.10°

解析:金属性短路的线路阻抗角一般为 60°～75°,本次短路为 23.1°偏小很多,可能有这么几种情况:一为过负荷跳闸,动车负荷阻抗角一般为 0°～30°,普通机车为 0°～45°;二是短路点存在过渡电阻,将阻抗角拉低;三是电压、电流极性接错。经事后排查,馈线保护装置电压接线有误,实际接的是另一个供电臂的母线电压,导致线路阻抗角错误。

故障报告：

序号	事项描述
15	电阻:16.95 Ω
16	电抗:7.25 Ω

解析:线路阻抗角、电阻、电抗用于距离保护判断。当用于客运专线场合,凯发馈线保护装置的距离保护计算方式为 $Z=U_{t\text{-}f}/I_{t\text{-}f}$,电压取 T-F 线电压,电流取 T 线、F 线合成电流(做矢量差)。

装置的“故障电量按一次值”功能投入,此处电阻、电抗均为一次值,验证保护动作准确性时需先换算成二次值。换算成二次值为 $R=16.95\times1\ 500\div275=92.45$,$X=7.25\times1\ 500\div275=39.55$。距离Ⅰ段定值为 $\theta=75°$,$R_{dz}=92.15$,$X_{dz}=177.95$。经比较,跳闸阻抗值落在距离保护四边形范围之内,保护动作准确。

故障报告：

序号	事项描述
17	T 线阻抗角:21.90°
18	T 线电阻:14.11 Ω

19	T线电抗:5.69 Ω
20	F线阻抗角:24.90°
21	F线电阻:21.17 Ω
22	F线电抗:9.87 Ω

解析:用于直供方式下的T线、F线测距,此处无意义。

故障报告:

序号	事项描述
23	馈线电压:54.93 kV

解析:T-F线电压,用于距离保护计算和过流保护低压启动判据。低压判据按 min(U_t, U_f、U_{t-f})判断。

此处电压为54.93 kV,接近T-F母线额定电压;若是过负荷跳闸,一般T-F电压也会下降到40～50 kV之间,短路情况下母线电压下降更多。再比较馈线电流,为2 976 A,远大于正常负荷电流,本次跳闸应该为故障跳闸。所以可判断电压有问题。后来查明为电压接错。

故障报告:

序号	事项描述
24	电压U_1:27.51 kV

解析:T线电压,用于过流低压启动判断和T线单位阻抗计算。此处电压接线有误。一般情况下,故障相电压低于非故障相电压,即T线短路时T线电压较低,F线短路时F线电压较低。通过比较U_t和U_f也可以大概判断故障类型。

故障报告:

序号	事项描述
25	电压U_2:27.42 kV

解析:F线电压,用于过流低压启动判断和F线单位阻抗计算。

故障报告:

序号	事项描述
26	馈线电流:2 976.85 A

解析:T线、F线合成电流,用于距离保护计算和过电流保护、电流速断保护、电流增量保护判断。

馈线电流为2 976 A,远大于正常负荷电流,所以可判断不是过负荷跳闸。

通过比较上、下行馈线电流,可以初步判断故障发生在上行还是下行。根据全并联AT供电方式的特点,在第一个AT区段内,故障点越靠近变电所,上、下行馈线电流相差越大;当短路点越靠近AT所时,上、下行电流相差越小;在第二个AT区段内,上、下行电流相差很小,靠近末端时几乎相等。本次故障311电流为2 976 A,312电流为3 013 A,所以故障应该是发生在上行,短路点可能在第一个AT区段靠近AT所,也可能是在第二个AT区段。

故障报告：

序号	事项描述
27	2 次谐波电流：4.63 A
28	3 次谐波电流：4.63 A
29	5 次谐波电流：2.31 A

解析：谐波含量很小，说明为金属性短路。

故障报告：

序号	事项描述
30	T 线电流：1 807.87 A

解析：用于馈线合成电流计算和 T 线阻抗计算。

通过对比 T 线、F 线电流的大小，也可以初步判断故障性质和故障范围。分析杭长客专的短路试验数据可以发现一个规律，不管短路点在何处，均是故障相电流大于非故障相电流，即 T 线短路时 T 线电流较大，F 线短路时 F 线电流较大（注意：此规律不一定适用于其他现场，跟牵引网结构参数有关；有的现场在供电臂末端 F 线短路时，出现 T 线电流大于 F 线电流的情况）。在第一个 AT 区段，两个电流相差比较大；在第二个 AT 区段，两个电流相差不大。本次短路 T 线电流为 1 807 A，F 线电流为 1 171 A，T 线、F 线相差较大，说明短路故障是 T 线短路，短路点发生在第一个 AT 区段。

故障报告：

序号	事项描述
31	F 线电流：1 171.30 A

解析：用于馈线合成电流计算和 F 线阻抗计算。

故障报告：

序号	事项时间	事项描述
32	12:27:41:963	故障报告：馈线 312 保护装置　距离 Ⅰ 段动作
33		T 线故障距离：0.00 km
34		F 线故障距离：0.00 km
35		线路阻抗角：23.10°
36		电阻：16.72 Ω
37		电抗：7.14 Ω
38		T 线阻抗角：21.90°
39		T 线电阻：13.71 Ω
40		T 线电抗：5.54 Ω
41		F 线阻抗角：24.90°
42		F 线电阻：21.32 Ω
43		F 线电抗：9.91 Ω
44		馈线电压：54.91 kV

45		电压 U_1:27.50 kV
46		电压 U_2:27.40 kV
47		馈线电流:3 013.89 A
48		2 次谐波电流:6.94 A
49		3 次谐波电流:6.94 A
50		5 次谐波电流:2.31 A
51		T 线电流:1 854.17 A
52		F 线电流:1 162.04 A
53	12:27:43:132	保护事项:故障测距装置(××方向)AT 测距法:上行 T-R 故障
54	12:27:43:132	保护事项:故障测距装置(××方向)子所 1 故障数据
55	12:27:43:132	保护事项:故障测距装置(××方向)子所 2 故障数据

解析:12:27:43:132 时间是 AT 所、分区所记录的数据上送到变电所,变电所故标处理、计算完成后作报告的时间,该时间跟故标启动时间没有必然的关系,视故标通道的畅通情况和子所数据上传的快慢而定。

子所 1 数据为 AT 所数据,子所 2 数据为分区所数据。

故障报告:

序号	事项时间	事项描述
56	12:27:43:132	故障报告:故障测距装置(××方向) AT 测距法:上行 T-R 故障　动作

解析:发生短路之后,变电所故标装置根据馈线电流情况自动判断牵引网的工况,若为 AT 供电方式则用 AT 测距法进行测距,若为直供方式则用电抗法进行测距。本次为正常 AT 全并联方式下短路,所以用 AT 测距法进行测距。故障类型判断为上行 T-R 故障。

故障报告:

序号	事项描述
57	故障距离:13.85 km
58	公里标:980.30 km

解析:公里标为短路点实际公里标;故障距离为从所内到故障点距离,包含变电所上网供电线。后查明实际短路点为 K980+240 km,测距误差 60 m。

故障报告:

序号	事项描述
59	电阻:16.80 Ω
60	电抗:6.47 Ω

解析:用 AT 测距法时,阻抗计算方式为 $Z=U_{t-f}/I_{t-f}$。

故障报告:

序号	事项描述
61	U_1 电压:54.67 kV

62	U_1 T 电压:27.38 kV
63	U_1 F 电压:27.27 kV
64	1 号馈线电流:3 013.00 A
65	1 号 T 线电流:1 830.00 A
66	1 号 F 线电流:1 186.00 A

解析:1 号馈线代表下行馈线,2 号为上行馈线。注意故标数值为故标启动之后 80 ms 的数值,与馈线保护出口记录的数值不是同一时刻,所以数值可能稍有差异。也可以采用故标的电压、电流分析故障,方法跟馈线相同。

故障报告:

序号	事项描述
67	2 号馈线电流:3 033.00 A
68	2 号 T 线电流:1 858.00 A
69	2 号 F 线电流:1 179.00 A
70	3 号馈线电流:3.00 A
71	3 号 T 线电流:3.00 A
72	3 号 F 线电流:3.00 A
73	1 号 AT 吸上电流:0.00
74	2 号 AT 吸上电流:0.00
75	AT 吸上总电流:1 326.00 A

解析:V/X 接线的变电所可以省去 AT 变压器,AT 吸上电流通过馈线 I_t+I_f(矢量和)计算求得,下行 $I_{at1}=I_{t1}+I_{f1}$,上行 $I_{at2}=I_{t2}+I_{f2}$。

故障报告:

序号	事项描述
76	馈线电压角度:179.70°
77	1 号 T 线电流角度:341.00°
78	1 号 F 线电流角度:156.60°
79	2 号 T 线电流角度:339.70°
80	2 号 F 线电流角度:157.40°
81	3 号 T 线电流角度:0.00°
82	3 号 F 线电流角度:0.00°

解析:电压、电流角度是以 T 线电压为基准,此处"馈线电压角度"实际指的是 F 线电压角度。

故障报告:

序号	事项描述
83	144:−24 320.00

解析:"144"代表的是 GPS 时钟状态及遥信信息。−24 320.00 为十进制,转换成十六进

制后取低4位(带负号转),为A100,其中最低两位“00”为3 571 A的YX5～12状态;第3位“1”为故标装置GPS对时状态,1为有效,0为无效;第4位“A”为卫星个数,表示可以接收到10颗卫星的对时信号。

故障报告:

序号	事项描述
84	故障报告:故障测距装置(××方向)子所1故障数据　动作

解析:子所1代表AT所数据。

故障报告:

序号	事项描述
85	U_1 T电压:0.44 kV
86	U_1 F电压:0.23 kV
87	1号馈线电流:2 997.00 A
88	1号T线电流:2 009.00 A
89	1号F线电流:987.00 A
90	2号馈线电流:2 704.00 A
91	2号T线电流:3 659.00 A
92	2号F线电流:980.00 A
93	1号AT吸上电流:3 930.00 A
94	2号AT吸上电流:6.00 A
95	AT吸上总电流:3 936.00 A

解析:AT所、分区所的吸上电流是直接从中性点流互采集。

故障报告:

序号	事项描述
96	1号T线电流角度:121.80°
97	1号F线电流角度:294.90°
98	2号T线电流角度:306.20°
99	2号F线电流角度:294.70°
100	144:−24 297.00
101	故障报告:故障测距装置(××方向) 子所2故障数据　动作

解析:子所2代表分区所。

故障报告:

序号	事项时间	事项描述
102		U_1T电压:1.51 kV
103		U_1F电压:1.54 kV
104		1号馈线电流:14.00 A
105		1号T线电流:177.00 A

106		1号F线电流:190.00 A
107		2号馈线电流:10.00 A
108		2号T线电流:204.00 A
109		2号F线电流:192.00 A
110		1号AT吸上电流:5.00 A
111		2号AT吸上电流:780.00 A
112		AT吸上总电流:785.00 A
113		1号T线电流角度:292.70°
114		1号F线电流角度:292.80°
115		2号T线电流角度:293.00°
116		2号F线电流角度:292.30°
117		144:-24 309.00
118	12:27:44:003	保护事项:馈线311保护装置　一次重合闸
119	12:27:44:003	保护事项:馈线312保护装置　一次重合闸
120	12:27:44:003	故障报告:馈线311保护装置　一次重合闸　动作
121	12:27:44:003	故障报告:馈线312保护装置　一次重合闸　动作

解析:12:27:44:003时刻,311、312馈线重合闸动作。重合是否成功,通过查看断路器的位置状态来判断,或者看重合之后是否有保护动作。若没有此条重合闸信息,则说明重合闸没有动作。

故障报告:

序号	事项时间	事项描述
122	12:27:44:073	保护事项:故障测距装置(××方向)故障测距保护启动
123	12:27:44:073	故障报告:故障测距装置(××方向)故障测距保护启动　动作

解析:重合闸之后,紧接着故标装置启动,说明故障仍存在。

故障报告:

序号	事项时间	事项描述
124	12:27:44:156	保护事项:故障测距装置(××方向)电抗测距法:上行T-R故障
125	12:27:44:156	故障报告:故障测距装置(××方向)电抗测距法:上行T-R故障　动作

解析:变电所跳闸之后,AT所、分区所失压解列退出,此时还未到检有压合闸时间(一般AT所为4 s,分区所为3 s),牵引网为直供状态。故标用电抗测距法进行测距。

故障报告:

序号	事项描述
126	故障距离:6.30 km
127	公里标:987.90 km

解析:电抗测距法测距结果跟AT测距法误差较大,原因是本次短路电压接线有误,电阻、电抗计算结果与实际接触网电抗不符。

故障报告：

序号	事项描述
128	电阻：7.54 Ω
129	电抗：2.18 Ω

解析：用电抗法测距时，若为 T 线故障，则阻抗值 $Z=U_t/\max(I_{t1},I_{t2},I_{t3})$；若为 F 线故障，则 $Z=U_f/\max(I_{f1},I_{f2},I_{f3})$。此处电阻、电抗均为一次值。

故障报告：

序号	事项时间	事项描述
130		U_1 电压：55.07 kV
131		U_1 T 电压：27.55 kV
132		U_1 F 电压：27.51 kV
133		1 号馈线电流：3.00 A
134		1 号 T 线电流：3.00 A
135		1 号 F 线电流：0.00 A
136		2 号馈线电流：3 506.00 A
137		2 号 T 线电流：3 510.00 A
138		2 号 F 线电流：3.00 A
139		3 号馈线电流：3.00 A
140		3 号 T 线电流：3.00 A
141		3 号 F 线电流：0.00 A
142		1 号 AT 吸上电流：0.00 A
143		2 号 AT 吸上电流：0.00 A
144		AT 吸上总电流：3 514.00 A
145		馈线电压角度：179.80°
146		1 号 T 线电流角度：0.00°
147		1 号 F 线电流角度：0.00°
148		2 号 T 线电流角度：344.00°
149		2 号 F 线电流角度：0.00°
150		3 号 T 线电流角度：0.00°
151		3 号 F 线电流角度：0.00°
152		144：－24 320.00
153	12：27：44：166	保护事项：馈线 312 保护装置　距离Ⅰ段动作
154	12：27：44：166	故障报告：馈线 312 保护装置　距离Ⅰ段动作　动作

解析：重合之后 312 装置距离Ⅰ段动作，说明上行故障为永久性故障。距离Ⅰ段动作时间为 0.1 s，过流Ⅰ段后加速保护动作时间也为 0.1 s，所以重合于故障时有可能是距离Ⅰ段动作，也有可能是过流Ⅰ段后加速动作。

故障报告：

序号	事项描述
155	T线故障距离：0.00 km
156	F线故障距离：0.00 km
157	线路阻抗角：17.60°
158	电阻：14.94 Ω
159	电抗：4.75 Ω
160	T线阻抗角：17.60°
161	T线电阻：7.43 Ω
162	T线电抗：2.37 Ω
163	F线阻抗角：0.00°
164	F线电阻：0.00 Ω
165	F线电抗：0.00 Ω
166	馈线电压：55.37 kV
167	电压 U_1：27.72 kV
168	电压 U_2：27.65 kV
169	馈线电流：3 523.15 A
170	2次谐波电流：0.00 A
171	3次谐波电流：2.31 A
172	5次谐波电流：2.31 A
173	T线电流：3 537.04 A
174	F线电流：11.57 A

解析：T线有故障电流，F线为空载电流，说明是T线故障。

分析总结：

1. 本次故障属于上行T-R永久性故障。变电所311、312馈线同时跳闸，311重合成功，312重合失败。

2. 第一次跳AT测距结果为K980.30，实际短路点为K980.24，误差60 m。

3. 跳闸电压值、阻抗角不正常，原因为电压接线错误。

4. 重合之后直供测距误差大，原因为电压接线错误，导致电抗值计算错误。

第三节　无人值守变电所

一、设备设施技术条件

1. 所内一次和二次设备、综合自动化装置、交直流电源装置、远动装置等达到设计要求，运行状态稳定可靠。

2. 满足相邻变电所远动操作相互越区供电能力。

3. AT供电方式下，变电所F线及AT所具备故障情况下远动操作切除隔离功能。

4. 综合自动化装置应具备远方投切保护、召唤及修改定值、复归信号等功能。

5. 自用电系统应有可靠两路电源,交直流主要馈电回路纳入远动监控,蓄电池容量应至少满足全所事故停电 2 h 的放电容量和事故放电末期最大冲击负荷容量的要求。

6. 所内建筑物一楼应尽量少设门窗,对于必要的门窗,应装设实体防护设施。

7. 实体围墙高度不宜低于 2.5 m,围墙上部应安装高度不小于 0.5 m(其中 0.2 m 向外 45°倾斜角)的金属防护网,必要时加设电子围栏。

8. 各供变电所应装设具有防盗功能(不通透)的院门。

9. 各供变电所消防设施应符合现行国家标准 GB 50016《建筑设计防火规范》、GB 50229《火力发电厂与变电站设计防火标准》和现行行业标准 TB 10063《铁路工程设计防火规范》的规定。配置的火灾探测、报警装置和灭火装置应功能完好。

10. 变电所和开闭所应具备必要的待班房屋、厨灶、卫生间等生活设施,以满足日常值守、应急值班、巡检维护以及修理试验等人员基本生活需求。

11. 无人值守变电所和开闭所,除满足上述要求外,还应达到 TJ/GD 025—2018《牵引变电所辅助监控系统暂行技术条件》中系统构成、功能要求、系统配置、技术性能等有关内容要求。

二、值守及倒闸

1. 值守人员可由安全等级不低于三级的一名人员担任。值守人员负责重点设备运行状态监测、应急处置、设备设施安保巡守等工作。

2. 当运动倒闸操作不能进行时,由值守人员在供电调度的指挥下进行当地操作。

3. 遇有危及人身、设备安全等紧急情况,且远动操作失效时,可由值守人员实行单人操作。

三、巡检维护及修试

1. 无人值班值守牵引供变电所设备设施巡检维护工作由巡检人员完成。变电所和开闭所巡检维护每 10 日不少于 1 次,AT 所和分区所每月不少于 1 次。

2. 应按规定周期对电气设备进行预防性试验,预防性试验可结合集中修,与设备缺陷处理一并安排。

四、应急保障

1. 无人值班变电所和开闭所发生故障时,值守人员在供电调度的指挥下进行应急处理,恢复送电。

2. 无人值守变电所和开闭所发生故障时,供电调度通过遥测、遥信、遥视等信息,综合判断,应急处置,恢复送电。当不能准确判断故障性质或远动恢复供电操作不成功时,启用越区、迂回供电等改变运行方式的方案应急供电。

3. 无人值守 AT 所和分区所发生故障时,供电调度可通过远动操作,切除 AT 所和分区所,改变运行方式,恢复送电。

4. 在远动系统中断、重要设备故障、设备施工改造、执行重要任务活动、强台风预警、大面积冰雪灾害等期间,恢复有人值班模式,执行有人值班有关管理规定和要求。

第六章　二次回路故障查找

第一节　常用仪器仪表使用

一、万用表的使用

万用表又称为复用表、多用表、三用表等，是电力电子等部门不可缺少的测量仪表，一般以测量电压、电流和电阻为主要目的。万用表按显示方式分为指针万用表和数字万用表。万用表是一种多功能、多量程的测量仪表，一般可测量直流电流、直流电压、交流电流、交流电压、电阻和音频电平等，有的还可以测交流电流、电容量、电感量及半导体的一些参数。

1. 数字式万用表的使用

数字式万用表是将被测模拟量转换成数字量，测量值由液晶显示屏显示，读取方便，有些还带有语音提示功能，目前数字式万用表的使用越来越广泛。现以 DT-181 型万用表为例，介绍其面板结构及功能。

(1)DT-181 型万用表的工作原理

图 6-1-1 是 DT-181 型万用表原理框图，该表采用 7106 型单片 CMOS A/D 转换器，由9 V 电池供电。测量直流电压时，被测电压经分压器衰减成 200 mV 以下电压，然后送到 7106 输入端；测量交流电压时，被测电压先经分压器衰减成 200 mV 以下电压，再经 AC/DC 转换器变成直流电压；测量交、直流电流时，都经分流器把电流信号转换成电压信号，所不同的是交流电流还须经 AC/DC 转换器；电阻测量通常采用比例法。

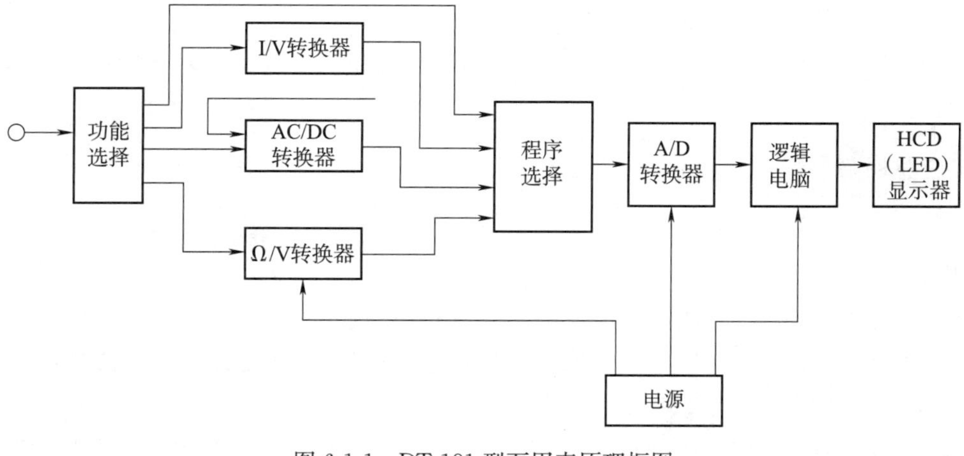

图 6-1-1　DT-181 型万用表原理框图

(2)DT-181 型万用表面板结构及功能(图 6-1-2)

显示器：三位半数字液晶显示。

电源开关：置“ON”位置时电源接通，置“OFF”位置时电源断开。

hFE 插孔：将被测小功率三极管的集电极、基极、发射极分别插入万用表的“C”“B”“E”内，测试放大倍数。

转换开关：选择测量的项目及量程。

输入端插孔：黑表笔总是插在“COM”公共端（地）；测量交、直流电压，电阻，200 mA 以下直流电流时，红表笔插入“VΩmA”端孔；时，红表笔插 mA 端孔；测量 200 mA 以上（小于 10 A）交直流电流时，红表笔插 10ADC 端孔。

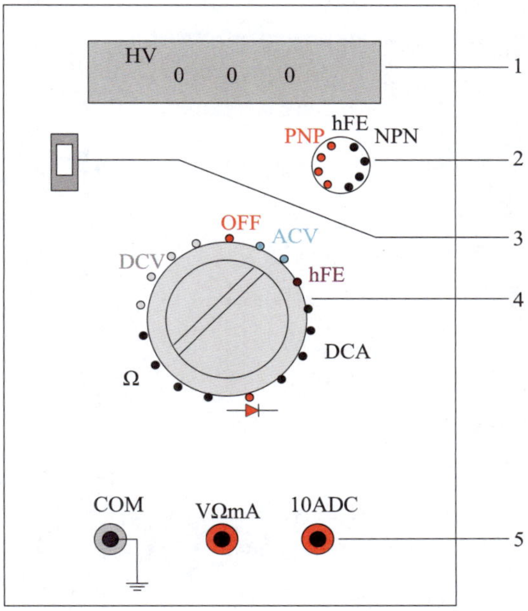

图 6-1-2　DT-181 型万用表面板图

1—显示器；2—电源开关；3—hFE 插孔；4—转换开关；5—输入端插孔

(3)数字万用表的使用

①检查电路通路。将黑表笔插入 COM 插孔，红表笔插入 VΩmA 插孔（红表笔为“+”极），按下电源开关，用音响挡检测。将两表笔短接，听到声音，则万用表正常；再将两表笔接于被测电路两端，听到声音，则表明电路接通。

②电阻的测量。将开关置于所需的 Ω 量程上，并将表笔跨接在被测电阻两端。如果被测电阻超过所选量程，则会指示“1”，表示超量程，应更换量程挡；当被测电阻阻值在 1 MΩ 以上时，一般需数秒方能达稳定读数。

③直流电压测量。将开关置于 DCV 量程范围，并将表笔跨接在被测负载或信号源上。显示器显示出被测电压读数，同时指出红表笔的极性。

④交流电压测量。将开关置于 ACV 量程范围并将表笔跨接在被测负载或信号源上。此时，显示器显示出被测电压读数。

⑤直流电流的测量。

a. 将转换开关置于 DCA 量程范围，当被测电流不大于 200 mA 时，黑表笔插入 COM 插孔，将红表笔插入 VΩmA 插孔；当被测电流大于 200 mA 时，红表笔应插入 10ADC 的插孔。

b. 将被测电路断开，断开的两端与两表笔相接。

c. 将试电笔接触被测电路，测量数字与红表笔的极性同时显示。

⑥电容器的检查。用电阻挡测量。将两表笔与电容器两端相接，读数逐渐减少到 0，然后读数慢慢升高偏转至一定值，则表明电容器正常；若读数到 0 后不动，则表明电容器已短路损坏；若读数一开始就显示高电阻，表明电容器已断线损坏。

2. 指针式万用表的使用

指针式万用表主要由表头、测量电路和转换开关组成。表头用以指示被测量的大小；测量电路用以把各种被测量转换成适合表头灵敏要求的电流；转换开关则根据不同被测量需要进行选择，现以 MF-30 型万用表为例，介绍其面板结构及功能。

(1)MF-30 型指针式万用表面板结构及功能(图 6-1-3)

表盘由刻度线、指针和机械调零螺钉组成，由指针所指刻度线的位置读取测量值，机械调零螺钉位于表盘下部中间的位置。万用表有多条刻度线，从上往下数，第一条线是测量电阻的欧姆刻度线；第二条线是用于交流电压和直流电流读数的共用刻度线；第三条刻度线是测量 10 V 以下交流电压的专用刻度线；第四、五条刻度线是测量三极管放大倍数的专用刻度线。转换开关的作用是选择测量的项目及量程。转换开关的挡位有直流电压 2.5 V，10 V，250 V，1 000 V；交流电压 10 V，50 V，250 V，1 000 V；直流电流 2.5 mA，25 mA，250 mA 三个常用挡位及 100 μA，2.5 A 两个扩展量程挡位；电阻×1，×10，×100，×1 K，×10 K 五个倍率挡位。

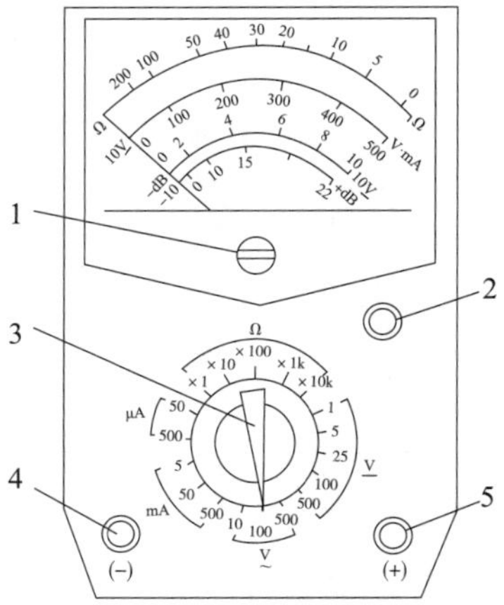

图 6-1-3　MF-30 指针式万用表面板图

1—机械零位调节螺钉；2—零欧姆调节旋钮；3—转换开关；4—黑表笔插孔；5—红表笔插孔

机械零位调节螺钉：万用表在第一次使用前，观察其指针是否在左边的电流零刻度线上，如果不在应调节机械调零旋钮，使指针在电流零刻度线。

零欧姆调节旋钮：机械调零后测电阻时将两表笔短接，观察指针是否在右边的电流最大位置的刻度线上(即电阻为 0 处)，如果不在进行欧姆调零。

转换开关：选择测量的项目及量程。

黑表笔插孔。

红表笔插孔。

(2)指针式万用表的使用

①测量前的准备。使用万用表之前，应注意指针是否指向零位。如指针不指向零位，则调整机械调零的螺钉，使指针指向零位。

②电阻测量。

a. 调零。将黑表笔插入"－"插孔，将红表笔插入"＋"插孔，转换开关置于"Ω"位置，选择 $R\times1\ \Omega$ 挡，两表笔短接，指针应向右偏转到 0；若不能偏转到 0，可调整欧姆挡的调零旋钮；若仍不能偏转至 0，则应更换电池。对准确度较高的万用表，$R\times100\ \Omega$ 以下挡，电池电压为 1.5 V；$R\times1\ k\Omega$ 以上挡，电池电压为 9～15 V。测电阻时，每更换一次倍率挡，都要进行调零。不能调到零时，要更换电池。

b. 根据被测电阻的范围选择合适的电阻挡，两表笔与被测电阻两端相接。调整倍率挡，用其读数乘以倍率，即为被测电阻值。

c. 选择电阻倍率挡位时，应尽量使被测电阻值处于量程标尺弧长的中心部位，测量精度会高一些。

③直流电流测量。

a. 根据所测电流的大小，把开关转到相应的直流电流（DCA）挡上。

b. 将万用表串接在被测电路中，红表笔接电路的正极，黑表笔接在电路负极。

c. 当使用 100 μA 或 2.5 A 挡时，开关应转到直流电流的最大挡，红表笔插入“＋100 μA”或“＋2.5 A”插孔。

④电压测量。

a. 根据被测电压的种类及大小，将开关转相应的直流电压（DCV）或交流电压（ACV）挡上。

b. 将万用表并接在被测负载的两端。测直流电压时，红表笔接电路的正极，黑表笔接电路的负极。

c. 在测量电压时，应使被测电压指示在万用表量程的 2/3 以上，以减小测量误差。

3. 万用表的使用注意事项

（1）在使用万用表过程中，不能用手去接触表笔的金属部分，这样一方面可以保证测量的准确，另一方面也可以保证人身安全。

（2）使用万用表时，应根据被测设备的要求，选择合适的功能和量程挡。对未知量进行测量时，应把量程调到最大，然后从大到小调，直到合适为止。测量过程中，不得带电转换量程。对于数字表，若出现“1”，表示过载，应加大量程。在测试过程中，不得随意转动转换开关。

（3）测量直流电压、电流时，应注意极性。反接后，易损坏万用表指针。如果不知极性，宜放大量程挡。万用表不能用来测量高频信号。

（4）测量电阻时，必须将被测回路的电源切断。

（5）万用表在使用时，必须水平放置，以免造成误差。同时，还要注意避免外界磁场对万用表的影响。

（6）万用表使用完毕，应将转换开关置于“OFF”或交流电压的最大挡。如果长期不使用，还应将万用表内部的电池取出来，以免电池腐蚀表内其他器件。

二、钳形表使用

钳形表主要用于在不切断电路的情况下测量交流电流。钳形电流表是根据电流互感器的原理制成，将钳形表的钳口卡在导线上，被测导线的电流就在钳形表的铁芯中产生交变磁力线，表头上感应出电流，表针发生偏转而产生读数。钳形表有指针式和数字式两种。

1. 钳形表的面板结构及功能（图 6-1-4）

2. 数字钳形表的使用

目前广泛使用的 DT266 钳形表是一种由标准 9 V 电池驱动，LCD 显示的 $3\frac{1}{2}$ 位数字万用表。采用全功能过载保护电路，可测量交流电流、交流电压、直流电压、电阻及进行通断测试。数字式钳形表的面板结构如图 6-1-4(b)所示。

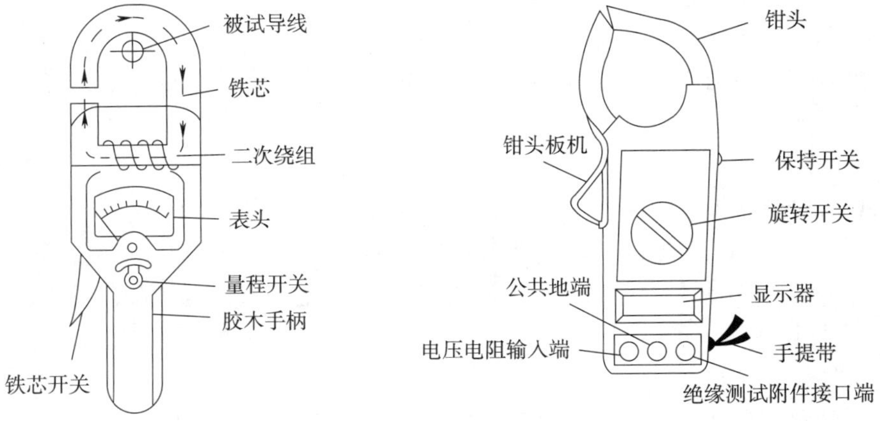

（a）指针式钳形表　　（b）数字式钳形表

图 6-1-4　钳形表的面板结构

(1)交流电流的测量。将开关旋至 ACA 1 000 A 挡；保持开关处于放松状态，按下扳机，打开钳口，钳住一根导线，读取数值，如果读数小于 200 A，开关旋至 ACA 200 A 挡，以提高准确度。如果因环境条件限制，无法直接读数时，可按下保持键，拿到亮处读数。

(2)交、直流电压，电阻测量及通断测试。测量交、直流电压时，将开关旋至 ACV、DCV 挡；测量电阻时，将开关旋至适当量程的电阻挡；通断测试时，将开关旋至 200 Ω 挡。黑表笔总是插在“COM”公共端(地)，红表笔插入“V/Ω”端孔。测量方法与万用表相同。

3. 钳形表的使用注意事项

(1)使用钳形电流表时，应注意钳形电流表的电压等级和电流值挡位。测量时，应戴绝缘手套，穿绝缘鞋。观测数据时，要特别注意人体与带电部分保持足够的安全距离。

(2)测量回路电流时，应选有绝缘层的导线进行测量，同时保持与其他带电部分的安全距离。

(3)测量过程中不允许更换电流量程挡位。因为在测量时二次侧相当于短路状态，在测量中切换挡位，会造成二次瞬间短路，感应出很高的电压，有可能造成钳形电流表内部绝缘击穿。

(4)测量时，钳口只能钳入一根导线。为减小误差，测量时被测导线应尽量放置在钳口的中央位置。测量时钳口要紧密结合，如有杂音可重新开闭一次，如仍然存在杂音应仔细检查，杂音消除后，方可进行测量。

(5)测量低压熔断器或水平排列的低压母线电流时，应将熔断器或母线用绝缘材料加以相间隔离，以免引起短路，同时注意不得触及其他带电部分。

(6)测量结束后，应将转换开关置于最大电流量程挡，以防止下次使用时，因未选择量程而损坏仪表。

三、兆欧表使用

兆欧表大多采用手摇发电机供电，故又称摇表，如图 6-1-5 所示。它的刻度是以兆欧(MΩ)为单位的。它是电工常用的一种测量仪表，主要用来检查电气设备、家用电器或电气线路对地及相间的绝缘电阻，以保证这些设备、电器和线路工作在正常状态，避免发生触电伤亡及设备损坏等事故。

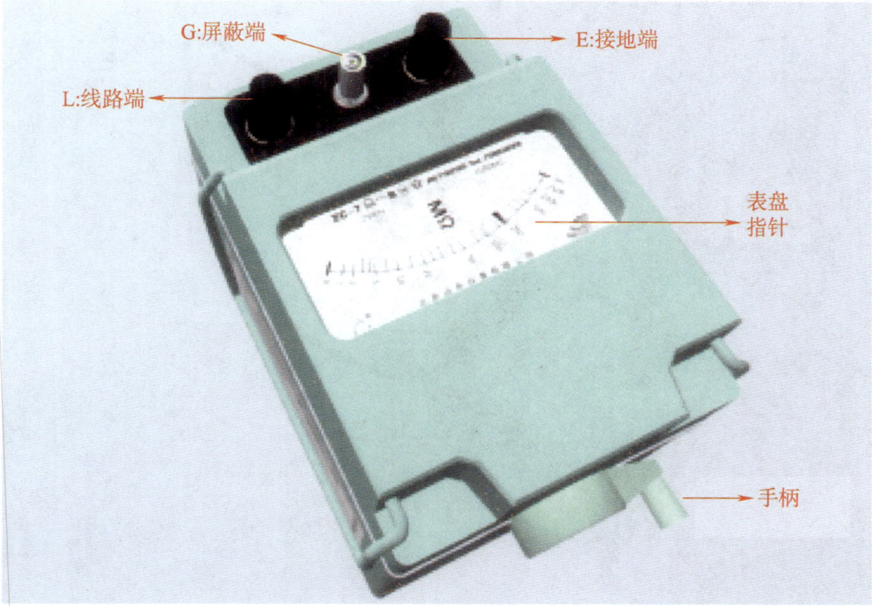

图 6-1-5　兆欧表

1. 兆欧表结构及选择

兆欧表是用来测量被测设备的绝缘电阻和高值电阻的仪表，它由一个手摇发电机、表头和三个接线柱(即 L:线路端、E:接地端、G:屏蔽端)组成。

(1)兆欧表的选用原则

额定电压等级的选择。一般情况下，额定电压在 500 V 以下的设备，应选用 500 V 或 1 000 V的兆欧表；额定电压在 500 V 以上的设备，选用 1 000～2 500 V 的兆欧表。电阻量程范围的选择。兆欧表的表盘刻度线上有两个小黑点，小黑点之间的区域为准确测量区域。所以在选表时应使被测设备的绝缘电阻值在准确测量区域内。

(2)兆欧表的使用

①校表。测量前应将兆欧表进行一次开路和短路试验，检查兆欧表是否良好。将两连接线开路，摇动手柄，指针应指在"∞"处，再把两连接线短接一下，指针应指在"0"处，符合上述条件者即良好，否则不能使用。其短路试验如图 6-1-6 所示。

②被测设备与线路断开，对于大电容设备还要进行放电。

③选用电压等级符合的兆欧表。测量绝缘电阻时，一般只用"L"和"E"端，但在测量电缆对地的绝缘电阻或被测设备的漏电流较严重时，就要使用"G"端，并将"G"端接屏蔽层或外壳。线路接好后，可按顺时针方向转动摇把，摇动的速度应由慢而快，当转速达到 120 r/min 左右时(ZC-25 型)，保持匀速转动，1 min 后读数，并且要边摇边读数，不能停下来读数。

④拆线放电。读数完毕，一边慢摇，一边拆线，然后将被测设备放电。放电方法是将测量时使用的地线从兆欧表上取下来与被测设备短接一下即可(不是兆欧表放电)。

2. 兆欧表测变压器绝缘试验接线方式及步骤

(1)接线方式

用兆欧表测试变压器高对地及地、低对高及地的接线方式分别如图 6-1-7、图 6-1-8 所示。

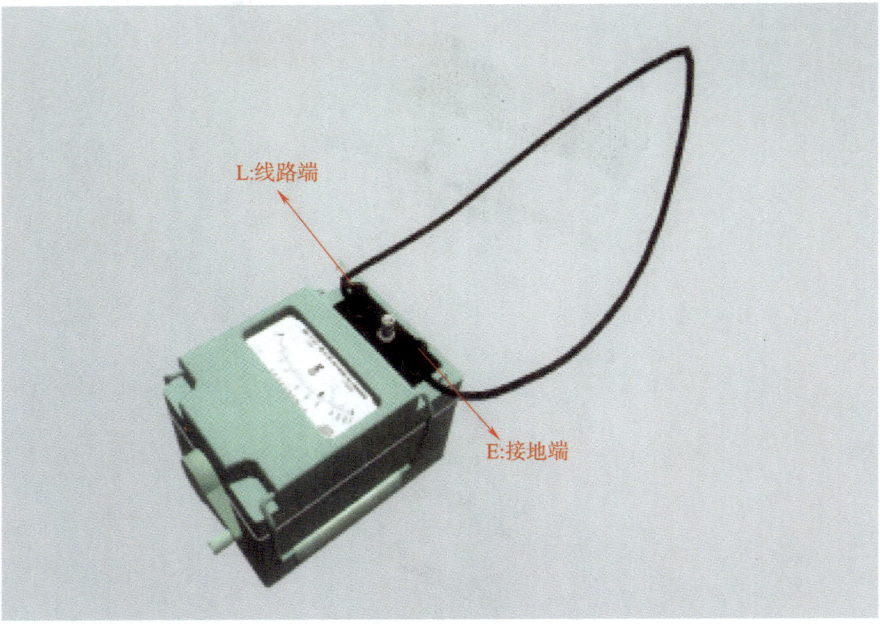

图 6-1-6　兆欧表短路试验接线

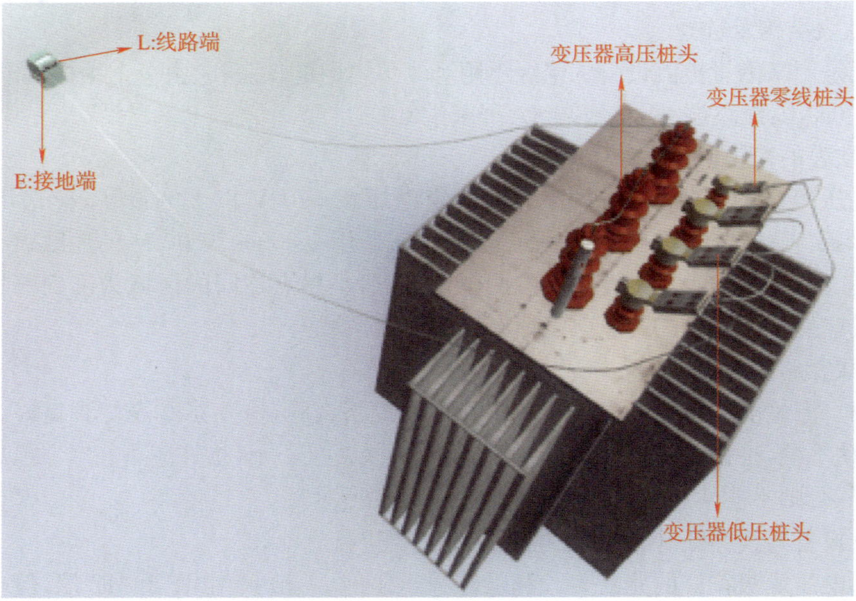

图 6-1-7　变压器高压对低压及地绝缘测量接线

(2)测量变压器试验步骤

①履行工作票手续。

②现场核对线路名称、杆号、变压器编号,检查杆根、台架完好。

③设置安全围栏和警示牌。

④依照工作票和操作票要求,进行柱上配电变压器的停电操作。

⑤低压侧接地:负责接线的工作人员登上台架,在低压刀闸出线端和零线桩头验电、挂接地线。并检查跌落式熔断器横担,应接地可靠、良好。

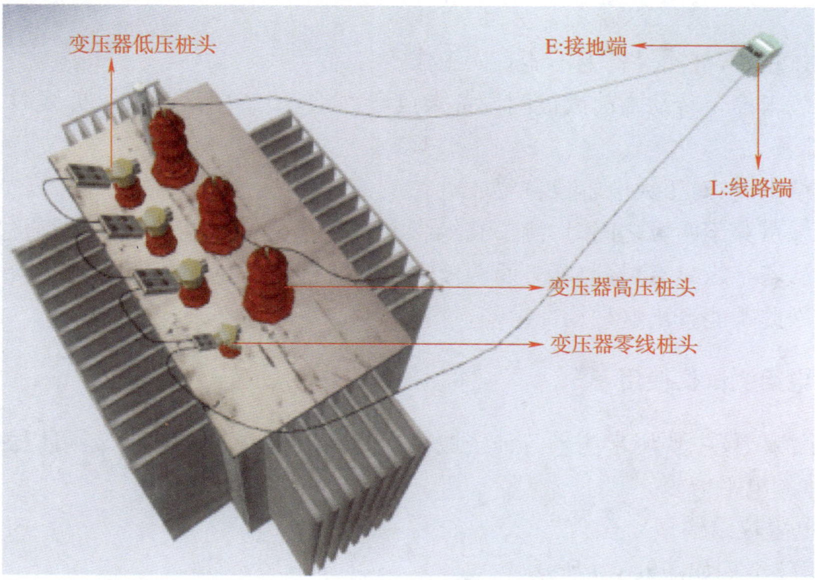

图 6-1-8　变压器低压对高压及地绝缘测量接线

⑥台架上的测量前准备:接线人员登上台架。将变压器短接后接地放电 1 min,电容量较大的应至少放电 2 min,以免触电。拆除变压器高、低压桩头上的引线,清洁瓷套管表面。

⑦校表。

a. 开路试验。将兆欧表接线端钮“线 L”和“地 E”开路,不接触任何物体时,摇动至 120 r/min,此时指针应指在“∞”处。

b. 短路试验。轻摇手柄,将两端钮“线 L”和“地 E”测量线接触的瞬间(立即断开),指针应指在“0”处。

⑧测试方法。

a. 将被测设备接在兆欧表端钮“线 L”和“地 E”间即可。以均匀速度摇动手柄,使转速尽量接近 120 r/min。由于被测设备有充电电容等影响,因此要摇动 1 min 等指针上升达到稳定后再读数。如果摇动手柄后指针即急摆到零值,则表明绝缘已损坏,不能再继续摇测,否则将使表内线圈烧坏。

b. 兆欧表摇动的快慢,一般来讲不影响对绝缘电阻的测量。因为兆欧表上的读数是反映发电机电压与电流的比值,在电压变化时,通过兆欧表电流线圈的电流,也同时按比例变化,所以电阻值数不变,但如果兆欧表发电机的转速太慢。由于此时电压过低,则也会引起较大的测量误差,因此,使用兆欧表时应按规定的转速摇动。一般规定为 120 r/min,可以有±20%的变化,但最多不应超过±25%。

⑨读数并记录数值。根据测量的数据,判断所测变压器绝缘性能是否良好。

⑩台架上接线人员对被测变压器进行放电,拆除低压刀闸上端的接地线,恢复变压器高、低桩头上的引线,然后撤离至地面。

⑪依照工作票和操作票要求,进行柱上配电变压器的送电操作。

⑫整理仪表,拆除安全围栏并清理现场,作业任务即结束。

3. 使用注意事项

(1)禁止在雷电时或高压设备附近测绝缘电阻,只能在设备不带电,也没有感应电的情况下测量。

(2)摇测过程中,被测设备上不能有人工作。

(3)兆欧表未停止转动之前或被测设备未放电之前,严禁用手触及。拆线时,也不要触及引线的金属部分。

(4)测量结束时,对于大电容设备要放电。

(5)当绝缘贯穿于两极之间时,测量其绝缘电阻时才会有明显的变化,即通过测量才能灵敏地查出缺陷;若绝缘只有局部缺陷,而两极间仍保持有良好绝缘时,绝缘电阻降低很少,甚至不发生变化,因此不能查出这种局部缺陷。

四、接地电阻测试仪使用

接地电阻测试仪主要用来测量各种接地装置的接地电阻和地电压,还可以测量土壤电阻率及低阻导体的电阻值。

1. 接地电阻仪结构

接地电阻仪结构如图 6-1-9 所示。

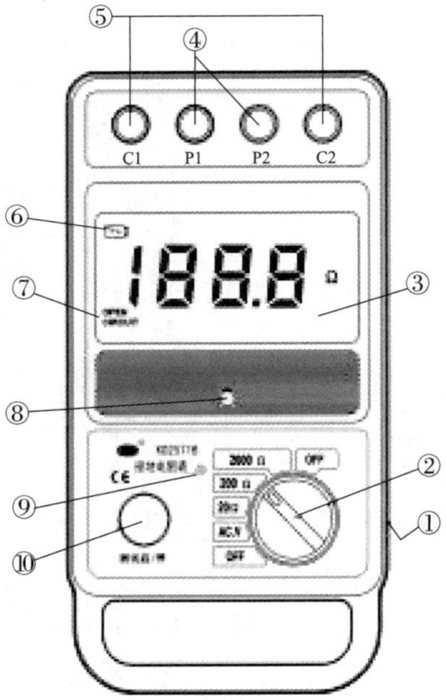

图 6-1-9 接地电阻仪结构

①—电池盒(背面);②—选择开关;③—显示屏;④—电压极测试孔;⑤—电流极测试孔;⑥—欠压指示符;⑦—开路指示符;⑧—电流指示灯;⑨—准确度等级;⑩—“测试启/停”按钮

2. 使用方法

(1)地电压测量(图 6-1-10)

测试时将 E′被测地极与 P′探针用测试线连接至仪表 C2、P2 两个测试孔,将选择开关置于 AC. V 挡位,显示屏显示地电压值。

(2)接地电阻的测量

以被测接地极 E′为起点,使电位探针 P′和电流探针 C′三者在一条直线上,并使 E′、P′间距为 15 m,P′、C′间距也为 15 m。

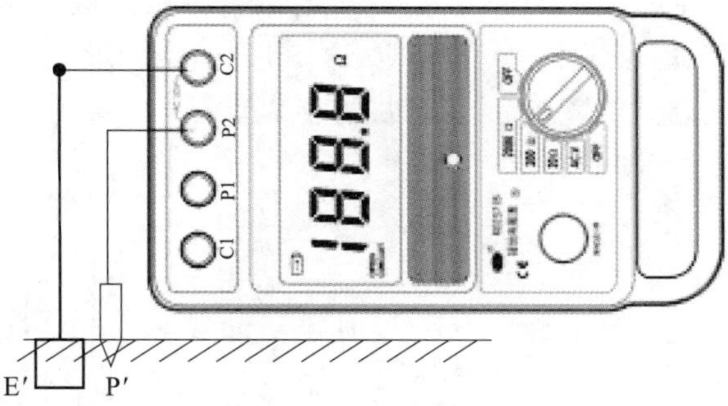

图 6-1-10　地电压测量

四线法测量时(图 6-1-11),用两根测试线将 E′连到仪表的 C2、P2 两个测试孔,P′连到 P1 测试孔,C′连到仪表 C1 测试孔。

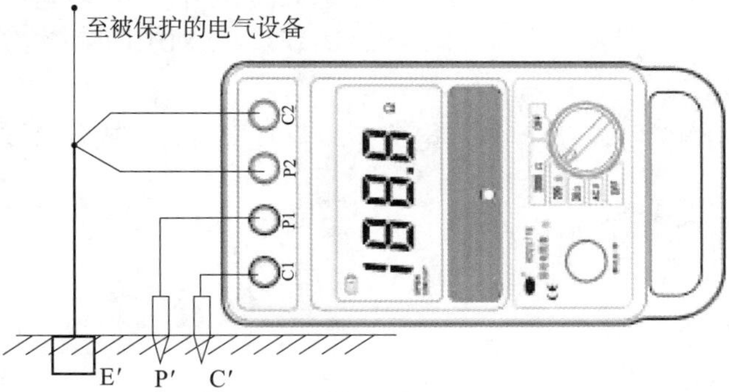

图 6-1-11　四线法测量接地电阻

三线法测量时(图 6-1-12),用一根双头测试线将 E′连接到 C2、P2 测试孔,另两根测试线分别将 P′连到 P1 测试孔,C′连到仪表 C1 测试孔。

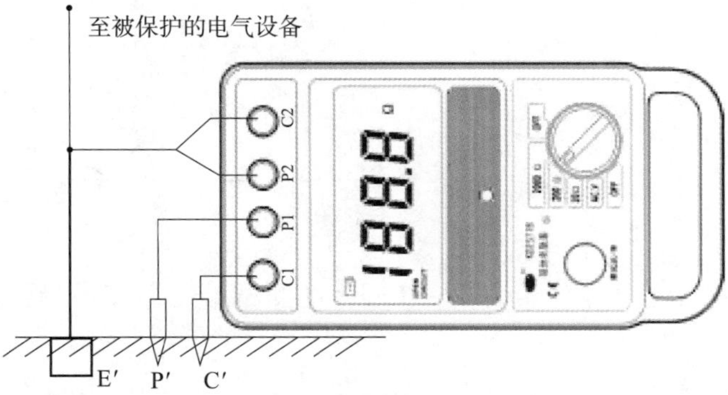

图 6-1-12　三线法测量接地电阻

注意:此时显示的阻值是被测地极 E′的地电阻与 E′至 C2、P2 孔之间导线电阻的和。

①将仪表选择开关置于适当的测试量程。

②在电阻测量挡位,不开启测试电流(电流指示灯不亮)时,显示屏首位显示“1”,后三位熄灭。

③轻触“测试启/停”键,电流指示灯点亮,表示启动了测试电流,显示屏显示接地电阻值。

注意:当显示屏有“OPEN CIRCUIT”显示时表示被测接地极开路、测试引线开路或电流极辅助接地电阻大于 5 kΩ。此时应检查测试线及其连接,或采取适当方法降低电流极辅助接地电阻值。同时,为保证测试精度,P′的位置尽可能靠近 E′、C′间连线的中点。

(3)土壤电阻率的测量(图 6-1-13)

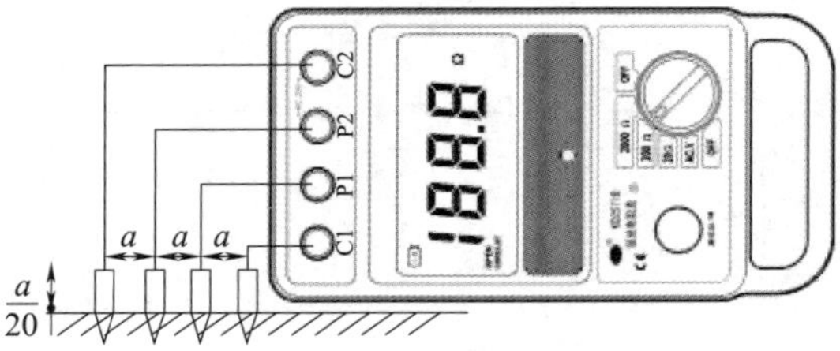

图 6-1-13　土壤电阻率的测量

在被测区沿直线将四根金属探针插入地下,相邻两根的距离都为 a cm,探针的埋入深度不宜超过距离 a 的 1/20。如图 6-1-13 所示的连接方式,分别用四根测试线将四根探针与 C1、P1、P2、C2 四个测试孔顺序相连。

选择适当量程,轻触“测试启/停”键,电流指示灯点亮,显示屏显示被测区的电阻值 R(单位:欧姆)。

被测区的土壤电阻率用以下公式计算:

$$\rho=2\pi aR$$

式中　R——测得的电阻值(Ω);

a——棒与棒间的距离(m);

ρ——被测区的土壤电阻率(Ω · m)。

(4)导体电阻的测量(图 6-1-14)

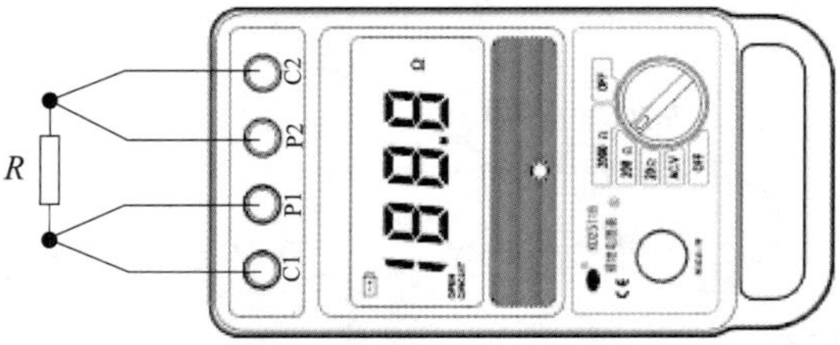

图 6-1-14　导体电阻的测量

①先将 C1、P1 的测试端子短接,再将 C2、P2 的测试端子短接,然后将被测导体接在 C1、P1 和 C2、P2 之间。

②选择适当量程,轻触“测试启/停”键,显示屏显示被测导体的电阻值。

五、红外热像仪的使用

红外热像仪是利用红外探测器和光学成像物镜接受被测目标的红外辐射能量分布图形反映到红外探测器的光敏元件上,从而获得红外热像图,这种热像图与物体表面的热分布场相对应。通俗地讲热像仪就是将物体发出的不可见红外能量转变为可见的热图像。通过红外热像仪对牵引变电所设备进行不定期检测,根据红外成像图谱的分析、对比和判断,发现牵引供电运行设备关键部位的隐患并及时处理，保证牵引供电设备的安全可靠运行。本节以 FLIR T250 红外热像仪为例阐述其应用。

1．T250 红外热成像仪结构及功能

目前 FLIR 红外热像仪在热成像、过程监测以及电气机械设备状态监测等工业领域广泛使用。红外热像仪不仅能够帮助我们看到实时热图像，而且还能通过红外视频及相关温度测量数据来进行过程控制及事前报警。T250 红外热成像仪正面、背面、侧面结构如图 6-1-15～图 6-1-17 所示。

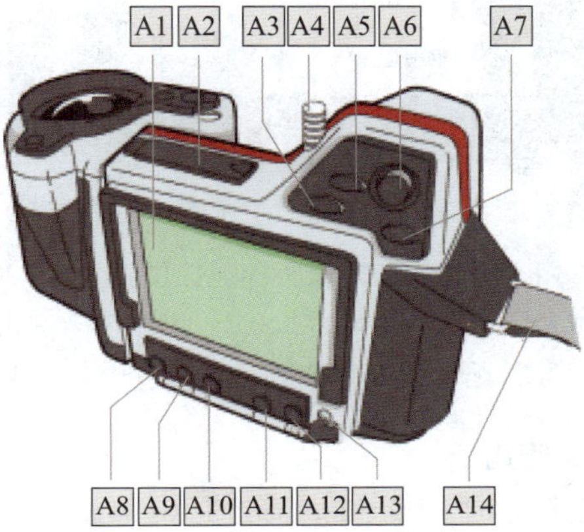

图 6-1-15　T250 红外热成像仪正面结构

A1—触摸式显示屏；A2—SD 卡插槽；A3—图像缩放按键；A4—手写笔；A5—热像仪切换按键：可见光、热图像、画中画切换；A6—操作杆；A7—A/M 按键：自动、手动调节热图像；A8—“测量”按键：设置/退出测量模式；A9—info 按键：显示/隐藏屏幕信息；A10—Setup 按键：显示/隐藏设置菜单；A11—归档按键；A12—模式按键：设置/退出三种热像仪模式；A13—电源开关；A13—跨带

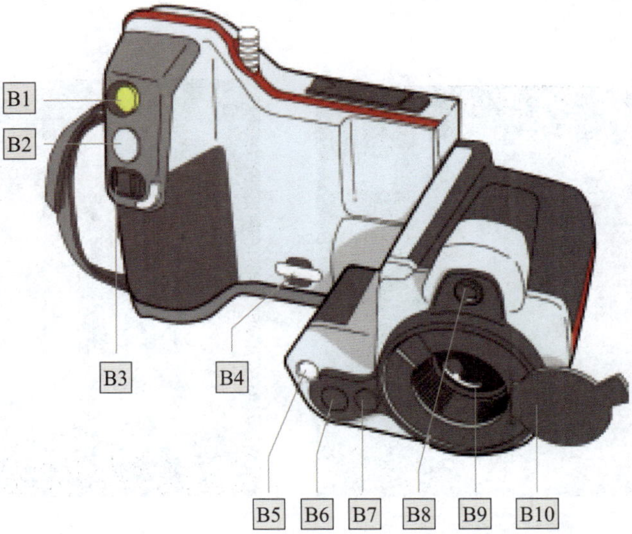

图 6-1-16　T250 红外热成像仪背面结构

B1—激光指示器按键；B2—保存/冻结图像：短暂按下可保存图像，按住超过 1 s 为冻结图像并可添加注释至图像；B3—聚焦按键：左右拨动为手动聚焦，按下为自动聚焦；B4—颈带连接点；B5—视频灯；B6—数码相机镜头；B7—更换镜头释放按键显示/隐藏设置菜单；B8—激光指示器；B9—红外镜头；B10—红外镜头盖

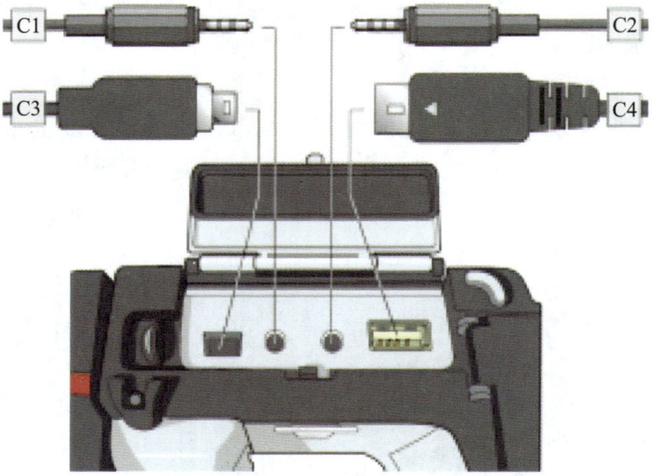

图 6-1-17　T250 红外热成像仪侧面结构

C1—耳麦连接插座，录制、播放语音注释时接入；C2—视频插座，连接热像仪至监视器显示；
C3—USB 连接至电脑插座；C4—外接 USB 设备连接座

2. T250 红外热成像仪的使用

(1)开机：按下 A13 开机键，仪器在开机后需进行内部温度校准，待图像稳定后即可开始工作。

(2)设置仪器测量参数：按下 A8 键，看到仪器设置界面(图 6-1-18)。仪器最多可同时设置 5 个区域测温，其中 Mx 选中为测量区域内最高温度；Mn 选中为测试区域内最低温度；勾选“标记”：方框内出现光标点自动跟踪最高/最低温度点。同时在检测温度中设置电平，“电平”表示需要设置的门限温度；使用高温检测测量模式方便巡检人员快速准确地找出温度超高点。

(3)在高级中正确设置辐射率、环境温度、距离等参数(图 6-1-19)。作为一般检测，被测设备的辐射率通常取 0.9 左右。

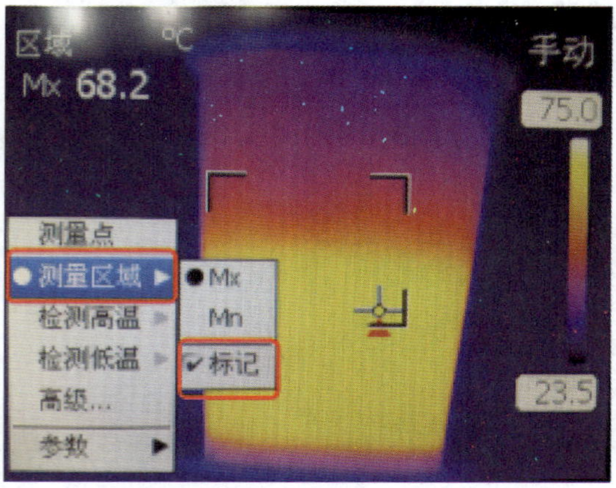

图 6-1-18　仪器设置界面

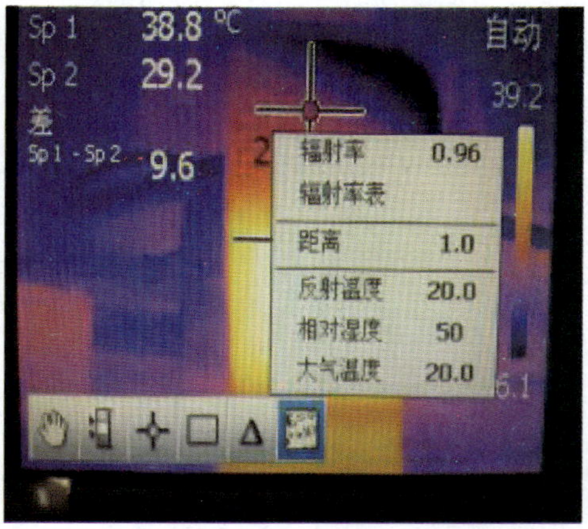

图 6-1-19　高级设置界面

(4)参考体：检测温升所用的环境温度参照体应尽可能选择与被测设备类似的物体，且最好能在同一方向或同一视场中选择，图 6-1-20 为不同参考体测温对比。

(5)检测距离：在安全距离允许的条件下，红外仪器宜尽量靠近被测设备，使被测设备(或

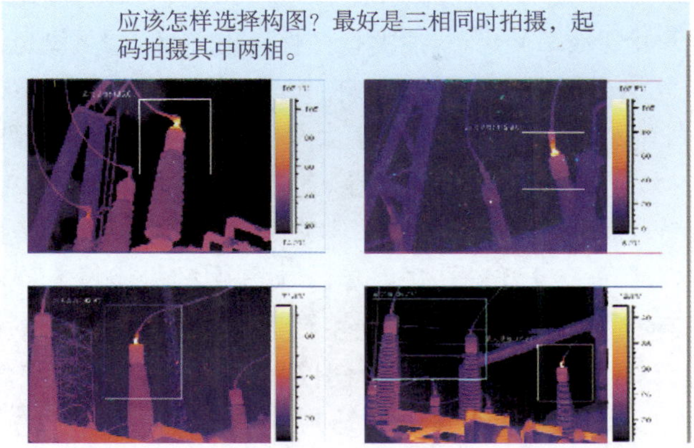

图 6-1-20　不同参考体测温对比

目标)尽量充满整个仪器的视场,以提高仪器对被测设备表面细节的分辨能力及测温准确度。

(6)镜头:线路检测一般需使用中、长焦距镜头。

(7)聚焦:B3 聚焦按键左右拨动为手动聚焦,按下为自动聚焦与可见光相机操作类似。合理的聚焦对保证图像质量、缺陷发现乃至故障诊断分析都至关重要。

(8)调色板设置:按下 A10(Setup)按键:显示/隐藏设置菜单(图 6-1-21),选择不同的调色板根据个人的喜好,达到较好的视觉效果,不同调色板成像效果如图 6-1-22 所示。

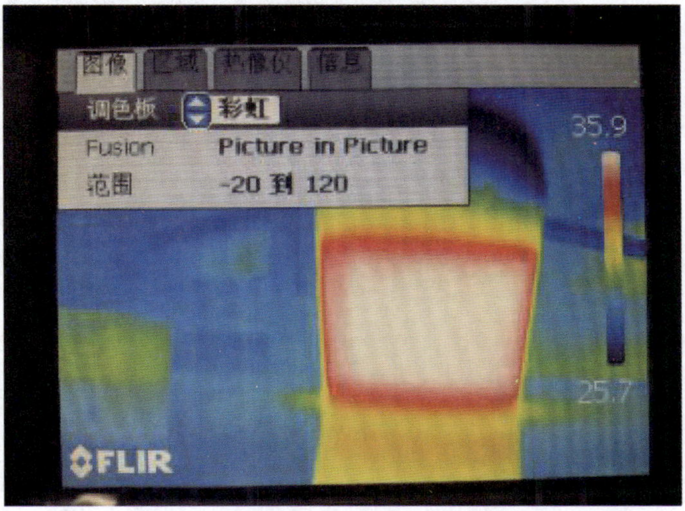

图 6-1-21　Setup 按键界面

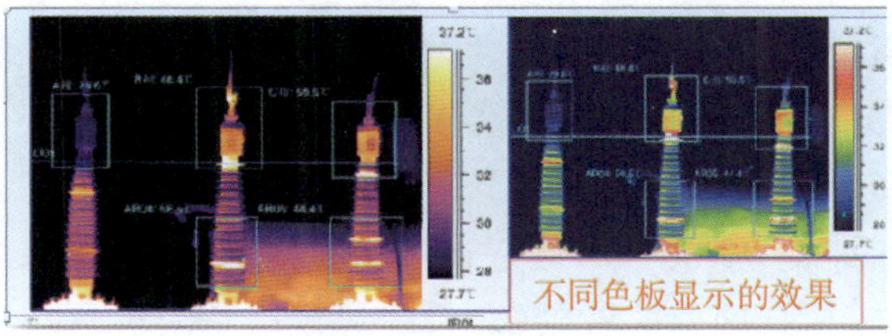

图 6-1-22　不同调色板成像效果对比

(9)保存/冻结图像:短暂按 B2 键可保存图像,按住超过 1 s 为冻结图像并可添加注释至图像。拍摄完成后按下并释放 A11 归档按键打开保存的图像,即可浏览图像。

3. 外界因素对红外热像仪测温效果的影响

(1)大气影响:红外辐射在传输过程中由于大气的吸收作用总要受到一定的能量衰减。大气中的水蒸气 H_2O,二氧化碳 CO_2,臭氧 O_3 等气体会导致热成像过程中能量衰减,有选择地吸收一定波长的红外线。应在无雨无雾,空气湿度最好低于 75%的环境条件测量。

(2)颗粒影响:大气尘埃及悬浮粒子的影响。大气中的尘埃及悬浮粒子的存在是红外辐射在传输过程中能量衰减的又一个原因。这主要是大气尘埃其他悬浮粒子的散射作用的影响,使红外线辐射偏离了原来的传播方向而引起的。应在无尘或空气清新的环境条件下测量。

(3)风力影响:当被测的电气设备处于室外露天运行时,在风力较大的环境下,由于受到风速的影响,存在发热缺陷的设备热量会被风力加速散发,使裸露导体及接触件的散热条件得到改善,散热系数增大,而使热缺陷的设备温度下降。

(4)辐射率影响:一切物体的辐射率都在大于零和小于 1 的范围内,其值的大小与物体的材料、表面光洁度、氧化程度、颜色厚度等有关。

(5)测量角影响:辐射率与测试方向有关,最好保持测试角在 30 ℃之内,不宜超过 45 ℃。当不得不超过 45 ℃时,应对辐射率做进一步修正。

(6)热辐射影响:邻近物体热辐射的影响。当环境温度比被测物体的表面温度高很多或低很多时,或被测物体本身的辐射率很低时,邻近物体的热辐射的反射将对被测物体的测量造成影响。

(7)太阳影响:太阳光辐射的影响。当被测的电气设备处于太阳光辐射下时,由于太阳光的反射和漫反射在 3~14 μm 波长区域内,且它们的分布比例并不固定,因这一波长区域与红外诊断仪器设定的波长区域相同而极大地影响红外测温仪器,特别是红外成像仪器的正常工作和准确判断,同时,由于太阳光的照射造成被测物体的温升将叠加在被测设备的稳定温升上。所以红外测温时最好选择在天黑或没有阳光的阴天进行,这样红外检测的效果相对要好得多。

4. 红外热像仪应用环境要求

(1)一般检测的环境要求

①被检设备是带电运行设备,应尽量避开视线中的封闭遮挡物。

②环境温度一般不低于 5 ℃,相对湿度一般不大于 85%,检测时风速一般不大于 5 m/s。

③户外晴天要避开阳光直接照射或反射进入仪器镜头,在室内或晚上检测应避开灯光的直射,宜闭灯检测。

④检测电流致热型设备,最好在高峰负荷下进行。

(2)精确检测的环境要求

除满足一般检测的要求外,还满足以下要求:

①风速一般不大于 0.5 m/s。

②被检测设备通电时间不小于 6 h,最好在 24 h 以上。

③被检测设备周围应具有均衡的背景辐射,应尽量避开附近热辐射源的干扰。

④避开强电磁场,防止强电磁场影响红外热像仪的正常工作。

第二节　基本二次回路故障查找

二次回路的任务是通过对一次回路的监视、测量来反映一次回路的工作状态，并控制一次系统。当一次回路发生故障时，继电保护能将一次故障部分迅速切除，并发出信号，以保证一次设备安全、可靠、经济、合理地运行。二次设备由监视用表计、测量用仪表、控制开关、自动装置、继电器、信号器具、控制电缆等组成。按照回路功能又可分为控制回路、保护回路、信号回路、测量回路、监察回路等。

牵引变电所的二次回路如果出现故障，有可能引起继电保护和自动装置以及断路器的误动或拒动，也能引起各种信号显示、表计失常。因此在出现二次回路故障后应尽快查找，经过处理使其恢复正常状态。

一、对进行二次回路工作的要求

二次回路故障的种类很多，对于不同的故障处理所采用的安全措施也往往不同，一般说除了必须遵守《高速铁路牵引变电所安全工作规则》以外，还必须注意下列几方面：

1. 至少有两人参加作业，作业人员必须明确工作目的和工作方法。参加作业的人员与工作内容须经供电调度事先批准。

2. 必须按符合实际的图纸进行工作。

3. 在运行设备上进行工作时，只有在非停用保护不可时（例如工作时有引起保护误动的可能）才允许停用保护，停用时间要尽量短，并应得到调度部门的同意。雷雨或恶劣天气（如大风时）不得退出保护。

4. 在处理二次回路故障过程中不得损坏所使用的工具仪表；不得危及人身和设备安全，不得造成设备误动；不得造成交、直流回路接地或短路等。

5. 测量二次回路的电压时，必须使用高内阻电压表（例如万用表等），禁止使用灯泡等代替仪表。

6. 如果在运行中的电源回路上测量电流，须事先核实电流表及其引接线是否良好，要防止电流回路开路而发生人身和设备事故。测量电流的工作应通过试验端子进行，测量仪表应该用螺栓连接，不允许用缠绕的方法，而且应站在绝缘垫上进行。

7. 工作中使用的工具仪表大小应合适，并应使金属外露部分尽量减少，以免发生短路。

8. 如果可停电进行工作时，应事先检查电源是否已断开，确证无电后才可工作。在某些没有切除电源的设备（例如信号回路、电压回路等）处工作时，对有可能碰及的部分，应将其包扎绝缘或隔离。

9. 如果工作中需要拆动螺栓、二次线、压板等，应先核对图纸，并做好记录或在设备上标上明显的标记（如套塑料管或夹子等），工作完后应及时恢复，并进行全面的复查。

10. 瞬停直流电源时，应经调度同意，时间不应超过 3 s，动作应迅速，防止失去保护电源及带有重合闸电源的时间过长。

二、二次回路故障查找原则

1. 根据故障现象、事故及预告信号显示情况，有关表计指示情况进行综合分析，以确定故障范围。

例如断路器开关拒绝合闸时，显示“控制回路断线”，可判断是控制回路故障；如果未发任何信号，位置信号灯正常，合闸接触器已动作，可确定是合闸回路（合闸线圈 HQ 回路）故障。

与中央信号装置有关的信号异常时，如断路器跳闸后，事故音响不响，应先试验对应的中央信号是否正常，以确定中央信号装置是否故障，还是发出动作信号的二次回路故障。

发现二次回路或设备冒烟，有异味及熔断器熔断等现象时，一般可认为该二次回路发生了短路。应首先进行外观检查，以判断有无元件、触点烧损或熔断等，发现有烧损，要进一步检查该元件所在回路的各设备。未发现故障点，应对每一支路进行检查，直到发现故障点为止。

2. 各种回路的故障兼而有之时应分清主次，从主要回路入手。如断路器拒合的同时，信号显示也不正常，应按合闸、控制、信号的顺序查找各回路。

3. 查找某一具体回路故障时，应首先检查并排除电源部分的故障，即先检查直流母线电压及熔断器等，然后再检查容易发生故障的元件。

三、二次回路故障查找方法

1. 缩小范围法

在二次回路故障查找中最常用的方法就是缩小范围法，所谓缩小范围法就是把故障范围逐级缩小进行检查，最终找出发生故障的地点。图 6-2-1 为缩小范围法示意，若发现第一回路工作时，被控元件不动作，此时可使第二回路工作，若被控元件动作了，则故障可能在第一回路；若被控元件仍不动作，可再使第三回路工作，此时如被控元件动作，则故障可能在第四回路；若被控元件还不动作，则可能是被控元件本身有故障。

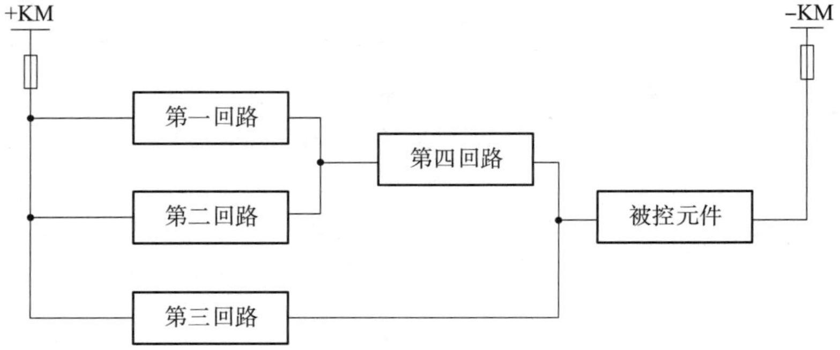

图 6-2-1　缩小范围法示意

例如，图 6-2-2 所示的分闸回路中，保护装置动作时，断路器不跳闸，先手动操作 WK_{6-7} 通，若断路器分闸，则故障可能在 BCJ 回路中；若断路器仍未分闸，故障就可能是 33 号线到 02 号线的 TQ 线圈回路中。

2. 断路故障的查找

(1)导通法

应使用万用表，不能用兆欧表。因为兆欧表不易发现接触不良或电阻变值。应用导通法时，必须断开操作电源。导通法检查示意如图 6-2-3 所示。检查时，先将断路器合上，使辅助接点 DL 接通、将万用表的一支试笔固定在“02”，另一支试笔触到“39”导线上，依次向“37”“33”“09”……移动。当发现回路不通或数值与正常值误差过大时，则故障可能就在此段范围内。

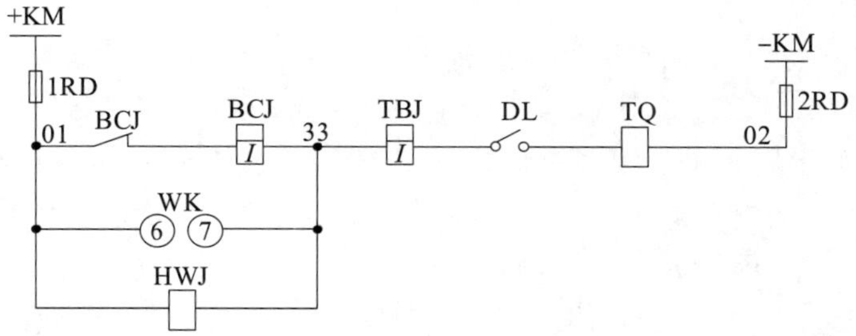

图 6-2-2　分闸回路原理

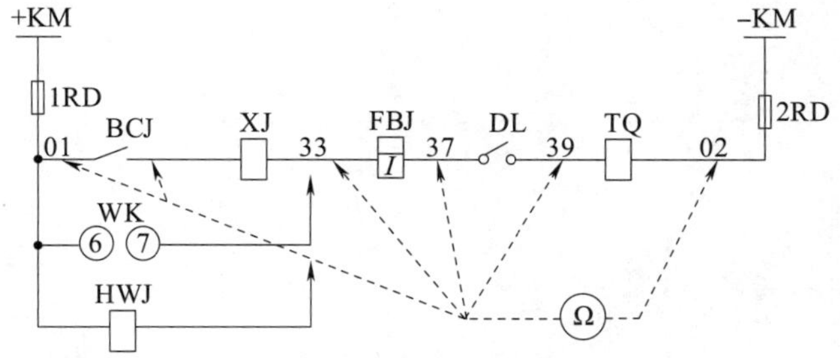

图 6-2-3　导通法检查示意

如果“02”与被测点距离很远，无法将试笔固定在“02”时，则可以采用分段检查的办法，但必须防止漏测。

使用导通法时，还必须注意被测元件有无旁路，否则会造成误判断。因此，必须将旁路拆开(但图 6-2-3 中的“01”与“33”间有两条通路都有接点断开，相互并不影响就不必拆开)。一般检查电流回路可用导通法进行。

(2)压降法

用压降法查回路不通故障，应将回路接入电源，并用万用表直流电压测量查找(图 6-2-4)。

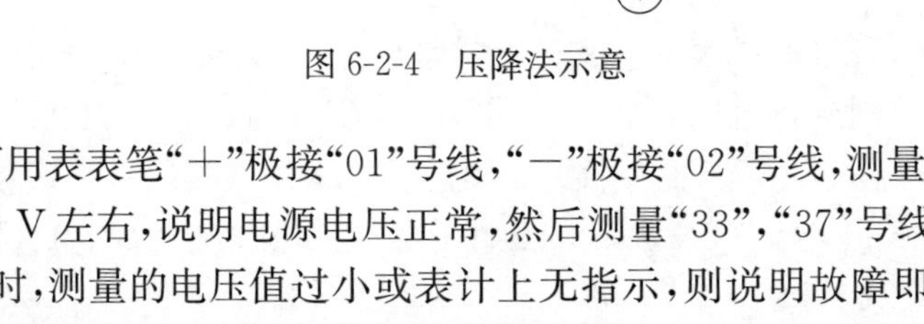

图 6-2-4　压降法示意

检查时，先将万用表表笔“＋”极接“01”号线，“－”极接“02”号线，测量电源正负极间电压，若指示值为 DC 220 V 左右，说明电源电压正常，然后测量“33”，“37”号线与“02”号线之间的电压，DL 在断开位时，测量的电压值过小或表计上无指示，则说明故障即在此回路；DL 在闭合位时，测量电压值指示接近于电源额定电压或超过电源电压 1/2 时，也可判定此范围内有故障点。

“压降法”常用于查找被控元件不动作的原因。

(3)对地电位法

在介绍该方法之前,首先简单介绍下直流监察系统。图 6-2-5 为直流回路绝缘监察装置的原理。图中,R_1(1 000 Ω)、R_2(1 000 Ω)两电阻的中点 O 与地间接有一个电流继电器 JJ,JJ 的内阻为 30 kΩ。如果用一个内阻较高的电压表(2 000 Ω/V)测量正极或负极对 O 的电位时,电压表的指示值应为电源电压的一半。当测量正极与负极对地的电压时,电压表的指示值也应为电源电压的一半,因为 $R_1=R_2$,而 JJ 线圈的电阻远小于电压表的内阻,在 JJ 上的压降很小,对电压表的读数影响不大。如果使用的电压表内阻很小,则测量数值就不准,甚至会使 JJ 误动作,因此使用电位法查找故障时必须要用高内阻的电压表。

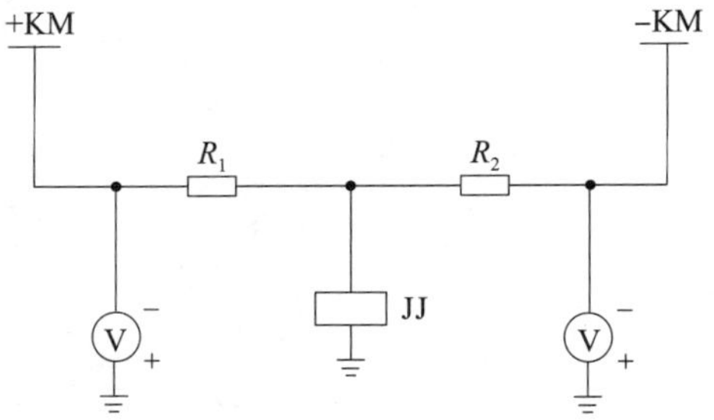

图 6-2-5　直流回路绝缘监察装置原理

由上可知,在直流监察系统中测量正极与负极对地的电压时,电压表的指示值也应为电源电压的一半。对地电位法示意如图 6-2-6 所示。

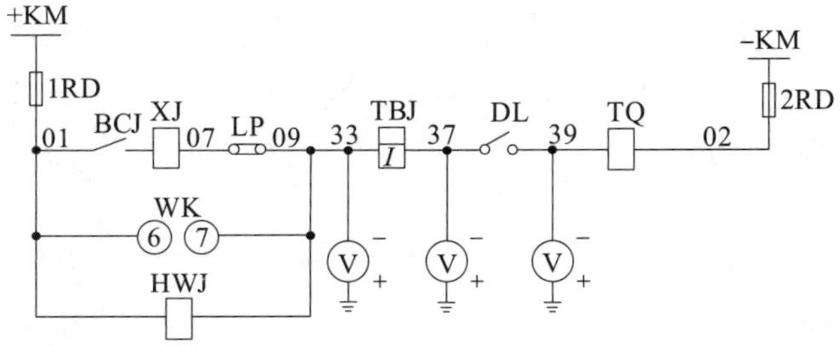

图 6-2-6　对地电位法示意

先分析回路正常情况下各点的电压。在 BCJ 接点分开时,“39”上的电位应该为负电位;当 BCJ 和 DL 接点闭合后,导线“07”“09”“33”“37”上应带负电。当 DL1 断开,而使 BCJ 接点闭合时,导线“07”“09”“33”“37”上都应带正电。如果所测结果与此相反或误差很大,则表明该部分内有故障。

测量各点电位时,可将电压表的一支试笔接地(接金属外壳),另一支试笔触及被测点。如果被测点应为正极性,则应将电压表的“+”试笔触及该点,而“-”试笔接地。若电压表的指示数为操作电压的一半左右,则表明这点至“01”间是良好的。

如果直流系统没有绝缘监察装置或其退出了运行,则对地电位法就会产生误差。

3. 短路故障的查找

当回路发生短路时,一般现象是熔断器一放上就熔断、接点烧坏、短路点冒烟等。

检查的方法,首先是目观检查,看有无冒烟和接点烧坏的现象。如果发现接点烧坏,可进一步检查该回路内的设备,如用导通法测量该回路的电阻值是否变小。如果尚未发现故障点,下一步就应该对每一回路进行检查。

以图 6-2-7 为例，即将第一回路的正极或负极拆开，用导通法测量该回路的电阻值及第二、三回路的电压看其是否正常，直到发现故障点为止。如果未发现故障点，则可能是不同回路间发生了短路或者正、负极间直接短路了，此时仍用导通法测量各回路的电阻值；也可以将万用表试笔直接接于正、负极上，然后把回路一个一个地恢复，如发现某一回路接入后电阻突然变小，则很可能是该回路中有故障，可根据此进一步检查。

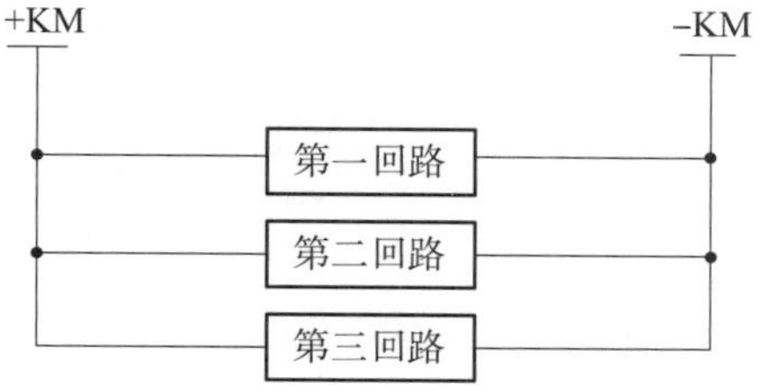

图 6-2-7　回路短路的检查

4. 回路参数变值导致开关拒动故障的查找

当回路参数变值时，其故障现象表现为被控元件的动作力量不足，或者有过热现象等。以图 6-2-8 为例，若当 BCJ 接点接通后，断路器未跳闸，为了检查其回路是否良好，可以用压降法和导通法配合进行。

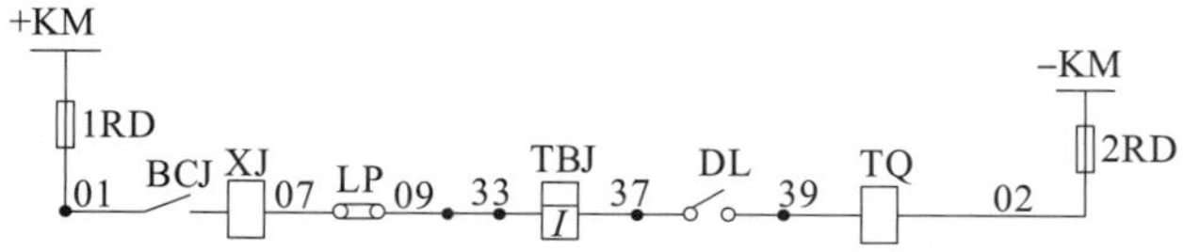

图 6-2-8　回路参数变值的检查

首先使 BCJ 接点接通，让回路有电流通过，测量此时 TQ 线圈的电压量是否正常。若电压与额定电压接近(一般偏小，但不小于 80%额定电压)时，则表明回路良好，那可能就是操作机构卡住了；若测得的 TQ 线圈电压很近(低于 80%额定电压)，则可能是 TQ 线圈或回路中其他元件变值，或操作电源容量变小所致。

解除操作电源，测量 TQ 线圈的电阻，检查 TQ 线圈是否变值(与原始资料比较)。如果 TQ 线圈参数正常，可再测量“07”与“02”回路的电阻是否与原始资料相近，若相差过大，则可能是由于该回路中其他元件电阻变值了，可再做进一步检查。如果还未发现问题，可投入操作电源使 BCJ 接点闭合，测量“01”、“02”间的电压，此值应与电源额定电压相近；若测得数值过小，则可能是操作电源有问题，可再对电源侧进行检查。

5. 直流系统接地故障的查找

直流电源系统正极或负极对地间的绝缘电阻值降低至某一整定值，或者低于某一规定值，这时我们称该直流系统有正接地故障或负接地故障。

(1)直流接地的危害

直流正极接地有可能造成保护误动作；因为一般跳合闸线圈、继电器线圈正常与负极电源接通，若这些回路再发生一点接地，就可能引起误动作。直流负极接地有可能造成保护拒动或开关拒动；因为跳合闸线圈、保护继电器在这些回路再有一点接地时，线圈被接地点短接而不能动作。

直流接地故障中，危害较大的是两点接地。直流系统发生两点接地故障，便可能构成接地短路，造成继电保护、信号、自动装置误动或拒动或造成直流保险熔断，使保护及自动装置、控制回路失去电源。在复杂的保护回路中，同极两点接地还可能将某些继电器短接，不能动作于跳闸致使越级跳闸。图 6-2-9 为直流两点接地示意。

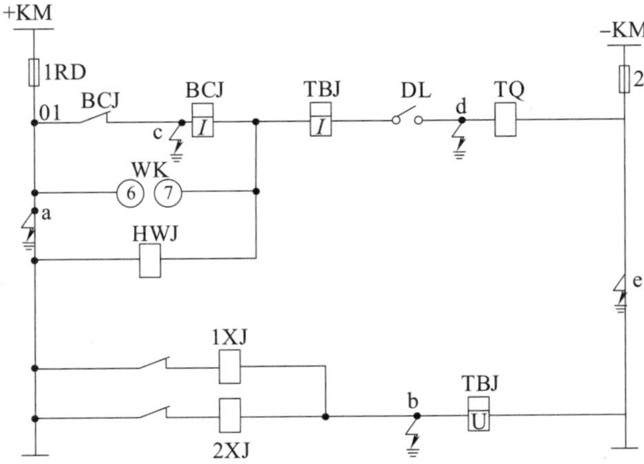

图 6-2-9　直流两点接地示意

①两点接地造成开关误动

a、b 两点接地——BCJ 电压线圈受电使开关误跳闸。

a、c 两点接地——BCJ 电流线圈受电使开关跳闸。

a、d 两点接地——使 TQ 线圈直接接地受电开关跳闸。

②两点接地造成开关拒动

b、e 两点接地——BCJ 电压线圈被短封线路故障时保护拒动。

d、e 两点接地——TQ 线圈被短封，开关拒跳。

c、e 两点接地——BCJ 电流线圈与 TQ 线圈被短封，开关拒跳。

③两点接地引起的保险熔断

a、e 两点接地——正负电源母线被短路，±KM 小保险熔断。

b、e 或 c、e 两点接地——保护动作时，正负电源小母线被保护装置继电器接地短接，±KM小保险熔断。

(2)查找直流接地故障的方法和步骤

当正极接地时，正极对地电压很小或为零，负极对地电压接近于母线电压；负极接地时，负极对地电压很小或为零，正极对地电压接近于母线电压。查找直流接地的操作步骤：根据运行方式、操作情况、气候影响判断可能接地的处所，采取拉路试验、分段处理的方法，以先信号和照明后操作部分，先室外后室内部分为原则。

①采取拉路试验查找直流接地故障时，要按开关排列顺序依次拉开开关，一定要每拉一路就观察直流屏的监控单元情况，如果当拉开某路后告警信号消失，可以判断就是该路接地。为了进一步确定，再次合上该路开关，如果告警信号再次出现，可以断定就是此路接地。

②已确定是某一保护屏内单元或与屏单元相连的回路接地，可以进行分单元回路排查。首先，拉开本屏所有分支的直流开关。合上本屏总直流开关，观察直流屏监控装置是否有异常，在没有任何异常情况下，可以依次合上分支直流的开关进行排查，排查要领和方法同上所述，在排查过程中找到某一保护单元及其回路接地时，恢复其他未接地单元供电。

③找到具体接地回路后可以断开该开关，根据该开关的标示文字，找到该电缆，然后用工具解除该电缆，根据现场具体情况，开始分段解除并联的电缆，运用 500 V 接地电阻仪分段判

断是否接地，当找到是某一段时，再根据与该段电缆相连的开关情况具体判断即可。

采用拉路试停方法试验后，如果直流告警仍未消失，说明直流接地发生在充电设备，蓄电池本身和直流母线上，另外还有直流串电（寄生回路），同极两点接地，直流系统绝缘不良，多处出现虚接地点，形成很高的接地电压，也会出现接地指示。此时要根据现场情况结合图纸查找。

四、二次回路故障查找的基本要求

1. 要有一定的电工基础知识。对于有若干个负载组成的电路应能正确分析计算判断电路中任意一点的电位可能为正或负。

2. 要掌握一定的故障点查找方法。通常根据故障现象分析判断故障的性质，逐步缩小查找故障的范围从而找出故障点。

3. 能够熟练使用各种常用的工作仪表。

4. 能够看懂相关的二次接线图纸，对于发生设备故障的二次回路的所有元件的实际安装位置、各种元件及线路的接线方法熟悉，还要掌握有些重要元件的使用场合、结构以及工作原理等。

5. 能够采取正确的安全措施，确保查找处理故障时的人身安全、设备安全。

6. 对于具体的二次线路，阻值大的电阻元件其两端的电位突变是正常的，其他阻值很小的继电器的接点、导线两端电位突变则是不正常的。

7. 从图纸上理论分析出各点正常异常时的电位数值应和测量的电位数值基本一致，这样值班（守）人员才具备解决实际设备故障的能力。

第三部分　应急处理与故障案例

第七章　应急处理与故障案例

第一节　应急处理原则

在牵引供电系统中，凡由于工作失误、设备状态不良或自然灾害致使牵引供电设备破损、中断供电，以及严重威胁供电安全的事件，均列为供电事故。

引起牵引供电系统事故的原因是多方面的，如恶劣天气（暴雨、雷击、大风、覆冰）引发闪络，外部树木侵限，飞鸟、蛇等小动物导致短路接地，外部临时违规施工导致的侵限放电，设备缺陷、管理维护不到位，检修质量不达标（比如所内设备检修后安全措施没有按照要求恢复至原状导致保护误动、线路上出现松脱断等引发故障）、继电保护定值错误（整定计算错误、设备定值错误，定值的自动漂移）、继电保护装置设备损坏、二次回路绝缘的损坏、二次接线错误、继电保护的误碰与误操作、人为的误操作（带负荷分、合隔离开关带地线合闸，带电挂地线，走错高压分间误分、合断路器开关，误入带电间隔）、设备检修后验收不到位，设备事故处理不当造成扩大事故等。

牵引供电系统发生事故或故障时，将造成电气设备破坏，接触网部分或大面积停电或长时间停电事故，导致机车无法正常受电、列车运营秩序被打乱的严重后果。因此，在牵引供电系统发生事故或设备发生故障时，及时有效、准确地处置事故，尽快隔离故障，恢复其他设备送电，减少停电范围对供电系统的安全稳定运行起着重要的作用。

一、牵引变电所应急处置原则

1. 坚持“先通后复”的原则。当变电设备出现异常，在不至于引起故障扩大的前提下，应在最短的时间内通过采取有效措施，先倒闸送电，再进行修复处理，以尽量缩短停电时间。

(1)对有固定备用的设备，直接倒至备用设备运行。

(2)对无备用的设备，必须对故障设备进行临时处理，使其达到送电条件，以最快的速度先恢复供电，再利用天窗时间将故障设备修复。

(3)为尽量减小停电范围，必要时可将故障设备隔离、分段送电，以减少故障损失。

2. 坚持先防止故障扩大、后进行故障处理的原则。当变电设备出现异常，首先要采取适当措施防止故障扩大，再进行故障本身的具体处理。

3. 坚持先处理危及人身、供电、行车安全的设备，后处理一般设备的原则。

二、故障应急处理的安全措施

1. 变电设备发生异常，在任何情况下，所有处理人员必须严格遵守《牵引变电所安全工作规程　牵引变电所运行检修规程》等有关规定，服从调度指挥，正确执行调度命令。

2. 遇有危及人身和设备安全的紧急情况，值班人员可先行断开有关断路器和隔离开关，然后再报告供电调度，但再合闸时必须有供电调度的命令。

3. 当电气设备发生火灾时，应立即断开相应的断路器和隔离开关、二次开关，并及时采取措施防止火势蔓延，使用符合要求的灭火器进行灭火，严禁用水灭火。

4. 拉合手动隔离开关和操作电动隔离开关前，必须先确认相应断路器在分位、回路无负荷电流和接地短路现象。

5. 事故抢修、情况紧急时可以不开工作票，但事先必须将故障概况及所采取的安全措施报告供电调度，取得供电调度同意后方可进行作业。作业前必须按规定断开有关断路器和隔离开关，做好验电接地、防止开关保护误动拒动等各项安全措施。整个抢修过程中，必须听从供电调度及现场负责人的指挥，切忌慌乱造成人身触电伤亡事故或供电事故。

6. 变电应急处理及抢修方案拟定应考虑尽量缩小抢修停电范围，但必须充分考虑安全防护设置是否妥当，是否能够保证抢修人员人身安全，并防止事故影响范围扩大。

7. 当 GIS 柜发生故障导致 SF_6 气体泄漏事故，应防止吸入有毒气体，立即疏散人员至安全地带，并及时与调度汇报听从调度安排，等待事故救援。

8. 当变电所内的自动灭火装置启动时，应立即疏散人员至室外安全地带，并及时与调度汇报听从调度安排，等待事故救援。

三、变电所事故跳闸处理一般流程

变电所故障跳闸后，值班员应立即收集断路器跳闸的情况上报有关部门，并在供电调度的指挥下进行简单的处置。

1. 信息确认。值班人员应迅速通过综自系统发出的灯光音响、保护装置本体的跳闸指示等各类信息，初步分析判断，确认是否为事故跳闸。

2. 信息上报。事故跳闸后，立即将跳闸开关位置、自动装置动作情况、故障报告中的主要参数简明扼要地向调度等有关部门汇报。若是馈线跳闸则立即上报故障测距公里标、重合闸动作情况，故障报告中故障电压、电流、相位角等主要参数等。

3. 分析判断。结合收集信息综合分析判断故障范围。

4. 跳闸巡视。针对所内设备故障引发的跳闸，应立即对跳闸的断路器及与其相关联的高压设备、二次保护线路进行检查，是否存在异常。主变断路器跳闸还应重点对高压分间母排、主变压器、流互等设备进行巡视检查，并将巡视发现的异常信息立即上报调度。故障点在馈线的则组织接触网工区进行相应的巡视排查。

5. 应急倒闸。在远动失效、情况紧急时，在调度或监护人的监控下，对故障所在范围迅速隔离，进行倒闸操作或是必要的应急措施来恢复供电。

6. 信息复归。如果需要后续进一步处理的所内设备故障则根据要求办理安全措施进行检修处理。故障处理完后，逐一确认各保护装置动作情况并做好拍照或是摄像记录后，可进行信号复归。

7. 形成报告。现场处理人员注意详细记录故障处理情况，并注意收集有关故障及其抢修处理的资料(包括故障照片、录像及烧损的零部件等，予以长期保存)。

四、牵引变电所馈线跳闸处理一般程序

1. 馈线跳闸重合成功处理程序

(1)确认跳闸信息。馈线跳闸后，响事故电笛，跳闸馈线的事故白灯点亮(或是闪红灯)，其

位置指示灯为红灯亮。保护装置本体“跳闸”指示灯点亮，并实时显示故障报告。综自系统后台机推送实时事件、故障报告。

(2)上报故障测距数据。

①AT 供电方式，值班员应立即查看故障测距装置内的故障报告，直供方式的故标直接在故障报告内显示。将故障显示里程(公里标)以及跳闸报告一并抄录或拍照，上报调度。

②通过综自后台调取故障馈线的故障波形拍照上报。

(3)对跳闸馈线断路器、GIS 组合开关柜进行必要的巡视，若发现异常立即上报调度。

(4)专业技术人员整理故障报告。

2. 馈线跳闸重合失败处理程序

(1)确认跳闸信息。馈线跳闸后，响事故电笛，跳闸馈线的事故白灯点亮(或是闪绿灯)，其位置指示灯为绿灯亮(对应的开关柜本体显示一致)。保护装置本体“跳闸”“重合闸”指示灯点亮，并实时显示故障报告。综自系统后台机推送实时事件、故障报告。

(2)上报故障测距数据。AT 供电方式下，值班员立即查看故障测距装置内的故障报告，将故障显示里程(公里标)抄录或拍照，上报故障公里标、故障报告。通过综自后台调取故障馈线的故障波形拍照上报。

(3)根据停电时间的长短，供电段立即启动应急响应，统一组织对故障线路开展抢修工作。调度端根据实际情况进行一次强送，若强送失败，则不得再次送电。依据“先通后复”原则通过对故障的明确后，采取隔离故障点，缩小停电范围等措施组织供电。

(4)同时所内值班员对跳闸馈线断路器、GIS 组合开关柜进行必要的巡视。

(5)专业技术人员及时收集资料进行分析整理形成报告。

五、变压器断路器跳闸处理一般程序

牵引变电所主变以及高低压侧包含互感器、断路器、电缆一次设备及其保护装置等出现故障。一般出现主变压器重瓦斯、差动、保护动作，牵引变电所 220 kV 或 110 kV 高压侧失压保护动作、三相低压过电流保护动作。则确认相应的断路器、开关位置，恢复供电一般程序如下：

1. 运行中的主变压器断路器跳闸，如备用主变压器自投成功，则直接恢复供电。

2. 运行中的主变压器断路器跳闸，自投不成功，根据供电调度命令，倒至备用主变压器恢复供电。

3. 如果备用设备也同时发生故障，无法正常送电，则根据实际情况，采取相邻变电所越区供电。

第二节　故 障 案 例

一、SF_6 断路器机构故障案例

1. 概况

(1)夜间天窗点对变电所进行检修维护时进行模拟 1 回 1 号、3 号 B 进线失压备自投试验，试验过程中发现户外 220 kV 六氟化硫断路器 101C 相拒合。

(2)应急处理：根据应急处置原则，有固定备用的直接投入备用设备。向供电调度申请投入 2 回 2 号、4 号 B 运行，同时将该所进线及主变压器自投功能退出。

2. 检查及原因分析

现场检查发现 101 断路器 C 相操作机构电动储能时储能齿轮空转，无法带动链条进行储能；手动储能操作也无法储能，判断断路器拒合原因为 101C 相操作机构无法储能导致。SF_6 断路器操作机构如图 7-2-1所示。

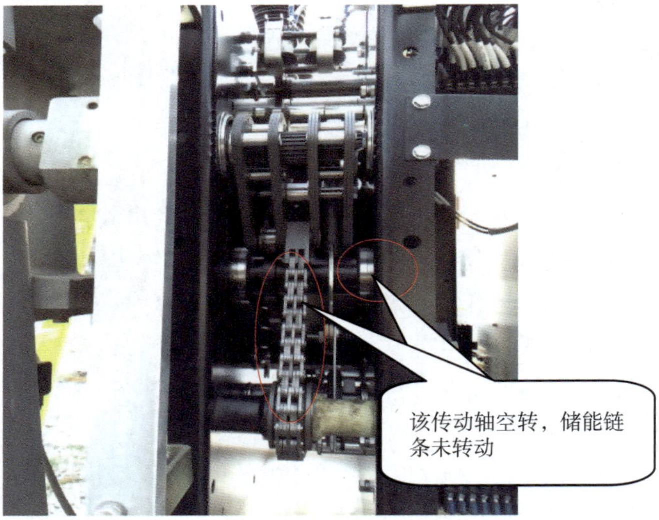

图 7-2-1　SF_6 断路器操作机构

3. 处置措施

故障处理：后配合厂家技术人员对该故障断路器进行检查，发现传动机构锥形离合器断裂导致传动轴无法带动链条进行储能，如图 7-2-2、图 7-2-3 所示。

图 7-2-2　机构内的传动离合器故障

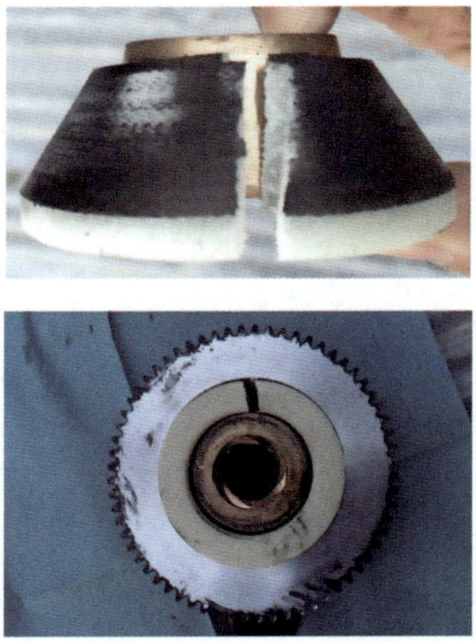

图 7-2-3　SF_6 断路器操作机构内离合器故障

该断路器储能工作原理：合闸后，电机带动储能齿轮转动，通过锥形离合器转动带动传动链条拉伸弹簧来进行储能；分闸时储能弹簧释放能量。

断裂的锥形离合器套在齿轮与链条传动杆之间，两者间的传动靠此离合器的摩擦力来进行，由于此离合器断裂，合闸储能时导致电机带动齿轮空转，离合器无法传动至链条进行弹簧储能。

现场对断裂的锥形离合器进行更换，断路器操作机构恢复正常储能。故障处理后向供电调度申请投入该所进线及主变压器自投功能，并进行模拟自投试验，试验正常。

二、组合电器开关柜故障

1. 故障概况

(1)天窗点内供电调度远动操作，将 110 kV 牵引变电所 1 号系统倒至 2 号系统，合上 102 断路器 12 s 后，变电所 102 跳闸，差流速断动作。

(2)应急处置：调度远动操作立即投入备用回路 101 断路器。

2. 设备检查及原因分析

(1)跳闸数据：A 相差流＝4 764.87 A，B 相差流＝1.86 A，C 相差流＝5.58 A，高压侧 I_A＝4 763.94 A，高压侧 I_B＝2.79 A，高压侧 I_C＝7.43 A，低压侧 I_a＝7.75 A，低压侧 I_b＝9.69 A。A 相差动速断满足定值条件，保护动作是正常动作。

(2)对变电所 2 号主变压器绝缘油进行色谱、简化分析及耐压试验，试验结果无异常。

对 2 号 PASS 组合开关柜检查过程中发现 A 相隔离开关观察窗内部气体呈雾态，已无法观测到内部，与 B 相、C 相有明显区别，如图 7-2-4(a)所示。并对 2 号 PASS 进行了相关试验。

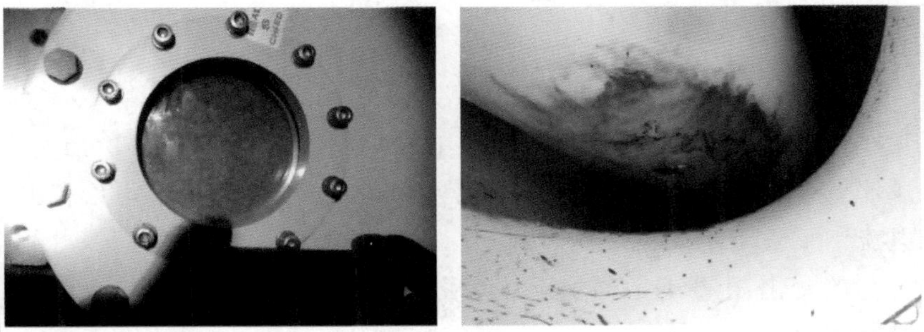

(a) 观察口（气体呈雾态，无法看清内部设备）　(b) A相气室内下导电筒烧损情况

图 7-2-4　PASS 组合电器 A 相隔离开关故障

2 号 PASS 试验项目：PASS 组合电器隔离开关、断路器分合试验，回路电阻，试验数据均合格。PASS A 相隔离开关、断路器在各种位置的绝缘电阻见表 7-2-1。

表 7-2-1　隔离开关、断路器的绝缘电阻

主变压器侧主导电接线端，测绝缘电阻			
相别	102 断路器分闸，1022 分闸，1022D 分闸	102 断路器合闸，1022 分闸，1022D 分闸	102 断路器分闸，1022 分闸，1022D 合闸
A 相	5.68 GΩ	1.21 GΩ	6.17 GΩ
进线侧主导电接线端，测绝缘电阻			
相别	102 断路器分闸，1022 分闸，1022D 分闸	102 断路器合闸，1022 分闸，1022D 分闸	102 断路器分闸，1022 分闸，1022D 合闸
A 相	14.8 MΩ	8.47 MΩ	7.46 MΩ

很明显，A 相进线侧气室绝缘已经严重破坏。

(3)原因分析

综合跳闸报文,主变压器、PASS 试验结果及开关设备厂家现场检查情况,102 回路 PASS 组合开关柜 A 相下导电筒击穿接地,引起 2 号主变压器差动保护跳闸。

3. 处置措施

协同厂家对 PASS 开关柜外观及设备各项运行参数进行了检查,判断 PASS 柜 A 相气室内 SF_6 气体已分解,需更换 SF_6 气体,并清理内部分解的粉尘,厂家到达现场后对 PASS 柜 A 相气室开盖检查,确认故障点在 A 相气室内,下导电筒击穿,如图 7-2-4(b)所示。并组织柜故障 PASS 柜进行更换。

三、牵引变压器压力释放误动故障案例

1. 概况

(1)变电所 1 号变压器压力释放动作导致 1、3 号主变压器非电量保护跳闸,变电所由原 1 回 1、3 变压器自投到 2 回 2、4 变压器。

(2)应急处置:故障发生后变电值班员向供电调度申请退出该所进线及主变自投功能,禁止投入故障变压器。

2. 检查及原因分析

(1)跳闸数据分析

跳闸后,调取故障报告如下:

1 号变压器压力释放动作导致 1、3 号主变压器非电量保护跳闸,保护动作类型为压力释放动作。变压器 A 相电流=0.06 A,变压器 B 相电流=0.09 A,变压器 C 相电流=0.02 A,变压器 α 相电流=0.15 A,变压器 β 相电流=0.06 A,α 相电压=102.79 kV,β 相电压=101.83 kV。没有故障量的变化,电量参数显示正常,高压电气回路设备无故障。

(2)设备检查情况

变电所报故障的 1 号主变压器压力释放阀型号:YSF6-55 KPa。现场检查变压器的压力释放阀帽并未被冲开升高,表明压力释放阀实际并未动作。

对压力释放阀进行开盖检查,发现整个阀体内部积水,阀盖内壁布满水珠,同时位于阀盖位置的微动开关表面被水侵覆,二次回路接点氧化,此微动开关作用于压力释放保护动作。故障压力释放阀如图 7-2-5 所示。

压力释放阀内部微动开关防水性能差。外壳为塑料材质,运行时间较长,材质老化,表面憎水能力下降,且固定于阀盖位置,接近水滴,更易被水侵蚀,造成二次回路接点短接,引发压力释放阀误动作。

图 7-2-5 压力释放阀内部微动开关

(3)原因分析:此次压力释放阀误动作原因为压力释放阀内部残留水在高温环境下蒸发,加上微动开关防水性能严重不足,致使水汽将接点短接,误发出压力释放信号、启动跳闸动作。

3. 处理措施

对故障压力释放阀内的微动开关进行更换,并对压力释放阀内积水进行干燥处理。故障处理后对该压力释放阀进行试验,试验正常;同时向供电调度申请投入该所进线及主变压器自投功能。

四、高压电缆头击穿故障案例

1. 概况

(1)分区所 261 跳闸,重合闸失败。

(2)故障发生后供电调度将该所 1ZB 退出运行。

2. 检查及原因分析

(1)跳闸数据分析

分区所 261 跳闸,电流速断动作,重合闸失败,馈线电压=11.24 kV,馈线电流=1 356.00 A,阻抗=6.11 Ω,阻抗角=243.7°;故障录波波形如图 7-2-6 所示。

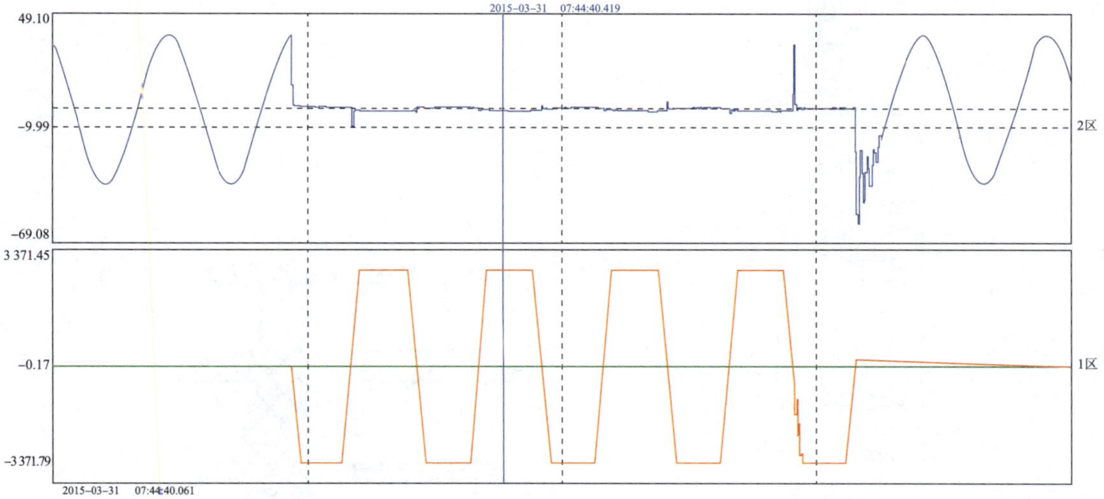

图 7-2-6　261 故障录波波形

通过跳闸数据及故障录波波形分析,该故障符合金属性接地短路故障。

(2)所内视频查看情况

跳闸后,调度端调取该所 1ZB 高压室视频,视频显示 1ZB 高压室门被电缆头爆炸气浪冲开,电缆头处有异常。

(3)检查变压器表面无异常,熔断器完好、未熔断,高压室内电缆头炸裂、其他电气连接部件无异常。后对变压器进行试验,并与同类型设备出厂值比较,变压器出厂数据见表 7-2-2,试验数据见表 7-2-3。

(4)原因分析

①将 1ZB 试验数据与同类型设备出厂值进行比较,该变压器试验数据分析无异常,绝缘状态良好。

表 7-2-2　变压器出厂数据

绝缘电阻		t=27 ℃	h=75%
高—低/地	2 GΩ	高对地:2 GΩ	
低—高/地	2 GΩ	低对地:2 GΩ	

表 7-2-3　变压器试验数据

绝缘电阻		t=27 ℃	h=75%
高—低/地	37.5 GΩ	高对地:2 GΩ	
低—高/地	6 GΩ	低对地:2 GΩ	

②电缆头故障原因分析

该故障电缆为 27.5 kV 预制户外电缆，电缆终端体（伞裙）长度为 355 mm，外半导层长度为 20 mm，半导电带台阶长度为 40 mm。其结构如图 7-2-7 所示。

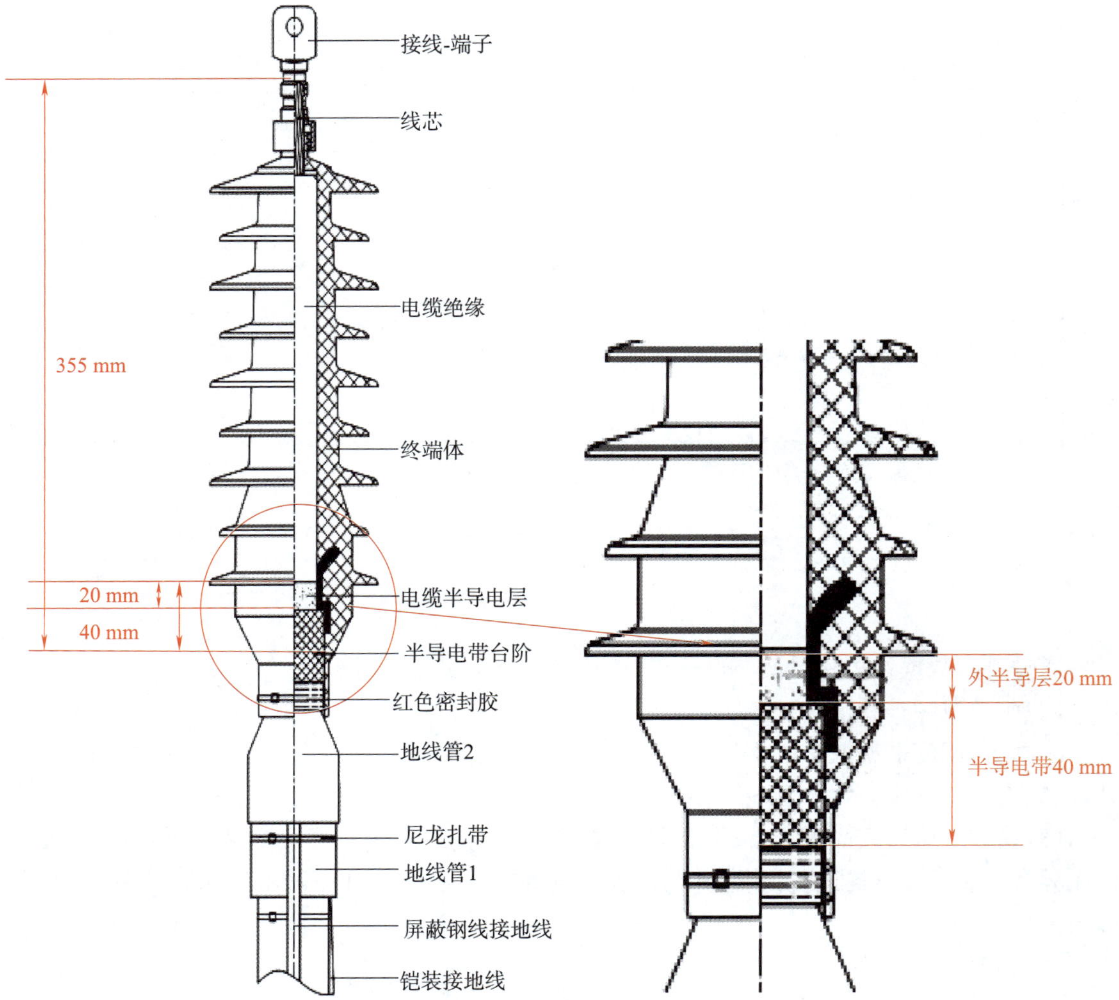

图 7-2-7　电缆头制作绝缘距离标准示意

根据现场电缆头拆解情况来看，电缆头应力锥处有烧伤炸裂现象。剖开绝缘伞裙底部看到内部大面积烧黑，放电现象严重，主绝缘被击穿。

通过进一步解剖炸裂的电缆头后分析判断此电缆头存在以下两方面问题：

a. 半导体带缠绕位置错误(图 7-2-8)

半导电带应位于外半导层下方的半导电台阶处，有均衡电场和密封的作用，现场解剖后发现炸裂电缆头的半导电带位于半导电台阶下方，且被红色密封胶包裹，导致半导电带无法起到密封和均衡电场的作用。

（a）故障电缆

（b）合格电缆

图 7-2-8　故障电缆解剖图(一)

b. 半导层与应力锥处贴合距离不标准(图 7-2-9)

外半导层与应力锥贴合长度应为 20 mm、半导电带台阶贴合长度应为 40 mm，现场解剖发现该处两项贴合长度均不符合要求。此处贴合长度达不到要求，导致应力锥处电场不均匀，不断发生微量局部放电。

在电缆头的制作工艺中，半导电层以及应力锥处的工艺最为关键，此处故障电缆头的应力锥与电缆本体的半导电层贴合不严密导致应力锥处电场不均匀，不断发生局部放电，形成薄弱点，时间一长主绝缘被击穿。

3. 处理措施

按照电缆头标准规范要求重新制作安装电缆头，并对电缆头进行绝缘测试，绝缘良好。故障处理后向供电调度申请将该所 1ZB 投入运行，运行正常。

五、电压互感器击穿故障案例

1. 概况

(1)变电所 213 馈线跳闸，强送失败，同时该供电臂上的 AT 所内值守人员听到电缆夹层内有异响。

(2)应急处置：故障发生 26 min 后，电调下令断开 AT 所处上网隔离开关 3711、3721，甩开

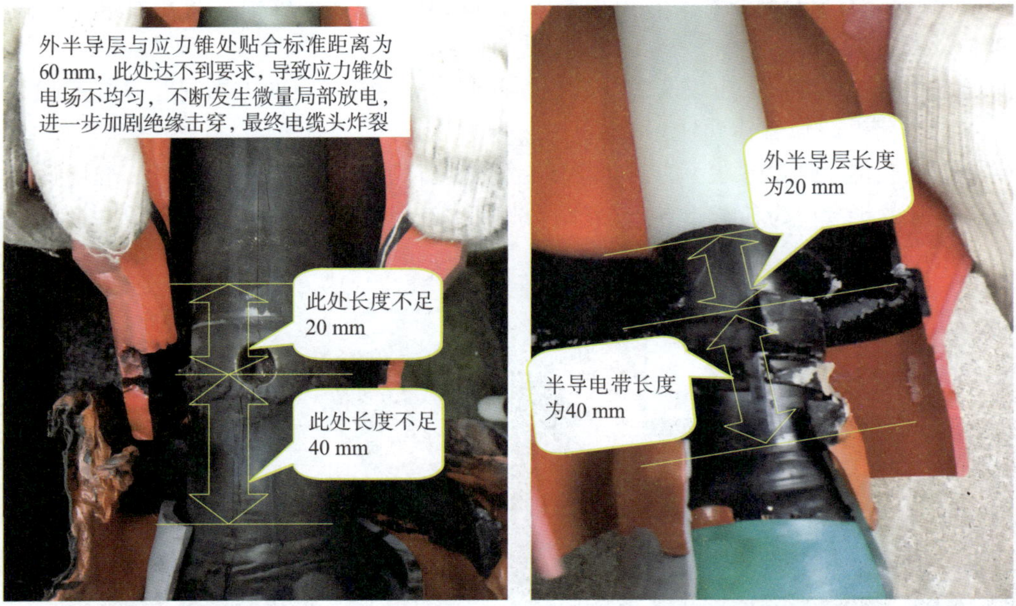

（a）故障电缆　　（b）合格电缆

图 7-2-9　故障电缆解剖图(二)

故障点。电调下令 9 min 后，变电所值班人员试送 213 馈线成功。

2. 检查及原因分析

(1)变电所跳闸数据分析

变电所 213 馈线跳闸，过电流、阻抗Ⅰ段动作、U=41.94 V(变比为 275/1 V)，I=2.01 A(变比为 1 500/1 A)，Z=20.95 Ω，Φ=68.40°，故障距离 3 km，重合闸未投入，未重合。

跳闸后，AT 所值守人员到电缆夹层进行巡视检查，发现 1YH T 相高压电缆头及电压互感器本体击穿，如图 7-2-10 所示。

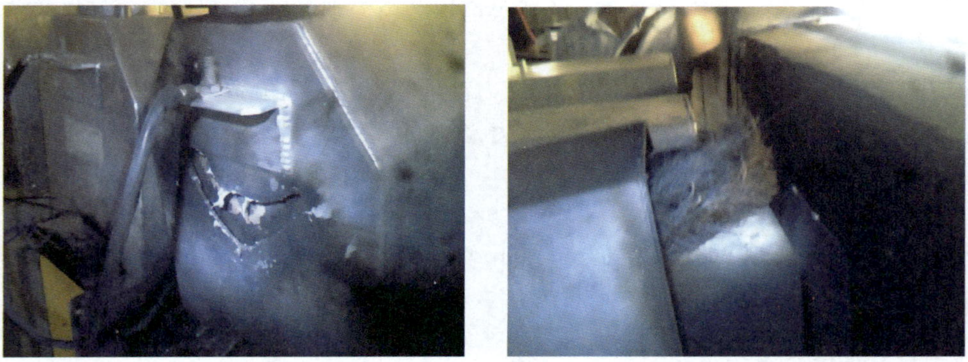

图 7-2-10　干式电压互感器击穿

发现该电压互感器故障后，值守人员随机向供电调度申请将该 AT 所退出运行。

(2)原因分析

此次电压互感器故障的原因为电压互感器内部二次回路线间绝缘不良，导致电压互感器二次侧短路，继而导致电压互感器内部产生热崩、击穿。

3. 处理措施

对故障电压互感器及高压电缆进行更换，试验合格。检查电压互感器二次接线，并进行绝缘试验，试验合格。故障处理后值班员向供电调度申请将该 AT 所投入运行，设备运行正常。

六、差动保护误动案例

1. 故障概况

新建变电所根据新线开通送电方案，对接触网、变电所亭设备进行送电冲击等试验。通过变电所对两边的供电臂及相邻供电臂越区送电，并冲击 AT 所内的 AT 变压器。下午通过分区所送至 A 供电臂接触带电。2 min 后，通过接触网对 1 号分区所内的 1AT 进行送电冲击，变电所内主变压器差动启动 102、202、204 跳闸(因进线电源施工未完成，变电所 1 号进线无电)。

2. 检查及原因分析

(1)数据及波形分析。差动保护故障报告及故障录波：1 号分区所越区送电(由 2 号变压器、202 供电)，1AT 进行冲击送电，引起差动跳闸。故障波形及数据如图 7-2-11 所示。

差动电流整定为 0.24 A(换算的一次值为 144 A)，C 相默认为公共相。A、B 相差动电流达到整定值，保护启动正常。变压器高压侧采样的电流 I_B=143 A，低压侧的则是 I_a=1 171 A，

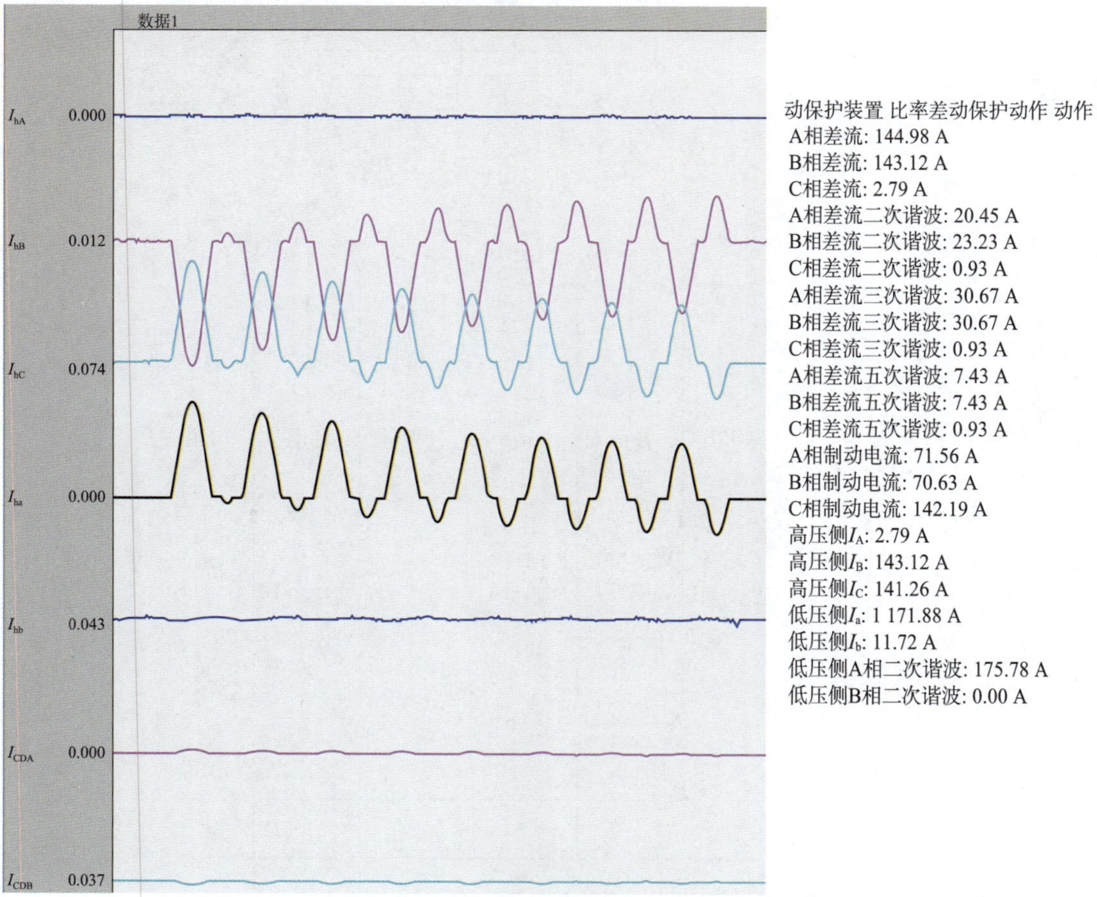

图 7-2-11　故障波形及数据

I_b=11.72 A。从波形图上也可以看出,故障相为 I_b 以及高压侧的 I_B。

波形特征:波形畸变严重,偏向横坐标轴的一边,并且逐步衰减,励磁涌流特征明显。

(2)电路回路图纸分析

①变压器一次主接线实际接线:2 号进线的相序是 ACB,2 号主变压器的高压引入为 U_{BC},对应高压侧电流互感器是 2LH-1(B),低压侧电流互感器编号是 12LH(T/F);4 号变高压侧引入 U_{AC},对应的高压侧电流互感器是 2LH-1(A),低压侧电流互感器编号是 14LH(T/F)。一次主接线如图 7-2-12 所示。

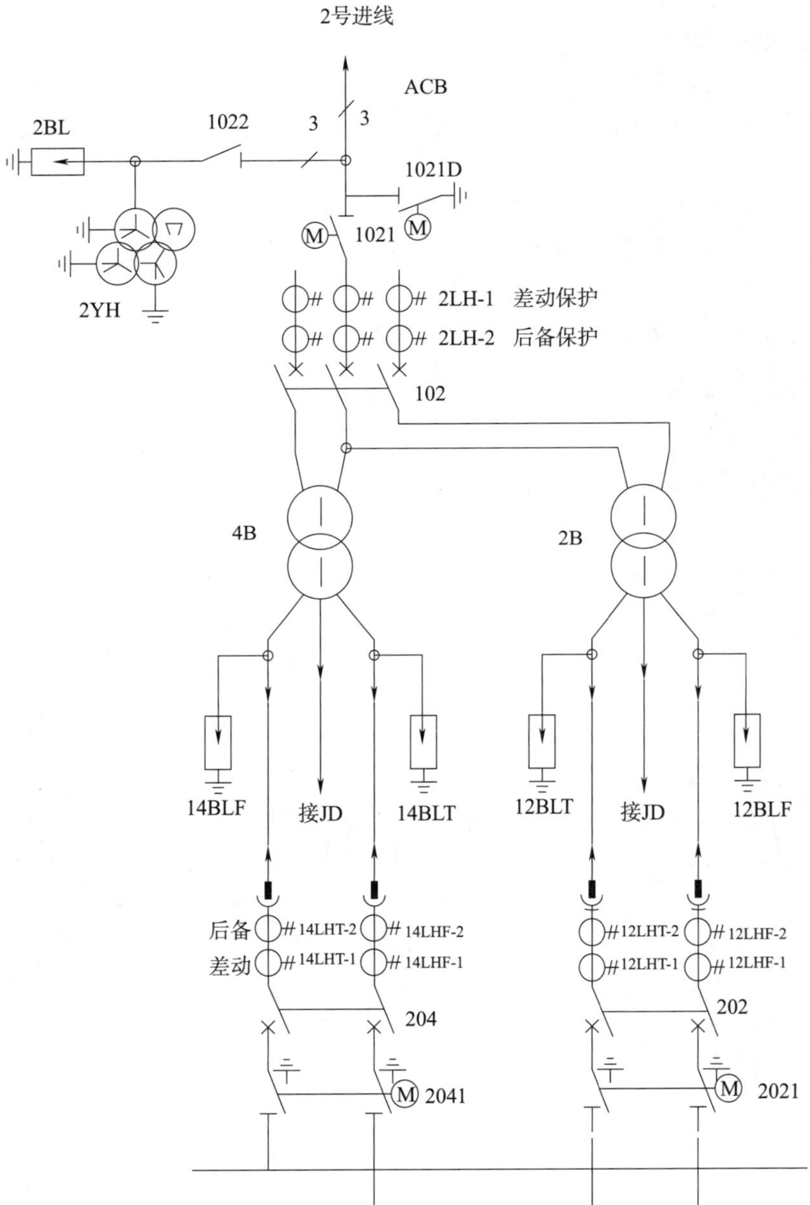

图 7-2-12　一次主接线

②差动回路接线图：27.5 kV 侧差动保护电流互感器二次 4B-471 接入差动保护装置的 A23 端子，2B-471 接入 A21 端子。A24、A22 端子为公共端接地，实际接线如图 7-2-13 所示。

图 7-2-13　差动保护二次接线(接线有误)

根据厂家提供的交流插件资料，高压侧 A、B 相电流对应低压侧的 a、b 相电流。其端子定义如下：高压 A 相电流引入端子(A15-16：I_{ha})，对应到低压侧相电流引入端子(A21-22：I_{α})；高压 B 相电流引入端子(A17-18：I_{hb})，对应到低压侧相电流引入端子(A23-24：I_{β})。微机保护装置交流插件背板接线如图 7-2-14 所示。因此上述二次图纸接法是错误的。

(3)跳闸原因分析

因保护装置端子排定义原因，实际 2 号变压器的差动回路的 27.5 kV 侧电流互感器二次与 4 号变压器的相互交替接反，这与故障报告数据显示是相互印证(高压侧 I_A：2.79 A，I_B：143.12 A，I_C：141.26 A，对应的低压侧 I_a：1 171 A，I_b：11.72 A)，因此在冲击线路上的自耦变压器负载时，产生的励磁涌流启动差动保护误动作。

3. 处置措施：根据保护装置要求，将差动保护 27.5 kV 侧二次接线 4B-471 接入 A21-22；将 2B-471 接入 A23-24。投入后运行正常，AT 变压器冲击正常。

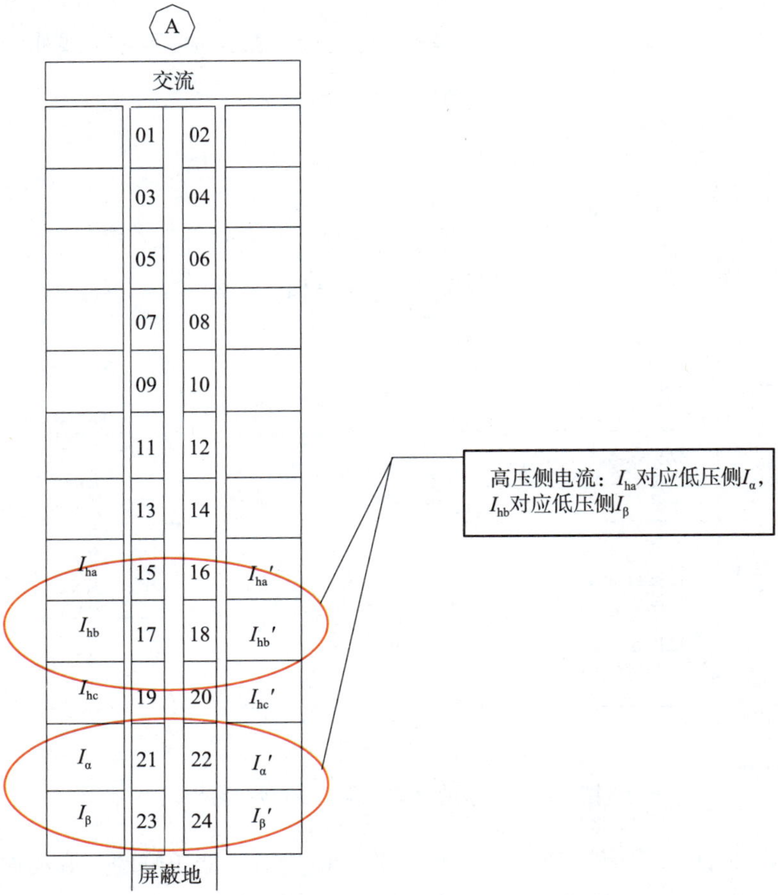

图 7-2-14　微机保护装置交流插件背板接线